青垣双書 2

奈良県の縄文遺跡

松田真一

青垣出版

目次

3　大和高原の縄文遺跡

カバーデザイン／根本　真一（㈱クリエイティブ・コンセプト）
カバー写真／〈表〉橿原遺跡出土の石剣・石刀（※2）
〈裏〉広瀬遺跡出土の縄文時代後期深鉢（※1）

〈凡例〉

・本書で取り扱った縄文時代遺跡に関する文献は、主要なものは遺跡紹介の各項文末に記載しました。

・写真の提供者は各掲載写真の説明文の末尾に記載しました。

※1は奈良県立橿原考古学研究所、

※2は奈良県立橿原考古学研究所附属博物館から提供をうけたものです。

・図と表については、特に記載のないものは、遺跡紹介の各項文末に記載した【文献】から転載、ないし引用加筆したものです。

・巻末に掲載しました「奈良県の縄文遺跡地図」（399ページから404ページ）の遺跡番号のうち、正体字は詳しい遺跡紹介記事のあるものです（1〜87）。斜体字は本文中に登場する縄文遺跡（*88〜137*）を示しています。

・本文中に登場する人名は敬称を省略させていただきました。

奈良県の自然環境と縄文時代の遺跡――プロローグ

1　奈良県地勢区分

奈良県は近畿地方の中部から南部の内陸中央にあり、南北約１０４キロ、東西約79キロのやや南北に長い範囲を占め、北で北緯34度47分、南で北緯33度51分の範囲に位置している。北部は京都府に接し、北西部を大阪府と、南西部を和歌山県と接し、東部は北から南へかけて長く三重県と境界を接している。県域は自然地形に沿って地域区分されるが、一般的には北西部の奈良盆地、北東部の大和高原、その南側の宇陀高原ないしは宇陀山地、県の中部から南部を占める吉野山地ないしは紀伊山地に分けることができる。

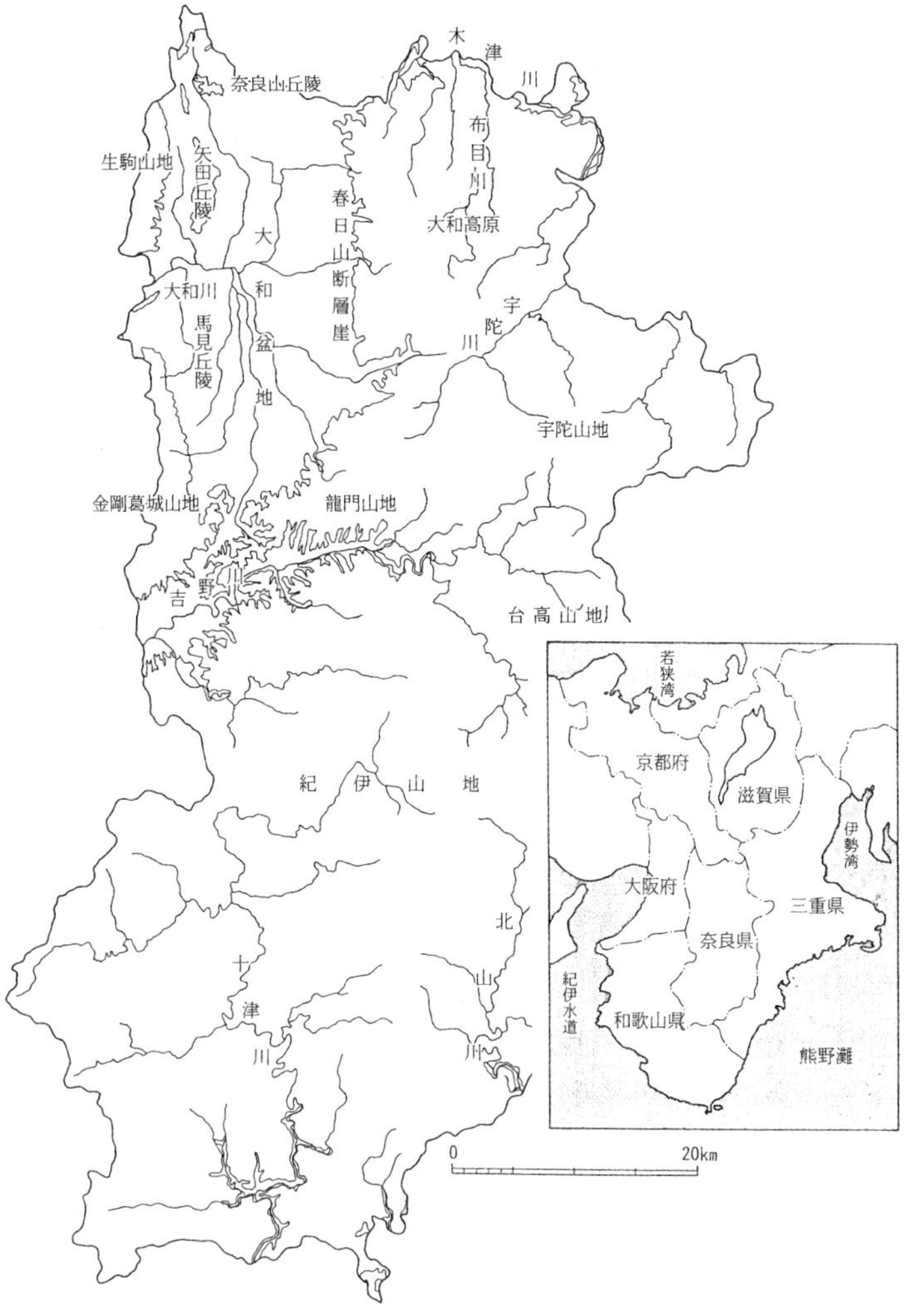

奈良県の位置と地形概要（等高線は１００m）

2　各地域の自然環境

奈良盆地は周囲を山地や丘陵で囲まれた、南北約30キロ、東西約15キロの範囲を占めている。盆地内の河川は周囲の山地を流域に取り込み、盆地中央付近で集約され大和川となって、生駒山地と金剛葛城山地との間を切り開く亀の瀬《かめのせ》から河内平野へ流れ出る。盆地周辺部には河川の浸食と堆積作用によって形成された扇状地が発達する。典型的な内陸気候ともいえる奈良盆地は、7・8月の平均気温が25度を超え蒸し暑く、雨量もこの時期だけは多いが、冬期を中心に少雨で乾燥した気候は慢性的な水不足を生じさせ、後世に灌漑用の溜池が数多く造られる。盆地東縁は南北に連なる春日山断層崖によって、大和高原地域と地域区分されるが、その北端には二次林が進出する以前の森林植生を留めた春日山原始林が広がる。春日大社の神域ともなっているこの原始林はカシやシイなど常緑広葉樹を主とした暖帯林で、暖地性植物の種類も多く国の特別天然記念物に指定されている。

北東部を占める大和高原地域は、隆起した平原が再び浸食の始まった幼年期段階の地形で南北約25キロ、東西約20キロに及ぶ面積は、ほぼ奈良盆地と同程度である。北側を島ヶ原断層沿いに西流する木津川に、南側を初瀬・宇陀川断層によって区切られ、西側は奈良盆地東縁の春日山断層崖に、東側は名張川で伊賀盆地と分かたれた、南が高く北が低い傾動地塁《けいどうちるい》である。大和高原は内陸性気候の特徴をもつが、標高が平均して約３００メートルあり、西側の奈良盆地と比較すると気温は平均で2～4

度程度低い。降水量は平均年間で1600〜1700《ミリ》にのぼり、奈良盆地よりは多い傾向がある。

宇陀高原は大和高原に南接する木津川水系の上流部にあり、支流である宇陀川流域の口宇陀地域と、曽爾《そに》・神末《こうずえ》川流域のより山深い奥宇陀地域とに分けられる。南側は中央構造線によって仕切られ、台高山地と対峙する。西は龍門山地の最高峰付近までを含み、東は高見山から国見山へ続く山峰によって三重県と分かたれる。大和高原地域の山と比べると100《メートル》程高い峰が聳え、河川に開析された谷も深く景観も異なる。気温は夏期に涼しく、冬期は厳しい寒さに見舞われる大和高原と大きく変わらないが、降雨量は年間を通してより多い。

県土の約3分の2を占める吉野山地は、険しい紀伊山地に発する河川の源流地域を占める。北は

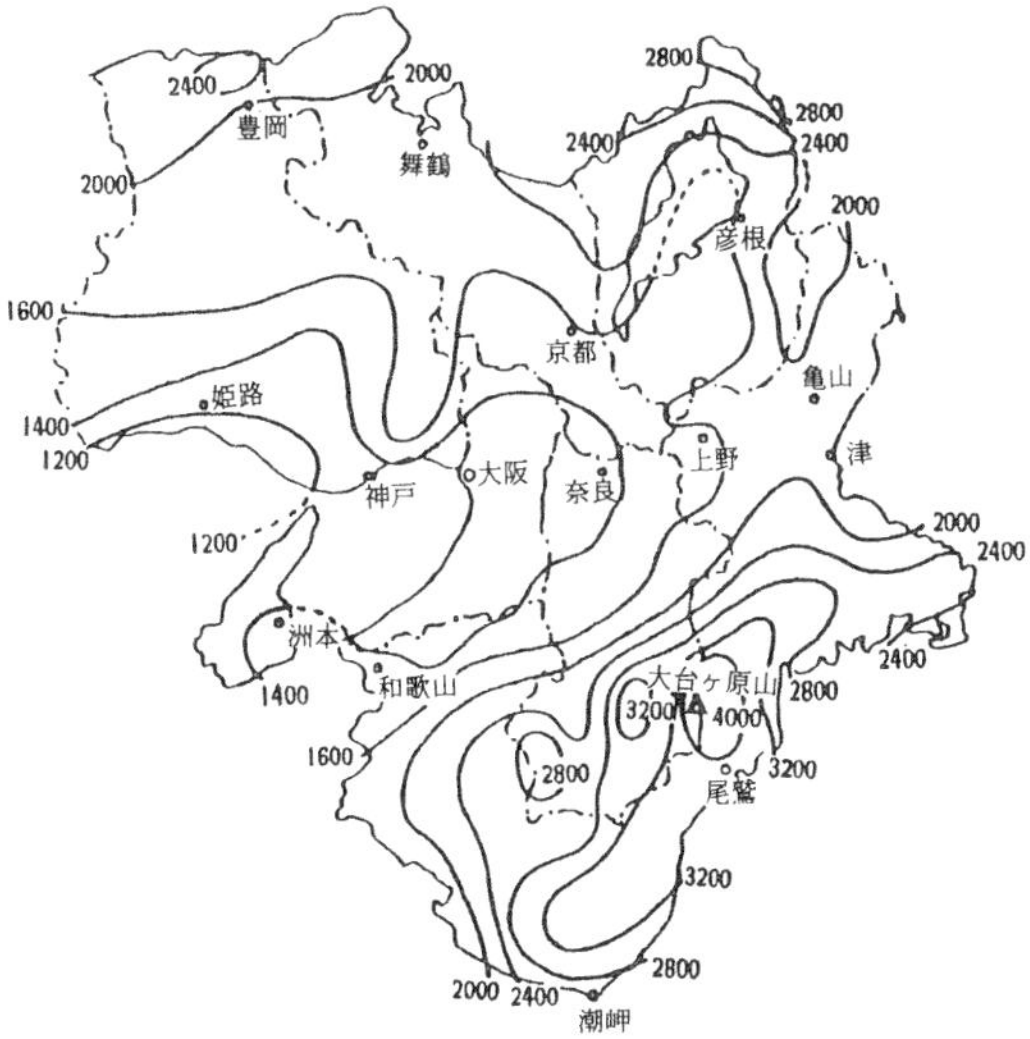

近畿地方の年間降水量分布図
(1921〜1950年、単位は㎜)
(和達清夫監修「日本の気候」による)

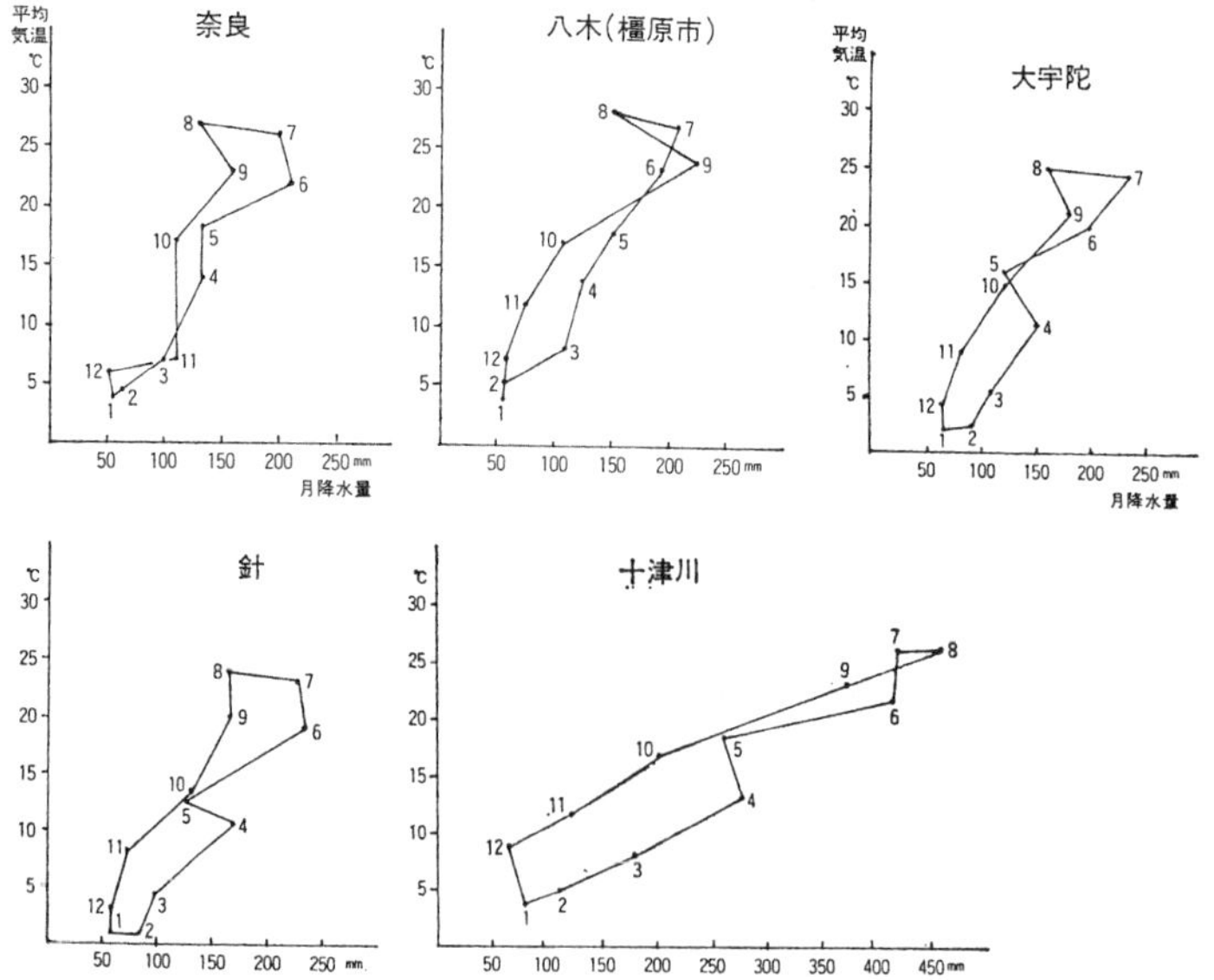

奈良県各地域の気温と降水量のグラフ
(藤田佳久編『奈良県史第１巻　地理』、1900)

中央構造線がほぼ東西に横たわり、龍門山地を形成するその北側斜面をも含む。南側は熊野川と十津川の中流から上流域を包括し、河川が刻んだ深く険しい山塊と谷からなる壮年期の地形を形成している。大和高原や宇陀高原に比べて冬期の気温は厳しくないが、夏期は内陸特有の高温の日が多い。吉野山地の気象の最も大きな特徴は、日本列島有数の多雨地域であることで、特に南東に面した一帯では、年間降水量が４０００ミリを超える地域もあり、浸食の進行が著しく、壮年期の地形形成に関与している。山林の多くは植林による人工林となっているが、吉野町に所在する天然記念物妹山樹叢《いもやまじゅそう》のように、部分的に照葉樹の原生林が残されていて、ツルマンリョウ、テンダイウヤク、ホングウシダなど暖地性植物の群落もみられる。

3　縄文時代遺跡の概要

・縄文文化のはじまり

縄文時代の始まりの指標を何に求めるかについては古くから議論がある。近畿地方ではその草創期に出現する普遍的な石器として有茎尖頭器《ゆうけいせんとうき》があるが、現在県内では40点あまり出土していて、吉野山地を除き比較的偏りなく県内各地に分布しているとみなせる。ただ有茎尖頭器の大半が単独で出土しており、伴出する土器やそのほかの石器との関係が明らかな資料は少ない。そんななか大和高原地域における調査成果は注目に値する。ここでは山間地域を流れる河川の段丘上に立地する山添村桐山和田《きりやまわだ》遺跡、北野ウチカタビロ遺跡、上津大片刈《かみつおおかたがり》遺跡の調査で草創期の遺物集中地点が検出されて、隆起線文《りゅうきせんもん》土器や爪形文土器とそれに伴う石器の内容が明らかになっている。それぞれ遺物集中地点から出土した土器と石器からなる一括資料は、近畿地方の草創期の標識資料として極めて重要である。

一方、奈良盆地でも三郷町勢野《せや》バラタニ遺跡で有茎尖頭器と石鏃からなる石器群が、勢野東遺跡で槍先形尖頭器の製作遺構が発見されたほか、大和高田市池田遺跡では有茎尖頭器、柳葉形尖頭器、石鏃、有溝《ゆうこう》石器など草創期の石器群が得られている。特に勢野東遺跡では製作の場がほぼそのまま残された稀有な事例であることのほか、当該時期の貴重な一括性の高い石器群と評価される。なお、勢野東遺跡と池田遺跡は盆地内でも沖積低地に立地しており、当時は盆地一帯も生活の拠点とすることができる環境にあったことを証明している。

このように奈良県の草創期の遺跡で得られる土器の特徴、土器と石器の組み合わせ、石器の製作技術、石器群の構成など地域的特徴を把握することができ、日本列島において縄文文化が根付いていく過程を解明するために欠くことのできない資料を提供している。

・遺跡の増加と拡散

縄文文化の定着期ともされる早期の県内の遺跡は一挙に増加し、地域的にも各地に拡大する。県内では早期の前半を占める押型文《おしがたもん》土器の段階の遺跡が多く、奈良盆地縁辺部、大和高原、宇陀高原、および吉野山地の全域に分布する。なかでも大和高原と宇陀高原はこの時期の遺跡が取り分け多く分布し、近畿地方でも兵庫県の但馬山間部や三重県櫛田川・宮川中流域などとともに有数の遺跡密集地域として知られる。特に山添村大川《おおこ》遺跡や鵜山《うやま》遺跡など主要河川にのぞむ遺跡では竪穴住居が確認されているほか、盆地部の天理市布留《ふる》遺跡や吉野川上流の川上村宮の平《みやのだいら》遺跡などでも竪穴住居が見つかっている。出土する押型文土器の内容も豊富で、この時期の土器の著しい普及を物語っているだけでなく、大川遺跡出土の主体を占める土器は、押型文土器前半を代表する内容を備えていることから、大川式として標識資料となっている。早期後半には押型文土器に後続して、東海系の条痕文《じょうこんもん》土器が県内に分布するが遺跡数は大きく減少する。条痕文土器は奈良市別所辻堂遺跡、宇陀市坊ノ浦遺跡、御杖村長尾遺跡など、県東部の大和高原や宇陀高原に所在する遺跡で良好な資料が出土している。続く早期終末から前期初頭の土器も、奈良市水間《みま》遺跡や大川遺跡、鵜山遺跡など県東部の遺跡で発見される傾向がある。

・捉えにくい停滞期

前期の遺物を出土する遺跡は県内各地に存在するが、遺跡数は少なく纏まった資料も限られる。盆地部では香芝市狐井《きつい》遺跡で溝状遺構から前期後半の土器を中心に、石器やその未製品のほかシカ・イノシシなどの獣骨も出土している。土器は北白川下層Ⅱb式が主体だが、前後の北白川下層Ⅰa式から大歳山式まで継続し、在地の土器に加えて関東地方前期後半の諸磯《もろいそ》式が出土している。狐井遺跡とは盆地を挟んで東に対峙する位置にある桜井市箸中遺跡では、北白川下層Ⅱ式から大歳山式にかけての土器が出土するが、遺跡の隆盛期は北白川下層Ⅱc式以降とみてよい。ここでは前期終末の十三菩提《じゅうさんぼだい》式に該当する関東系の土器片が採集されている。南方の桜井市三輪遺跡でも北白川下層Ⅱ式から大歳山式土器の出土が報じられている。奈良市天釣山《てんつりやま》遺跡、大川遺跡、宇陀市桧牧《ひのまき》遺跡、曽爾村条ケ本遺跡など大和高原や宇陀高原地域にも前期の遺跡は分布しているが、いずれの遺跡からも遺構は検出されていない。吉野川に面した大淀桜ケ丘遺跡では、北白川下層Ⅱ式から大歳山式までの土器が出土している。ただしここでは、竪穴住居と炉穴のほかに石器製作跡が検出されていて、前期の集落構造の一端を知ることができる数少ない調査例である。

　中期にはその終末の段階を除くと、遺跡から窺える活動は前期以上に低調といえるだろう。盆地部では布留遺跡の西小路地区で鷹島式、桜井市芝遺跡の西地区では船元《ふなもと》式、御所市櫛羅《くじら》遺跡で里木Ⅱ式などが採集されている。また明日香村稲淵《いなぶち》ムカンダ遺跡や桜井市高家《たいえ》遺跡などからも中期初頭の土器が確認されているなど、盆地でも縁辺部や周辺の丘陵裾に立地する遺跡が知られる。大和・宇陀高原地域では奈良市杣ノ川イタモ遺跡で船元式、山添村広瀬遺跡・大川遺跡・曽爾村条ケ本遺跡などで鷹島式や船元式など中期初頭から前半の土器が出土している。一方吉野山地では、古くに大淀町北六田《きたむた》遺跡で船元Ⅰ式およびⅡ式が出土している。ここではこれらの土器にともなって五領ケ台式類似の土器が存在し、櫛田川から吉野川流域への高見峠越えの伝播経路も推定できる。

・人口増加と文化の隆盛

奈良県では中期終末に営みが始まる遺跡は32カ所にのぼり、前期までに存在した遺跡のなかでも中断を経て中期終末にいたって再び足跡が確認されるようになる場合を加えると50カ所を超える。いかにこの時期に遺跡が急増しているかがわかる。なかでも盆地部では布留遺跡、御所市下茶屋地蔵谷《しもじゃやじぞうだに》遺跡、明日香村大官大寺下層遺跡など、大和・宇陀高原では広瀬遺跡や御杖村泥土平《どたひら》遺跡、吉野山地では宮の平遺跡や五條市上島野《かみしまの》遺跡などの遺跡で特に土器を中心に纏まった遺物が出土している。遺構に関してもこの時期には、竪穴住居の検出例が最も多くなるほか、炉、埋設土器、墓坑を含む土坑などの発見数も急激に増加する。

遺跡数が増加する中期終末は、奈良県においては縄文社会の転換期と考えることができる。これは多分に隆盛を極めた中部地方における山岳地帯の縄文文化が、中期後半から終末に向けて著しく衰退していった外的要因に深く関わっていると看做される。この時期の東日本系遺物の出土に加えて、石囲炉の出現や柄鏡《えかがみ》形住居に類似する遺構の存在などを勘案すると、恐らくそこには人口の大規模な西への移動があったことも考慮せねばならない。

後期から晩期にかけて顕在化する施設として貯蔵穴の存在は見逃せない。県下にあっても居住の場とされた台地のほか段丘や微高地に限らず、谷筋や低湿地に発掘調査の範囲が及ぶことで新たに発見される遺跡が注目された。なかでも代表的な遺構が大和郡山市八条北遺跡や、宇陀市大田下遺跡などで発見されたドングリなどの食糧貯蔵穴である。これらが設置された場所は低地、扇状地の末端付近、埋没河川跡など、共通する条件は地下水位が高いことで、どれも水浸けの状態でドングリ類を貯蔵しており、消費の場所である居住地とは関係なく設けられていた。備荒と虫殺しを目的とした食糧管理のための戦略だったと考えてよい。このような低湿地性貯蔵穴の増加は、滋賀県の後期の遺跡で得られている貯蔵穴の数と貯蔵穴容量の拡大ということとも整合的で、近畿地方全体の人口動向とも無関係ではないだろう。

低湿地への発掘調査の拡大はほかにも思わぬ発見をもたらした。橿原市観音寺本馬《かんのんじほんま》遺跡の北方沖積地で発見された晩期中葉の埋没林がある。縄文時代には最も利用された建築材として、また果実は食糧として利用価値の高いクリの根株だけが、一定の場所から25株発見されている。河川に隣接した低地という環境下ではクリの群生は考えられず、栽培ないしは樹種の選択的管理が行われていたことを示している。近年全国の縄文時代の消費地遺跡ではクリ材の大木や大型のクリの実の利用があったことを証明しているが、本遺跡はこれまで実態がわからなかった、生産地である森林の具体的な管理を明らかにできた重要な事例ということができる。詳しくは遺跡各節に譲るがここではほかに、脇を流れていた河川跡の川底から魞《えり》漁の施設や、材木で囲いした水場遺構も発見されていて、今後盆地部や山間地の低湿地の縄文遺跡には特に関心を払う必要があろう。

・縄文文化の終焉

　奈良盆地の中期終末以降の遺跡分布を俯瞰すると、沖積地を中心とした低地に所在する遺跡が増加する傾向がある。この現象は晩期にいたってより顕かになり、橿原市南部ではこの地域の中核的集落とされる橿原遺跡を中心として半径約３キロの範囲に、11カ所もの晩期の遺跡が衛星的に点在している。低地への進出は宇陀高原でもみられ、芳野川がつくる沖積地で晩期になって新たに出現する遺跡が少なくない。奈良盆地でも最も標高の低い場所に立地する東安堵遺跡は、後期から晩期の遺跡であるが顕著な遺構は検出されていない。だた調査地で晩期前半から終末に埋没した自然流路が数条検出されていて、堆積土から遺物のほか多量の植物遺存体が得られている。その分析によれば、当時遺跡周辺は照葉樹に覆われているが、そのなかに落葉樹や湿地性の樹木が混在していた植生環境にあったことを復元している。先述の観音寺本馬遺跡の埋没林や、東安堵遺跡の森林相の復元をみる限り、盆地内の低地部は侵食と堆積を繰り返す不安定な地形環境にあった場所も存在したものの、照葉樹を基層とした生産性の高い林相が形成され、人的な森林管理などが可能な入植条件を備えた場所であったことを教えてくれる。

　貝塚の存在しない奈良県にあって、戦前に行われた橿原遺跡の発掘調査で有機質遺物や遺存体が発見されたことは極めて稀なケースであった。台地縁辺部の局所的な環境のなかで地下水に護られたことが幸いした。同様な環境が盆地部には少なからず存在することが、先の観音寺本馬遺跡でも報告されている。この遺跡で明らかにされた晩期の居住地付近の埋葬遺構も注目できる。杭を四隅に打ち込んだ土坑墓の構造が初めて知られることとなったほか、なにより遺存していた人骨から得られた情報は特に重要で、土坑墓への複数埋葬の様子や、土器棺墓への小児埋葬の方法などの詳細が判明した。また埋葬人骨の形質学的特徴が復元できたほか、叉状研歯《さじょうけんし》だけでなくより特殊な斜状研歯《しゃじょうけんし》が執行された事例が明らかにされるなど、近畿地方における晩期の葬送や埋葬の実態を解明するうえで大きな成果が得られている。

縄文文化の終焉を考えるとき橿原遺跡はその鍵となる。1938年に実施された発掘調査の多岐に亘る成果は、遺跡各説2を参照されたいが、主な出土品が2002年に重要文化財に指定されていることがそのことを物語っている。出土品には現地では得られない石器石材や海産物などがあり、当時の社会には広域に及ぶ物流のしくみが確立されていたことも明らかになった。また遺跡からは西日本では最多の土偶が出土しているほか、石刀、石剣、石冠、冠形土製品、叉状鹿角製品など縄文文化を表徴する呪術具の出土や、東北や北陸地方など遠隔地の系統の土器が多数出土している事実がある。そこにはこの地にあった集団を精神的に支えていた縄文社会が共有する理念が貫かれていた。ところが晩期中葉を境に東北の亀ヶ岡系土器は受け入れられなくなる。縄文的社会でありながら、新たな文化を受け入れるべく共通した汎西日本的な下地が用意されようとしていたのだろう。

遺跡各節

1 奈良盆地北部の縄文遺跡

1　菅原東《すがはらひがし》遺跡

（平城京右京二条三坊二・三坪下層遺跡）

奈良市青野町・菅原町

奈良盆地の西方には南北に連なる西の京丘陵があるが、遺跡は秋篠川の西方に派生した低台地上で、平城宮の西方にあたる場所に本遺跡が所在する。ここでは１９９０年代前半に区画整理事業にともなう発掘調査が実施され、奈良時代の遺構面の下に堆積している黄褐色シルト層や、茶褐色シルト層から縄文時代の遺物が出土して遺跡の存在が明らかになった。

遺跡内から縄文時代の自然河道が見つかっている。河道埋没土の下層には砂層が堆積していたが、そのさらに下にはアラカシ・スダジイ・サクラなどの木の葉や、ムクロジの自然木などが含まれる植物の腐植土層が見つかった。縄文時代の遺物はその腐食土層から発見された、残存長約47

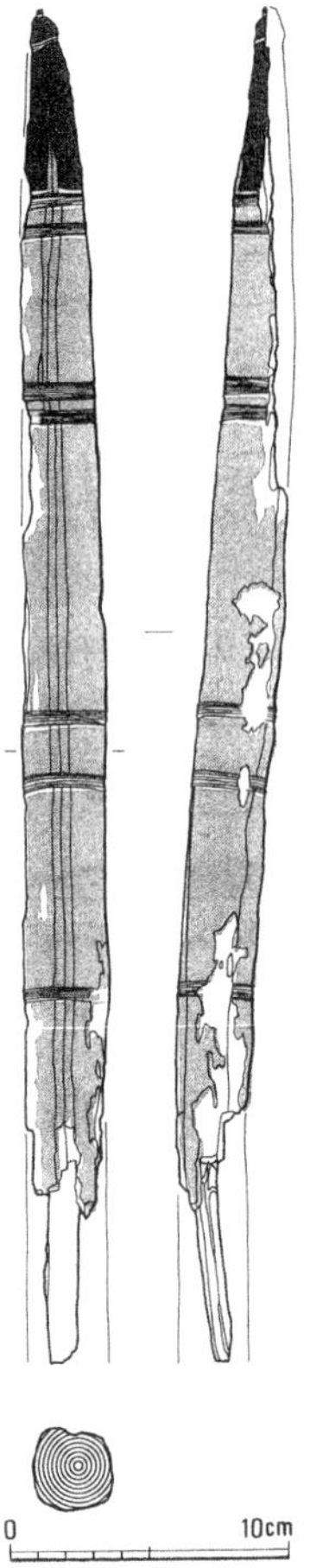

自然河道から出土した
装飾のある丸木弓

センチ、最大の太さ約3センチの晩期の丸木弓である。弓は半分以上を欠損していて全容はわからないが、弓筈《ゆはず》は炭化しているほか、一部を欠損し構造は不明だが、弓腹には切り込みを入れている。弓本体の端部に近い側には幅広の、中央側には幅の狭い糸で縛った装飾を施している。加えて弓筈部分は不明だが、弓全体に赤漆を塗って仕上げており、縄文時代の飾り弓の構造や装飾を知ることのできる貴重な資料である。

　この自然河道の周辺からは土坑が1基と、石器集中部が確認されている。出土した石器の内訳は未製品を含む石鏃13点・楔形《くさびがた》石器2点・削器1点・石錐《せきすい》2点・礫石錘《れきせきすい》1点がある。ここでは5カ所の炭化物の集中部と重なるようにして石器集中部が確認されている。上記の石器以外に黄褐色シルト層、および茶褐色シルト層と近接する流路内の堆積土からは剥片約30点、砕片が500点あまり出土している。剥片・砕片類の分析を通して、石器製作の初期の調整段階から最終段階までの間に生じる砕片であるとみなし、主に石鏃を製作した実態を明らかにしよう

炭化物と重なって検出された石器集中部
（奈良市教育委員会提供）

としている。また遺跡から出土する剝片には石器の素材となるものと、自然面が残った砕片が少ない点や、石核が出土していない事実から、あらかじめ剝離された剝片を持ち込んで石器製作を行っていた可能性が高いことを指摘している。本遺跡については、石皿や磨石などの一般的に集落から出土する石器を欠いていることから、一時的な石器製作のための場所、ないしは狩猟場の様な性格の遺跡であったことが推定される。なお遺跡の石器集中部に分布が重なる炭化物集中部から採集された、木炭の放射線年代測定の結果は４５４０±１２０年ＢＰという数値が得られている。

この調査地に隣接する南側の国道３０８号線拡幅工事にともなう発掘調査では、奈良時代の遺構の下層で検出された弥生時代の流路などのベースとなる細砂層から、縄文時代晩期の遺物が出土している。土器は長原式で、石器として石鏃、楔形石器、石刀などがある。

【文献】久保邦江１９９４「平城京右京二条三坊二・三坪の調査２８３次」『奈良市埋蔵文化財発掘調査概要報告書　平成５年度』、久保邦江ほか１９９５「平城京右京二条三坊四坪・菅原東遺跡の調査 第２９３次」『奈良市埋蔵文化財調査概要報告 平成６年度』

2　油坂《あぶらさか》遺跡（平城京左京三条五坊三坪・三条四坊十三坪などの下層遺跡）

奈良市大宮町ほか

油坂遺跡は旧佐保川が形成した扇状地上にあるが、平城京左京三条四坊十三坪の下層の調査では、流木が堆積した縄文時代晩期の自然流路のある浅い谷地形が確認されている。その谷筋に沿って流れていた流路が、埋没した後に穿たれた6基の土坑が発見されている。土坑の規模は大きいもので直径が約1・3メートル、小さなもので約0・85メートル、深さは最も深いもので0・4メートル前後である。隣り合う2基の土坑が一部重なって穿たれているものがあり、掘りなおす場合にもこの場所が目的に適っていた場所であることがわかる。各土坑からは若干数の堅果が出土していて、クリとヤブツバキそれぞれ1点の種実を除いたほかは、すべてアカガシで、照葉樹の堅果を入れた貯蔵穴であることがわかっている。報告では流路の上に堆積したシルト層からは数点の縄文晩期の土器が出土していて、貯蔵

重なりあって穿れた縄文時代晩期の貯蔵穴
（奈良市教育委員会提供）

穴の営まれた時期も晩期の範疇としている。

同じ左京三条四坊の七坪にあたる地点でも、下層の縄文時代の遺物包含層が検出されている。ここは奈良時代の鋳銭遺跡が確認されたことで知られているが、この調査地では「旧河川SD1915下の流木付近および調査区西北部の土坑から後期前葉の縄文土器が出土した」と記され、口縁部に同心円の沈線文を有するものや、太い沈線で描く磨消《すりけし》縄文などの精製《せいせい》土器とともに、条痕文や無文の粗製《そせい》土器も出土している。

左京三条五坊三坪では、北から南に流れる幅約7メートルの自然流路が横切り、その東側に接して縄文時代後期終末の方形を呈した竪穴住居1基と土坑1基が確認されている。竪穴住居は南北辺が約4メートル、東西辺が約3・8メートルのほぼ正方形に近い平面形態を呈している。四隅近い部分に主柱穴と思われるピットが確認でき、四周をめぐる周溝に沿って小さな杭穴が見つかっている。土坑は竪穴住居に先行する遺構で、平面形は直径約1・7メートルの円形を呈し、2段掘りにした土坑の深さは80センチをはかる。土坑の底は現在の湧水層

平城京左京三条五坊三坪の下層から検出された竪穴住居（※1）

である灰緑色のシルト層に達している。底に堆積した砂混じりの粘土層からは、2リットルあまりのイチイガシの種実や木材片などの植物遺体が残存しており、ドングリ類を水に晒して保管するための、いわゆる低湿地性貯蔵穴とみなしている。土坑の上位からは内外面に粗い条痕調整を残し、3段に括れる特徴をもつ凹線文土器の大型深鉢の破片が出土していて、宮滝式の新しい段階に属する貯蔵穴と考えられる。

【文献】宮原晋一 1996「平城京1995年度調査概報」『奈良県遺跡調査概報1995年度』、亀井伸雄・安田龍太郎1980「平城宮左京三条四坊七坪発掘調査概報」奈良国立文化財研究所、松浦五輪美・久保清子・久保邦江2005「油坂遺跡」『奈良市埋蔵文化財調査概要報告書 平成13年度』

3　平城京左京四条三坊十一坪下層遺跡

奈良市三条桧町

旧佐保川がつくる扇状地にあたる地域の奈良時代遺構面の下層から、縄文時代の自然流路2条のほか、竪穴遺構と小土坑がそれぞれ1基確認されている。検出された縄文時代の2条の自然流路は、いずれも北東から南西方向に流れており先後関係がある。先行する流路の埋没土は暗黒紫色の泥炭層で、大量の種子や自然木の樹幹などの植物遺体を含んでいた。

この泥炭層からはカヤ材を使った丸木弓が出土しているが、同層から出土した土器よって流路の埋没は縄文時代晩期であることが確認されている。同方向に流れるもう一方の新しい時期の流路にも、先行する流路と同様に暗黒紫色の泥炭層が埋没していた。大量の種子や樹幹とともに、長さ２９０センチ、幅70センチのケヤキ材の板状大型木製品が出土してい

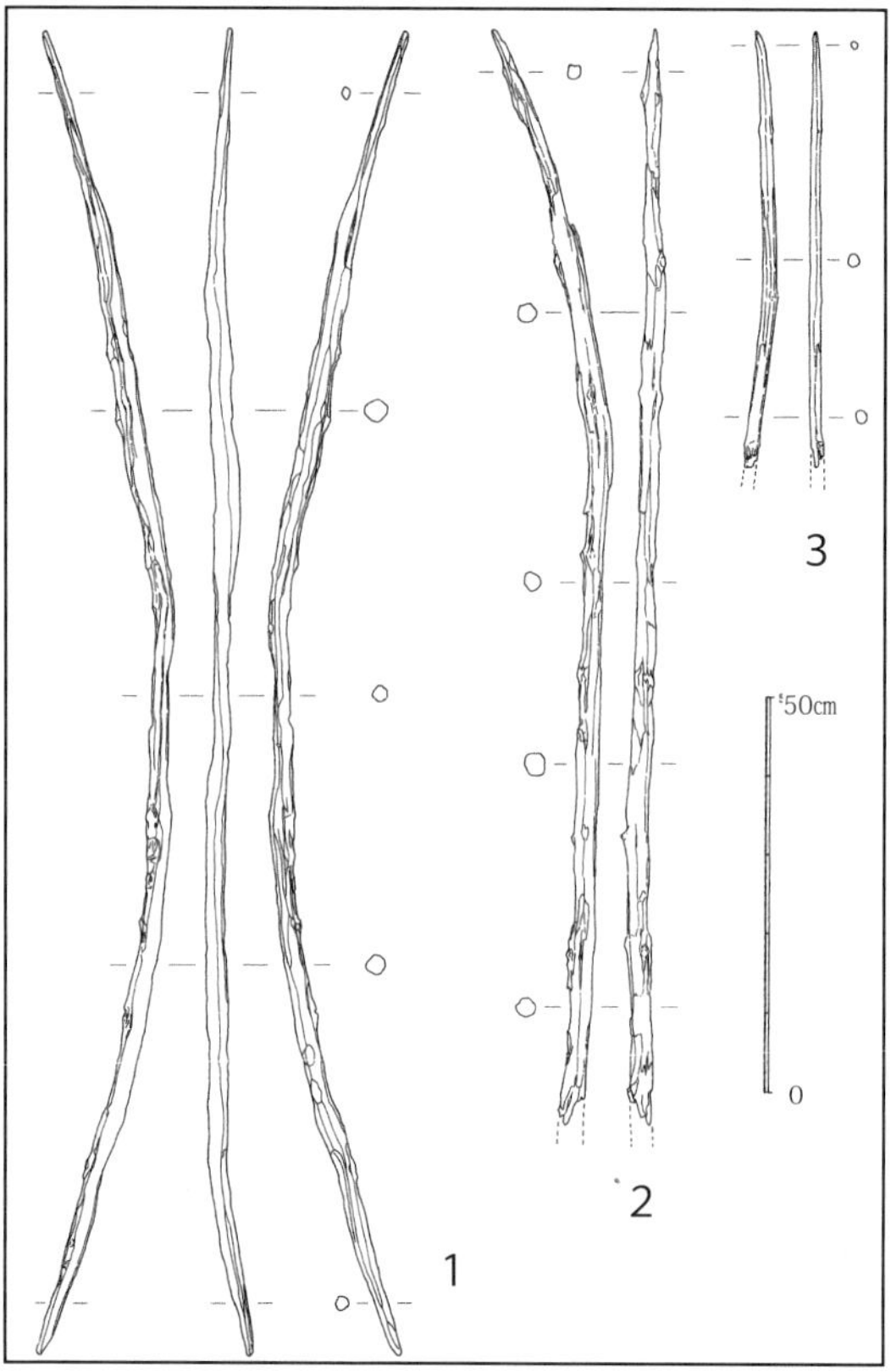

流路から出土した丸木弓（1）と竪穴遺構から出土した丸木弓（2・3）

る。

竪穴遺構は東西4・4メートル、南北は不明だが3・5メートル以上あり、深さは約0・3メートルの方形の遺構である。この遺構内の堆積土からも種子や自然木などの植物遺体とともに、カヤ材の丸木弓2本が出土している。弓の所属時期も同時に出土した土器から、縄文時代晩期と判断されている。小土坑は一辺が32センチと26センチのほぼ方形で、深さ16センチの規模で、上記の先行する自然流路の埋没土上から掘り込まれていた。この土坑埋没土からも種子などの植物遺体が出土している。

【文献】相原嘉之ほか1991「平城京左京四条三坊十一坪発掘調査報告書」『奈良大学平城京発掘調査報告書 第2集』

4　大森《おおもり》遺跡（平城京左京四条六坊下層遺跡）　奈良市大森町

1972年刊行の『考古学雑誌』58巻2号に、奈良県ではほかに出土例が知られていないひとつの御物石器《ぎょぶつせっき》が紹介されている。奈良市大森町で行われた道路工事中の発見と報告されているが、正確な出土場所は平城京左京四条六坊の南西隅に近い、現在の奈良市杉ケ町にあたる。

この御物石器について文末文献の岡本報告には「長さ34・4糎、幅12糎、厚さ7・5糎、重さ4・32瓩　比重 2・8、硬質砂岩製である。長大な原石を用い、粗く剥離して形態を整え、丁寧に全体を研磨する。上面（B）は、入念に縦方向の磨きがかけられている。両側面（A・A'）は、間接打撃によって細かく打刻され、その上を研磨して紋様を作り出す。両側面前半（図右方）には渦巻紋、後半部（図左方）にはコ字状を重ねた紋様を施している。下面全体は、二次的な打撃痕が認められる。こうした痕跡は他の例にもみられ、使用方法と関連するものと

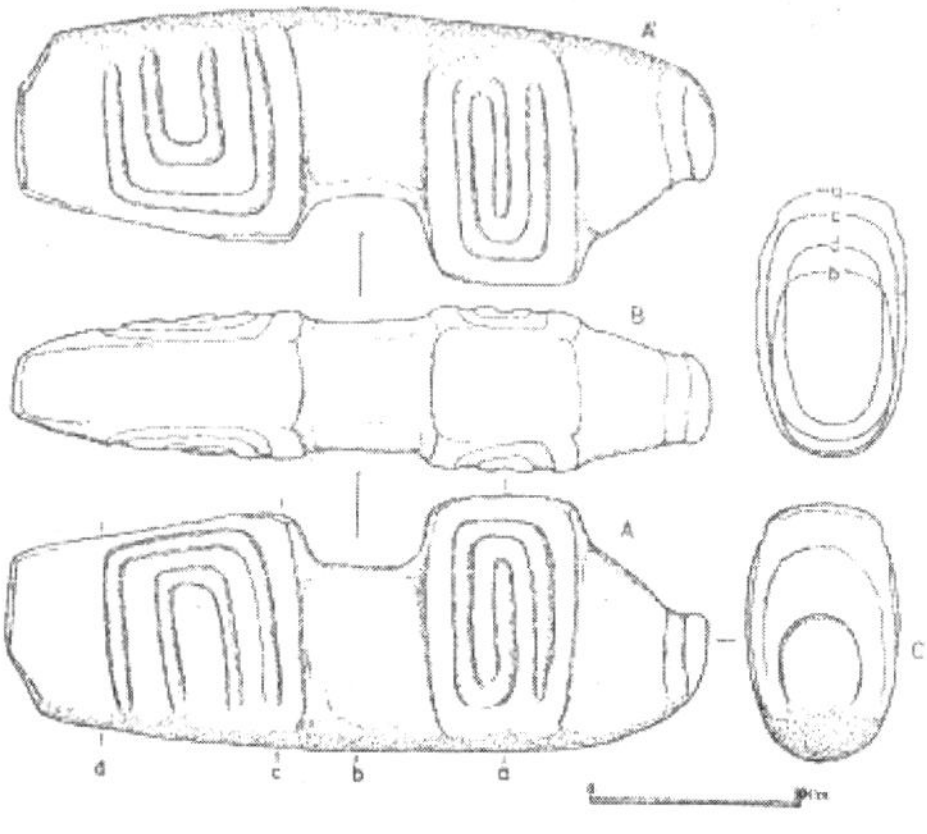

大森遺跡の御物石器
（写真は京都国立博物館提供）

考えられる。」とした観察結果が記されている。

御物石器の名称は１８７７年、明治天皇が北陸地方を行幸された際に、石川県比良遺跡から出土した当該石器が献上されたことに由来する。中央に鞍部のような抉りを作出する特徴ある大型の磨製石器で、横断面が四角ないし三角形を呈し、当該資料にもある浮彫り風の幾何学的文様を打ち出すものが多い。御物石器の分布はきわめて偏在的であり、富山と石川両県を中心とした北陸地方から、長良川、木曽川上流域にかけての岐阜県北部の山間地域を中心に集中している。西日本では和歌山、岡山両県で知られるに過ぎない。天羽利夫や橋本正らの研究があるが、その編年、用途等については未解決な点も少なくない。ただ各地の検出例から晩期前半に中心をおく時期に、集団で行われる祭祀に用いられたと考えられるのが一般的であり、本例はその形態、文様の特徴から、なかでも比較的後出の所産といえる。なお現品は、京都国立博物館で所蔵されている。

遺跡について岡本の報告では、この御物石器の発見地では、他の縄文時代の遺物は全く出土していないため「縄文時代の遺跡と判定する資料は、なにも得られなかった。」とあるが、最近になって確認された約５００メートル西方の大森町一帯に広がる平城京左京五条四坊下層遺跡で出土している晩期前半の資料と関連する可能性があるので、ここで紹介しよう。

ＪＲ奈良駅の高架工事にともなう周辺の土地区画整理事業による発掘調査で、東から西方向へ流れる河川跡が検出された。また縄文時代の遺構として晩期の直径１・６メートル前後のドングリの貯蔵穴

8基を検出している。

出土した土器は中期終末、後期前半、後期後半から終末、晩期前半、晩期後半に区分されているが、約96％は晩期前半の土器によって占められている。晩期前半の深鉢は口縁部を二枚貝条痕で表面を調整したもので、胴部はケズリ調整のものもあるが、ナデ仕上げのものの割合が高い。この時期の深鉢には在地系の土器とは異なる、口縁部に羊歯状文《しだじょうもん》や幅狭い平行沈線間に刺突文《しとつもん》を並べるなど、大洞《おおぼら》ＢＣ式やＣ１式土器がともなっている。浅鉢は頸部が屈曲して口縁部が外反気味に延びるもののほか、屈曲して内傾するものや口縁端部を外に短く折り返す形態のものなどがある。口縁は平縁にほか波状口縁があるが、リボン状の突起をもつものも含まれる。文様は口縁部に平行する7本単位の沈線によって山形文を描き、胴部上半に斜格子文を配するもの、刻み列に区画された中に三角形刳込文で、木葉状の文様を浮き立たせるものなど、橿原式文様を表出したものがある。加えて内傾する口縁部に斜線を充填した木葉文を横に連ねるものや、水平方向に幅を広げた口縁端部の要所に

密集して検出された縄文晩期の貯蔵穴
（奈良市教育委員会提供）

渦巻文を、その間を断続する縄文を施文したものなど、後期終末から晩期前半の北陸系の土器も出土している。

土製品は下腿から足を表現した土偶と、突起部を含む小型の冠形土製品の破片が出土している。石器は石鏃が26点のほか削器、石錐、抉入石器、楔形石器、敲石《たたきいし》のほかサヌカイトの石核もある。

縄文時代の河川内に堆積した灰色粘土と灰褐色砂の混在層からは、流木、種子、果実が出土している。これらと同層から出土した花粉の分析によれば、縄文時代後半の周辺はイチイガシを中心としたカシ林が広がっており、河川沿いには局地的にケヤキ、ムクノキ、トチノキなどが繁茂していた。またやや乾燥した場所にはクリやシイなどの林が形成される植生環境が復元されている。

【文献】岡本東三１９７２「奈良市発見の御物石器について」『考古学雑誌58巻２号』、原田憲二郎ほか２００９「平城京跡の調査　第５５７次・５６８次」『奈良市埋蔵文化財調査年報　平成18年度』奈良市教育委員会

5　原田《はらだ》遺跡

大和郡山市小泉町出屋敷に所在する原田遺跡は、矢田丘陵南東部を開析して北西側から流れ込む富雄川の支流、芦川がつくる標高約50メートルの扇状地上に立地している。１９９０年に遺跡は工業団地増設に際して発掘調査が行われ、古墳時代の遺構群の存在を明らかにしたが、遺構の基盤を形成する下位のシルト層から、土器や石器など縄文時代の遺物を検出している。しかし下層の調査は部分的であったため、該期の遺構や遺跡の広がりなどは確認されていない。

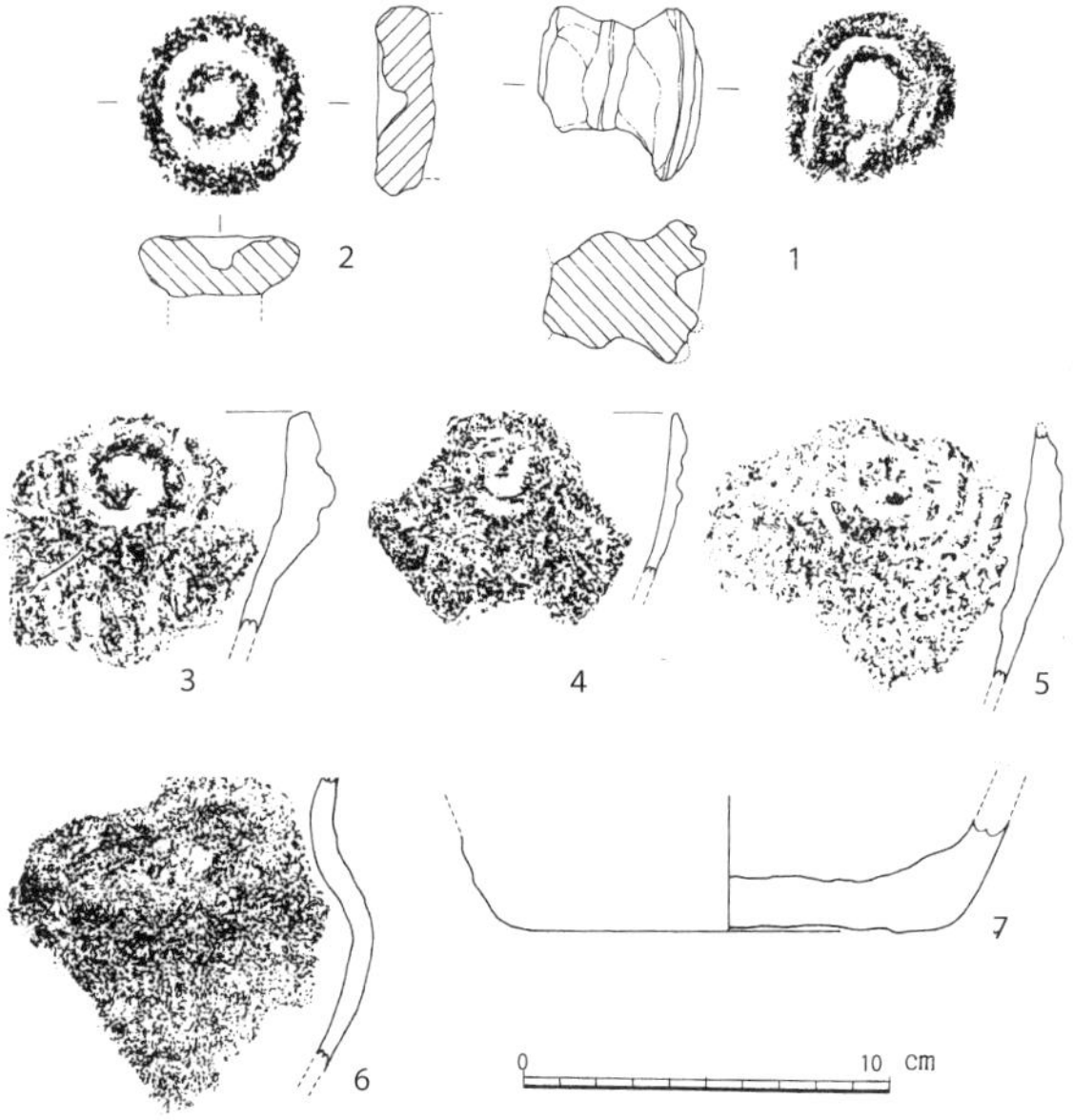

出土したスタンプ形土器品と縄文土器

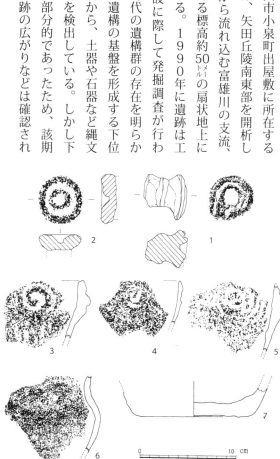

出土した縄文土器には縁帯文《えんたいもん》土器とされる数個体の深鉢がある。肥厚させた幅広の口縁文様帯の波頂部に、沈線による渦文や同心円文に弧線を重ねるなどの文様を配している（図の3〜5）。渦文の下には2本ないし3本の沈線が観察され、口縁部と胴部をつなぐ縦位の沈線によって頸部文様を描いていると考えられる。無文の粗製土器では頸部が大きく括れて、胴部上半が外に強く張る器形の深鉢がみられる。また細い櫛状の工具によるとみられる条線を縦位に密接して施す破片も存在し、出土数は少ないが後期前半に限定できる資料である。土器以外には2点のスタンプ形土製品があり、1は破片ではあるが全体が鼓形を呈していたとみられ、直径約5㌢の端面には中央に円形の凹みと外側に沈線で、同心円文様を表現し、体部中央に節状の隆帯を巡らす。2は平たい端面に同様の文様を表出する。文様は異なるが、御所市玉手遺跡出土のスタンプ形土製品と形態的な特徴は通じる。石器には石鏃・削器・楔形石器・石匙などがある。

【文献】山川均1992「原田遺跡」『大和郡山市埋蔵文化財発掘調査報告書第2集』

６　八条北遺跡《はちじょうきた》

大和郡山市に所在する八条北遺跡は、奈良盆地を南に流れる佐保川の東約３００メートルに広がる沖積地域の微高地に立地している。西名阪自動車道の大和郡山ジャンクション建設にともない２０１１年に実施した発掘調査によって、この微高地一帯では縄文時代に、幾条もの流路が浸食と堆積を繰り返していたことが、埋没した流路が検出されたことで明らかになった。

調査地では北から南へ流れる流路に、別の東からの小規模な流路が合流した地形が検出された。これらの流路は縄文時代晩期に埋没をはじめたことが確認できたが、流路の東側から平面がほぼ円形を呈する8基の土坑が近接して存在していた。土坑は規模に違いがあり、最大で直径約2・3メートル、最小で直径約1・4メートル、深さも1・6メートル～0・6メートルでかなりバラツ

調査区の手前側に分布する貯蔵穴（※1）

大和郡山市八条町

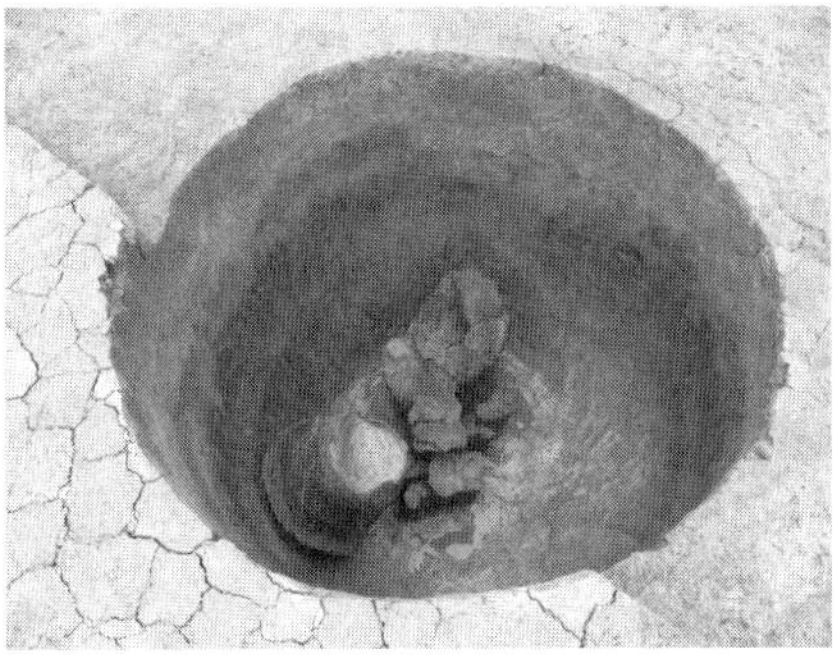

貯蔵穴内の縄文土器出土状態（※1）

貯蔵穴内の堅果類出土状態（※1）

キがある。縦断面形態も逆台形のもの、椀形、袋状を呈するものなどがあって一定しない。土坑内からはクヌギやアベマキのドングリが発見されて、出土した土器によって後期終末から晩期に穿たれた貯蔵穴と判明した。

その中の1基は長径2・2メートル、短径2・1メートルのほぼ円形の土坑で、縦断面は逆台形を呈し深さは1・6メートル。埋土中層から滋賀里Ⅱ式の深鉢が3個体出土している。下層には砂質土が堆積し、木の葉やアベマキの果実が出土した。また別の1基は長径1・6メートル、短径1・5メートルの円形で、深さ1・1メートルの深い椀形を呈している。下層に堆積した黒褐色粘質土層から平縁と波状口縁などいずれも滋賀里Ⅲ式に属する3個体の深鉢が出土した。ここでは取り残されたドングリ類は出土していない。検出された土坑はいずれも流路のすぐ脇にあり、地面から浅い位置で地下水が湧き出る環境の場所に穿たれていた。

貯蔵穴から出土した縄文晩期の深鉢（※1）

　また、近接する西名阪自動車道を越えた南側の調査区でも、縄文時代の4条の流路と1基の貯蔵穴を発見している。流路の岸に形成された深さ約10センチの浅い窪みからは、クリの実が大量に集積した状態で出土した。この地区の流路と貯蔵穴およびクリ集積遺構の年代は後期中葉ないしそれ以降だが、晩期を待たず後期終末までには埋没したものと判断されている。

　貯蔵穴からはドングリ以外にエゴマの種実が見つかり、集積していたクリの実は大型の個体が揃っているなど、利用できる植物の栽培の可能性や、森林環境に手を入れて人工的に積極的な管理を行っていた可能性が指摘できる。貯蔵穴や流路内からは後期から晩期の土器が出土していて、この付近で調理も行っていたことがわかるが、ドングリなどの生産・収穫地が付近にあって、食糧の初期の加工処理や一時的保存の場であったと考えることができるだろう。自然流路から土器と石器以外に食料とした獣骨や耳栓形の耳飾がが出土している。この地に形成された流路の堆積状況や遺構の埋没状態などから、縄文時代後期中頃から晩期に掛けてこの一帯では、流路が浸食と堆積を繰り返えす不安定な時期もあったが、地表の安定した時期には堅果類の収穫と貯蔵を中心とした生業活動の場として利用されていたことが明らかにされた。

【文献】川崎志乃２０１１「八条北遺跡」『奈良県遺跡調査概報２０１０年度』奈良県立橿原考古学研究所、杉山拓己２０１４「八条北遺跡」『奈良県遺跡調査概報２０１３年度』奈良県立橿原考古学研究所

７　前栽《せんざい》遺跡

天理市前栽町

　前栽遺跡は弥生時代の遺跡として知られている平等坊岩室遺跡の北東約４００メートルの位置にあり、天理市前栽の集落から南側の標高56メートル前後の、現状が宅地や水田地帯に広がっている。この一帯は旧布留川の堆積作用によって形成された沖積地の中の微高地にあたり、遺跡の範囲は南北６００メートル、東西３００メートル程度の範囲と推定されている。１９８３年に小学校屋内運動場の新改築工事にともなって発掘調査が行なわれた

　調査では東から西に流れる縄文時代晩期～弥生時代前期の幅が最大で12メートル、深さ最深で7メートルの河川跡と、直径1・2メートル、深さ0・42メートルの擂り鉢状の土坑1基を確認している。

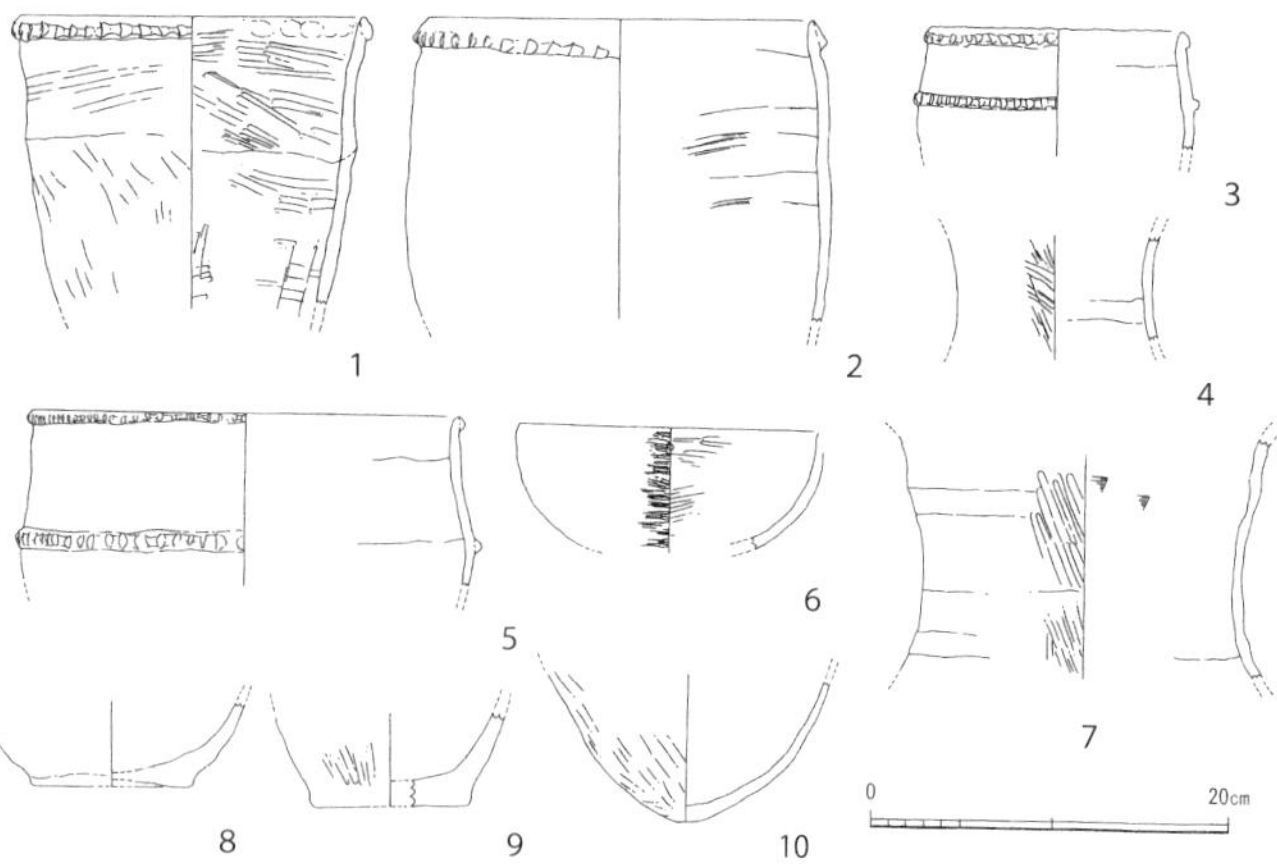

前栽遺跡から出土した晩期の土器

出土した縄文土器は1点のネガティブ楕円文を施した早期の押型文土器を除けば、すべて晩期終末の凸帯文《とったいもん》土器に限られる。器種は深鉢、浅鉢、壷の3種であり、85%を占める深鉢は形態によって、口縁部がほぼ垂直にのび、肩部が屈曲しない単純な器形で、口縁端部に1条の刻目凸帯文を有するA類（図の1・2）、口縁部が外反ぎみに外上方へのび、肩部で僅かに屈曲し、2条の刻目凸帯文をもつB類（図の3）、胴部に最大径をもち、口縁部がわずかに内弯気味に上方へのびるC類（図の5）に分類される。浅鉢は僅か6%でいずれも深鉢に比べ調整は丁寧で、口縁部付近に軽い磨研を施す。壷は9%で口縁部は外へ開き気味の形態で、凸帯の有無は不明な大型のA類（図の7）、内傾する口縁部を持ち、端部に刻目凸帯文を持つB類とに分けられる。底部は平底が大半を占めるが、凹底（図の8）と丸底（図の

10）が各1点ある。器面調整は板状工具によるものとヘラ状工具によるケズリと、ナデがあり、ナデはこの時期にもかかわらず多くが二枚貝によるものである。口縁部や胴部に加飾した凸帯はヘラ状工具を斜めに押しつけるように刻んで、圧痕はD字形を呈するものが圧倒し、V字形やO形の刻み痕を呈するものは少数である。

以上の土器の特徴から本遺跡の凸帯文土器は、船橋式から一部長原式を含む時期に比定できる。深鉢の中には二枚貝による刻目を施す凸帯文をもった、伊勢湾地方の特色を有するものや、紀ノ川流域特有の結晶片岩を胎土に含有する土器などがみられ、かなり広範囲の土器製作に関する交流があったことが確認できる。

前栽遺跡が存在する微高地はさらに北西方向に延びているが、その微高地の先約６００メートル付近には、やはり縄文晩期の土器が出土した平等坊松ノ木遺跡がある。１９８５年の発掘調査で出土した土器は刻目凸帯をもつ晩期終末の深鉢の破片で、前栽遺跡と同一時期の所産と考えてさしつかえない。この二つの遺跡の距離は少々離れているが、これまでどちらからも明確な遺構は発見されていないことから、微高地の中でも最も安定した場所にある現在の平等坊集落付近に、当時の集落の中核部分存在している可能性もある。一方南方にある弥生時代の環濠集落である平等坊岩室遺跡の西側にある岩室西遺跡でも長原式土器が出土している。

【文献】泉武１９８４「前栽遺跡」『天理市埋蔵文化財調査報告』第1集

8 別所《べっしょ》ツルベ遺跡

天理市別所町ツルベ／袴田

天理市街地の北方に位置する、通称豊田山から南西に向かって延びた丘陵が、沖積平野部へと埋没する標高70メートル《メートル》前後の緩斜面上に遺跡が拡がっている。遺跡は天理市別所町字ツルベ・袴田にある。遺跡北側は丘陵末端部が延びてきており、南西側には微高地が存在し、両者に挟まれた低地部を包括する範囲に遺跡が展開し、調査の結果そのなかに後述する遺構が設けられたことがわかった。

1994年に店舗新築に際して実施された発掘調査によって、幅約4メートル《メートル》の自然流路が検出されたほかに、土坑、落ち込み状遺構、住居状遺構、埋甕遺構、溝などがあり、いずれも縄文後期前半の所産とされる。調査地中央西側において、検出された4基の埋甕《うめがめ》遺構は長さ60～80センチ《センチ》の土坑内に、いずれも深鉢を正位に埋置したもので、底部が穿孔されているなど等質性が窺える。そのなかの1基からは翡

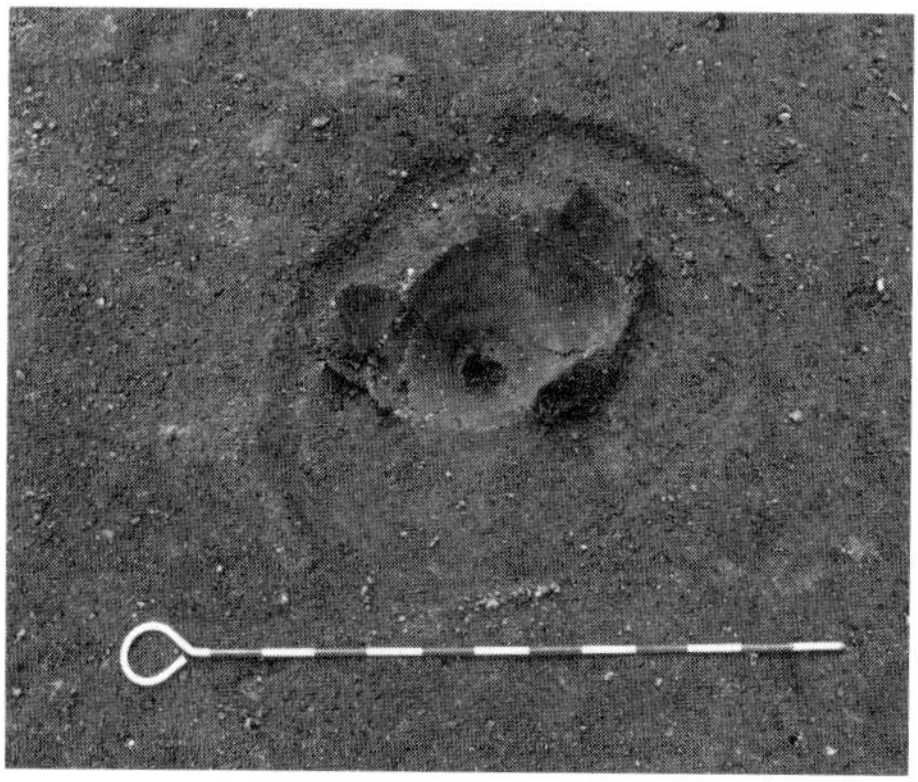

上部が失われた埋甕遺構（天理市教育委員会提供）

翠製大珠《たいしゅ》が出土している。これとは別に土坑内に横転した状態で出土した深鉢があるが、これにも底部に焼成後の穿孔が認められ、上記の埋甕遺構と同類とみて差し支えないだろう。土坑内での据え付けや土器の扱いなどからみて、これらが再葬《さいそう》行為による遺構の可能性を示唆する。その南西側の微高地に近い一角からは、2基の不整形な土坑が検出されている。土坑内には規則的に配置されてはいないが、柱穴状の小穴が多く認められる。全容は不明だが規模の大きい方で直径が約8メートル、もう一方が直径6メートル以上を測る、どちらも不整形な平面を呈しているものの、報告では竪穴住居の可能性があるとしている。なお南側にある前者の床面からは、上記と同様の埋甕遺構が検出されている。

出土遺物には縄文時代後期初頭に遡る土器や晩期の土器も含まれるが、大半は後期前半から中葉の北白川上層式、なかでもいわゆる縁帯文土器が盛行する時期が中心となる。有文・無文にかかわらず僅かに反り気味に長く延びる口縁部先端は、幅を持った肥厚口縁とする。有文土器はその口縁部に縄文、斜沈線、同心円沈線文を配している。有

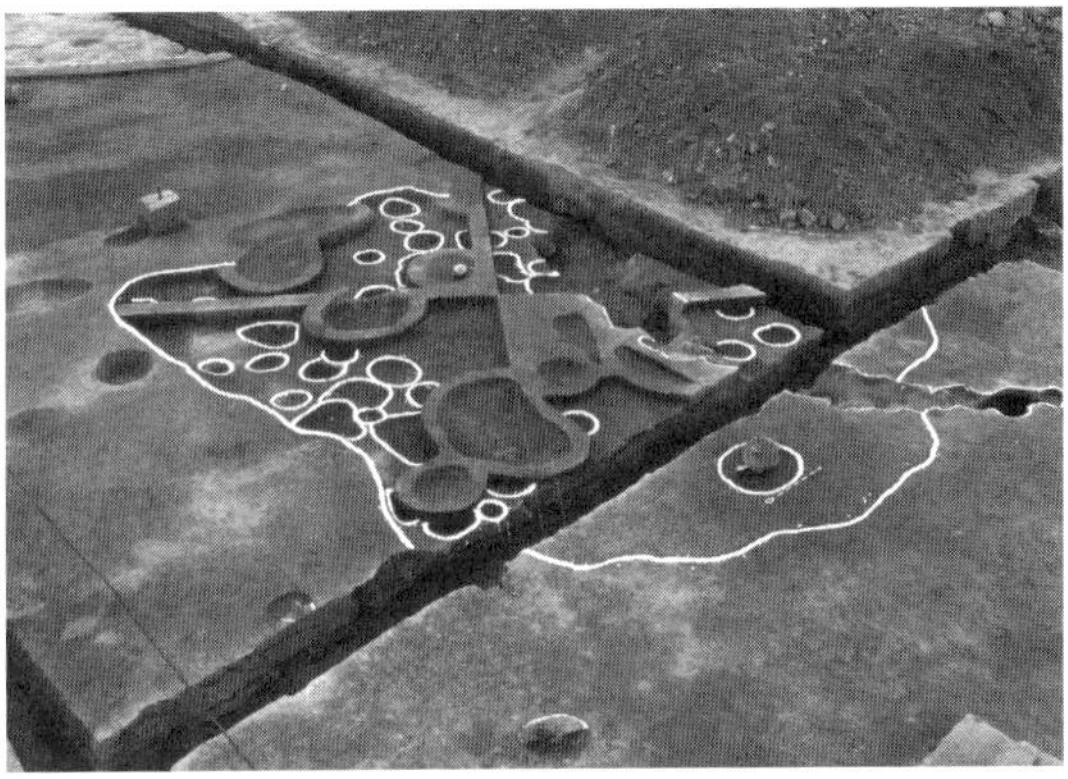

住居状遺構の完掘状況（天理市教育委員会提供）

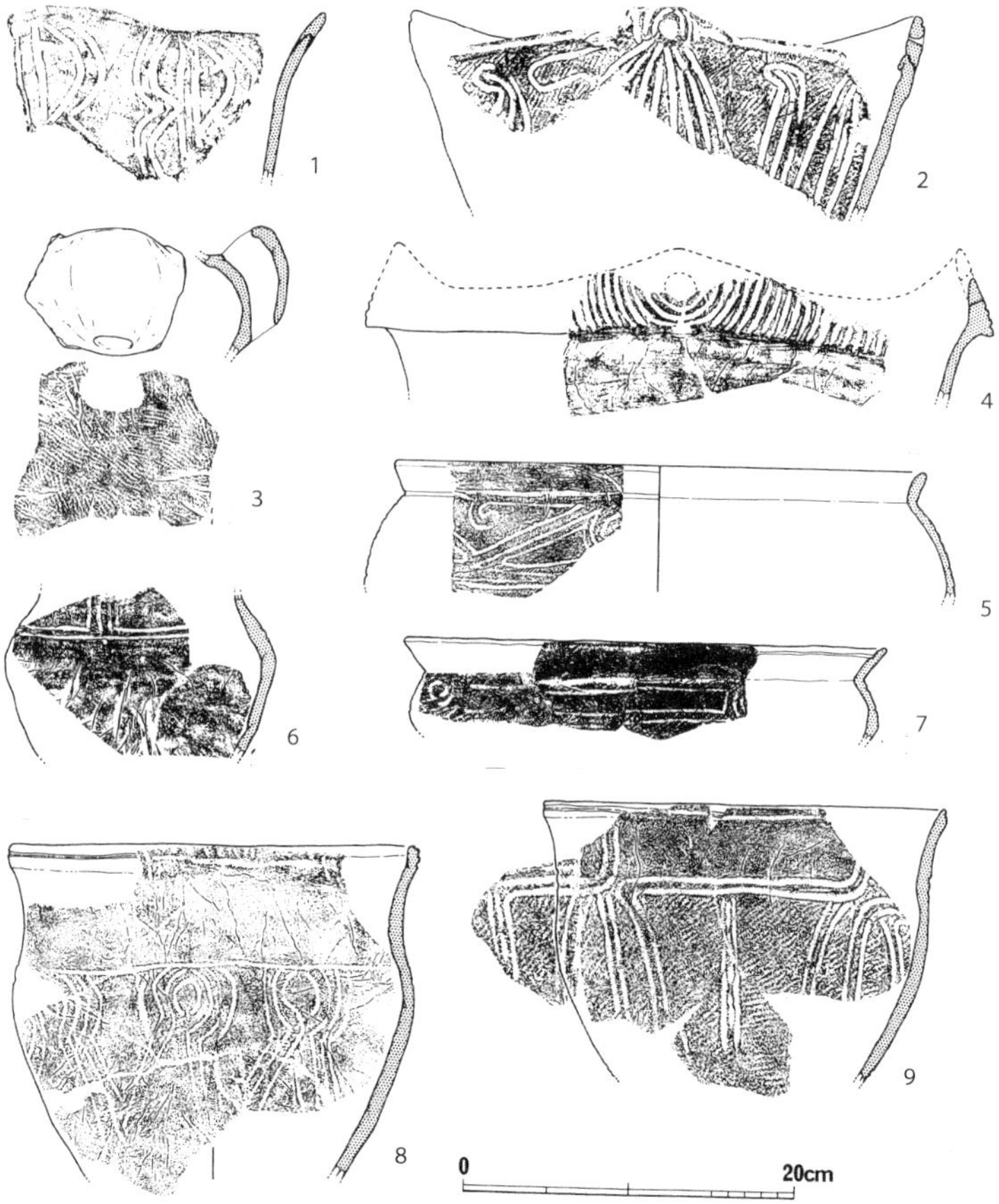

別所ツルベ遺跡から出土した縄文後期の主たる土器

文土器には波状口縁も少なくない。頸部は基本的に無文とするものが多いが、胴部文様帯との間を、多条の沈線や刻み目を施した隆線で繋ぐものもある。深鉢以外に無文の皿状の浅鉢や、碗形の小型鉢も存在する。これらの土器は近畿地方中部の特徴を有する在地の土器であるが、同時に出土した土器には、九州の鐘ケ崎式（図の5）、北近畿から山陰地方の布勢《ふせ》式、北陸の気屋《けや》式、関東地方の堀之内1式（図の2・8）や同2式のほか加曽利B1式などの特徴を有するもののほか、東北地方の橋状把手《きょうじょうとって》の要素をもつ土器など、他地域系統の土器が少なからず認められる。以上の時期以外の土器には、後期初頭の土器が僅かにあるほか、長原式とみられる凸帯文土器が少量出土していて、同時に出土している弥生前期の土器との関係も注視される。

石器類は縄文時代後期前半段階の通有の器種が揃っている。石材に関しては、石鏃や石匙をはじめとした剝片石器はもっぱらサヌカイトを用いる。一方で磨製石斧のほか石皿や磨石・敲石など礫・磨製石器には数種類の石材が用いられるが、なかでも比較的玄武岩を使用した石器が目につく。両面に研磨面をもつ石皿には水銀朱の付着が認められる。なお、石器には分離すべき弥生時代に所属するものも含まれている。

耳目を惹くのは既述した硬玉製品で、大珠《たいしゅ》と呼ぶには長さが2・6チセン、幅2・0チセンと小型だが、片側から穿った直径約4ミリの孔は穿孔技術の高さを示し、翡翠の神秘的な緑色を呈した部分が鮮やかである。近隣の布留《ふる》遺跡堂垣内《どうがいと》地区から出土した翡翠大珠とともに、当時の奢侈品の流通を考える上では貴重な出土品である。

【文献】青木勘時ほか１９９８「別所ツルベ遺跡」『天理市埋蔵文化財調査概報 平成６・７年度』

９　布留《ふる》遺跡

天理市布留町

布留遺跡は大和盆地の東端を画す春日山断層の、西麓に発達した扇状地上に立地している。扇状地は東方の大和高原を源流とする布留川が形成し、遺跡は現在の天理市街地を中心として、南北約７００㍍、東西約１０００㍍に及ぶ広大な面積を占めている。遺跡からはナイフ形石器が出土しているほか、弥生土器のほか土師器や須恵器をはじめ、刀装具を含む木製品・玉製品・鍛冶道具など、古墳時代の出土品にも重要なものが多く、なかでも土師器は「布留式」として畿内前期の標識型式とされている。

縄文時代の遺構が発見されている地点は扇状地東部に多い傾向があるが、時期によっては広い扇状地の西部からも確認されている。ここでは発掘調査が行われ、遺構などが出土した主な地区について紹介する。布留遺跡の縄文資料が最初に得られたのは、東端に近い布留川右岸にある布留遺跡堂垣内地区で、1939年に当時の天理高等女学校の周辺を中心に実施された発掘調査による。小規模なトレンチ調査であったが、当時未だ資料の少なかった中期終末から後期初頭の纏まった資料を得て、「…口縁が直口、あるいは内窄し、胴部の膨らみのある鉢形で文様は箆で太く、また竪櫛状器具で沈線をひいたものや、荒く細長に点文を施したもの、あるいは沈線文の内や外の縄文を不充分に磨消したものや、縄文を口縁帯と、そこより底部まで帯状に垂下させたもの…」を天理式と設定する。後にこの土器の検討を重ねて、近畿地方中部の中期終末の「天理C式」と、後期初頭に位置づける「天理K式」とに分けて理解されることになる。堂垣内地区では1983年に託児所の建設が計画され、それにともなって広範囲の発掘調査を実施し、竪穴住居、焼粘土遺構、立石《りっせき》など中期終末から後期初頭の遺構を検出している。上記の天理C式と天理K式以外に、鷹島式、福田K2式、四ツ池F式などが出土している。

布留遺跡堂垣内地区における縄文土器の出土状況（埋蔵文化財天理教調査団提供）

布留遺跡堂垣地区から出土した天理Ｃ式土器
（天理参考館提供）

堂垣内地区から出土した石棒
（※２）

２度の調査で石器や石製品も数多く出土している。石器は石鏃、削器、楔形石器、石匙、石錐、磨製石斧、石錘、敲石、磨石、石皿、台石など生産具や加工具などが主体となっている。石錘は数も多く切目石錘と礫石錘の数は相半ばする。剥片石器には内彎刃部をもつＣ字形や、Ｘ形を呈した異形石器がある。祭祀遺物としては花崗岩製の石棒があり、直径が10・5センチある頭部を２段につくる有頭石棒の大型品で、兵庫県但馬地方で確認されている生産遺跡から出土する製品に類似する。ほかに注目される石製品に硬玉大珠がある。浅い土坑から出土した長さ４・８センチの大珠は、中ほどに直径８ミリの穿孔がある。片面には孔を開けかけて中途で止めた痕跡が残されていて、穿孔の具体的方法がわかる貴重な例である。

布留遺跡豊井打破り地区は布留川北岸の標高85メートル前後の扇状地東縁に近い付近に位置している。1984年に遺跡の西側の一部を発掘し、はじめて神宮寺《じんぐうじ》式、高山寺《こうざんじ》式、穂谷《ほたに》式など早期の押型文土器が出土した。神宮寺式土器は薄手で特徴的な括れの弱い逆円錐形の器形を呈し、ネガティブ楕円文を軸とした比較的文様バラエティーの少ない土器である。直後の土器型式は少ないが葛籠尾崎《つづらおさき》式が僅かに存在し、山形文や楕円文の横位密接施文を基本とした土器のほかに、複合鋸歯文を施文した土器が出土している。高山寺式で再び出土量が回復し、同型式は楕円文の大きさと内面の沈線の形状と間隔の違いによって2時期に区分できるが、当地出土品には楕円文が大きくしかも沈線の間隔が開いている新しい時期の資料が多くを占める。穂谷式は口縁部に隆帯を巡らして主に縦位の大振りな山形文を配したものであるが、口縁直下に施した隆帯上に刻みをもつなど、穂谷遺跡にはみられない要素も窺える。

1991年には早期の遺跡の中心部に近いと考えられる、北東側の地区が大規模に発掘調査された。ここでは洪水砂礫層を間に介した2つの遺物包含層の存在を確かめ、上層から高山寺式土器が、下層から神宮寺式土器が出土した。上層の遺物包含層下で確認した遺構にはサヌカイト剝片を集積した土坑1基、土坑4基、集石遺構2基があり、下層の遺物包含層下で小土坑4基、集石遺構14基と、竪穴住居状遺構1基を検出している。集石遺構のひとつは礫群とも呼ばれる遺構で、ほぼ円形を呈した直径約1メートル、深さ約0・3メートルの規模の土坑で、底に比較的大型の平たい形状の石を置き、中には焼けた小円礫が詰まった状態で出土している。出土した押型文土器は１９８４年の調査で出土した時期のものの範囲を超えないが、神宮寺式と高山寺式土器は特に充実しており、この地域の当該土器文様などの属性を理解する上で貴重な資料である。また、高山寺式土器とともに出土している条痕文や縄文施文土器は早期後半に位置づけられるものだろう。石器には石鏃、石匙、削器、石錐、楔形石器、磨石、敲石などがあるほか、有茎尖頭器、有溝石器、異形局部磨製《いけいきょくぶませい》石器など特筆すべき器種が出土している。石製品には細長い礫と、扁平で楕円形の小さい礫の、どちらも一端に近い場所に小孔を穿けた垂飾品と思われるものが出土している。押型文土器の時期にしばしば見られる石製品と類似する。

布留遺跡三島木寺地区は布留扇状地の中央よりやや西方の、標高66メートル前後の天理市街地の中に立地している。この地域は扇状地末端に向かって平坦な地形を呈し、中川や三島川などの小河川が西に流れている。１９８５年に発掘調査が行われ縄文晩期の遺構の存在が確かめられている。

布留遺跡・豊井打破り地区で検出した集石遺構
（埋蔵文化財天理教調査団提供）

遺跡では縄文晩期の遺物包含層とともに同時期の自然流路が発見され、それに近接して土坑３基と焼土坑２基および貯蔵穴を７基検出している。特に集中して発見された貯蔵穴は、直径が１８０～２５０センチ、深さが概ね60センチの規模で、穴の壁は垂直に掘り下げたものが多くみられる。穴の下層からは木材片、木の葉のほか、最下層からはドングリなどの堅果類が出土し貯蔵穴と判断された。遺構は扇状地の末端に近い場所にあり、かつすぐ脇を自然流路が流れている地下水位の高い環境にあった。常に水に晒される状態でドングリ類を木の葉や木片で覆って貯蔵していたことが想定されている。

　貯蔵穴から出土したドングリ類は、コナラ亜属やアカガシが大半で、取り出す際に少量が穴の底に残されたものと考えられる。また貯蔵穴内の土壌から得られた花粉の分析によれば、カシが優勢だがトチノキやクルミの花粉も一定程度出現していたことから、常緑広葉樹が主体の森林に、落葉広葉樹が混じり込んだ植生環境であったことが復元

布留遺跡三島木寺地区で見つかった縄文時代晩期のドングリ貯蔵穴（埋蔵文化財天理教調査団提供）

されている。

出土した土器はほぼ晩期前半の滋賀里Ⅱ式およびⅢａ式に限られる。口縁部がくの字状に屈折する形態と、明瞭な頸部がなく胴部からそのままやや外傾気味に口縁部に続く単純な形態の深鉢で、器面調整は内外面を貝殻条痕文で仕上げるもの、口縁部を条痕文仕上げし、胴部はケズリ調整を施すものなどがある。浅鉢には平行沈線を引いた精良な胎土の破片があるが個体数は多くない。

石器は石鏃、石錐、削器に限られる。石鏃は長さ２・５～３・０㌢、幅１・５㌢前後の比較的大型で幅広の形態が主体となっている。石錐はつまみ部に素材面を残し片面からの調整で先端部を作り出すものである。削器は礫原面を残した剝片に調整を加えたものがある。

このほか布留川の南方からも縄文時代の遺物が出土した報告がある。堂垣内地区と布留川を挟んで南に接した西小路地区では、１９７６年の調査で遺跡の基盤となっている黄色砂礫層の直上から、僅かな資料だが中期初頭の鷹島式土器が、また、南方６００㍍の赤坂地区からは早期後半の粕畑《かすはた》式土器が出土している。いずれも布留遺跡では初出の土器である。

【文献】島田暁・小島俊次１９５８「布留遺跡」『奈良県史跡名勝天然記念物調査抄報』、太田三喜ほか１９８９「奈良県天理市布留遺跡三島地区・豊田地区発掘調査報告」『考古学調査研究中間報告』16、太田三喜ほか２０１３「布留遺跡豊井（打破り）地区発掘調査報告書」『考古学調査研究中間報告』29

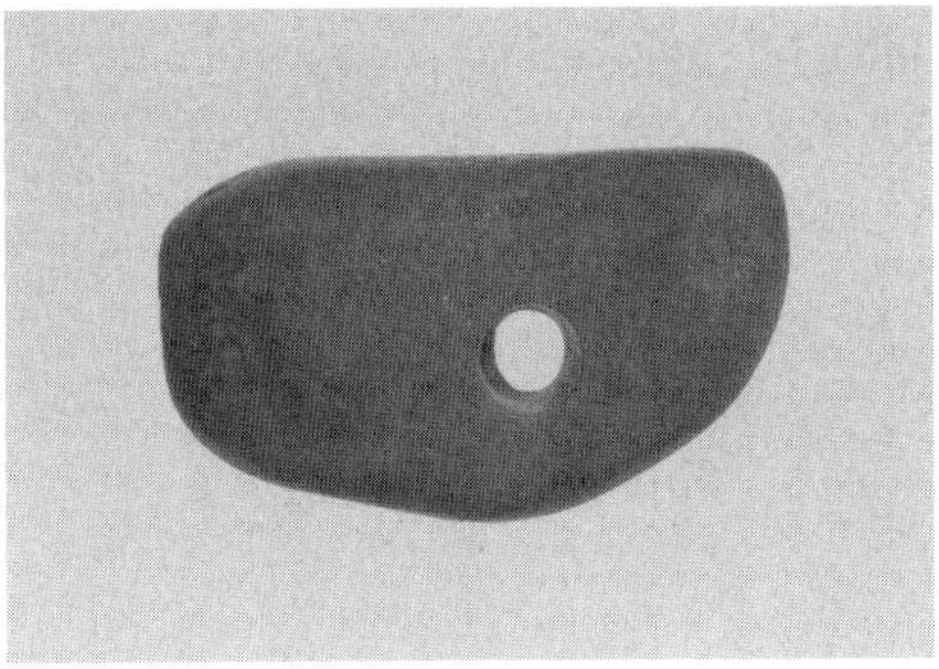

布留遺跡出土の大珠（穿孔部のすぐ左上に穿孔途中の痕跡が観察できる）＝天理参考館提供

コラム1

翡翠《ひすい》の大珠《たいしゅ》

・布留遺跡の翡翠製大珠

布留遺跡堂垣内地区の発掘調査で、浅い土坑内から翡翠製の大珠が出土している。大きさは長さ4・8㌢、幅2・6㌢で側辺の片側が直線的で、他方が膨らみをもつ不整形な形状である。色調は大半が不透明な白色を呈しているが、片端付近に鮮やかな緑色がかった部分があって、まさに翡翠の特徴であるカワセミ色を呈した逸品である。中ほどに貫通した直径8㍉の穿孔があり、すぐ脇に穿孔途中で中止した痕跡もみられる。

・翡翠の原石と生産工程

翡翠の産地は国内に数カ所あるが、姫川の上流である小滝川や青海川の流域の産地の翡翠が良質として夙に知られている。その渓谷には数十トンという大きな翡翠の原石があるが、当時はそこから河川によって運ばれて適当な大きさになった翡翠を採集して、大珠などの装飾品に加工していた。姫川の河口に近い新潟県長者ヶ原遺跡からは、多数の翡翠の原石、砂岩の玉砥石、擦り切り用砂岩石器、翡翠のハンマー、玉の未完成品などが出土していて、翡翠を攻玉する生産遺跡であることがわかる。縄文時代にはさまざまな装身具があるが、なかでも蓋し逸品とされるのが翡翠製の大珠である。山梨県三光《さんこう》遺跡で出土した長さ11・1チセン《チセン》の大珠などは、特に色合いも素晴らしく、垂飾品として全体の形状やバランスも良く、誰をも魅了するに充分な宝飾品としての価値がある。

長者ヶ原遺跡の調査では大珠の生産は縄文時代中期前半に始まり、ほぼ後期中葉までには終えている。だたし最も時期が遡る大珠は前期後半の山梨県北杜市天神遺跡の墓から出土しており、大珠の生産はこの頃に始まったといえる。

大珠の製作工程はおおむね一、敲打整形《こうだせいけい》、二、部分研磨、三、穿孔《せんこう》、四、仕上げ研磨の順序で行われるが、注目すべきは硬度が6・5～7の翡翠大珠に穿孔する攻玉の技術である。また、すべてではないが大珠は、中央に一方向から穿孔するという製作技術が貫徹されていて、それ以前の両面からの穿孔技術とは基本的に異なっている。孔には線状痕が明瞭に残されており、この硬く手強い石材である翡翠に用いた穿孔具には棒錐ではなく、布留遺跡の大珠の写真で確認できるように、管骨や篠竹などのようなものを用いた中空の管状の錐を使ったようだ。布留遺跡の大珠にみられる穿孔途中の痕に、明瞭なへそ状の突起があってそれがよくわかる。研磨剤として石英粒などを使用するためにも、管錐を工具として使う技術が必要とされたのだろう。

・大珠の分布

大珠は全国で200点前後出土しているが、長さ約16チセンをはかる氷見市朝日貝塚例に見られるように、原産地に近い遺跡では大型品が多い傾向はあるが、遠隔地である東関東や東北南部にも大型品が運ばれている。出土地の分布を一瞥すると、上越地方から富山平野と周辺の北陸地方、および飛騨地方を中心とした中部地方西部は原産地に近いことから特に分布密度が濃く、信州では伊那地方のほか松本平や諏訪盆地一帯で出土数が目立って多い。また、東京湾沿岸や東関東などの地域もかなり密に分布する地域といえる。ただし北信地域やそれに続く信濃川流域や下越地域は意外と少なく、原産地や生産遺跡からの距離とは必ずしも整合せず、同心円状に広がっていたとはいえない。一方で遠隔地への分布域は広く、北端は最北の礼文島船泊《ふなどまり》遺跡にまで達し、北海道を含む東日本に濃密な分布域を形成している。近畿地方を含む西日本にも散見されるが、縄文時代の東高西低型の代表的遺物でもある。（*註）

・大珠の価値と意義

岩手県大向上平《おおむかいうわだいら》遺跡や上述の山梨県天神遺跡などの事例にあるよう、大珠は墓から出土するケースが多く、布留遺跡の浅い土坑もその可能性がある。しかし墓の数からみると大珠は、きわめて限られた特定の人物しか所有が叶わなかった。大珠は容易に入手できるものではないが、特に東日本を中心に遠隔地まで運ばれていて、茨城県坪井上《つぼいうえ》遺跡では国内最多の8点の大珠が見つかっているが、石質や形ばかりか穿孔径なども異なり、流通の複雑さも垣間見ることができる。長者ヶ原遺跡に代表される糸魚川産の翡翠大珠は、奢侈品としてほかのものでは替え難い高い評価を得ていて、その名声は各地に広く知れ渡っていた。当時このように、翡翠製の大珠が珍重された理由は、原石の希少性や磨かれた翡翠の色彩の美しさはもちろんだが、硬度が高く靭性が強いこの石を見事に穿孔する攻玉技術の開発にこそあったといえよう。

（註）山鹿貝塚など九州の大珠とされる出土品は後期や晩期に属し、石材も糸魚川産ではなく長崎県西海市雪の浦産のニッケルによる呈色の石英か、熊本県の含クロム白雲母片岩の可能性がある。

【文献】寺村光晴1995「日本の翡翠」吉川弘文館、木島勉2003「生産遺跡のタイポロジー」『ヒスイ文化研究所報』、栗島義明2012『縄文時代のヒスイ大珠を巡る研究』

10　佐保庄《さほのしょう》遺跡

天理市佐保庄町

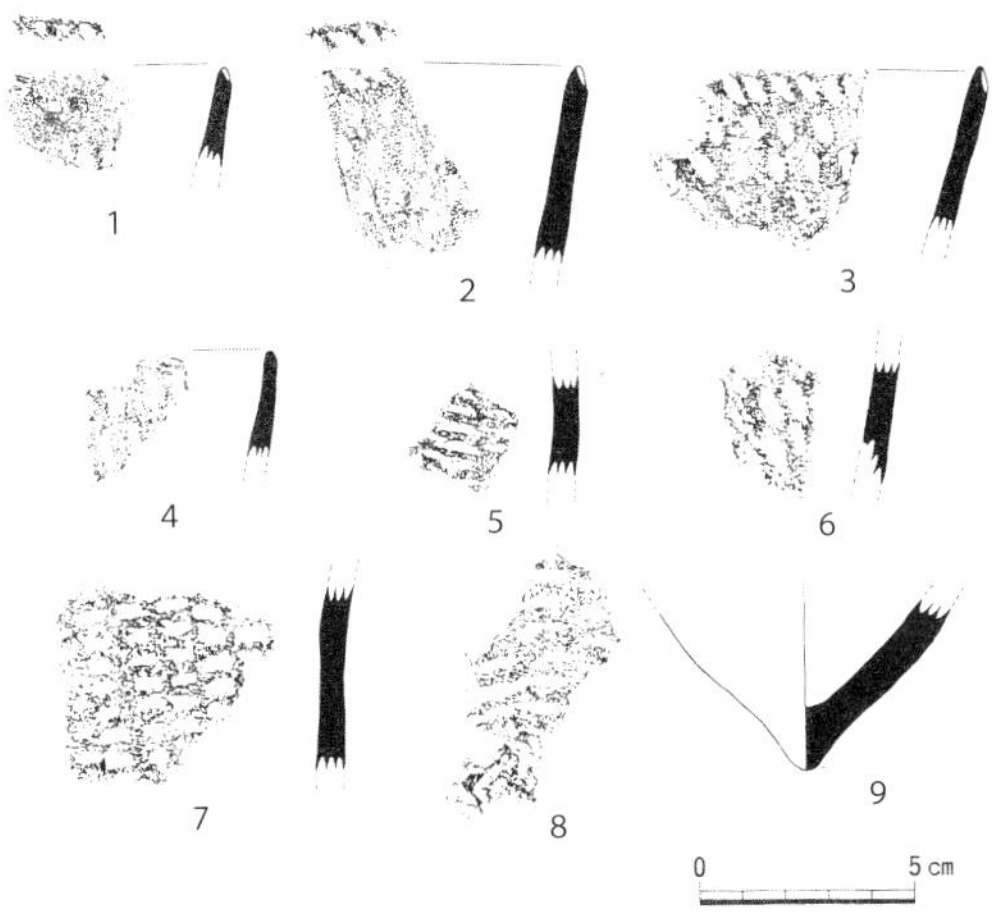

佐保庄遺跡・五合瀬古墳下層から出土した押型文土器

龍王山西麓にある天理市竹之内からさらに西に位置する佐保庄集落に延びる、標高80から85メートルの低丘陵に広がる遺跡で、南側には浸食谷が形成されている。古くに佐保庄集落東側で採集された石器類が島本一によって紹介されている。「…その種類可成多く、先ず石鏃を最多とし、石槍、皮剝、石錘等がある」、「石鏃については（中略）有柄式と無柄式とがある…」、「無柄式には三角形のものが殆どなく、凹底形を呈している。殊に形態の小さいものの中には底部の切り込みが極めて深いものがある。異形のものには所謂『アメリカンインディアン式』と云はれるものや、将棋駒形のものがある。更に注意すべき一種には『十字形』がある」。また、「皮剝は、剝面が著しく横に長くて鋭利である。非常に小さい形態のもの」がある。「石錘も数本ある。直径二分、長さ一寸一分のものはその標本的なものの一つである。裂面は主軸に対して縦に長い傾向にあるから緻密でない」と報告されている。ただしこの報告には縄文土器の紹介はない。

島本による報告地点より東方の佐保庄集落と竹之内集落のほぼ中間地点において、五合瀬古墳と呼ばれる墳丘が削平された埋没古墳が発見されている。この古墳の基盤は縄文時代の遺物包含層となっていて、出土点数は僅かだが、早期の土器と石器が出土している。無文の土器も数点あるが、文様をもつ土器は押型文土器に限られ、時期はネガテイブ楕円文を施文した神宮寺式土器と、粗大化する以前のポジテイブ楕円文をもつ高山寺式の古い段階に比定できる。石器は削器や楔形石器などが出土している。

【文献】島本一１９３９「大和佐保庄の石器類についての覚書」『大和志』６―３、鈴木裕明ほか２００７「マバカ古墳周辺の調査」『奈良県立橿原考古学研究所調査報告』第99冊

11　勢野《せや》バラタニ遺跡

生駒郡三郷町勢野

　遺跡は生駒郡三郷町大字勢野にあり、信貴山から幾筋も東へ延びる丘陵のなかの、一支丘先端部に立地する。遺跡の標高は１０５メートル前後あり、大和盆地の小河川が合流する大和川を南方眼下に見おろせる位置にある。古墳状隆起の確認調査に際して遺跡が発見されたが、縄文時代の石器は斜面の地山上に堆積した淡黄灰色土中に含まれていて、約8メートル四方の範囲のなかから纏まって出土している。発掘で縄文時代の遺構は見つかっていない。

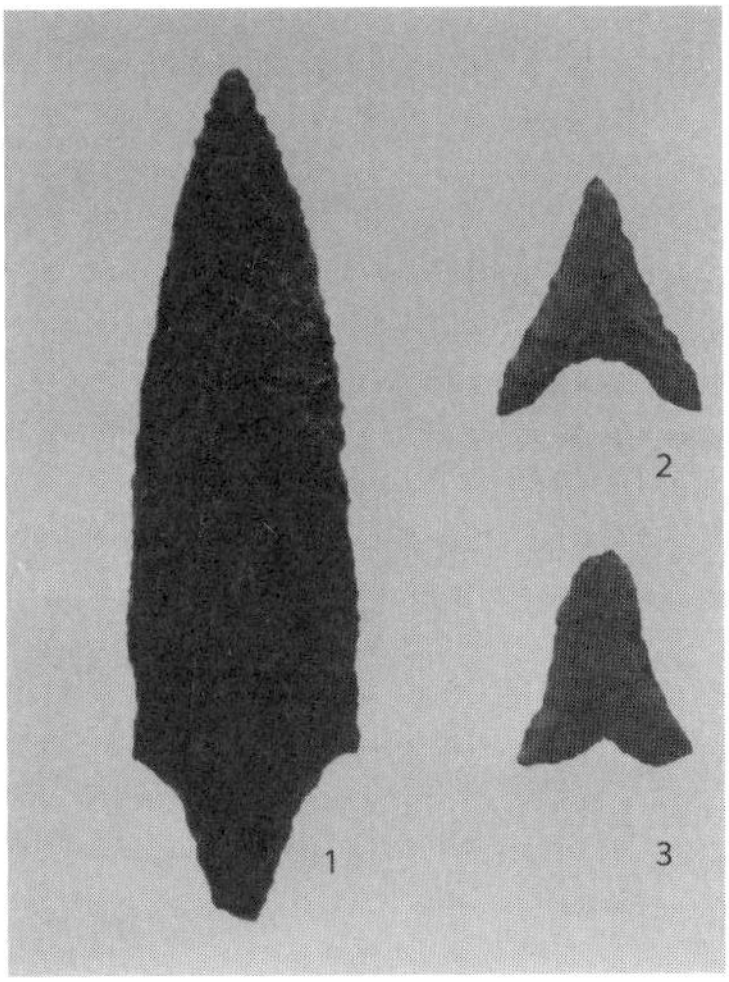

出土した有茎尖頭器と石鏃（※ 1）

　出土したのは石器に限られ、内訳は有茎尖頭器1点、石鏃2点、剥片3点の合計6点からなる。1の有茎尖頭器はチャート製で長さ74ミリ、幅21ミリ、厚み11ミリをはかり、重量は約14グラムで横断面が菱形に近い肉厚の製品である。身部の両側辺は外に膨らみ気味につくり、逆三角形状につくりだされている茎部との境は僅かに外に反る形態を呈している。身部は両面とも右上がりに平行する樋状の押圧剥離によって極めて入念に仕上げられている。石鏃は2点ともサヌカイト製で、2は長さ20・5ミリ、幅18・5ミリで重さが0・66グラムである。平面が正三角形に近い形態で両側辺は直線的だが、脚部が踏ん張り気味となっている。基部には広くてやや深いU字状の抉りを作出し、脚部先端は尖り気味につくる。3は長さ19・0ミリ、幅16・0ミリ、重さ0・42グラムでより軽量である。先端が丸みを持って仕上げられ、側辺はやや内彎し脚部が外に反るように拡がる。基部には浅い抉りをもっている。

土器をともなわずに石器として尖頭器と石鏃だけが出土した情況から、狩猟活動に関わって遺された遺跡の性格が窺われる。ここでは剥片も出土していて、狩猟具の製作も行っていた可能性がある。木葉形尖頭器の製作跡であることが明らかにされた後述の勢野東遺跡とでは時期差があるが、近接する2遺跡の存在は草創期の活動が盆地部やその縁辺地域で活発であったことを、確かな考古資料が示している。

【文献】鈴木裕明１９９４「勢野バラタニ遺跡発掘調査報告」『奈良県遺跡調査概報１９９３年度』

12　勢《せ》野《や》東《ひがし》遺跡

生駒郡三郷町勢野

　三郷町の南端、大和川を眼前にした北岸に隣接する標高36メートル《メートル》前後の低湿な場所に位置している。奈良盆地でも最も標高の低い地点に所在する。2010年当時周知された遺跡ではなかったが、町営公園建設に先立つ遺跡確認の発掘調査で存在が明らかになった。

　遺跡の層序は一帯の基盤となっている青灰色粘土の上部を褐色砂層が覆っている。ここで紹介する遺物が出土するのはさらにその上の層で、Ⅳ層とした青灰色シルト層が堆積していて、その上に重なるⅢ層の褐色粗砂層を挟んで、その上にⅡ層の黄色砂質土層が形成されている。Ⅳ層（下層）と、Ⅱ層（上層）から大量の石器、石器未成品、剝片、破片が出土した。

　Ⅱ層の遺物の出土分布は東西約5メートル《メートル》、南北約2メートル《メートル》の

槍先形尖頭器を製作したE遺物集中地点（※1）

範囲に広がるが、黄色砂質土とともに窪地に流れ込んだ結果で、二次的な堆積層への混じり込みと考えられる出土状態と判断されている。一方、Ⅳ層では4カ所で剝片や未成品が纏まって出土する、遺物集中地点が発見されている。これらのなかで緩やかな斜面で検出されたE集中地点は、遺物の集中度が最も高く纏まっていた。遺物はその組成から石器製作過程で生じる剝片からなり、製作工程初期段階の大振りの剝片だけでなく、最終工程の小破片や砕片も含んでいた。未成品から推定される目的とした器種は槍先形尖頭器とみてよい。また、あまり密集度の高くないH集中地点は、E集中地点での石器製作に付随する遺物の集中地点とみられ、そのほか2カ所の集中地点は、二次的に移動した結果の遺物の纏まりと考えられる。

槍先形尖頭器の出土状況
（F遺物集中地点）（※1）

この場所は遺物包含層やそれを覆う砂層や砂質土層の状態から、大和川の洪水をたびたび被ったことが明らかで、日常の生活の場とは考えにくく、石器製作のために臨時的に利用した石器製作跡と思われるが、背後の丘陵裾や周辺の微高地などには生活拠点の存在が予想される。

遺跡から出土した石器製作関係遺物の内訳は、完成品の1点と未成品からなる槍先形尖頭器が十数点と、多量の剥片および砕片である。槍先形尖頭器の形態は細身小型の木葉形の特徴をもつ。この石器製作跡ではそれ以外の器種を生産した痕跡は見られない。石器石材は南方約10キロの二上山周辺で産出するサヌカイトを利用している。だた、欠損品として1点のチャート製の槍先形尖頭器が出土しているが、本遺跡からはチャートの剥片は一切出土していないことから、チャート石材利用地域からの搬入品である可能性が高いだろう。

槍先形尖頭器の形態に基づけば、本資料は縄文時代草創期の早い段階に置くことができる。完新世へ地球環境が急速に推移する時期にあたり、ここでは土器が出土していないが共存するとすれば、最も古い土器の一群が絡んでくるとみられる。この時期には奈良盆地内における急激な堆積の進行によって、地形環境が不安定化し居住適地に恵まれなかったとする見解もあるが、本遺跡の立地や地理的位置を見る限り、眼前に拡がる盆地一帯を射程において、活発な狩猟活動を展開していたことは明らかだろう。尖頭器いわゆる石槍は、前代である旧石器時代の主たる狩猟具であった。この遺跡はナウマンゾウなどの大型動物を狙った石槍の文化が廃れ、新たな弓矢の技術が普及する過渡期に石器構成が大きく変容する一階梯をみせてくれている。（コラム2「動物相の変容と狩猟具」を参照）

【文献】北山峰生２０１１「勢野東遺跡」『奈良県遺跡調査概報 ２０１０年度』奈良県立橿原考古学研究所

コラム2　動物相の変容と狩猟具

・気象環境の変化と日本列島周辺の地形

約2万年前の最後の氷期を経過した地球は、その後縄文時代が始まる頃には急速な温暖化が進行する環境変化のなかにあった。この後氷期の局面を迎えた日本列島は、大陸との地理的関係や周辺の地形環境も大きく変化することになる。

一説によれば温暖化による海水面の上昇は140メートルを超える規模で、氷期には対馬海峡が干上がり朝鮮半島と陸続きだった可能性が高く、津軽海峡は氷期にも陸化したか微妙だとする見方もあるが、北海道はサハリンと、サハリンはユーラシア大陸と繋がっていた。それが温暖化によって、かつては湖であった日本海に対馬暖流が浸入し、縄文時代が始まる頃にはすでに間宮海峡と宗谷海峡によって大陸と切り離され、今日のような日本列島が形成されたと考えられている。

海水面の上昇は日本列島の海岸線の形状や景観にも影響を及ぼし、平地や谷に海が湾入し複雑な海岸線をなし、こういった水域には鹹水の生物を育む豊かな自然環境が生まれた。一方で降水量が増え河川堆積物が遠浅の海岸や、干潟などといった新たな海浜環境を形成していった。

・動植物相にはどのような変化があったか

氷期に日本列島の山野を広く覆っていた寒冷の針葉樹は、縄文時代には次第に北方へ後退し、本州は落葉広葉樹が主体となる林相へ移り変わり、さらに西南日本からは常緑広葉樹の森が北上してきていた。この落葉広葉樹や常緑広葉樹の森林は土壌の肥沃化を進行させ、ヒトのほか哺乳類の食用となる堅果類を結実する多種類の樹木や、有用な根茎類なども豊富に育つ植生環境をつくりあげた。

大陸と陸続きであった氷期には、大陸から陸橋を渡って現在の日本列島にやって来た、2系統の動物群が生息していた。大型の動物が含まれていることで共通するが、一つは樺太や北海道を経由して列島北部に渡ってきたマンモスゾウ、ヘラジカ、毛サイなどシベリアの極東の北方動物群で、いま一つは朝鮮半島から対馬の陸橋を経由してきたと想定される中国華北地域のナウマンゾウ、オオツノジカ、ニホンムカシジカ、野牛、オオカミなどの動物群である。これらの大型動物の遺体が発見された例は少なくなく、岩手県花泉の泥炭質層からはハナイズミモリウシ、オーロクス、ナウマンゾウ、オオツノジカ、ヘラジカなどが出土し、長野県野尻湖立ヶ鼻遺跡で発掘された動物遺存体には、ナウマンゾウやオオツノジカなどがある。近畿地方でも大阪湾や瀬戸内東部の海底から、オオツノジカやナウマンゾウなどの遺存体が、漁網にかかって引き上げられているほか、大阪市長原遺跡や山之内遺跡ではナウマンゾウをはじめ、ニモンムカシジカやオオツノジカなどが、大阪平野を闊歩していたことを示す足跡が見つかっている。

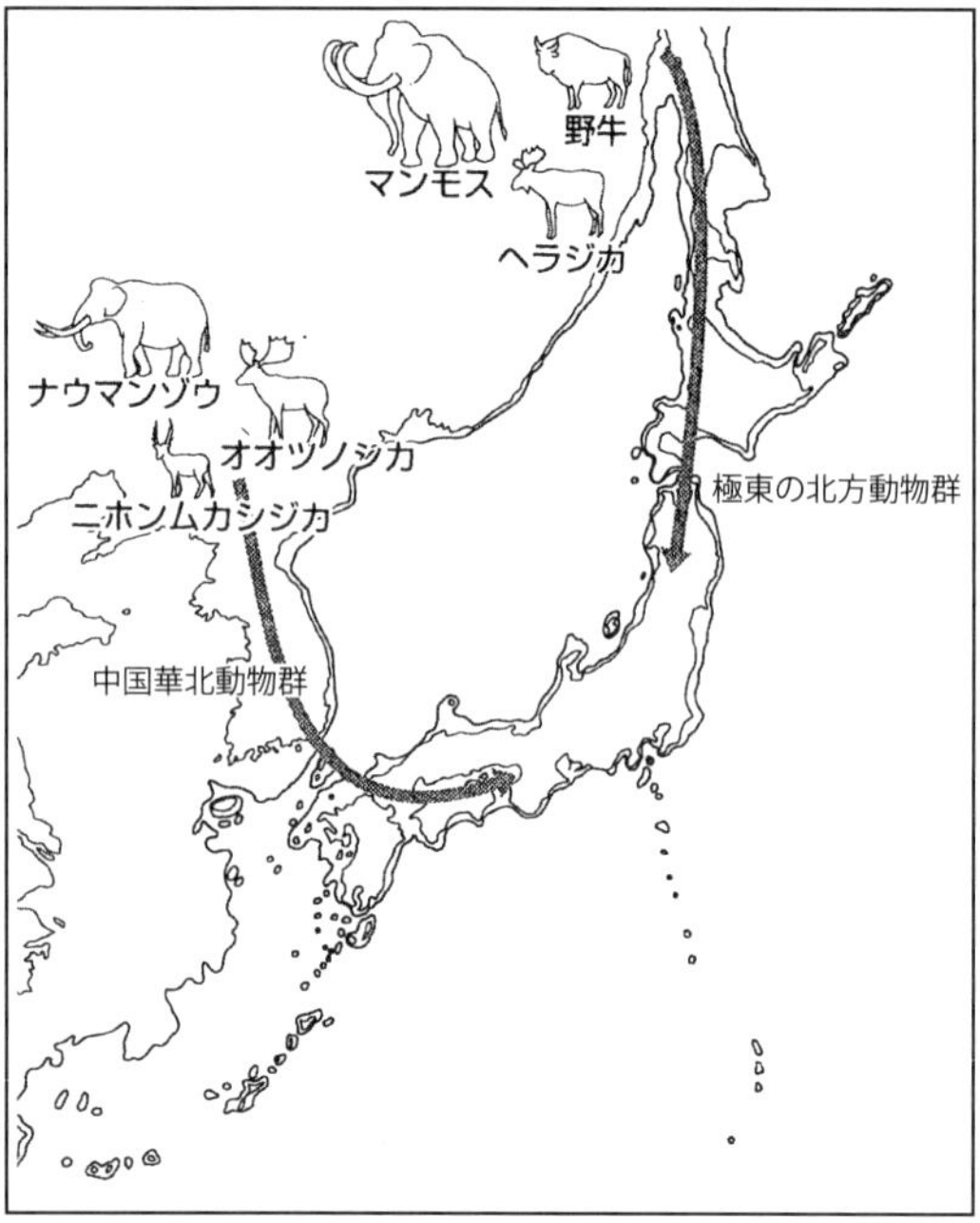

旧石器時代に日本列島に棲息していた２系統の大型動物群
（『群馬の遺跡１　旧石器時代』2005、（財）群馬県埋蔵文化財調査事業団から転載）

ところが大陸から切り離された後、日本列島では完新世の到来を待たずにほとんどの大型動物群が絶滅し、現在の山野に棲息するイノシシやニホンジカ、タヌキやノウサギなどの中小型動物群という構成に変ってしまうことなる。

・狩猟具の改革

旧石器時代には牙だけでも240チセン前後もあるナウマンゾウなどが狩猟の主な対象であったため、大型動物に見合った刺突力のある石槍が狩猟具として適していた。槍には大小の規格があり、手持ちの突き槍と、やや軽量の投げ槍とに使い分けていたと思われる。ところが列島が島嶼化してまもなく大型獣が絶滅すると、狩猟方法も変革を余儀なくされたのだろう。縄文時代になると、的が小さく動きの俊敏な中小動物の捕獲に適った飛び道具の弓矢にいち早く転換をはかっていった。以降縄文時代の人々はこの弓矢の改良や、罠猟などそのほかの狩猟方法に一層磨きをかけることになった。

【文献】稲田孝司1986「縄文文化の形成」『岩波講座日本考古学』第6巻、佐藤宏之編2015「旧石器～縄文移行期を考える」『季刊考古学』132

13　西里《にしさと》遺跡

生駒郡斑鳩町西里・法隆寺

大正時代初期に当時の法隆寺村西里の後藤茂助によって、西里字大将軍と称されている場所から発見された縄文土器を、１９３７年「大和誌」に樋口清之が報告している。遺跡は西里の村から西方の標高60メートル前後の緩傾斜地一帯にあり、報告によれば「出土時の状態及び、伴存遺物については今日充分明らかではないが、石鏃、石屑、弥生式土器片等が今でも田園中に散在している」とある。その後土器は保井芳太郎の所蔵になったという。現在土器の現物は確認できないが報告では「高さ９・３糎、口径６・１糎、腹径９・８糎底径４糎の坩形土器である。（中略）この底部は極く軽く上げ底になっているが、この上りの程度は中央部に於て約２粍、かつその上りが底周縁よりすぐ発するのが最も大きい特徴（中略）上肩部と頸部との境界線は一つの段を成して居つて輪積み方による整形の跡を留めてい

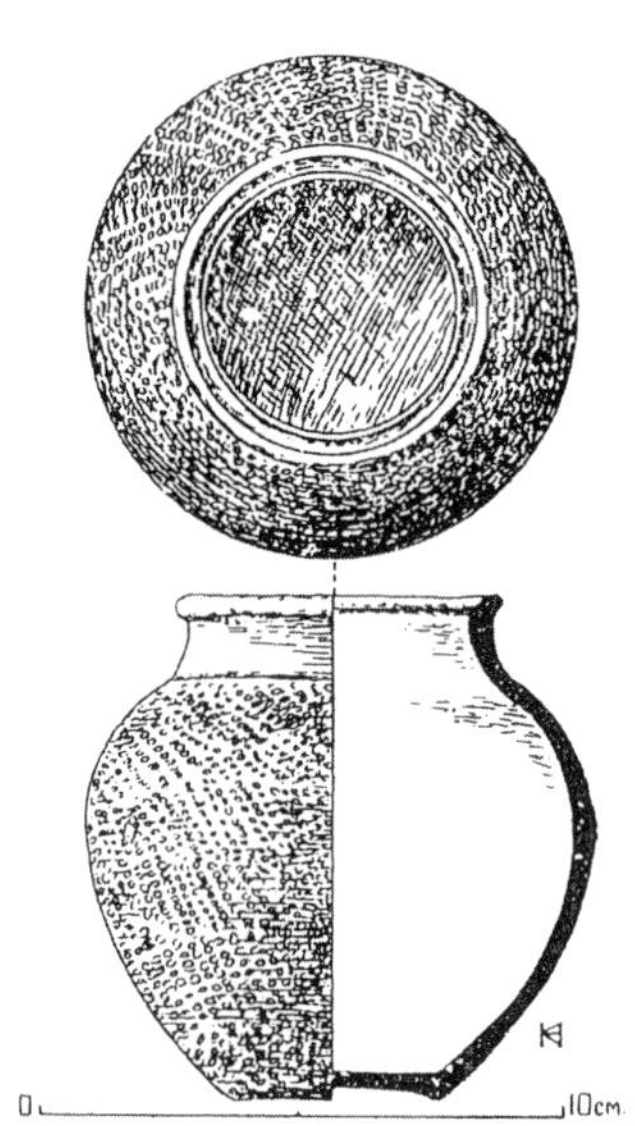

西里字大将軍出土とされる縄文土器

る。口縁部は先述の如く、軽く外方に反転するのであるが、その内部には一条の線をめぐらして居って、此の点を大きい特色としている。（中略）表面は灰黄色、所々に灰黒色部を有し、底面のみ灰褐色を呈して平滑、吸湿性は極めて強大、質はやや粗で極小粒子の硅砂を含有し薄手、内面には口縁に平行して底部まで及ぶ篦磨きの跡を有している。表面の文様は縄紋のみであって、之は拓本にも示すが如き極小粒の斜行縄紋より成り、不規則に肩より下腹部に至る全面に存在して、ただ頚、口縁、底面には之を見ない。この縄紋の感も全く竹之内A類土器や、三輪、下田村下田、同狐井二上村磯壁、新沢村一出土のものと同一であって、京都北白川上層土器とも比較される可き性質のものである。」とあって、後期前半から中葉の精製土器とも考えられるが、非在地系統の晩期の土器とする見方もある。

斑鳩町内では古墳の発掘調査に際して縄文時代の遺物が出土したことが報告されている。西里の集落に近い斑鳩藤ノ木古墳では、墳丘や周辺から後期初頭の磨消縄文

1985 年の西里遺跡の調査地全景（※ 1）

系の深鉢、晩期終末の凸帯文土器、および石鏃、石匙などの石器が出土している。また、法隆寺の北方の通称寺山の背後に部に立地する仏塚古墳の調査では、墳丘盛土、墳丘裾トレンチ、一部は石室内に混入して縄文土器や石器が出土している。縄文土器は5点あり「縄文の上に沈線をめぐらせたもの」「口縁部の破片で隆起帯がある」もの「外面に条痕文がみられる」ものなどがあり、石器には石匙と尖頭器が出土している。このほか同町稲葉車瀬の龍田川に向かう尾根先端部で縄文時代の石鏃、尖頭器、掻器などが、興留でも縄文土器の出土が報じられている。

【文献】樋口清之1936「大和法隆寺発見の縄文式土器」『大和志』4―5

14　東安堵《ひがしあんど》遺跡

生駒郡安堵町東安堵

遺跡は奈良盆地でも最も低い場所に当たる安堵町東安堵の、沖積地に拡がる標高約39メートルの水田地帯に立地している。遺跡は大和川本流と富雄川が合流する地点に近い場所にあり、1990年に発掘調査が実施され縄文時代の資料が出土している。

その結果、縄文時代の遺構は柱穴ないしは杭穴とみられる小穴を1カ所で発見しただけで、ほかに顕著な遺構は検出されなかった。しかし調査地中央付近で、北東から南西に流れていた縄文時代晩期の前後に形成された12条の自然流路を確認し、その埋没土から縄文時代後期から晩期にかけての土器と石器に加えて、種実や自然木などの植物遺存体が見つかっている。

土器で最も先行する資料は、口縁部に短沈線による文様をもつものや、幅の広い沈線間に縄文を充填したものなど、天理C式や天理K式とされた中期終末から後期初頭の時期であるが、出土量は数点に限られている。巻貝による凹線文や扇状圧痕文を施した土器も少量あり、凹線の特徴から宮滝式でも古い段階とみられる。頸部下位にヘラ状工具による2本の平行沈線を配した滋賀里Ⅰ式の深鉢や、口縁部に二枚貝条痕を施し頸部が「く」字状に強く屈曲する深鉢のほか、口縁部が内傾する黒色磨研系浅鉢や、口縁部外面をナデ仕上げし胴部をケズリ調整したもののほか舟形の浅鉢などがある。また口径8・4センチの手捏ねの椀も出土していて、後期終末から晩期中葉にいたる土器が散見される。土器で量的に最も多いのは晩期終末の凸帯文土器であるが、大半を占める深鉢の形態的特徴をはじめ、刻目凸帯の施文手法や貼付け位置などから、船橋式と長原式の両型式を含んでいるとみられる。

土器とともに出土した石器は石鏃2点、削器3点、掻器1点、尖頭器1点、敲石3点のほかに、石核や2次加工を施した剝片などがある。剝片石器はすべてサヌカイト製で、石鏃には細身の凸基

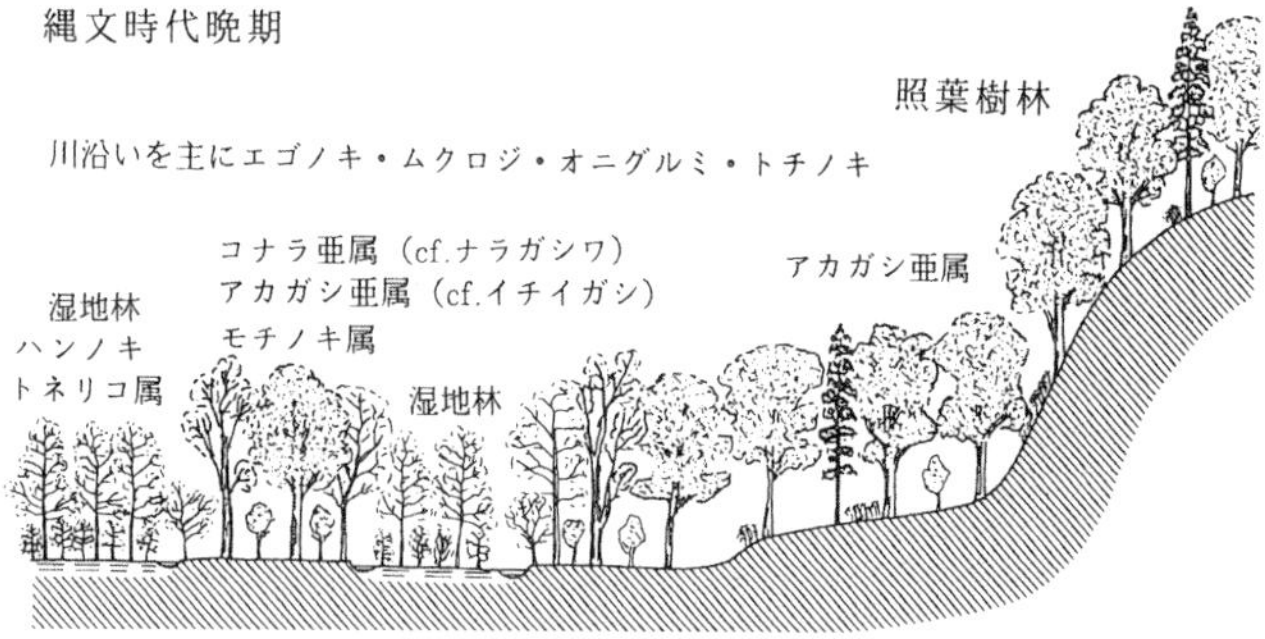

東安堵遺跡周辺における植生の空間分布想定図
（松田・金原 1991 から転載）

式と平面が二等辺三角形の凹基式がある。

東安堵遺跡からは顕著な遺構はみつからなかったが、遺物の出土状態や摩耗が少ない遺存状態から判断して、これらが使用された場所を近辺に求めることが自然だろう。自然流路の中には考古資料とともに多量の植物遺存体が埋没していた。この分析によれば調査地周辺は、アカガシ亜属など照葉樹を主体とした森林におおわれていたという。しかし照葉樹に混じってコナラ亜属をはじめとした落葉樹も多く成育しており、また小河道にそった地域にはオニグルミやエゴノキが繁茂し、湿地にはハンノキ属やトネリコ属などの樹木が成育していたことが推定できる。この調査ではこれまで集落などを営みにくい地形環境にあったとされていた盆地低地部において、断続的ではあるが縄文時代晩期の確かな活動の痕跡を見いだしたことと、この地域の縄文時代晩期の植生環境を具体的に明らかにしたことなどの重要な成果があった。

【文献】松田真一・金原正明１９９１「東安堵遺跡２」『奈良県文化財調査報告』第61集

遺跡各節

2　奈良盆地南部の縄文遺跡

15 箸尾《はしお》遺跡

北葛城郡広陵町沢・萱野

遺跡は奈良盆地のほぼ中央部に位置し、北に流れる高田川と葛城川が合流する地点南側にあって、両河川に挟まれた水田地帯の広陵町沢を中心に広がっている。遺跡は1980年に始まった浄化センター建設にともなう大規模な発掘調査の結果、沖積地の中に形成された微高地を中心に、主に古墳時代から鎌倉時代にかけての遺構が発見されているが、その中で縄文時代の遺跡も存在することが明らかになった。

縄文時代の遺構は後世の河川や洪水によって破壊されたり、開墾など土地利用によって削平されたりして原形を留めているものは少ないが、深鉢をおさめた土器棺墓など限られた遺構が残存していた。土器棺墓は径約30チセンの掘方におさめられた晩期終末の凸帯文土器を用いていた。そのほかに後期から晩期の土坑が数カ所で検出された。調査地の

縄文時代晩期の貯蔵穴群全景（※1）

東端では縄文後期から弥生前期にかけての土器が堆積土中に混じる、幅約10メートル、深さ約２・５メートルの規模の自然流路跡が確認された。

その後１９９５年に後期後半の土器と多量のサヌカイト原石や、剝片が堆積土に混じり込んだ流路跡が発見されたほか、１９９８年には微高地の北西縁辺の低地部付近で晩期中葉の貯蔵穴群が見つかっている。貯蔵穴は10メートル四方の範囲内に10基が密集して営まれており、大きい規模の土坑が直径約２・３メートル、小さいもので０・９メートル、深さは０・７メートルくらい土坑が多いが、なかには１メートルを超えるものもある。土坑の平面形はほぼ円形だが、断面の形態は袋状を呈している。土坑内からは堅果類は発見されていないが、粘質土層を掘り抜いて土坑の底は地下水がしみ出す砂層まで達していることなどから、貯蔵穴として利用されたと考えて良いだろう。

正式な報告は未刊だがこれまでに出土した縄文土器は、中期終末から晩期終末までのものがあり、なかでも北白川上層式、一乗寺《いちじょうじ》Ｋ式、元住吉山《もとすみよしやま》Ⅰ式のほか、滋賀里Ⅱ式からⅢ式の土器などが比較的まとまって出土している。大半の土器は自然流路から出土していて、一括資料や他系統の土器との共伴関係資料などには恵まれないが、後期では加曽利Ｂ１式など関東地方の影響を受けた注口土器が、晩期では東北系の大洞Ｂ、ＢＣ式などが出土している。貯蔵穴内および周辺から出土した土器は、滋賀里Ⅲ式ないし篠原式に限定できそうである。

箸尾遺跡は標高41メートル前後の盆地内でもかなり低位に存在する縄文時代遺跡である。調査地近辺で縄文時代後期や晩期の継続した集落の営みがあったことが確認された意義は大きく、当時の盆地内の地形と遺跡の立地について従前の見方に再考をうながすこととなった。

【文献】中井一夫・松田真一「箸尾遺跡発掘調査概報」『奈良県遺跡発掘調査概報１９８０年度』

16 古寺《こでら》タムロ遺跡

北葛城郡広陵町古寺

遺跡は馬見丘陵の東方に広がる沖積平野にあり、ともに北に流れる葛城川と土蔵川に挟まれた標高46メートル前後の微高地上に立地している。

２００４年の公共施設建設に先立つ発掘調査で、複数の縄文時代の自然流路を検出していて、当時は河川に挟まれた不安定な環境にあったことがわかる。このなかで幅が50メートルを超える最も規模の大きい流路は、蛇行しながら北東方向に流れ、埋没土の下半部は粘土層と砂層が互層に堆積していた。出土遺物は深鉢、浅鉢、注口土器など北白川上層式を中心とした後期前半の縄文土器や石鏃、石錐、削器、石匙、石錘、磨石などの石器類がある。出土品の詳細はわからないが、このほかに土製耳飾が1点出土している。全体が鼓形の耳飾は滑車のように側面を凹状につくり、うまく耳朶に嵌るような形状を呈している。耳飾は直径が僅か5ミリ前後の小型であり、平面には赤漆によって渦巻き文様が描かれた精巧な製品であることが注目できる。

これら本遺跡の遺物は流路から出土したにもかかわらず、ほとんど摩滅した跡が認められないばかりか、縄文土器のなかには外面に煤が付着したままの深鉢もあり、調査地に近接して集落の存在が想定される。

赤漆塗りの耳飾（広陵町教育委員会提供）

【文献】名倉聡２００４「古寺タムロ遺跡」『大和を掘る23』奈良県立橿原考古学研究所附属博物館

流路内から出土した後期前半の縄文土器
（広陵町教育委員会提供）

コラム3 漆文化の起源

・見えてきた縄文漆の技術

古寺タムロ遺跡の赤漆塗り滑車形耳飾のほかに、本書で扱った菅原東遺跡から出土した漆塗りの弓は、全体に丁寧に赤漆が塗られた装飾性の高い飾り弓である。また県内では曲川遺跡や橿原遺跡で腕飾りとみられる漆塗り輪状木製品のほか、本郷大田下遺跡では朱漆塗り鉢形容器の破片などがあって、縄文時代に器物に漆を塗る技術が普及していた一端が窺える。

東京都東村山市の縄文時代遺跡で漆工の作業工程がわかる、極めて興味深い調査事例があるので紹介しよう。下宅部《しもやけべ》遺跡というこの縄文時代後期から晩期の遺跡では、河道跡から漆塗りのかんざし、樹皮製の赤と黒に塗りわけられた容器、赤漆塗り杓子、赤漆塗り匙、

本郷大田下遺跡から出土した鉢形の朱漆塗り容器（※1, 阿南辰秀氏撮影）

赤漆塗り注口土器など様々な漆器が出土し、まさに生活の中に漆製品が普及していたことを物語っている。

遺跡からは護岸用の杭として利用された漆の木70本が見つかり、そのなかの43本には外面を一周する漆掻きの痕跡が確認されていた。周辺の漆林で漆液を採取し、それを伐採してきて杭に再利用したのだろう。ほかに顔料を粉砕して精製するのに使われた赤色顔料の付着した石皿と磨石、漆を入れた容器や塗布作業に使用された貝製のパレットなども出土している。

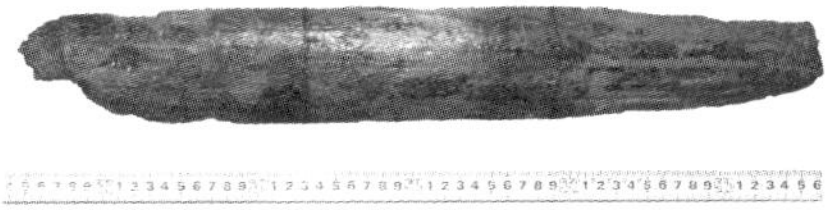

漆の木杭

木杭に残るにじみ出た漆液

漆液容器として利用した土器底部

下宅部遺跡から出土した漆関連遺物（東村山市教育委員会提供）

・漆製品にみる高い技術

　このように近年、縄文時代の漆製品の発見は相次ぎ、よく知られるところでは若狭湾に面した福井県鳥浜貝塚や、奥羽山脈に抱かれた山形県押出遺跡などの出土品があり、どちらも縄文時代前期にまで遡る。鳥浜貝塚から出土した赤色と黒色の弧線や直線で繊細に塗り分けられた木製容器や、角状突起を作り出した鮮やかな赤漆塗木製櫛などは、現代の造形に見紛うほどの素晴らしい出来である。これら漆製品の破断面調査では、精製された顔料を混ぜ込んだ漆が丁寧に何層にも塗布されていることがわかり、当時の漆工芸技術がいかに優れていたかを実証している。

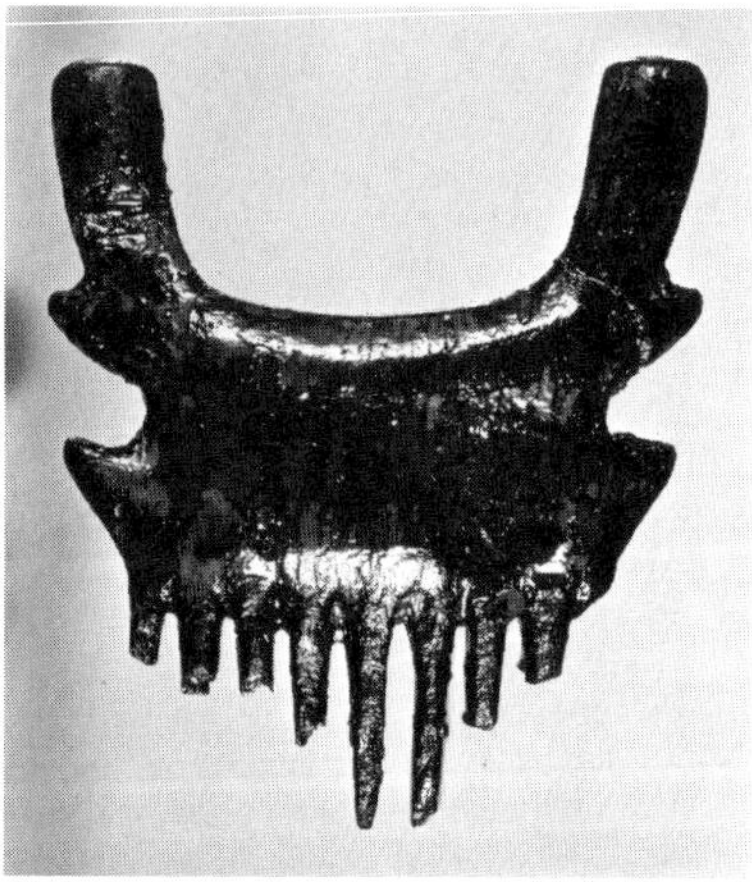

鳥浜貝塚出土の赤漆塗木製櫛
（若狭歴史民俗資料館提供）

　縄文時代の漆製品を観察してあらためて感じるのは、胎《たい》と漆塗りのマッチング、いわゆる相性である。漆製品には木胎、籃胎、樹皮胎、土器胎などがあり、多様な胎に塗布されているが、何れも製品として完成された感がある。これは漆の技術水準の高さはもちろんだが、器物本体である生地製作技術もまた優れているからにほかならない。漆製品の見事さは縄文文化の総合的な工芸技術水準の高さを象徴しているともいえる。

・遡る漆技術と出自

北海道南茅部町の垣ノ島遺跡で見つかった縄文時代早期の墓から、死者が身につけた編み物を胎とした漆製品が出土した。その編み物はカラムシを材料にした細い紐に赤漆が塗られ、乾燥後も編むことができるほどの柔軟性をもつものとされている。この技術は後期から晩期に普及する縄文漆の極致ともいわれる糸玉《いとだま》の製作にも通じる可能性がある。このように今や日本列島における漆の起源は縄文時代も早期にまで遡上することとなった。

ところで、大陸側の漆工芸品は湖南省長沙にある馬王堆《まおうたい》漢墓や湖北省随県の曽侯乙《そこういつ》墓《ぼ》に代表されるように、中国の江南地方から豊富な資料が出土している。最古級とされるのは浙江省余姚市の河姆渡《かぼと》遺跡から出土した新石器時代の椀形の漆製品であるが、原始的な段階の漆製品とは考え難くさらに起源は遡るだろう。同じように、先の垣ノ島遺跡の漆には細かい漆漉し織物が必要で、混ぜ込むベンガラ顔料の精製技術も高いことが求められる。日本列島の漆工の起源もまた見えていないことになる。遺伝子の調査では垣ノ島遺跡の漆は列島の固有種だとする分析結果も発表されて、縄文時代の漆技術自体が列島で自生したとする見解もでてきている。
ただ、漆文化は生活様式や生業体系に密接に関わっている点を見過ごしてはならない。漆を採取する漆木の管理や、漆液の保管など漆文化の成立には特有の条件があり、その生産や技術の継承には地域に定着した定住生活が前提となる。漆技術の起源が縄文時代の始原段階まで遡ることを想定するには、その当時の生活様式の実態を充分踏まえることが必要だろう。

【文献】小林行雄１９６２『古代の技術』塙書房、永嶋正春２００６「縄文・弥生の漆」『季刊考古学95』雄山閣、千葉敏朗２００９『遺跡を学ぶ 縄文の漆の里・下宅部遺跡』新泉社

17 池田《いけだ》遺跡

大和高田市池田

遺跡は馬見丘陵の最南端部にあたる領家山と呼ばれる丘陵部の斜面と、沖積地の接続地一帯に広

がる。1998年から実施された公共施設建設にともなう発掘調査で、大和高田市域では初めて縄文時代草創期にまで遡る遺跡であることが判明した。前方後円墳や方墳からなる埋没古墳群の基盤であるシルト層のさらに下層に堆積していた砂層からは、後期旧石器時代から弥生時代にかけての遺物が出土した。

砂層は洪水由来の堆積層であり、近接地に所在した各時代の遺物が混在して二次堆積していたとみている。縄文時代の遺物に注目してみると、有茎尖頭器（図の1～4）、柳葉形尖頭器、石鏃などのほか砂岩系石材を用いた有溝石器（図の7・8）など草創期に属する資料が存在する。草創期の土器こそ未検出だが、この時期には盆地内に活動拠点を置いていたことを示す遺物である。特に有溝石器の石材や形態などの属性は、大和高原地域にある草創期の遺跡出土の同種の石器と酷似しており、地域間の強い結びつきを窺わせる資料といえる。

出土した多くの石器個々の所属時期は決めがたいも

池田遺跡から出土した有茎尖頭器と有溝石器
（※2）

のが少なくないが、土器には大川式、神宮寺式、葛籠尾崎式など早期の押型文土器がある。ただしトロトロ石器とも呼ばれる異形局部磨製石器が存在していて、後続する押型文土器の存在も予想される。早期後半から前期にかけての土器には石山式、羽島下層Ⅱ式、北白川下層Ⅱａ、Ⅱｂ式土器などがあるが、前期には関東の諸磯ｂ式に類似する文様をもつ土器も出土している。中期には船元式が、後期には北白川上層式などが出土しているが詳細は明らかにされていない。量的に最も多いと報告されているのは、晩期終末の凸帯文土器で、本遺跡から出土している弥生前期の土器との関わり解明も、今後周辺地域の調査に期待することになる。

この調査において奈良盆地では古代の遺跡の基盤となる層の下に、先史時代の遺物包含層や二次堆積層が埋没している地域が確実に存在することを明らかにした。将来の盆地部での発掘調査の計画や方針に重要な示唆を与える発掘事例となった。

【文献】前澤郁浩２００１『遺跡調査報告ダイジェスト池田遺跡』大和高田市教育委員会

18　西坊城遺跡《にしぼうじょういせき》

大和高田市出

西坊城と橿原市域にある東坊城との間を北に流れる住吉川の、西側に形成された標高65メートル前後の微高地上に立地する。かつて縄文後期の土器が弥生土器などと混在して出土した坊城遺跡は、住吉川の東側の隣接した微高地に位置している。

西坊城遺跡は大和高田市西坊城にあり、県営団地の改築工事に先立って1999年に発掘調査が実施された結果、縄文時代の7基の埋葬土坑や土器溜まりなどの遺構を発見する成果を上げている。遺跡の層序は地表下約2メートルの深さにある、黄褐色や部分的には青灰色を呈する粘質土が、縄文時代の遺構の基盤層と認識されている。同層の上には黒褐色粘質土を基調とした、縄文晩期の遺物が出土する20〜30センチの包含層が一様に堆積している。

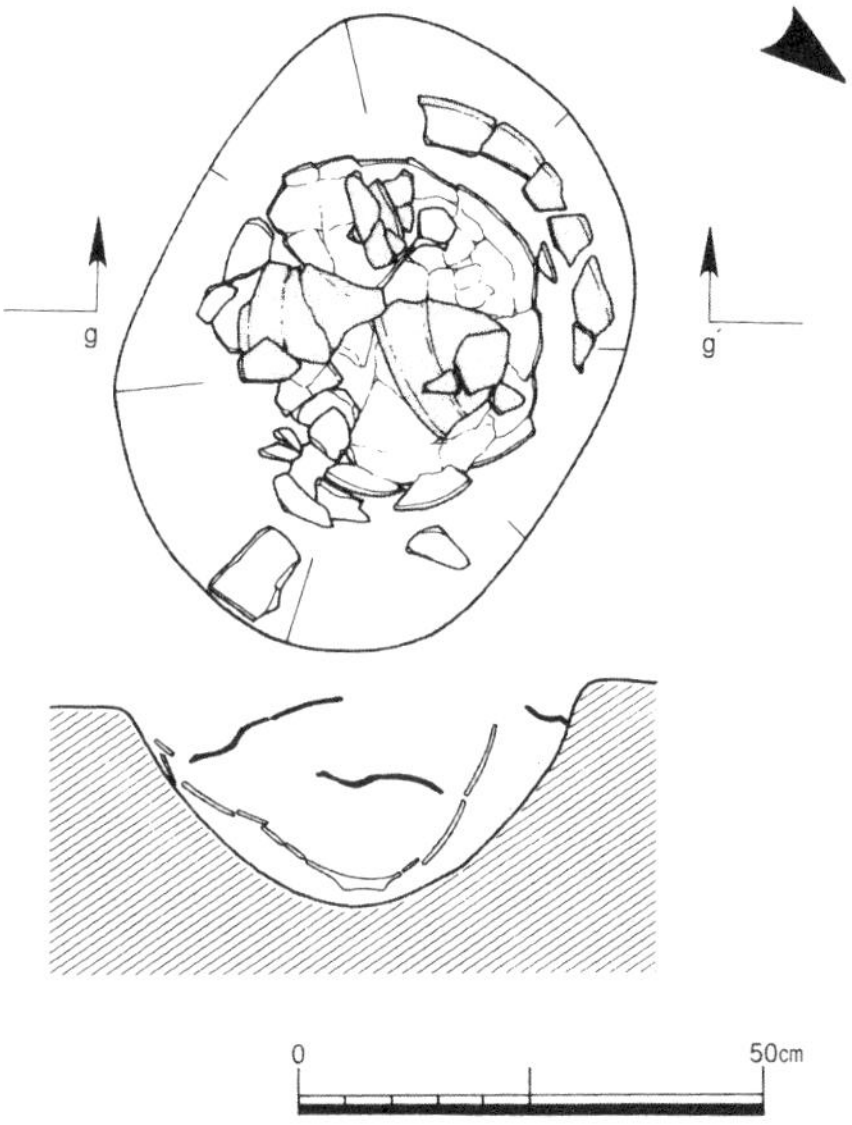

土器棺墓の出土状態

発見された7基の土坑の内訳は5基の土坑墓と、2基の土器棺墓である。土坑墓は直径1～1・3メートル、深さ10～20センチの規模のおおむね円形を呈する4基と、長さが2・1メートル、幅0・5メートル、深さ20センチの細長い平面形を呈した1基とがある。土器棺墓は深鉢を土坑内に横臥させて設置したもの1基と、深鉢を正位置に直立して据え、別に浅鉢を蓋として被せたと考えられる1基がある。土坑墓の時期は滋賀里Ⅱ式とⅢa式とが存在する。土器棺墓がどちらも滋賀里Ⅲa式に属する。この墓域に土坑墓と土器棺墓とが共存している構造について、報告では初葬と再葬という葬送段階を踏む儀礼を想定した解釈がなされている。

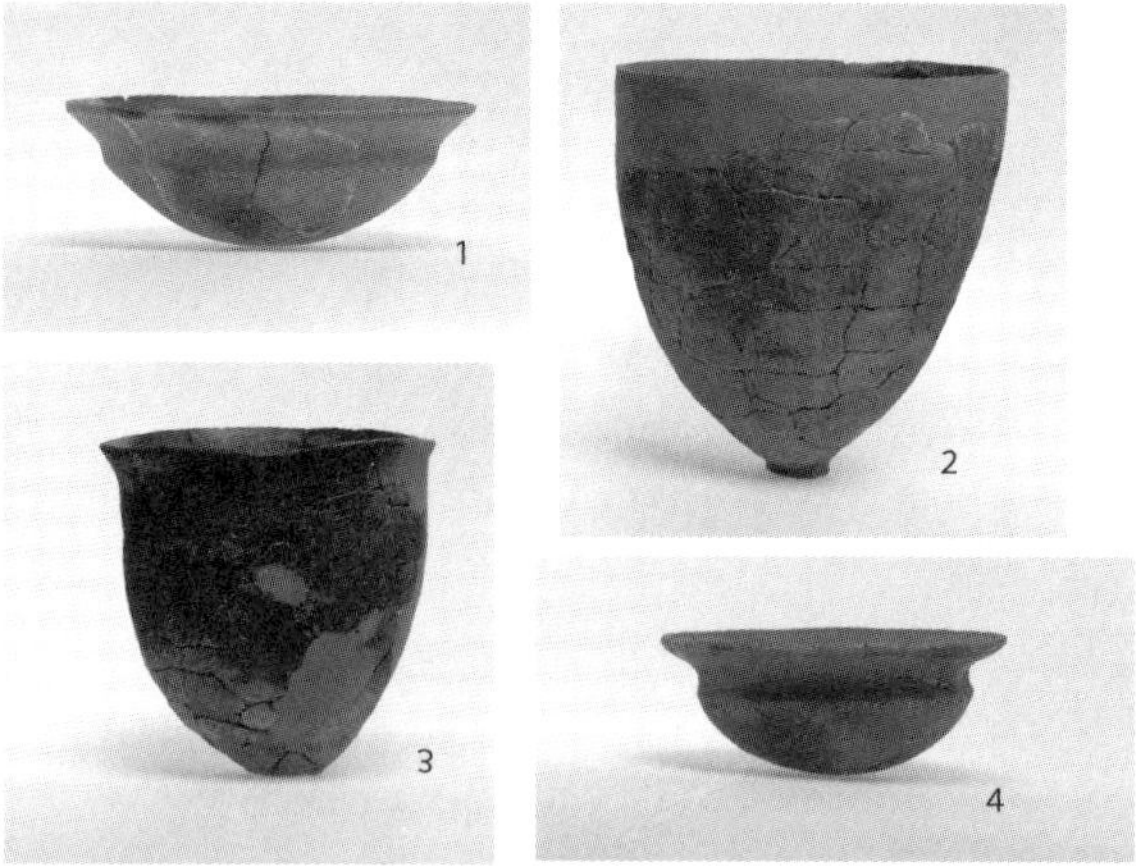

西坊城遺跡で出土した晩期の土器
（1と2は土器棺の蓋と棺身として使われた）（※1）

　出土土器は9メートル×6メートルの範囲に広がって検出された、土器溜まりの資料が纏まっている。これらは滋賀里Ⅱ式からⅢa式に該当する資料が圧倒し、埋葬遺構の営みと関連した廃棄行為などが想定できる。また地元の土器に対して、北陸地方の御経塚《おきょうづか》式（図の4）や関東地方の安行《あんぎょう》3a式だけでなく、大洞《おおぼら》B

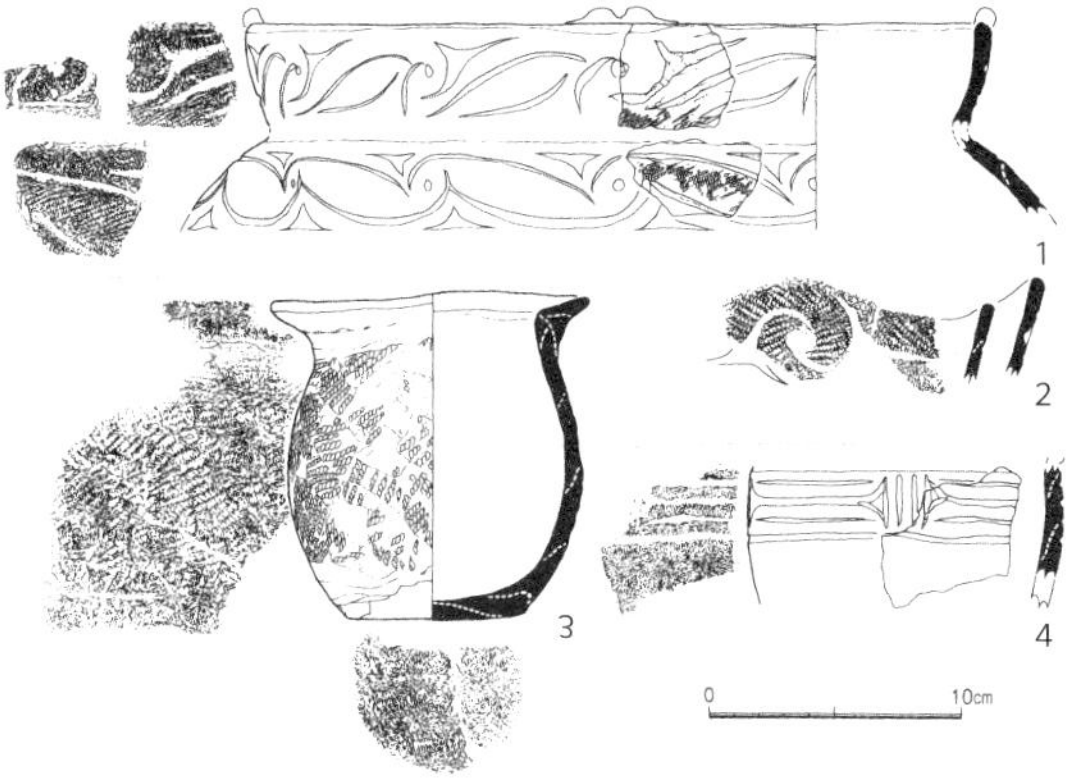

西坊城遺跡で出土したの非在地系統の土器（※1）

1式（図の1・2・3）も存在していて、遠く東北地方との確実な連絡が窺われる土器も出土している。なお、報告では本遺跡からは九州地方や西部瀬戸内地方の土器に類似する土器が少なからず存在しており、近畿地方の土器製作に西の土器が技術的影響を及ぼしたことを指摘している。土器以外の土製品には、土器破片を利用した円盤と有孔球状土製品などがある。

石器には石鏃、石錐、削器、楔形石器などの剥片石器があり、打製石鍬、磨製石斧、敲石、磨石、石刀、石剣などがある。剥片石器の多くはサヌカイトであるが、肉眼観察によると、二上山産のサヌカイトの中に少数四国金山《かなやま》産サヌカイトが含まれるとしているほか、総数11点出土している石鏃の中で、黒曜石製が1点含まれていて、産地同定によると長野県下諏訪町星ケ塔《ほしがとう》の黒曜石であることが明らかになっている。遺跡から出土した動物骨の分析ではシカとイノシシを検出しており、狩猟対象とした動物の傾向がわかっているほか、受熱痕跡が大半の動物骨に確認できる点は、狩猟儀礼の内容などを復元するうえで参考となろう。

本遺跡の東方には曽我川が北流するが、その西側に沿うように形成された東坊城集落がある微高地の西端付近には、東坊城遺跡が立地する。京奈和自動車道建設にともなう発掘調査で、自然流路の堆積土や不定形な土坑内から天理K式など後期初頭、元住吉山Ⅱ式や宮滝式など後期後半の凹線文土器、橿原式文様を含む滋賀里Ⅱ式とⅢ式など晩期前半から中葉の遺物が出土している。石鏃、削器、磨石、凹石、石皿などの石器類も出土している。

【文献】伊藤雅和・岡田憲一 2003『西坊城遺跡Ⅱ　奈良県文化財調査報告書』第90集　奈良県立橿原考古学研究所、米田一 2012「東坊城遺跡」『橿原市埋蔵文化財調査報告』第3冊

19 川西根成柿《かわにしねなりがき》遺跡

大和高田市根成柿・橿原市川西町

2007年から2009年にかけて大和高田市が京奈和自動車道建設にともなう発掘調査を実施するなかで、柿の内地区から根成柿地区の間で縄文時代の遺跡の存在を明らかにしている。遺跡は

曽我川西方に開けた標高69㍍前後のほぼ平坦な沖積地上に立地している。

遺跡からは不規則に蛇行する自然流路跡が複数検出されているが、埋没土のなかから弥生土器や縄文土器などが出土する流路があり、この周辺の沖積地にあるほかの遺跡でも確認されているように、縄文時代から弥生時代に形成され埋没した流路が複数存在していたことがわかる。検出されている竪穴住居、掘立柱建物柱、杭列などの遺構は弥生時代前期に営まれたとされている。ただ、流路と周辺の遺構には時期の特定が困難なものも存在する。

川西根成柿遺跡から出土した縄文時代晩期の土器
（大和高田市教育委員会提供）

出土遺物をみると縄文土器は天理C式とされる中期終末の土器が、流路の堆積土とは別に縄文時代の遺物包含層から1個体出土しているが、これに直接後続する土器は存在しない。自然流路から出土する縄文土器は滋賀里Ⅲ式から長原式にいたるもので、大量の前期初頭から前期中葉の弥生土器とともに出土していて、多くの流路が弥生時代に埋没していることが明らかにされた。土器以外には土偶、石棒、石冠、独鈷石など

川西根成柿遺跡から出土した石冠と土偶（大和高田市教育委員会提供）

主に呪術・祭祀に関わる遺物があるほか、弥生前期の口を大きく開け線刻で頭髪を表現した特徴ある人形土製品は、県下ではほかに類例を聞かない遺物で、縄文から弥生への精神文化の変容を探るうえで貴重な材料である。

本遺跡で欠落する後期の遺物は市境界を挟んだ橿原市域側で中期終末の土器とともに後期中葉の遺物が出土しているほか、本遺跡の西側に接して存在する根成柿遺跡や北西に隣接する柿の内遺跡からも後期の土器が出土していて、近隣地域での集落の移動があった結果とも考えられる。また、本遺跡に南接する橿原市川西町の萩之本《はぎのもと》遺跡では、明確な遺構は見つかっていないが、アカガシ亜属などの根株が検出されていて、元住吉山Ⅱ式、宮滝式、滋賀里式などの土器が出土している。

【文献】前澤郁浩２０１２『大和高田市埋蔵文化財調査報告書』第10冊、佐藤亜聖２０１１『萩之本遺跡』元興寺文化財研究所

20　曲川《まがりかわ》遺跡

橿原市曲川町

曲川遺跡はかつて曲川池から出土した資料をもとに、弥生時代終末期の遺跡として古くから知られているが、1979年以降になり、相次ぐ工場、幹線道路、ショッピングモールなどの建設に際して行われた発掘調査で、新たに縄文時代の遺構が発見されるなど大きな成果が得られている。

遺跡は橿原市西部を北流する葛城川と曽我川に挟まれた、標高59～60メートルの平坦な沖積低地の中の微高地に立地する。数次の発掘調査を総合すると、縄文時代の遺構は弥生時代の遺物包含層の下に堆積していた、縄文時代遺物包含層の黒褐色粘質土層と、地山である黄褐色粘質土層の上面で確認されている。この黒褐色粘質土の遺物包含層

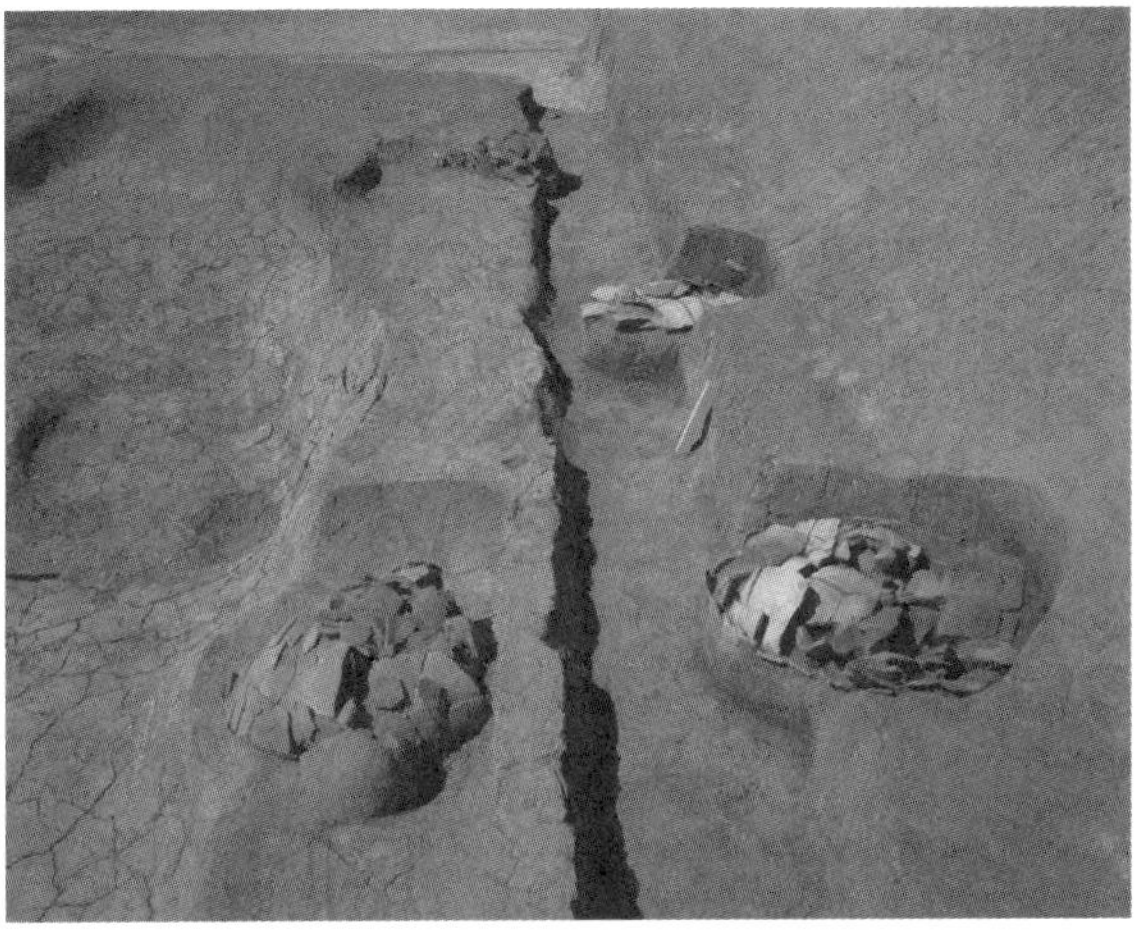

河川跡に沿って設けられた土器棺墓の出土状況
（橿原市教育委員会提供）

は、調査区の西側で検出された幅30《メートル》以上の規模がある縄文時代晩期の河川に沿って、長さ約120《メートル》、幅約50《メートル》の範囲に広がり、最大で厚さが60《センチ》程度堆積している。この範囲はおおむね土器棺墓と土坑墓からなる墓域の範囲と一致し、役割を終えた道具類や消費し尽くされたものがこの包含層の形成に与っているのだろう。

2001年の発掘調査で確認された遺構は晩期の篠原式から長原式にかけての時期で、土坑墓10基、土器棺墓72基、竪穴住居1基、貯蔵穴10基と、約600の小穴である。土坑墓は1985年に調査した地点で9基確認されていて、合計で81基にのぼる。土器棺墓の多くは深さが50《センチ》前後の土坑内に、深鉢1個を納めるか、あるいは2個を合わせ口にして、斜めもしくは横に寝かせた状態に設置している。土坑墓は隅丸長方形か楕円形で、長さが0・8～1・5《メートル》、幅が0・8《メートル》前後の規模である。埋葬施設が集中する範囲で、土器棺墓と土坑墓は設置場所が区別されず混在していて、土器棺墓からも土坑墓からも副葬品は出土せず、人骨も遺存していなかった。土器棺墓の数が土坑墓を大きく上回る墓群の構成について、時期的な問題を検討することとともに、土坑墓の性格や2次葬の問題が関わっていることにも考慮する必要がある。

竪穴住居は墓群北部の東に接して検出されていて、直径5・2《メートル》の円形プランを呈している。多くの小穴については平地式住居の柱穴と考えられるものもある。貯蔵穴は墓群が分布している一帯からは明らかに分離され、竪穴住居からさらに南東側に、10基が集中して存在した。貯蔵穴の平面

曲川遺跡から出土した漆塗り輪状木製品㊧と、石鏃や磨製石斧などの石器類㊨（橿原市教育委員会提供）

形はほぼ円形であるが、規模に規制はないようで直径は1～2メートル、深さは1～1・5メートルの範囲にあり容量にかなりのバラツキがある。いくつかの貯蔵穴からは、取り残されたドングリ類が出土している。これらいわば日常の活動の施設が置かれた地域では遺物包含層が認められず、土器棺墓などが集中して営まれた墓域とは土壌の形成に反映される利用のあり方の違いがあったと考えられる。

遺物は土器棺として使われた土器のほかは、主に晩期の河川から出土している。縄文土器は晩期前半から晩期終末に及び、滋賀里Ⅱ式、滋賀里Ⅲa式、篠原式、滋賀里Ⅳ式、船橋式、長原式まで連続している。縄文時代の最終末で遺跡も終焉をむかえたことがわかる。出土数は少ないものの、東北・北陸系統の土器と瀬戸内系統の土器が出土している。土製品には土偶、土錘、土玉などがあるが、土偶の多くは近畿地方で通有の板状の扁平な体躯が特徴的なものであるが、土器同様に異系統の体躯が中空と中実の遮光器土偶がそれぞれ1点出土している。石器は石鏃、削器、磨製石斧、打製石鍬、石錘、石皿、磨石、敲石、凹石など生業に関わる道具各種が出土している。なかでも磨製石斧には伐採用と加工用とが揃っていて、木材利用がさかんであったことがわかる。ほかに呪術具として石棒と石刀が出土している。また、河川内で腐食せずに遺存していた漆塗り輪状木製品があるが、蔓性植物を材料とした中空の直径が13㌢の輪状を呈し、表面に漆を下塗りし、さらにその上に水銀朱を塗重ねた製品で、腕輪として使われたと推定されている。

【文献】阪口俊幸1988「曲川遺跡の調査第2次」『埋蔵文化財調査集報昭和60年度』橿原市教育委員会、平岩欣太2004「曲川遺跡の調査」『考古学ジャーナル』519号

橿原遺跡から出土した各種の磨製石斧（※2）

コラム4　石斧の威力

・石斧の種類

縄文時代の石斧は直接手に持つのではなく、木製の柄に装着して用いる。柄を付けることで手の長さに柄の長さが加わり、遠心力が働いて強い衝撃力を得ることができ、伐採道具としての効果がより発揮されることになる。斧には刃が柄の軸と直角方向に装着する横斧と、柄と平行になるように刃を装着する縦斧とがある。横斧は縄文時代の始まる頃には既に使われていたが、縦斧は縄文前期中頃になってから次第に増加する。

柄の形態についても二つに区分することができ、石斧を装着する部分が屈曲する膝柄《ひざえ》と、柄がまっすぐな棒状の直柄《なおえ》とがある。膝柄には木の幹から枝が分かれる部分を利用し，枝部が使用者が手で握る部分となり、幹部を加工して石斧が装着できるような構造としている。直柄は太い方の端近くに孔をあけ，金太郎が持つ鉞《まさかり》のように、穿った孔に石斧を挿し入れて縦斧とし、主に伐採用として使われる場合が多い斧である。一方膝柄は縦斧と横斧の双方に使われ、横斧の場合は伐採用と加工用の両方に用いられたと考えられる。

・伐採実験

さて、石の斧で立木の伐採はどの程度可能なのだろうか。東北大学川渡農場や富山県小矢部市教育委員会が磨製石斧による伐採実験に取り組んだ結果が報告されている。磨製石斧と鉄斧による間伐用の立木を伐採する仕事量を比較すると、石斧で直径20チセン《チセン》のコナラを伐採するのに要した時間は鉄斧の約3倍、直径30チセン《チセン》では約3・9倍かかった。石斧では木の繊維を断ち切りにくく、刃先を幹にかなり斜めの角度で打ち込まなくてはならない。刃先の鋭さの違いが伐採時間の差になったといえる。

石斧の伐採効率は樹種によっても異なる興味ある結果もある。伐採のために斧を振り下ろした回数は、同じ太さであってもコナラではクリの1・5倍、サクラはクリの1・7倍に及び、クリは実験樹木の中で最も石斧による伐採作業で相性の良い樹種であることが判明している。縄文時代に建築材としてクリ材の利用頻度が特に高いのは、食糧としてのクリの利用も深く関わっていただろうが、この実験で明らかにされたように、石斧を用いた伐採が容易であり扱いやすい点も、クリが多く使われた理由でもあることがわかる。

・石斧柄の製作

福井県鳥浜貝塚では破損するなどして、使用できなくなった縄文時代前期の石斧柄が大量に一括投棄されていた。その一方でここでは、横斧と縦斧の膝柄の未完成品が大量に出土している。ほぼ膝柄全体の形が作り出されているが、石斧を固定する部分の加工や最後の仕上げが未完成な段階のもので、その最外年輪を調べると夏季までに伐採してきた材を使っていた。多くの未完成柄は乾燥を防ぐために水浸けで保存し、必要が生じたときに仕上げの加工を行って完成させたと考えられる。集落の規模から考えると、ストックされていた未完成の柄は自家消費を超える数であり、恐らく交換物資とする目的であらかじめ多数製作していたのだろう。

柄の破損は伐採時の衝撃が直接加わる石斧を固定するソケット部分に集中する。縄文時代中期になるとその欠陥を解決するため、石斧固定部に当て具を添えて緩衝を図る構造の柄が開発され、固定部に欠損をもつ柄が少なくなり耐久性を改善する大きな効果があったといえる。

・石斧の大量生産

日本海に面した富山県東部にある境A遺跡は、竪穴住居跡35棟と土坑1500カ所が見つかった縄文時代中期以降に栄えた集落遺跡である。この遺跡では目の前の海岸で無尽蔵に手に入れられる蛇紋岩を利用して、大量の磨製石斧を製作していた。その量は磨製石斧の完成品が1031点、未完成品は3万5182点に及び、石斧製作に用いられた砥石、敲石、台石などを含めた総重量は32トンに及び数量、重量ともに日本最大級といえる。

磨製石斧の製作工程は概ね次のように復元される。海岸から偏平で楕円形の蛇紋岩の円礫を採集し、分厚いものは薄く剝ぎ落とし、または手頃な大きさに擦り切って石斧の素材を作る。次に剝離と敲打によって側辺を直線的に整える。最後に大型の置き砥石を使って刃先を研磨して完成させる。

蛇紋岩は粘りがあって割れにくく、研磨によって鋭い刃先を作り出すことができ、たとえ欠損しても研磨して刃先の再生が可能だったため、磨製石斧の材料としては最適の石材として選択された。このことは北陸の蛇紋岩製磨製石斧の流通していた範囲をみると明らかである。石材の産地同定調査によると、蛇紋岩製石斧は北陸各地にくまなく運ばれているほか、肉眼観察ではあるが中部地方の多くの地域のほか、関東から東北地方中部まで及んでいる。近畿地方でも橿原遺跡や和歌山県丁ノ町・妙寺遺跡など中南部までもたらされている実態が

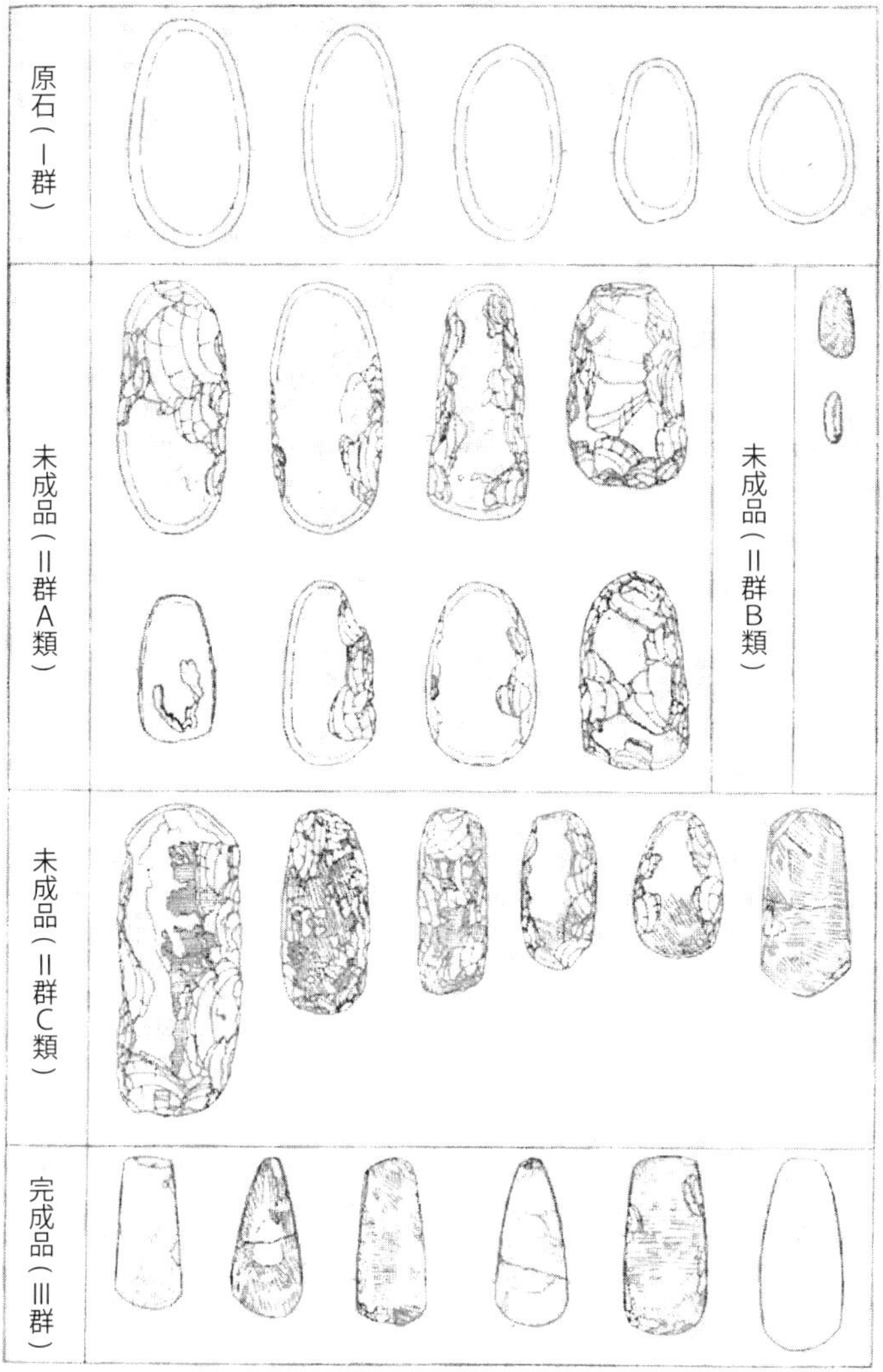

境A遺跡における磨製石斧の製作工程

知られている。今後さらに調査が進めば、流通した範囲がいかに広範だったかが明らかにされるだろう。磨製石斧の生産集落である境A遺跡に代表される北陸産の蛇紋岩製石斧は、いわば当時のブランドとして高い評価を得、遠隔地の縄文人にもその名声は知られていたと想像される。

【文献】山本正敏ほか１９９０『北陸自動車道遺跡調査報告—朝日町編５—境A遺跡石器編』富山県教育委員会、工藤雄一郎２００４「縄文時代の木材利用に関する実験考古学的研究」『植生史研究』２—１

21　四分《しぶ》遺跡

橿原市四分町字三ノ坪

遺跡は飛鳥川中流域の東側の四分町に位置し、南東方約４００メートル《メートル》にある日高山丘陵から飛鳥川にそって北西に延びる標高約72メートル《メートル》の微高地上に立地している。四分町を中心に飛騨町や縄手町を含む一帯に広がる。１９７０年から３次にわたって実施された藤原宮南西地域の発掘調査によって、弥生時代の遺構や遺物包含層から縄文時代の遺物が混在して出土している。ただこれまでに縄文時代の遺構は検出されていない。

出土した縄文土器は、口縁にそって浅い凹線を巡らし外反する波状口縁の深鉢（図の３）と、口縁部の内外面をヘラ磨きしリボン状の突起を付けた黒色磨研の浅鉢（図の１）がある。また外反する口縁端部に近い位置の内側と外側に凸帯を巡らす浅鉢など、晩期前半の黒色磨研系土器を特徴とした一群が量的に多くを占める。またこれらの土器群とは別に、北白川上層式の新段階から一乗寺Ｋ式にかけての後期中葉の土器や、晩期終末の凸帯文土器（図の４）も出土している。

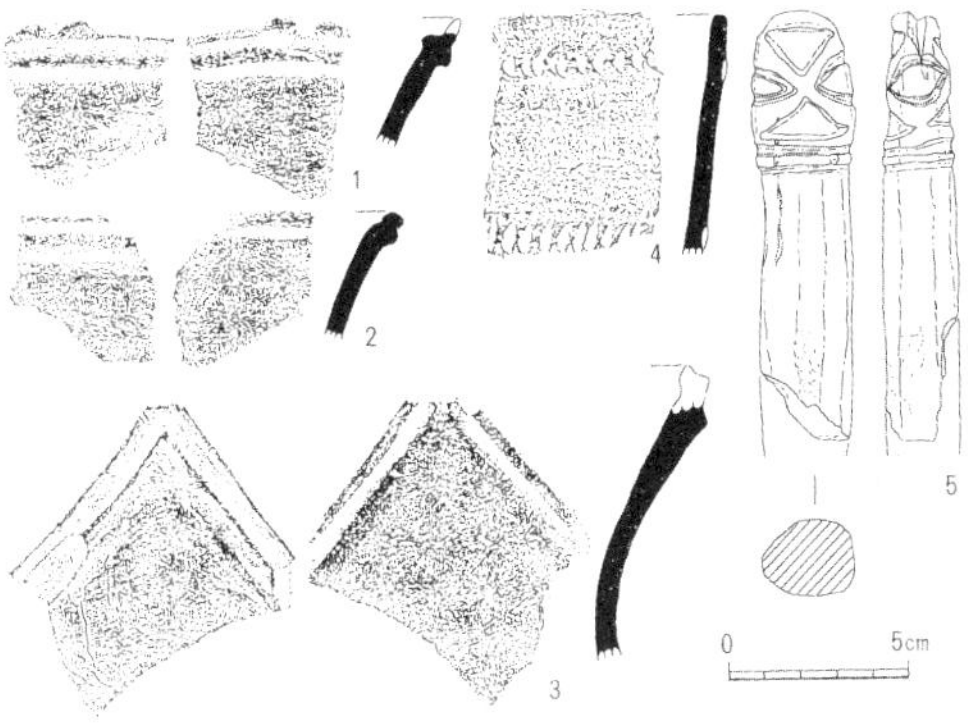

四分遺跡から出土した縄文時代晩期の土器と石刀

石器には頭部から体部にかけての粘板岩製の石刀の破片（図の５）がある。現存の長さ11・6センチ、頭部の長さ4・1センチ、幅2・9センチをはかる。頭部は対向する三角形の刳込文と、その間を埋める部分にも刳込みを施したもので、橿原遺跡出土の石刀文様と酷似し、いわゆる橿原式文様の系統下で生じる文様とみてよいだろう。また頭端部にも深い一条の剞込みをもつ。片側の側辺は両面から研ぎだして刃部をつくるが、やや丸みをもって仕上げている。

飛鳥川のやや上流左岸側にある城殿町集落の南側で行われた、藤原京右京九条三坊の発掘調査では、下層から晩期中葉の篠原式土器が多量に出土する、有機質

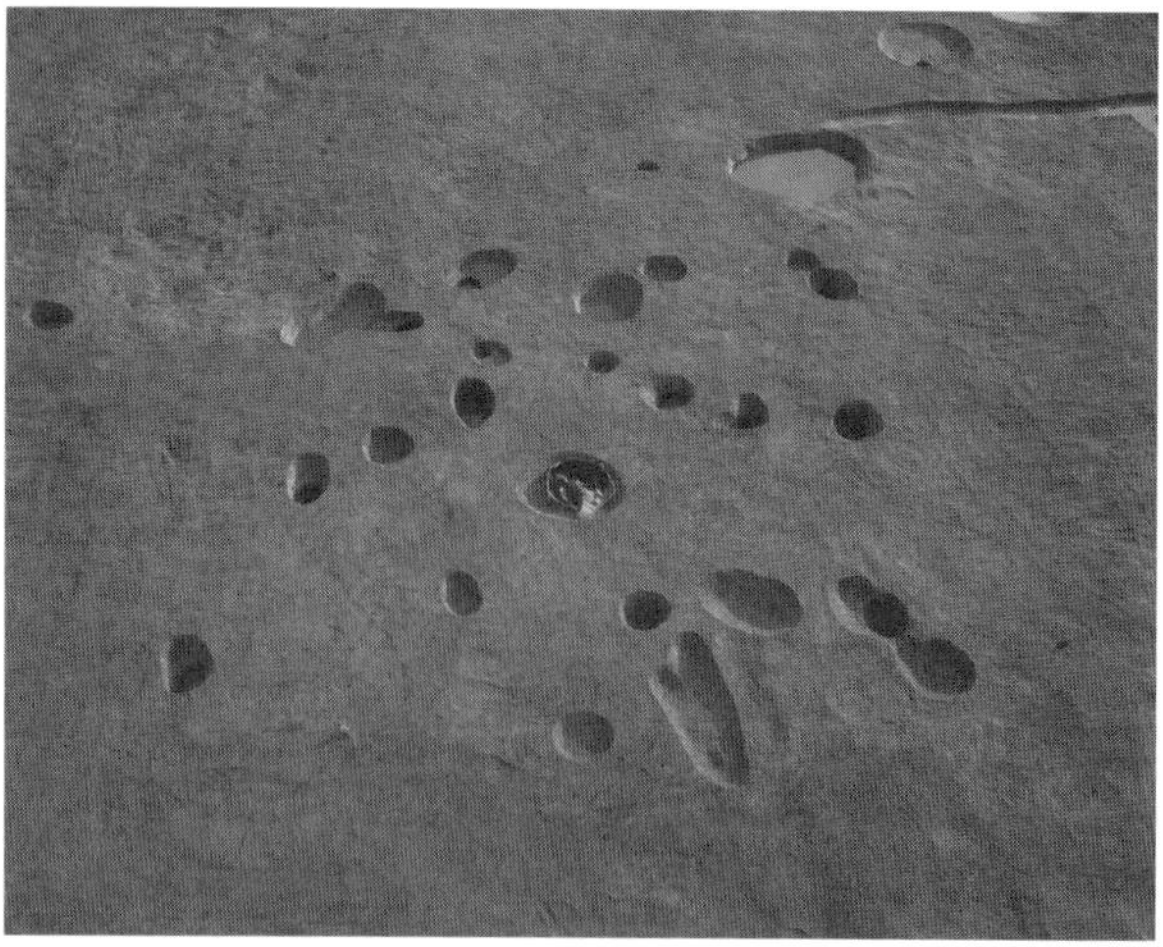

藤原京右京九条三坊下層で確認された土器棺墓と土坑群（橿原市教育委員会提供）

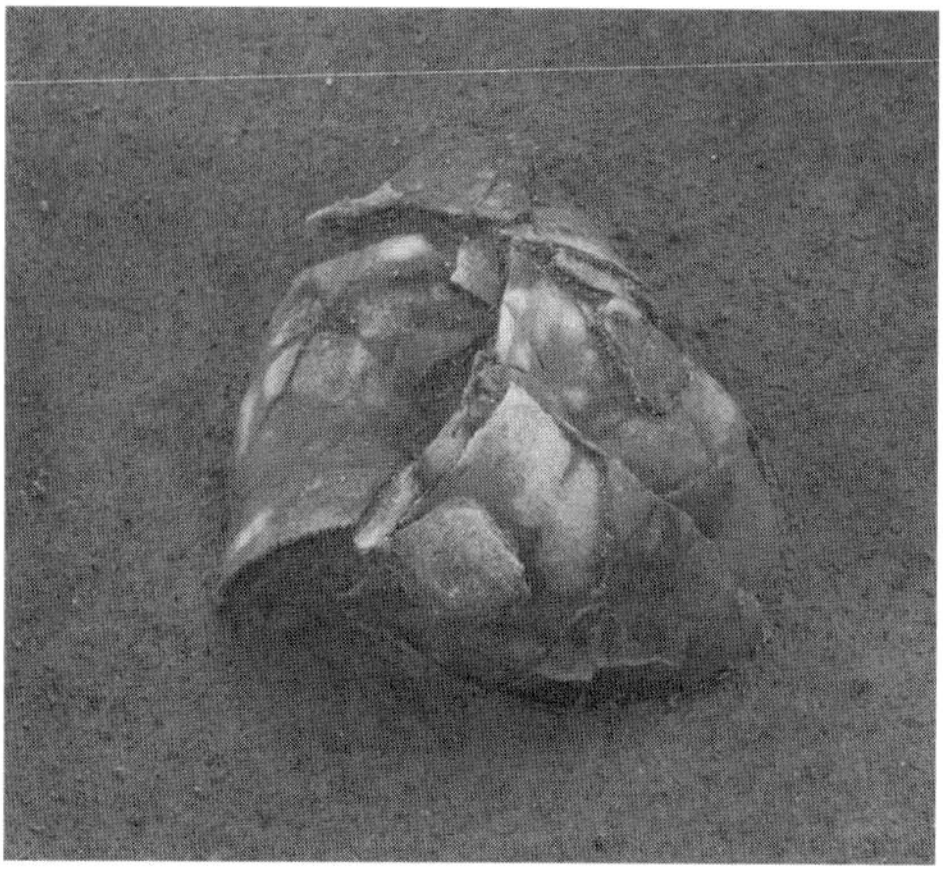

㊤の写真のなかの１基の土器棺墓
（橿原市教育委員会提供）

粘土が堆積した湿地部が発見された。隣接する場所から長楕円形の10基あまりの土坑と、土器棺墓2基が検出されている。土器棺墓は深鉢2個を合せ口にして、やや斜めに据えている。別の1基は深鉢1個体を、同様に斜めに据え置いている。土坑のひとつは長さ1・6メートル《メートル》、幅1・2メートル《メートル》で、不規則ながら2基の土器棺墓の周りを取り巻くように分布している。土坑は形態や規模が一定でないため、葬送の過程で利用されたものと、最終的な埋葬の土坑墓とが混在している可能性もある。

【文献】木下正史・川越俊一ほか1980『飛鳥藤原宮発掘調査報告書Ⅲ』奈良国立文化財研究所、佐川正敏1996『飛鳥・藤原宮発掘調査概報』26、平岩欣太・濱岡大輔2003「藤原京右京九条三坊の調査」『かしはらの歴史をさぐる10』橿原市千塚資料館

22　橿原《かしはら》遺跡

橿原市畝傍町・御坊町

遺跡は橿原市畝傍町の陸上競技場など県立橿原公苑の運動施設がある一角に所在する。西方に聳える畝傍山の東山麓裾には北に流れる桜川があり、東方は飛鳥川まで続く沖積地が広がっている。

この沖積地帯に南東方から北へのびる標高75メートル前後の低い台地があるが、遺跡はその台地北端付近に立地している。

１９３８年に橿原神宮および外苑周辺の整備工事にともなって大規模な発掘調査が実施され、縄文時代晩期に属する厖大な遺物が出土し、以来近畿地方晩期の標識遺跡としてばかりでなく、西日本の縄文文化を代表する遺跡として広く知られている。

この橿原遺跡の発掘調査から36年遡る１９０２年、本遺跡の北方４００メートルに位置する現神武陵付近で出土した縄文土器が、高橋健自によって紹介されている。「高市郡白橿村なる神武天皇の兆域拡張せられ西の方桜川といへる小流に接して石垣を築土し時、土中よりこの土器を発掘せりといふ」と報告された土器は4単位の波状口縁をもつ

1938年の橿原遺跡の発掘調査状況（東部包含層か？）（※1）

深鉢で、口縁に沿って幅狭の文様帯と胴部文様帯をもつ元住吉山Ⅰ式である。これが神宮外苑の工事に際して、地下の遺跡に注意を払う根拠ともなった。また御陵地区とされる大久保町からは、縄文地に2条の沈線で文様を描く後期前半の土器が出土していて、橿原遺跡の周辺には先行する縄文時代遺跡が存在していることがわかる。

さて台地上に存在した橿原遺跡の主要部は、藤原京の条坊施行や開墾などによってほとんどが損なわれてしまったが、台地東西両側の縁辺に沿って南北に細長く形成された低湿地部に、縄文時代晩期の遺物包含層が残されていた。そのうち西部包含層は長さ約70メートル、幅約17メートル、厚さ約0・7メートルの堆積があり、ここにはイチイガシの巨樹根が遺存し、多量の堅果も出土している。遺物包含層中には大量の土器と獣骨類のほか、磨製石斧、敲石、打製石斧、砥石、など石製工具類が集中して出土する箇所があり、内部に木炭や獣骨が詰まった石囲炉、集石、小土坑のほか、住居の可能性がある方形の竪穴遺構などが検出されている。一方東部包含層は長さ約74メートル、幅約8メートルのより細長く形成されており、厚さは1メートルを超える個所もある。東部包含層からは一辺が40センチの石囲炉、埋葬人骨、イチイガシの集積、礫を粘土で固めた敷石遺構、周辺に石鏃などの石器や石材を並べた焼土坑、柱穴痕跡、構造物の杭群などが検出された。5体分あったとされる埋葬人骨のなかの屈葬された1体の人骨には、土製有孔小円板が何点かともなって出土し、人骨の上部を被覆した土器が存在していた。丸太杭群の周辺からはクルミ核、クリ、トチ、獣骨、木炭などとともに木材と藤蔓が出土し、水辺に設えた住居ないし作業場のような構造物の可能性が指摘されている。その下層に土器や獣骨片などが集中して出土する場所が存在し、獣骨類については鹿角がまとまって出土する地点や、猪牙が集中する地点が確認されている。遺物包含層の下には木葉、自然木、堅果などを多量に含む有機質層が堆積し、木片を薄く剝いだ材料を用いた編み物や藤蔓を括り合わせたものが出土している。

櫨原式文様が描かれた土器（※２）

　櫨原遺跡から出土した縄文土器は中期終末から晩期後半に及ぶが、資料の中核を占めているのは、晩期前半から晩期中葉の土器で全体の約70％にあたる。いわゆる櫨原式と命名された土器については、報告書の中で「横位置の条線文に対し直角線の小刻を加え、もしくはその間に弧形の曲線を表し、また発達して七宝形文の彫刻的な文様表現をとるもの」と説明されており、浅鉢の文様に注目した命名であった。それを型式の指標とすると、滋賀里遺跡に代表される近年の晩期遺跡の発掘資料や、それを踏まえた研究から、橿原式はほぼ滋賀里Ⅱ式と滋賀里Ⅲａ式の一部の型式内容に限定して理解される。その橿原式文様の出自については、凹線文土器の文様を引き継いだ滋賀里Ⅰ式にみられる山形文からの変化を辿るもので、横に連なる山形文が複数段になり、上下から三角形の刳込みが加わって、木葉状や七宝文風の橿原式文様が成立するという見方がある一方、橿原式文様の特徴要素のひとつである刻目区画に注目し、西日本に流入した後期終末の東日本の瘤状突起をもつ土器との関連を重視する見解も根強く、より多くの資料の分析に立った検討が今後の課題だろう。この時期の深鉢は若干の有文土器もあるが、ほとんどがナデや二枚貝による条痕調整、あるいはケズリ調整による粗製深鉢からなっている。晩期後半には口唇部に刻目や突起を施す深鉢や、口縁部に凸帯や刻目凸帯をめぐらす深鉢があるほか、文様や研磨技法を消失した鉢など凸帯文土器の古い段階の土器も数多く出土している。

ところで橿原遺跡からは１５０点あまりの、近畿地方以外の非在地の系統に属する土器が出土している。本来の出土土器全体に占める割合は不明だが、同時期の近畿地方の遺跡と較べてその数が突出していることは疑いない。僅かな資料も加えれば実に九州、中国、山陰、中部、北陸、関東、東北地方など、全国各地の顔つきをもった土器が出土している。なかでも東北地方の小型深鉢を中心とした、亀ヶ岡系統の土器の数は他を圧倒し、非在地系統土器全体の６割を上回る。橿原式段階

東北・関東地方など非在地系統の土器（※２）

の滋賀里Ⅱ式・Ⅲａ式では大洞Ｂ式が、続く滋賀里Ⅲｂ式では大洞ＢＣ式がともなうとみられる。遠隔地であるにもかかわらず西方へ流入している事実は、亀ヶ岡文化の影響力の大きさと、受け皿となった西日本における本遺跡の特別な立場と役割を示しものかも知れない。本遺跡で非在地系統の土器が存在する一方で、橿原式文様をもった土器が山形県や福島県など東北地方南部の遺跡で発見され、南九州では橿原式文様を陽刻した骨角器が出土している。広域的な交流の実態と、地域間の編年を探る上でも貴重な資料といえる。

　土器以外の出土遺物にも多種多様なものがみられる。生産活動に使用された道具の中で石器には石鏃、削器、石錐などの剥片石器と、磨石、敲石、凹石、石錘などの礫石器、ほかに磨製石斧や打製石鍬などがある。骨角製の道具も鏃柄《ぞくがら》、矢筈《やはず》、弓筈《ゆはず》、銛《もり》など豊富で、狩猟、採集、内水域漁撈など多岐におよぶ活動を物語っている。石製品には平行刻線や格子刻線を有する石刀、石剣、石棒など信仰・呪術に関わる石器類が多い。装身具も種類・材質ともに多彩な

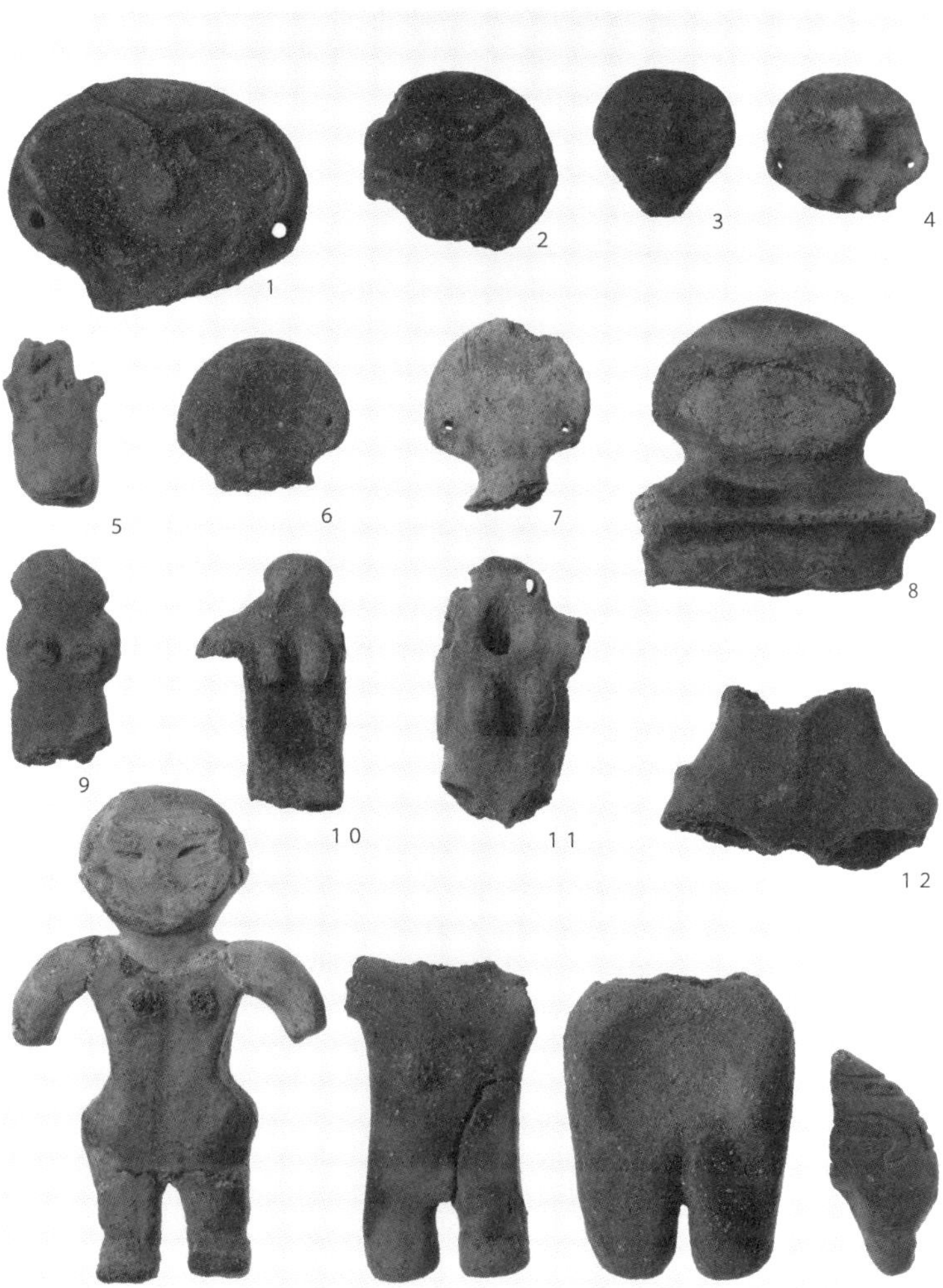

橿原遺跡から出土したおもな土偶（※２）

内容が窺え、叉状鹿角器とも呼ばれる腰を飾る装飾品をはじめとする鹿角製品だけでなく、土製と木製の漆塗りの輪状腕飾、土製耳飾、牙製、土製、翡翠製の玉類など極めてバラエティーに富んでいる。このほかに土偶、土獣、冠形などの土製品にも注目でき、扁平で凹む臀部や消化管の表現をもった特徴ある形態を含む土偶は200点にも及び、西日本では傑出した量である。遺物の中でも祭祀関係遺物が充実していることは、この遺跡がもつ性格の特徴を端的に表している。

出土品の中の自然遺物にも見るべきものが多く、食料として獲得した多種の動植物遺存体が出土している。食生活の基盤を支えたと考えられる植物遺存体としてトチ、シイ、カシ、クルミなどの堅果類が残存していて、周辺の照葉樹や落葉広葉樹からなる森林環境が想定できる。動物遺存体の多くは獣骨でイノシシ、シカ、ウサギ、サル、キツネ、アナグマ、カモシカ、イヌなどがあるが、圧倒的にイノシシ、シカの量が多くこの二者で99％に上る。ほかに鳥類としてカモ科とキジ科が、爬虫類でスッポンやイシガメなどが確認されている。これらの哺乳類にはイヌの咬痕があるにも関わらず、イヌ自体の骨の出土が少ないという事実があり、イヌが特別の動物として扱われ、食物残渣といっしょに遺棄されず、別の場所に埋葬されたという事情が想像される。魚骨は内水域のコイとナマズがあって、石錘が出土していることと整合するが、魚類にはほかにボラ科、エイ、スズキ、マダイ、フグ科などの海水魚が含まれていて、淡水魚の数と種類を上回っている。加えてクジラの骨も検出されており、沿岸部と内陸部とを結ぶ恒常的な物資流通システムが存在したことを証明し

橿原遺跡から出土した矢筈、弓筈、鏃、刺突具、叉状鹿角器、垂飾など多種類の骨角器（※２）

ている。
出土品の主たるものは２００２年に国の重要文化財に指定され、奈良県立橿原考古学研究所附属博物館で展示されている。

【文献】末永雅雄ほか１９６１『橿原　奈良県史跡名勝天然記念物調査報告』第17冊、松田真一・岡田憲一・松井章・奥田尚ほか２０１１『重要文化財橿原遺跡出土品の研究　橿原考古学研究所研究成果』第11冊

コラム5　イノシシとシカ猟

・狩猟対象とされた動物
縄文時代の遺跡からは保存環境が良ければ、当時食用とされた動物遺存体が出土することがある。特に貝殻によって土壌がアルカリ性化する貝塚では、動物骨や骨角器などが遺存する良い環境がある。出土した食物残渣の分析によれば、その量もさることながら、食用とし

た動物の種類の多さに縄文時代の特色が現れている。狩猟の対象となった動物は獣類ではシカ、イノシシ、カモシカ、ヒグマ、ノウサギ、キツネ、サル、テン、タヌキなど中型獣から小型獣まで、鳥類ではカモ、ガン、ツル、アホウドリ、オジロワシなどこれも多岐に及んでいる。ただ捕獲された動物には食用以外に骨や毛皮を利用する目的もあっただろう。また狩猟の対象となった割合をみると、獣類のシカとイノシシが他を圧倒し、局地的に生息する動物を除けば、日本列島のどの地域においても最も多く捕獲された陸獣である。

・イノシシ猟

では縄文ハンターによる猟の実態をみてみよう。宮城県田柄《たがら》貝塚からは捕獲されたイノシシの骨が多数出土している。そのなかには実際に石鏃が下顎骨、肩甲骨、橈骨、肋骨などを貫通した痕跡があるものや、深く骨に突き刺さった状態の石鏃もあって、動物に致命傷を与えるほど弓矢に強い刺突力があることを示している。矢を射込まれた肩甲骨など骨の部位と入射角度によれば、獲物の進行方向である正面付近から狙った事例が多くみられるという。イノシシ猟では、勢子や猟犬に追い立てられて向かってきたところを狙った、いわゆる現在の巻き狩りの「タツマ」と呼ばれる場所で射止めたものか、あるいは獣道やヌタ場などで待ち伏せしたことを示唆している。しかも先の骨への刺突痕跡をみる限り、かなり至近距離か

橿原遺跡から出土したイノシシ顎骨（※２）

ら狙っていたことがわかる。

　縄文時代の遺跡からは粘土を焼いて作ったイノシシ形の土製品が出土するが、そのなかにはイノシシの胴体にいくつもの刺突痕をつけたものがある。縄文時代には陥し穴などを使った仕掛け猟も広く普及していたが、実際に骨に突き刺さった石鏃や、このように矢で射られたことを表現した土製品をみると、狩の主体は弓矢によっていたと考えられる。このような土製品は狩猟のシーズンに、豊猟を祈るまつりの場で使われたと想像してみたくなる。そのイノシシの土製品には「うり坊」の縞模様を表現した可愛いものもある。縄文時代には本来イノシシの生息しない離島にある遺跡からイノシシの骨が出土する事例が知られている。これをみると、イノシシの仔を海を渡って連れて行き、そこで飼育した可能性も考えられ、イノシシとの特別の関係が窺われる。

　さて先の田柄貝塚では矢を射込まれた別のイノシシの個体があり、石鏃を射込まれた個所がその後に骨増殖して治癒していたことがわかるものがあった。一度矢を射込まれ深手を

橿原遺跡から出土したニホンジカの各部位（※１）

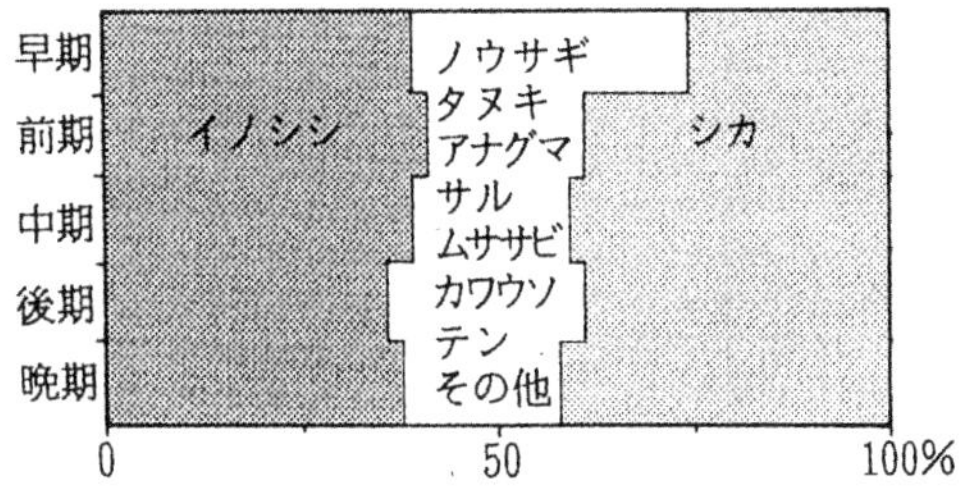

イノシシとシカの獲得量の時期別変化（「図解日本の人類遺跡」1992 東京大学出版会から転載）

負った後も運よく逃げることができ、さらに生存し続けたが、再び縄文人によって捕獲されたらしく、何とも気の毒に思えてくる。イノシシは陸獣の中でも強靭で生命力も強く、今日でも餌場を追われたイノシシがしばしば集落へ出没して騒ぎとなることがある。イノシシ猟は最後に仕留めたものの手柄だと聴くが、今も昔も変わらないイノシシ猟の難しさを教えてくれる。

・縄文の陥穽猟《かんせいりょう》

　イノシシと双璧をなすシカは、草食性で普通は群れをなして行動し、1回の出産で1匹だけ仔を生むなどイノシシと異なる。シカが狙われたのは、毛皮や骨のほか鹿角などが利用できることもあるが、一頭当たりの肉量が多いことや、美味であることも大きな理由だったのだろう。地域や時期の違いによって比率に多少の偏りはあるが、縄文時代の遺跡からはシカの骨もイノシシに劣らない量が出土している（図を参照）ことがその証といえる。

　シカを射止めた様子が想像できる資料が岩手県にある中神遺跡でみつかっている。ここで出土したシカの骨には、頭部後方に石鏃が刺さった状態で残されていた。狙われた位置は後方のかなり上方からと推定され、ハンターが木の上などに潜んでいて、眼下を通過するシカを上から射た可能性が高いとされる。

旧石器時代にすでに用いられていた陥穴《おとしあな》による猟は、縄文時代にはより普及したようで、検出される事例が飛躍的に増加する。それだけでなく動物の習性を考慮した配置や、柵などと併用することで、より効果があがる狩猟計画の一環として設置されたと考えられる遺跡も見つかっている。縄文時代の北海道の陥穴には、平面形が細長く、穴の深さの中間付近の幅が狭く掘られた陥穴がある。長い足をもつシカの跳躍力を発揮させないように、穴に落ち込んだシカの胴体が挟まり足が底に届かない構造としている。イノシシよりシカの比率が高い北海道型の陥穴ともいえる。

なお、長崎県対馬にある佐賀貝塚からは、シカの角を材料にして製作した鹿笛が出土しているが、シカの雄の声に似た音が鳴り、シカを誘き寄せる道具のひとつとして考案されたのだろうか。

【文献】大泰司紀之1983「シカ」『縄文文化の研究 生業』第2巻、林良博1983「イノシシ」『縄文文化の研究 生業』第2巻、藤田正勝・宮路淳子・松井 章2008『動物考古学』京都大学学術出版会

コラム6　内陸に運ばれた海産物

・盆地の遺跡からクジラの骨が出土

　橿原遺跡から出土した縄文時代の遺物の多くは、当時の集落の縁辺部に廃棄されたものであったが、発見時まで湿潤な埋蔵環境にあったため、有機質の遺物が腐敗せずほぼ当時のままの状態で残存していた。そのおかげで、この集落で利用された食物の内容を知ることができる。

　もちろん食物の多くは当時集落の近辺で獲得可能な動植物であるが、実は地元では調達できない食物も少なからず出土している。なかでも注目すべきは、内陸にある遺跡にも関わらず海産物が出土していることで、それも以下にあるような種類の魚類が含まれていた。魚類にはスズキ、フグ科が上顎骨や歯骨などそれぞれ4点、ボラ科、クロダイ、マダイ、コショウダイ、トビエイ科、ハモ属など種類も多い。ほかに近くの川で捕獲したと思われる、コイとナマズなどの淡水魚があるが、海産の魚類は数でそれを大きく上回っている。加えて海産哺乳類のクジラ類の椎骨3点の出土が目を惹く。

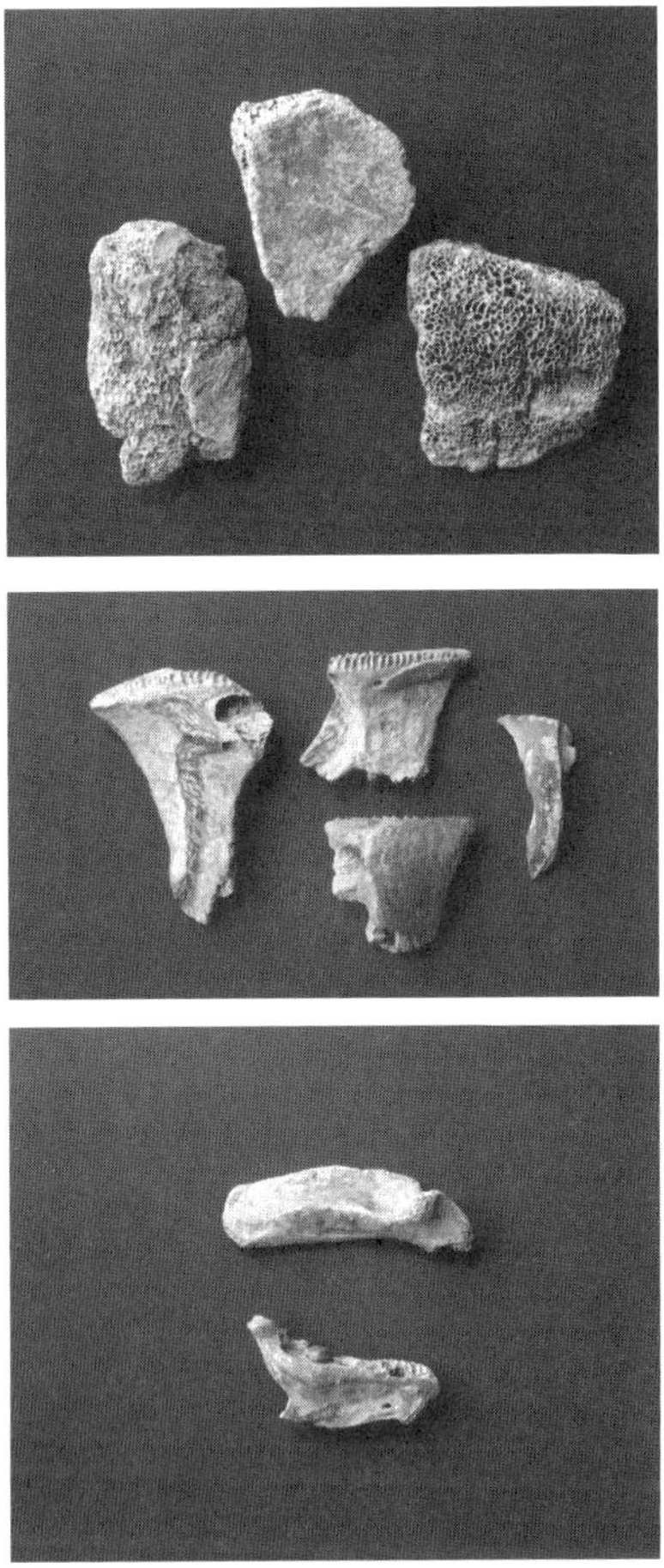

橿原遺跡から出土した海産物
（㊤クジラ㊥フグ㊦タイ）（※２）

・マダイを賞味した内陸の縄文人

橿原遺跡とは遠く離れているので比較するには適当ではないかも知れないが、茨城県土浦市の上高津《かみたかつ》貝塚の例をみてみよう。ここは広大な霞ヶ浦の最も奥まった場所に立地する貝塚で、基本的な食糧資源は周辺の内陸、ないし河川や湖畔で得られる動植物に頼っていたと考えられる。ところがこの貝塚からは、遺跡周辺の汽水域では獲得できない体長50～60チセンもの立派なマダイの成魚の顎骨が多数出土している。しかも一般の貝塚などでは成魚と一緒に出土する20～30チセン大のマダイや、マダイと同一水域に棲息する魚類はほとんど含まれていないという。海浜部にあっても産卵の時期、沿岸に回遊してくるマダイはいるが、そこで出土する魚骨をみると、未成魚の割合が高く、立派な成魚だけが揃うことはまずない。マダイの成魚が平時に棲息するのは水深90メートル前後の岩礁性の海底であるから、太平洋岸に面して漁業に長けた集団が専業的に捕獲したとみるのが自然だろう。上高津貝塚の住人は海浜部の漁業集団との間で、特に貴重な上質のマダイを継続的に手に入れる手段を確保していたに違いない。

・縄文の物資流通システム

橿原遺跡から出土している海産の魚類や哺乳類の種類からみて、偶然の機会にそのような貴重な資源を得たとは考え難い。橿原遺跡から最も近くで直接海の資源を得られたのは、当時海が浸入していた河内湾であったが、内灣にあった集落だけではなく、大阪湾や紀伊水道など外海に面した地域の集団とも恒常的な繋がりがあって、必要に応じて海産物が確実に入手できる関係を作り上げていたと考えざるを得ない。この時期に近畿地方で製塩の証拠がないので、恐らく食品の品質を保って遠隔地まで届けるため、海産物は干物や燻製にするなど保存処理した食品として運ばれた可能性が高い。

縄文時代の食生活は地域の食糧資源によって賄われる、いわば自給自足が基本であったが、遺跡から出土する食材の動きをみると、縄文時代の地域間の交流は想像を超えて活発で、物資流通の仕組みが確立した交易社会であったことを教えてくれる。

【文献】鈴木公雄1999「縄文人の水産資源開発―とくにマダイ漁を中心に―」『シルクロード学研究叢書1　水と文明』、松井章・丸山真史・山崎健2011「橿原遺跡出土の動物遺存体」『重要文化財橿原遺跡出土品の研究　橿原考古学研究所研究成果』第11冊

23　箸喰《はしばみ》遺跡

橿原市川西町字八ノ坪・西池尻町

畝傍山の西方、史跡新沢千塚古墳群が分布する丘陵北端の北東側で、住宅地となる以前は水田であった一帯に遺跡が存在するとみられる。1961年刊行の『橿原』の記述によれば、西池尻町との境界に近い川西町領に含まれる箸喰に所在するとされ、1955年に一部調査が行われ、水田下約2㍍《メートル》のところで遺物が出土したと報じられている。

本遺跡出土と考えられる縄文時代の資料が、奈良県立橿原考古学研究所附属博物館に保管されて

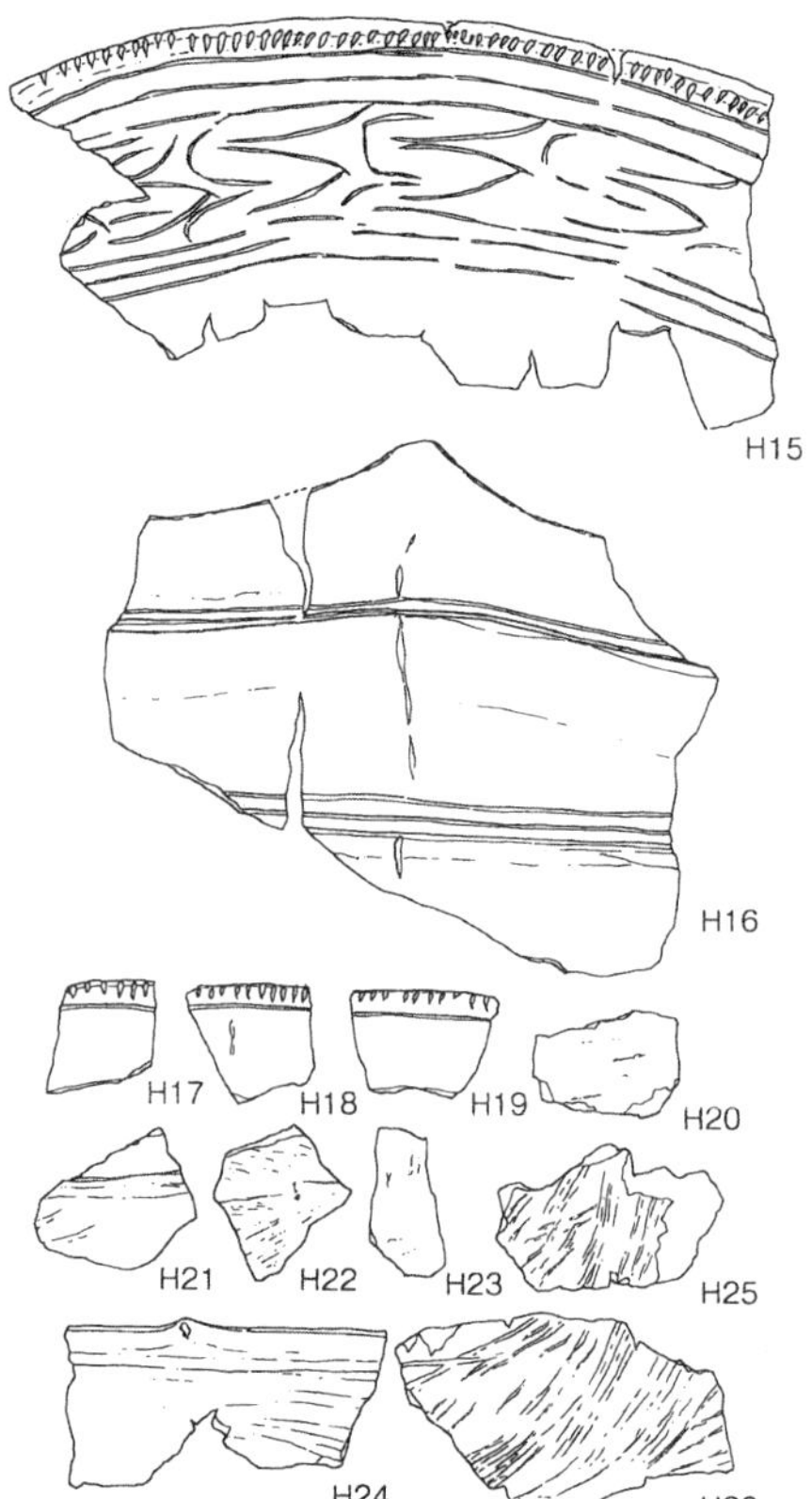

箸喰遺跡の縄文土器(『橿原』から転載)

いたが、近年の再整理によって縄文土器10数点があらためて報告されている。深鉢は口縁部に単純な平行沈線を配し、ナデや巻貝条痕によって仕上げたもので凹底の破片がある。浅鉢には精製の黒色研磨の鉢と、厚手の粗製鉢とがあって、概ね滋賀里Ⅰ式の新しい段階に置かれる特徴をもっている。

ただこのほかに報告書『橿原』には、箸喰出土と掲載された後期終末の東北系土器が掲載されている。実物資料の確認ができないが、口縁部上端に刻目を巡らし、弧線で描いた上下に重ねる入組弧線文《いりくみこせんもん》を頸部主文様として、上下に配したそれぞれ3条からなる平行沈線文で区画する深鉢である。宮滝遺跡などで類似した土器の破片が僅かに確認されているが、箸喰で出土したことが間違いないとすれば注目すべき資料である。この入組弧線文は東北地方南部から関東にかけて展開する瘤付《こぶつき》土器に用いられるモチーフであるが、その特徴から第３段階に位置づけられる可能性があるという。同個体には貼り瘤こそ見られないが、東日本の影響下に生じた土器として特筆される。

【文献】末永雅雄ほか１９６１「橿原」『奈良県史跡名勝天然記念物調査報告』第17冊、岡田憲一２０１１「箸喰遺跡の縄文土器」『重要文化財橿原遺跡出土品の研究　橿原考古学研究所研究成果』第11冊

24　観音寺本馬《かんのんじほんま》遺跡

橿原市観音寺・御所市本馬

京奈和自動車道建設地を対象とした橿原考古学研究所、橿原市教育委員会、御所市教育委員会の三者による試掘調査のなかで、２００６年に橿原市観音寺町と御所市本馬との市境界に跨がる範囲に、未知の縄文時代遺跡が眠っていることが明らかになった。遺跡は観音寺町集落南側にある独立丘陵である本馬丘の西側の山裾末端にあり、葛城川がつくる西に開けた沖積地との接点に位置する。幾筋もの自然流路が形成される環境のなかで、建物遺構、埋葬施設、土器溜まりなどの遺構が

発見され、これら遺構の主体は縄文時代晩期中葉（篠原式が中心）に営まれていることがわかった。ただ遺跡からは出土量は限られるものの、草創期の有茎尖頭器のほか前期北白川下層Ⅱb式、Ⅲ式、中期終末、後期初頭、後期後半の縄文土器などが出土している。また地床炉や石囲炉のほか、自然流路からは丸太材を杭で固定した水場《みずば》遺構も検出されている。

晩期中葉の建物遺構は南接する御所市側も含めて遺跡全体で17基発見されていて、小柱穴が焼土の周辺に巡るタイプと、大型堀方をもつ柱や柱穴が焼土を囲む構造との、2種類のタイプの平地式住居がある。堀方に据えられた柱は丸太材以外に、大型堀方に直径約50《チセン》のカヤやクリの大木を半截した柱材を用いた特殊な建物もある。地床炉をもつ平地式住居とみられる遺構が南側の御所市域にも2基存在し、建物遺構の本来の総数は17基をかなり上回るだろう。

埋葬施設は遺跡西側の集中地域で土坑墓17基と土器棺墓30基が検出されている。土坑墓は長さ1・3〜1・5

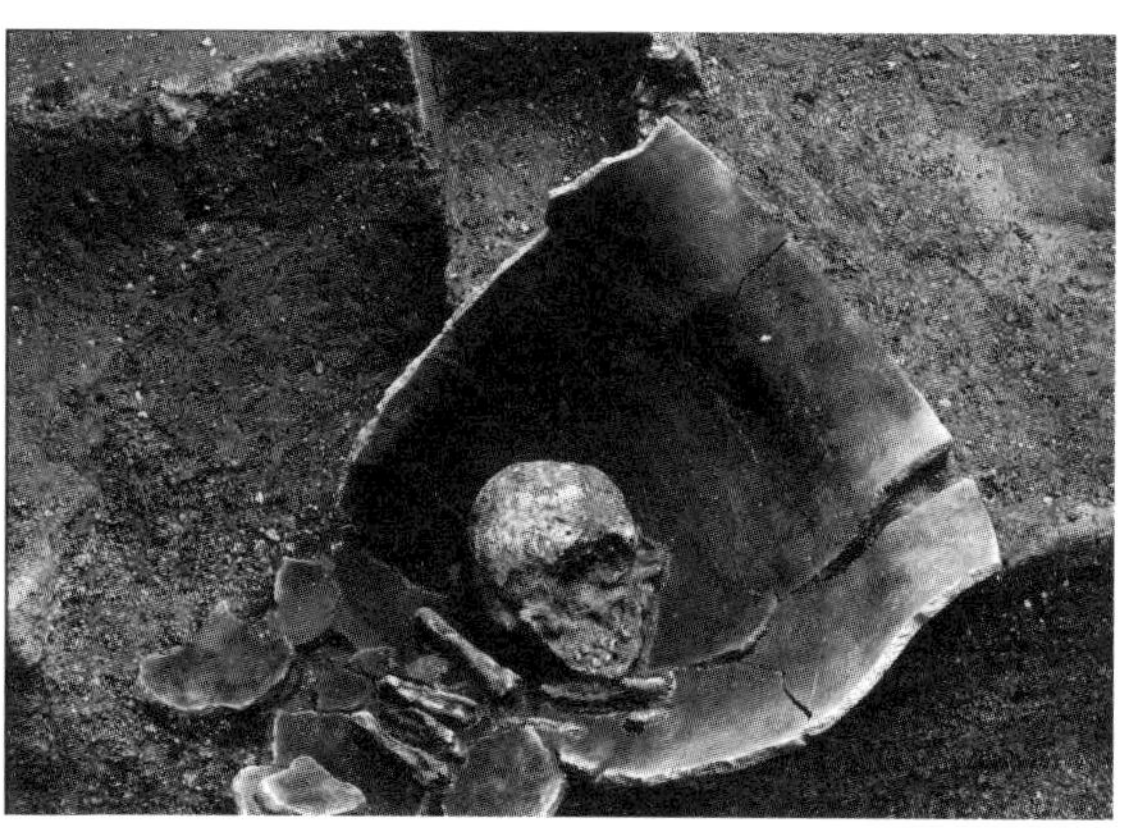

幼児が再埋葬された土器棺墓の人骨出土状況（※1）

メートル、幅0・8〜0・9メートル、深さ0・4メートル前後の規模で、解剖学的位置を保った一次埋葬と、一度骨化した後に再埋葬したものとがある。単独の一次埋葬は土坑に仰臥屈葬するが、複数体埋葬の土坑墓には一次埋葬もあるが、多くは再埋葬されたものである。土坑墓にはあまり事例に接したことのない土坑の四隅に杭が残されるものがあり、垂直ないし斜方向に杭を打ち込んでいるが、杭によって傷められた人骨はない。複数体が埋葬された土坑墓では3基すべてに杭が確認できるが、単葬墓では1基を除いてほかに杭が備わる例はないため、複数回の埋葬を前提とした墓の位置の明示を意図した設備と考えられる。

　土器棺墓は単独で存在するものと、複数で纏まって群をなすものとがあり、設置された位置も土坑墓群の中に混在するものもあるが、群の周辺にまで拡がって分布しているものもある。土器棺墓には煮炊きに使っていた吹きこぼれ痕のある深鉢単体を棺身とするもののほかに、深鉢と浅鉢の2個体を蓋と身として用いるものがある。設置方法は正位や横位のほか斜位に据えるものもある。そのなかで保存状態の良い人骨が遺されていた土器棺（写真）は、顎の骨に乳歯とともに生える前の永久歯が確認できる4歳前後の幼児骨で、棺底に頭蓋骨を置き四肢骨を平行に並べた再葬墓である。土器棺には成人も埋葬されるが、乳児や幼児が多い。ただ幼児骨が出土している土坑墓もある。

　貝塚がない奈良県下では本遺跡の縄文人骨資料は橿原遺跡の事例に次ぐものだが、埋葬遺構にともなって出土しており、当時の埋葬の具体的方法を知る上では、より資料的価値が高く貴重である。

土坑墓の単独埋葬人骨は仰臥屈葬で165チセン前後の大柄な壮年男性で、厚い頭蓋壁、眉上隆起が発達、大きな鼻骨、エラ手前の凹みがないロッカー顎、小さめな鎖骨、柱状性の強い大腿骨など縄文人骨の特徴か顕著である。別の土坑墓の単独埋葬人骨も仰臥屈葬であるが、成人女性でやや華奢だが縄文人の特徴を良く備えている。

土器溜まりで見つかった土偶の出土状況（※1）

3体埋葬の土坑墓はいずれも解剖学的位置を保っている一次埋葬で、構成は成人骨2体と小児骨1体だが、成人骨1体と小児骨には歯冠に線と凹みがあり、離乳時期に飢餓状態に陥った経験が認められるなど人骨の形質的特徴が把握された。土坑墓からは石製ペンダントやイヤリング状のものを含む漆製品など装身具中心の副葬品が見つかっている。

埋葬された人骨の多くには抜歯をはじめとした歯の加工が認められている。成人3体と乳幼児2体の合計5体が埋葬された土坑墓の成人骨には、東海地方中心に事例が多い、切歯には人工的に溝状の刻線を施術する叉状研歯《さじょうけんし》が認められた。近畿地方では大阪府国府遺跡に次いで2遺跡目の発見である。また、単独一次埋葬で仰臥屈葬された土坑墓の、壮年から熟年男性人骨の上顎中切歯には、かつて清野謙次が単尖研歯と呼んだ、岡山県津雲《つぐも》貝塚人骨など全国でも数例しか知られていない、斜状研歯《しゃじょうけんし》という加工が施されていた。本遺跡の埋葬人骨や歯にみられる生活痕や形質的特徴は、全体に咬耗が弱い傾向がある。また大柄な男性骨と小柄な女性骨という一般的縄文人骨の特徴を備えているが、成人男性、成人女性、幼児がほとんどで、老人骨は存在せず、多くが壮年までに死亡していて、厳しい環境下にあったことが窺われる。

埋葬遺構に近接して10カ所で土器溜まりが見つかっている。土器とともに石器や石器製作にともなう剝片や砕片が大量に混じっているもののほか、土偶や石刀などの呪術品とともに焼土や焼けた動物骨が多数混じっているもの、焼けていない動物骨が焼土と一緒に出土している土器溜まりなどがある。ほかにも石冠とヘラ状石器を揃えて置いた遺構や、剝片石器の材料であるサヌカイト石材の集積遺構なども検出されている。

遺跡全体からは土器以外に、石鏃、石錐、石匙、削器、石錘、磨製石斧、打製石鍬、敲石、磨石、石皿、石棒、石剣、石刀、石冠、遮光器土偶を含む土偶、土玉、ミニチュア土器、匙状土製品、骨角製矢筈、翡翠製勾玉、漆塗り輪状木製品などが出土している。調査区の土器溜まりでは、数は多くないものの、後期後半の瘤付土器や晩期の大洞ＢＣ式やＣ１式など遠隔地の土器も出土している。

モノの廃棄をともなう儀礼の痕跡と考えられるいくつもの土器溜まりが確認されるなかで発見さ

れた遺構は、建物遺構と埋葬遺構とがかなりの割合で重複して存在しており、半截材などを用いた建物遺構を葬送や祭祀に利用された特別の施設とみなすことが妥当だろう。ただ、遺跡の存続は単一土器型式の期間内に限定されるものの、自然流路が不規則に流れる不安定な環境のもとで、土地利用の変更があったとする見方もある。

　この建物遺構や墓地が発見された集落本体の北東約３００メートルの地点では、元住吉山Ｉ式をともなう竪穴住居が１基発見されている。付近では川底に丸材20本と割材14本を使用した魞《えり》漁の魚溜部が仕掛けられた、縄文時代の自然流路が検出されている。興味深いのは調査された約５０００平方メートルの範囲で、晩期中葉の埋没林が確認されたこ

クリなどの埋没林の出土状況（北北西から）
（橿原市教育委員会提供）

とである（コラム7参照）。埋没した根株の圧倒的多数がクリの根株であった。そのなかの一定の範囲には他の樹種はなく「クリ園」ともいうべき林を形成していた。

このように観音寺本馬遺跡では縄文時代の祭祀や埋葬に関する重要な資料が得られたが、加えて居住地域以外の低湿地において、生業活動を具体的に知ることのできる興味ある成果があった。特に盆地内の沖積地域においては、有機質資料が腐朽せず良好な状態で保存されている場合があり、今後生活領域の構造解明にも迫れる調査が期待される。

【文献】本村充保２００９「観音寺本馬遺跡　京奈和自動車道（観音寺Ｉ区）」『奈良県遺跡調査概報２００８年度第３分冊』、岡田雅彦・米川仁一ほか２０１３「観音寺本馬遺跡Ｉ」『奈良県立橿原考古学研究所調査報告』第１１３冊、濱口芳郎・濱慎一２００８「京奈和自動車道関連遺跡発掘調査概報１」『御所市文化財調査報告書』第33集、平岩欣太２０１０「観音寺本馬遺跡」『橿原市文化財調査年報平成20年度』

コラム7　クリの栽培

・食材としてのクリ

昔、東京の下町を焼き芋屋さんが「栗より旨い十三里半」と売り声をあげて、いいにおいを漂わせながらリアカーを牽き、売り歩いていたのを懐かしく思い出すことがあるが、これは誰もが芋はともかく、クリは美味な食材だと認めているからでしょう。各地の縄文時代の遺跡からクリの果皮や炭化物が出土するのは、当時も今と変わらず、美味しい木の実の代表格として食卓にのぼっていたに違いない。

その美味しいクリはどのくらい収穫ができ、摂取できるカロリーは如何ほどなのだろうか。松山利夫によって紹介されたクリ園の収穫例を見ると、栽培種ではあるがクリの木１本当たり平均で10キロ強ほど収穫できる。10アール当たり32本のクリの木から得られる総収量は４００～４５０キロにのぼるという。クリは１００グラム当たり１５６キロカロリーあり、10アールのクリ林の収穫量を、成人一人当たりの１日の必要エネルギー（１８００キロカロリー）で除すと、約１年間に必要なカロリーの摂取量を賄える計算となる。一定の規模のクリ林を管理して確実に貯蔵されていれば、竪穴住居に暮らす家族単位の食糧として、カロリーの面では十分満たすことが可能であるといえる。

・クリの大きさ

吉川純子によって縄文時代の遺跡から出土したクリの果皮の大きさが計測されていて、時期別にクリのサイズの傾向がわかる。縄文時代のクリは早期から後期にかけて増減しながらも、高さと幅を基準とした大きさ指数の平均値が次第に大きくなることを示した（表を参照）。晩期には小型種も食べられていて、サイズを選択することなく利用していた一方で、現在の栽培種並ともいえる幅4センチ程度の大きな果実が出現しているという。この原因をクリ林の成育環境の管理や整備によるものとする考えがあるほか、一歩踏み込んで人工的な交配の結果だとする見解もあり、質量ともに良好な資料が得られれば、クリの遺伝子による検証も視野に入ってこよう。

時　期	遺　跡	試料数	高さ (mm)		幅 (mm)	
			最大値 – 最小値	平均 ± 標準偏差	最大値 – 最小値	平均 ± 標準偏差
前期中葉	三内丸山遺跡　第6鉄塔地区VI層	15	27.0 – 12.0	19.0 ± 4.9	37.0 – 13.0	24.5 ± 7.4
後期	弁天池低湿地遺跡	6	33.0 – 21.0	25.3 ± 4.2	31.0 – 21.6	25.1 ± 3.4
晩期前葉	野地遺跡	33	36.1 – 22.0	28.9 ± 4.7	46.7 – 21.2	29.1 ± 5.9
晩期	米泉遺跡	8	34.4 – 25.2	29.6 ± 3.2	36.0 – 26.6	31.7 ± 3.6
晩期末葉	青田遺跡	46	40.4 – 18.0	30.4 ± 6.1	56.8 – 18.3	33.5 ± 8.3

縄文時代の遺跡から出土したクリ果皮の計測値（単位mm）
（吉川 2011 から転載）

・管理されていたクリ林

本文でも述べた橿原市観音寺本馬遺跡では、縄文時代晩期中頃の埋葬遺構や平地式住居が多数検出された。その北方の沖積地で自然流路に近接した約５０００平方メートルの範囲で、洪水砂に覆われた状態の晩期の埋没林が確認された。

発見された根株68株の樹種を調べると、オニグルミやムクノキなど20種が同定された。内訳をみるとクリの根株が25株あり圧倒的多数を占めていて、同様な環境下の自然の森林相とは異なる樹種の構成比であった。そのクリの根株に注目すると、直径は50センチ前後のものが多く、この幹の太さから推定されるクリの木の樹高は、20～30メートル程度あるかなりの大木になり、柱材にも利用できる真っ直ぐな幹も得られるという。さらに興味深いのは樹種別の根株の分布で、クリの生えていた範囲は、ほぼ80メートル四方に限られ、そのエリアにはほかの樹種の根株は皆無であった。沖積地でも自然流路に接したあまり水はけの良くない場所にあって、密度の高い自生のクリ林の存在は考えにくく、人工的に利用価値の高い樹木を、一定の場所を決めて育成し、日頃から管理していたとみざるを得ない。また調査地内において確認されたクリ以外の樹種にはトチノキ、ヤマグワ、オニグルミなどいずれも実が食用として利用できるもので、樹種の選択管理がおこなわれていた可能性が高く、縄文時代晩期の奈良盆地の一角では、集落周辺の樹林において利用価値の高い樹種の選択も含めた管理が積極的に進められていたのだろう。
因みに、青森県三内丸山《さんないまるやま》遺跡からは直径約1メートル《メートル》のクリの大木6本で建てられた構造物や、クリ材の柱を用いた大型住居などがあって、建築材として消費地でのクリの利用実態がわかるが、一方、観音寺本馬遺跡におけるクリの埋没林の発見は、縄文時代のいわば生産地における森林資源の維持・管理の具体的な姿を明らかにしたという点で大きな意義があるといえる。

【文献】渡辺誠1975『縄文時代の植物食』雄山閣出版、松山利夫1982『木の実』法政大学出版局、吉川純子2011「縄文時代におけるクリ果実の大きさの変化」『植生史研究第18巻第2号』

25　箸中《はしなか》遺跡

桜井市箸中

三輪山北方の車谷から盆地部へ至り南西方向に流れる巻向川は、箸中集落一帯に標高90㍍前後の扇状台地を形成している。箸中遺跡は集落の北側にあって、巻向川右岸に広がる台地上の東西500㍍にわたる広い範囲に縄文、弥生、古墳などの各時代の遺物が散布している。これまで小規模な発掘調査は行われているが、遺構や遺物包含層などは確認されていない。ただ最近まで研究者による遺物採集が綿密に行われていて、縄文時代に限ると遺物の散布地域は慶運寺北側の畑地一帯の、比較的狭い範囲に限定できることが明らかになっているほか、遺跡の形成時期も採集資料からほぼ捉えられている。採集されている縄文土器に

箸中遺跡の遠景（手前の低台地上に遺跡が立地する。背後の山は三輪山）＝桜井市教育委員会提供

は中期初頭や後期初頭ないし前半の土器も少量含まれるが、本遺跡で注目すべきは土器の大半を占める前期中葉から前期終末にかけての資料といえよう。

現在のところ時期的に最も先行するのは、半截竹管によるC字形連続爪形文と縄文を採用した北白川下層Ⅱ式で（図の1・2）、平行沈線内に小型の爪形文を充填する北白川下層Ⅱb式が続く。ほかに生体による爪形文らしき個体も存在する。凸帯を貼り付けた爪形文が出現する北白川下層Ⅱc式以降に本遺跡は全盛を迎え、資料の大半が大歳山式に至る間の型式に含まれる。北白川下層Ⅱc式には凸帯上に縄文を施文したものや、やや幅広の凸帯に斜めの刻みを施すものがある（図の7・8）。次いで細い凸帯上に半截竹管を用いて、粘土のはみだす押引きを施したいわゆる特殊凸帯文土器があり、縄文地に幾何学文や2重・3重の円形のモチーフを表わす破片（図の10）が少なくない。加えて口唇部に深い刻みを施し、折り返した口縁内面に、幅の狭い縄文帯を施文するものなどが北白川下層Ⅲ式に含められる。次にはΣ状工具を用いた刻みを施した、凸帯文を特徴とした大歳山式（図の12・15・16・17）が一定量存在する。底部形態は広い平底が前期後半の通有だが、角底や抉りの入る前期終末前後に特有の底部が含まれている。縄文の原体では単節縄文が圧倒し撚りはLRが優勢ななか、0段多条縄文（図の18）が約10％の割合で加わっているほか、羽状縄文の破片が縄文施文土器の約14％を占めている。

これらの地元の北白川下層系土器に混じって、赤色顔料が塗布された破片のなかに二条沈線で主

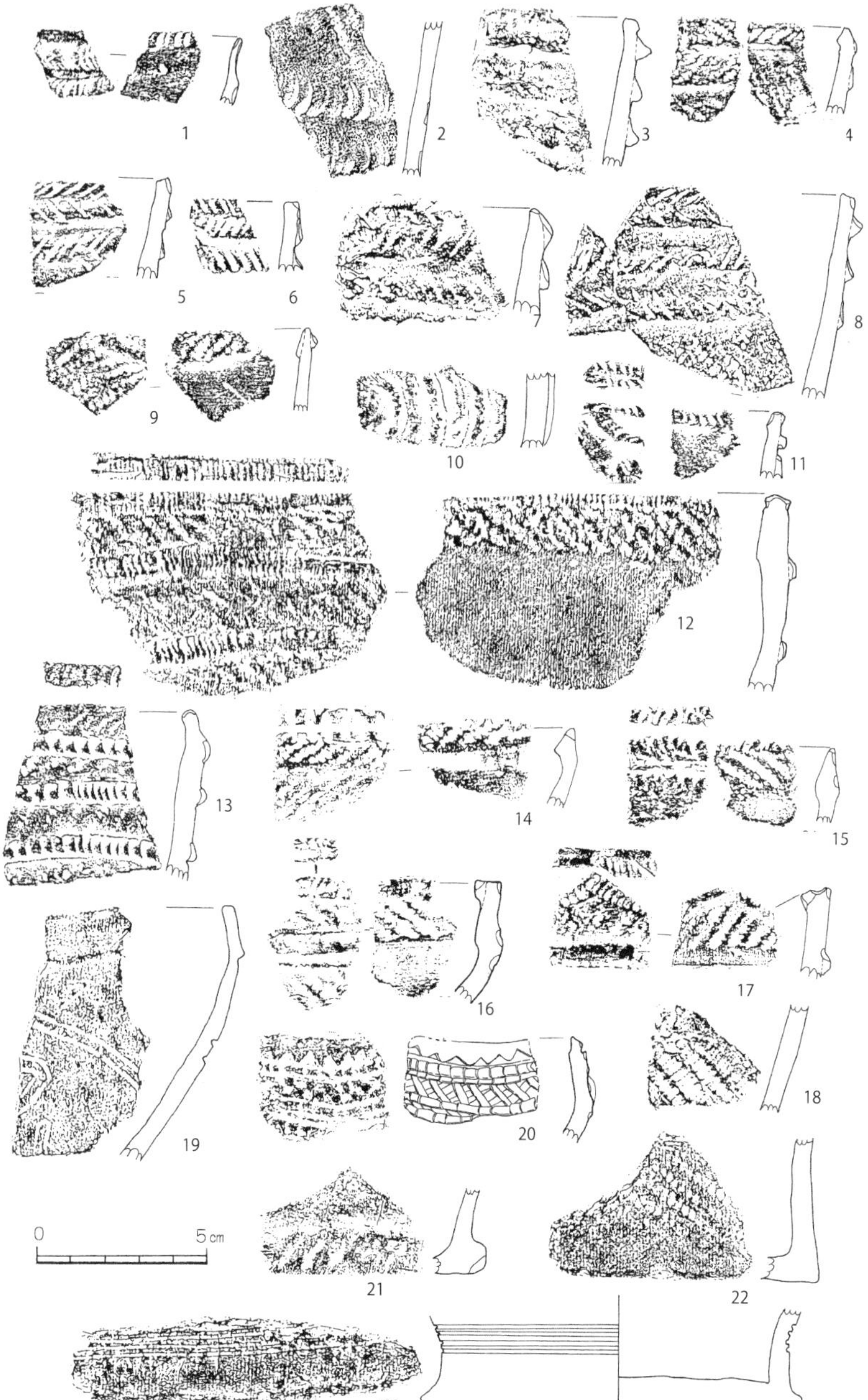

箸中遺跡で採集された縄文土器（川村 2000 に拠る）

要文様を描く破片や、底部付近に平行沈線を施した諸磯C式（図の19・23）、口縁部に鋸歯状文と斜格子粘土紐を貼り付けた特徴を持つ十三菩提式《じゅうさんぼだい》に類似した土器（図の20）など、他地域系統の土器も少なからず存在している。

石器には石鏃、石槍、石錐、石匙、楔形石器、磨製石斧、敲石があり、これらの石器にともなって石鏃など剝片石器の未成品と、多数の剝片や砕片が採集されている。石鏃の形態は多様で、法量も長さ12ミリから32ミリまでひらきがある。剝片石器の石材はほぼサヌカイト一色であるが、石鏃や剝片にチャートが数点含まれるほか、肉眼観察で黒曜石と思われる剝片が存在する。また玦状耳飾が出土したという伝えもあるほか、土製品として耳栓形の耳飾が採集されている。

【文献】松本俊吉１９５９「遺跡・遺物」『大三輪町史』、増田一裕ほか１９７８「奈良県桜井市箸中遺跡と纒向古墳群について」『古代文化』30―6、川村和正２０００「箸中遺跡の縄文資料について」『大和の縄文時代』桜井市立埋蔵文化財センター

26 芝《しば》遺跡

桜井市芝字御所田・ゼンコウジほか

遺跡は巻向川の南方一帯の標高70㍍《メートル》前後の微高地に立地し、現在の桜井市芝の集落から南西側一帯に広がる。かつて樋口清之により遺跡の内容が簡単に紹介されていたが、遺跡範囲内において1983年の工場建設や、1984年の耕地整理事業にともなう発掘調査が相次いだ。その結果、方形周溝墓、住居跡、井戸、流路など弥生時代中期から後期の遺構が検出されるなかで、縄文時代の遺物も出土し、続く1987年の大三輪中学校の改築による発掘調査では、晩期の遺物が出土し、土器や石器などとともにトチ・クルミ・カヤ・モモ核などの植物遺体や、カシの根株や倒木も検出されている。

特に大三輪中学校の改築による発掘調査では、晩

芝遺跡の航空写真（大三輪中学校付近）＝桜井市教育委員会提供

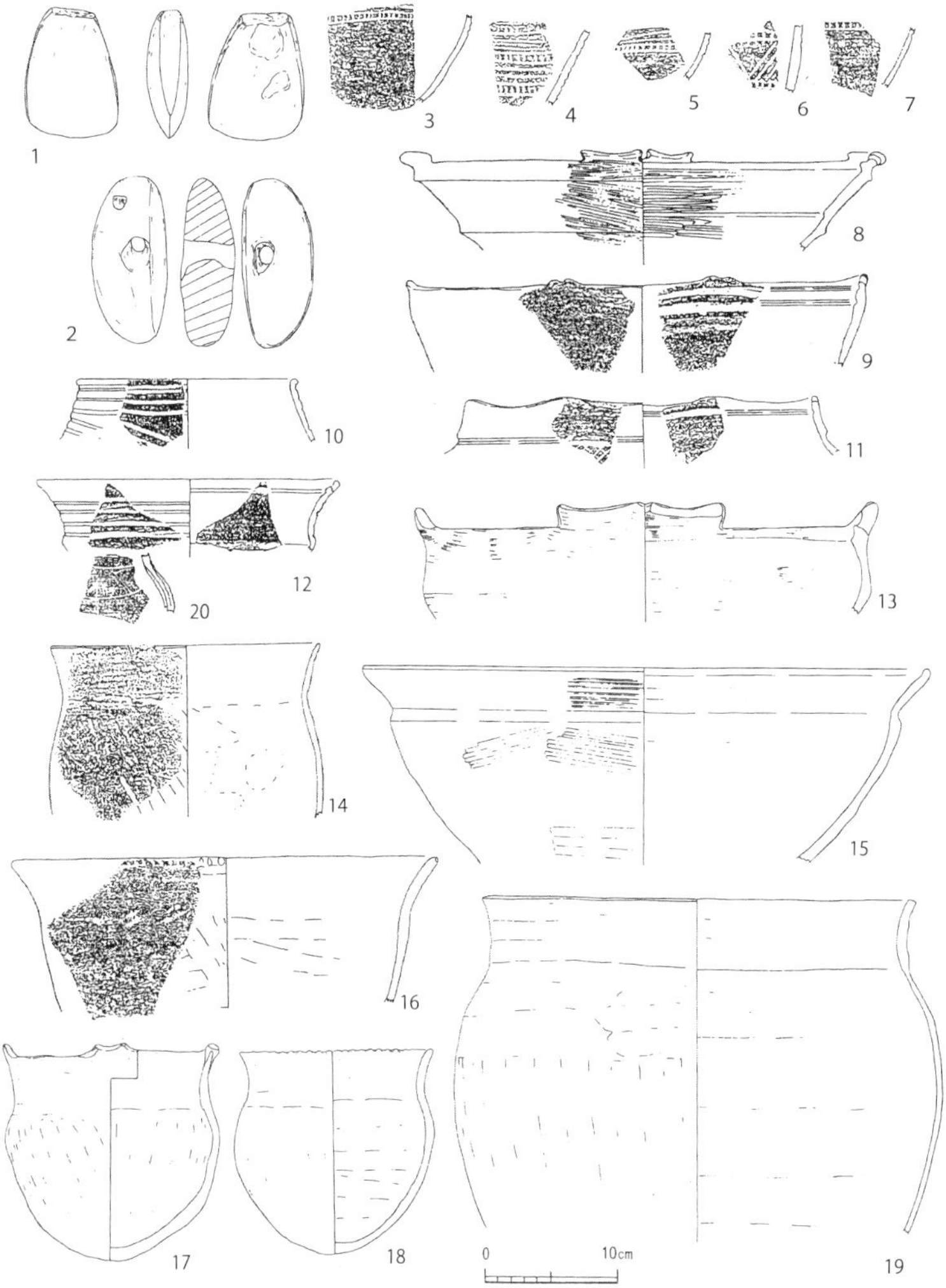

芝遺跡から出土した土器と石器

期前半の遺物が纏まって出土している。深鉢は大半が粗製土器で大型と小型に分かれ、大型の深鉢は口縁部から胴部に緩やかに移行し、ほぼ口縁が直立あるいは内彎気味の形態と、頸部が明瞭に屈曲あるいは屈折して外反する口縁部に移行するものとがある（図の19）。口唇部に刻み目をもつものも比較的多く含まれている。外面は口縁部に二枚貝による調整を残すものが多いが、ナデによって仕上げするものもみられ、胴部はナデ仕上げのものも存在するが、多くはケズリ調整によっている。内面は水平ないし右下がりの貝殻による条痕調整仕上げが多い。小型の深鉢には大型の深鉢と同様の形態ほか、括れずに外傾気味の形態も含まれる。浅鉢は頸部で屈曲し外反する口縁部をもち、外面に平行する4条の沈線を巡らすもの（図の12）や、口縁部が大きく直線的に広がりリボン形の突起がつくもの（図の8）、口縁部が小さく屈曲して内外に突線を作りだすもの（図の9）などがある。ほかに刻み目を入れた沈線間に三角形を配したもの（図の6）や、三角形抉り込み文などの橿原式文様をもつ浅鉢や椀形の鉢の破片（図の4ほか）がある。また注口土器の破片も確認されている。底部は平底のものもあるが凹底が主体である。このように滋賀里ⅡからⅢａ式の範囲に置かれる資料であり、これら土器にともなう石器には石鏃、石槍、削器、磨製石斧（図の1）、石棒、蛇紋岩製有孔石製品（図の2）などがある。

一方１９８４年の耕地整理事業や、１９９６年の道路新設にともなって発掘調査が実施されたのは、芝遺跡の西半地域にあたる。この一帯は纏向川と初瀬川の間に挟まれた沖積地に立地し、縄文時代中期中葉の船元式の新しい一群や、後期前半から中葉の北白川上層式などが出土したとされている。

【文献】清水真一 1987「大三輪中学校改築にともなう発掘調査報告書」桜井市教育委員会　清水真一 1991「芝遺跡御所田地区第1次発掘調査概要」桜井市文化財協会

27　三輪《みわ》遺跡

桜井市三輪字馬場ほか

遺跡は春日山断層南端にあたる三輪山南西麓に位置し、桜井市三輪と金屋に跨がる範囲に広がる。三輪の集落がある初瀬川右岸一帯の標高75㍍前後の低丘陵上に遺跡の本体が立地している。中心地と思われる天理教敷島大教会と三輪小学校の建設工事によって破壊された場所もあったが、その際に出土した遺物を1932〜34年にかけて樋口清

市街化した三輪遺跡中心付近の航空写真
（桜井市教育委員会提供）

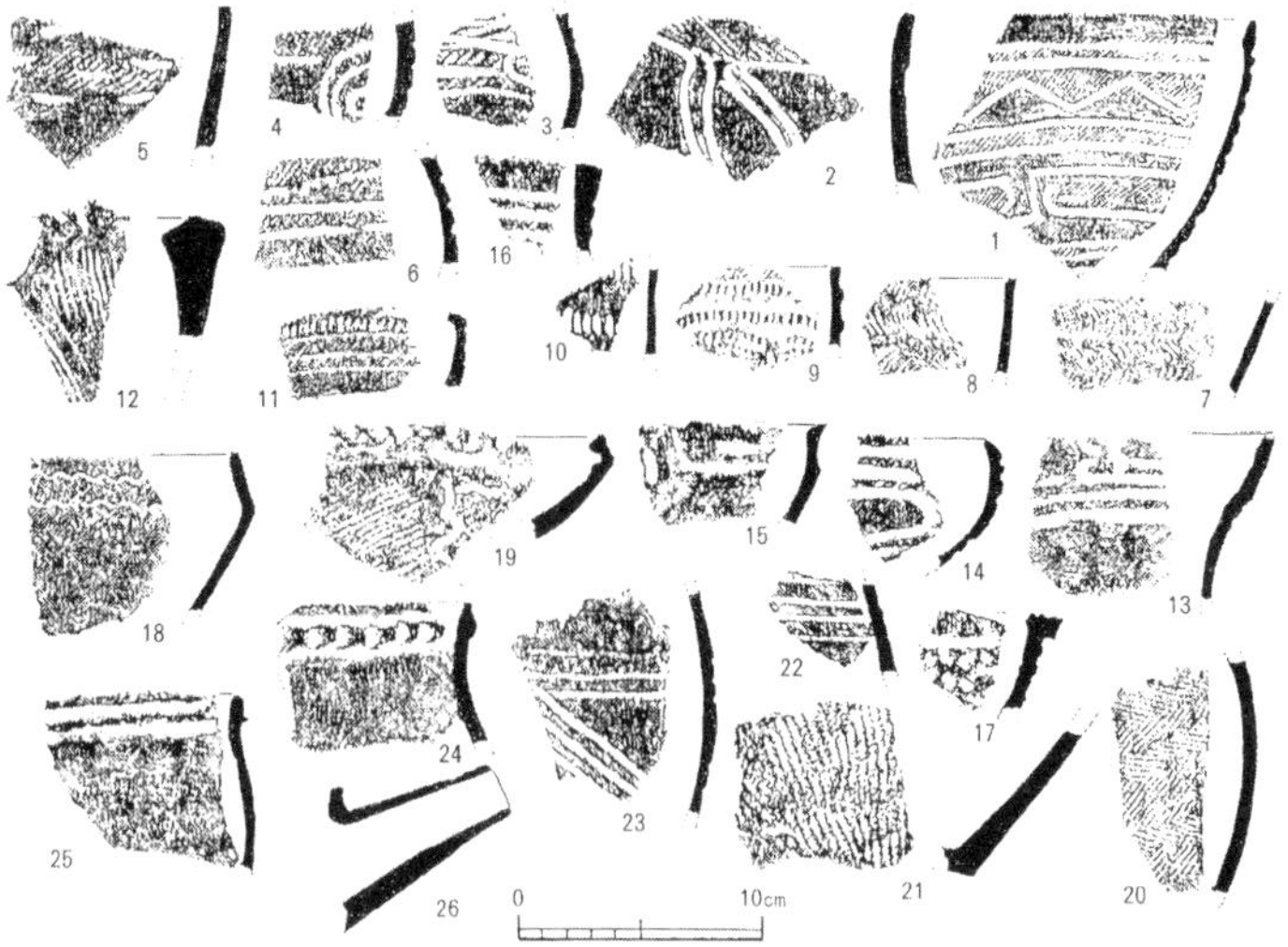

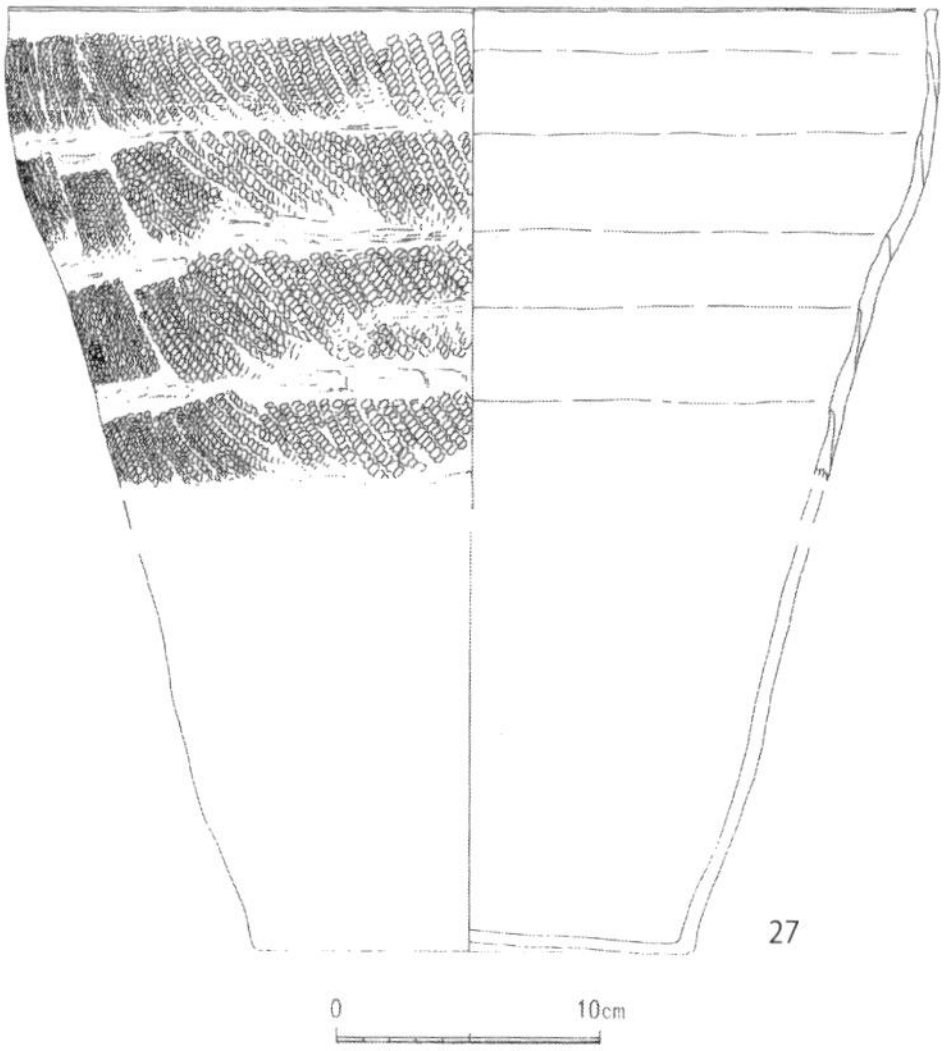

三輪遺跡から出土した縄文土器

之や島本一が報告したことで遺跡の存在が知られることになった。

縄文時代の遺物は約2・4㍍《メートル》もの厚さがある包含層から、弥生土器や古墳時代の土器のほか、鉄滓、鞴羽口、石製模造品などとともに混在して出土したとある。現在では確認は不可能だが、遺物が採集された場所付近一帯には、二次的な堆積層が存在したという判断ができる。

報告された縄文土器は連続爪形文を特徴とする北白川下層Ⅱａ式に比定できるものがあり、続く凸帯上を刻む北白川下層Ⅱｃ式ないしは北白川下層Ⅲ式がある。複数の羽状縄文の破片も存在し、前期の土器は少なくない。同遺跡では別地点で図27のような前期の大型破片も採集されている。中期の土器は終末に出現し、後続する後期初頭から後期中葉にかけての土器があり、特に北白川上層式や一乗寺Ｋ式などが量的に多い傾向がある。それ以降は空白期が続くが、晩期は船橋式とみられる凸帯文土器が数点報告されている。特殊な遺物として太い胴体に短い4本脚をつけた全長5㌢《センチ》の獣形の土製品がある。

石器も弥生時代のものと混在しているが、かなりの量が出土している。縄文時代の石器としては、石鏃、石錐、石匙、石斧、石棒、敲石、凹石、石皿状の石器などがある。石錐には有頭と無頭があり、石匙には横型が多いが、縦型も存在する。石棒は「緑泥片岩製で赤色顔料の酸化鉄を一面に塗彩した丸味のある断面矩形の無頭式」とある。敲石は「砂岩及び安山岩製で一端を使用したものと、両端を使用した」ものがある。

【文献】樋口清之１９３２「三輪山遺跡とその遺物の研究」『大和考古学』４—４、樋口清之１９３３「三輪遺跡とその遺物の研究」『大和石器時代研究』、島本一１９３４「大和に於ける縄文式土器」『史前学雑誌』６—４、松本俊吉１９５９「遺跡・遺物」『大三輪町史』、清水真一１９９２「三輪遺跡西ノ垣内地区の発掘調査」『桜井市埋蔵文化財１９９１年度発掘調査報告書』３

28　三輪松之本《みわまつのもと》遺跡

桜井市三輪字松之本

遺跡は盆地南東部を流れる初瀬川と寺川に挟まれた、標高約71メートルの沖積地に立地している。これまでに行われた数次の調査によって、この辺り一帯は北方４００メートル付近を、北西に流れる初瀬川の氾濫原であったことが、耕土下の砂質土壌の堆積によって明らかである。

１９８９年警察署の建設にともなって発掘調査が実施され、

晩期の遺物包含層における凸帯文土器の出土状態（※１）

縄文時代の遺跡の存在が明らかとなった。その後幾度かの小規模な調査があったが、２０１１年に南東側の近隣地で発掘調査が行われ、自然流路と晩期の遺物包含層を確認している。

１９８９年の調査では縄文時代の遺物は調査地東端で東西約18《メートル》、南北約16《メートル》の範囲にわたって検出された、暗褐色砂質の遺物包含層から出土している。包含層の厚さは15～25《センチ》で、さらに東方に広がっているとみられる。この調査では遺構の検出には至っていないが、土器の出土状態や遺存状態のほか、大型の破片が多いことなどから、調査地の南東側に集落ないしは土器を使用した場が存在していたことが推定されている。

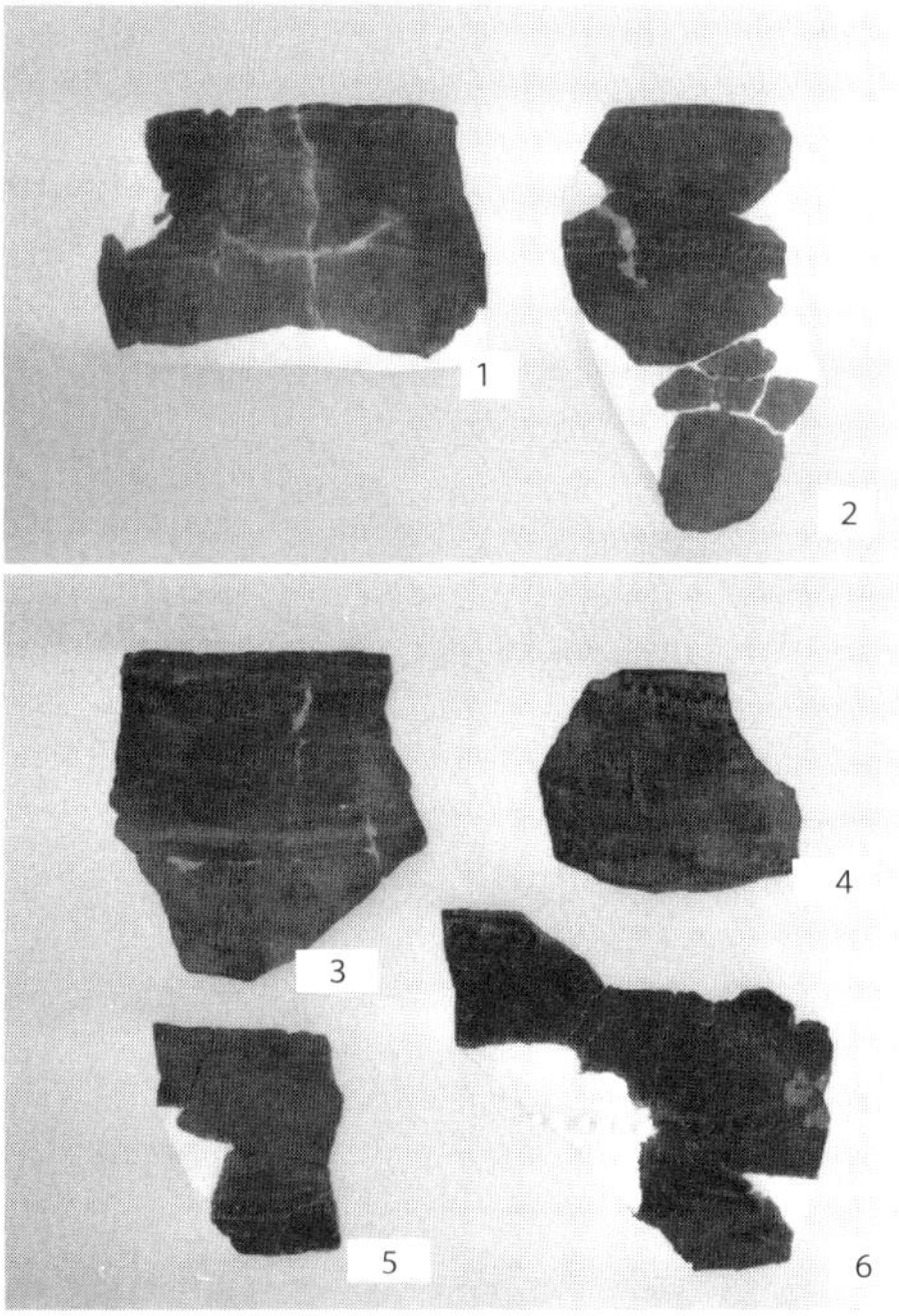

1989年の発掘調査で出土した長原式土器（※１）

この調査で出土した縄文土器は晩期終末の凸帯文土器に限られる単純な内容で、総数75個体の器種の構成を組成比率でみると、大型深鉢82%、小型深鉢12%、壺3%、浅鉢3%である。口径25《センチ》以上の大型深鉢は口縁部が外傾気味に立ち上がる外反形態、口縁部がほぼ直立する形態、口縁端部付近で短く内側に屈折する形態のものの3者に大別できる。凸帯の種類は口縁部に接して貼り付けられたやや低い凸帯と、口縁端部よりやや下がった位置に貼り付けられた凸帯があり、前者に属する凸帯が数的に圧倒している。凸帯上の刻み目は工具を斜めにして施文した、D字形を呈するものが多く約70％を占めるが、ほかに凸帯上を刻まない個体もある。器面の仕上げは多くはナデ調整によっているが、一部に二枚貝調整やケズリ調整が観察できる。浅鉢は表面の仕上げをナデ調整としていて、器形は口縁が内彎する単純な形態のものしかみられない。ほかに壺の破片が出土しているが、口縁部にのみ凸帯をもつ晩期終末の通有の形態といえる。これらの特徴から土器の主体は長原式の範疇として捉えられる。このほかに口縁部に2条の凸帯がめぐり、胴部凸帯に二枚貝の押し引き刻みをもった二枚貝条痕調整の顕著な馬見塚《まみづか》式が出土している。

2011年の調査でも凸帯文土器が出土しているが、ここではほぼ船橋式に限られており、地点別の有効な資料が得られることとなった。ただこの調査では僅かだが、長原式と削り出し凸帯をもつ弥生前期の壺が出土している。近接する場所での土器型式の連続する資料からみて、恐らく沖積地のなかでも安定した微高地に継続して集落を構えていたのだろう。また、遺跡が立地する盆地南東部は、初瀬・宇陀川断層に沿って東方への出入り付近にあり、馬見塚式土器の出土はこのルートを経由して、伊勢湾地域との交流が果たされていた証とみることができる。

三輪松之本遺跡に比較的近接した場所にも縄文時代の遺跡が存在している。２００２年には三輪松之本遺跡の東方約２００メートルの地点で発掘調査が行われ、縄文時代の遺物包含層と北西に流れる自然流路が確認されていて、投棄された宮滝式と滋賀里Ⅰ式が出土している。生活の場は自然流路の東側に想定されていて、松之本東遺跡と命名されている。

一方本遺跡南方約４００メートルには粟殿《おおどの》遺跡があり、底に水銀朱を散布したものを含む、長さ０・７メートル～１・５メートル、幅０・５メートル～０・８メートルの５基の、長楕円形を呈した埋葬遺構とみられる土坑群が検出されている。周辺の遺物包含層などからは宮滝式の深鉢や鉢、石棒、石斧、石鏃などが出土している。さらに隣接した地点では、晩期凸帯文土器の遺物包含層下から柱穴群と２基の土坑が確認されていて、柱穴は２×２間、１×３間以上など４棟の建物が復元できるという。２棟がそれぞれ重複しており、同じ場所での立替があったことを示している。２基の土坑からは晩期の土器が出土しており、特に土坑１からは長原式の深鉢と壺の破片と、中部地方の氷《こおり》式の影響下にある浮線網状文《ふせんあみじょうもん》土器が出土して注目できる。石器には流紋岩製の石棒の破片が出土している。

【文献】入倉徳裕１９９０「三輪松之本遺跡発掘調査概報」『奈良県遺跡調査概報１９８９年度』、中野咲２０１４「松之本遺跡 第４次調査」『奈良県文化財調査報告書』第１６３集

29 大福遺跡《だいふく》

遺跡は寺川と米川にはさまれた標高約65㍍付近の沖積微高地上の環境に立地する。1974年桜井市大福の集落西方で宅地造成にともない発掘調査が実施され、縄文時代から奈良時代にかけての遺跡であることが明らかとなった。

本遺跡からはこれまでに爪形文や押型文のある破片が出土したとされてきたが、主な縄文時代の遺構は12カ所で確認された縄文時代晩期の土器棺墓であった。いずれも土坑内に深鉢をおさめて棺とするもので、全容が良くわかる7号棺は、長さ70㌢、深さ20㌢の楕円形の土坑に深鉢の口縁を上にして斜めに置かれていた。13号棺は長さ62㌢の不整型な土坑のなかに、深鉢の口縁を東に向けて横向

深鉢を用いた土器棺墓（上が７号棺、下が13号棺）（※１）

きに置かれていた。

　これらの土器棺として利用された土器は、口縁部がくの字形に外傾し、胴部をケズリによって仕上げた凹底を呈するもの、口唇部に刻目や台形の突起をつけるもの、口縁部や口縁部と胴上部に刻目凸帯をめぐらす深鉢などがあり、晩期中葉から晩期終末の所産である。この土器棺群のなかには弥生前期の壷棺もあり、縄文から弥生時代への墓地の継続があったと考えられる。

　この地域からは土器棺に使用された深鉢以外にも晩期を中心とした縄文土器が出土している。浅鉢には口縁部が大きく外反し段を削りだしたものや、内外面とも黒色に磨研し、ゆるやかな波状口縁をなし巻貝による平行線文をめぐらしたもの、口縁部外面に要所に刺突文をおく山形反転沈線文や橿原式文様を施したものなどがある。また、大洞ＢＣ式の文様を施した非在地系統の土器も存在する。

　土製品には性器あるいは消化器官を表現した扁平な土偶や、半輪状につくられた土製品がある。石器は石鏃、石錘、削器、石刀、磨製石斧などが出土している。

　このように主に墓域から出土した縄文土器には、橿原式文様を含む晩期前半に編年されるものも存在することから、その時期から晩期終末にまで至り、さらに弥生前期の墓地として引き継がれていることも明らかにされ、時代の移行期の遺跡の動向を探る上で重要な調査となった。

　なお、本遺跡の北西約１キロには橿原市との市境を挟んで坪井・大福遺跡があり、後期の土坑のほか晩期の土器棺墓も確認されている。ここでは遮光器土偶とみられる長さ3《センチ》あまりの土偶頭部が出土している。

また寺川を挟んだ北側には、弥生時代の遺跡として知られる東新堂遺跡と、上之庄遺跡が隣接して存在する。大三輪町史にはかつてこのあたりで、瓦原料の粘土採取に際して縄文土器が出土したことが記述されているほか、近年の発掘調査によって縄文遺跡の存在が明らかにされている。出土する縄文土器は東新堂遺跡で深鉢や注口土器からなる、縄文時代後期中葉の北白川上層3式と、一乗寺K式のまとまった資料（写真）があり、上之庄遺跡で中期終末から後期中葉や晩期の土器が報告されている。

一方大福遺跡の南方約800《メートル》の橿原市出垣内町には黒田池遺跡があり、松本俊吉による採集品が知られている。山形の波状口縁や、沈線文や縄文を施した凸帯で区画された口縁部に矢羽状沈線文や平行沈線文を充填し、胴部は間隔をあけた縦位の縄文帯を垂下させた天理C式や、肥厚する波状口縁をもち、太い沈線を用いた磨消縄文で、口縁部と胴部と一体

東新堂遺跡から出土したの縄文時代後期の土器
（桜井市教育委員会提供）

化した文様を展開する天理K式のほか、櫛状工具による条線を器面全体に施すものなど、中期終末から後期初頭に盛期がある。ただ僅かだが幅狭の凸帯上を爪形文で刻んだ北白川下層Ⅲ式土器も存在している。

【文献】亀田博ほか1978「大福遺跡」『奈良県史跡天然記念物調査報告』第36冊、露口真広2001「坪井・大福遺跡」『かしはらの歴史をさぐる8』橿原市千塚資料館、松田真一1985「橿原市黒田池遺跡出土の縄文時代遺物」『青陵57』

30　阿部《あべ》雨ダレ《あまだれ》遺跡

桜井市阿部木材団地

遺跡は阿部丘陵の西に延びる標高85メートル前後の低台地の南縁の一角を占め、南側は北西方向に流れる米川が近い。また東側には飛鳥時代の寺院安倍寺跡が隣接する。1983年に遊技場建設に先立って発掘調査が実施され縄文時代、古墳時代、中世の

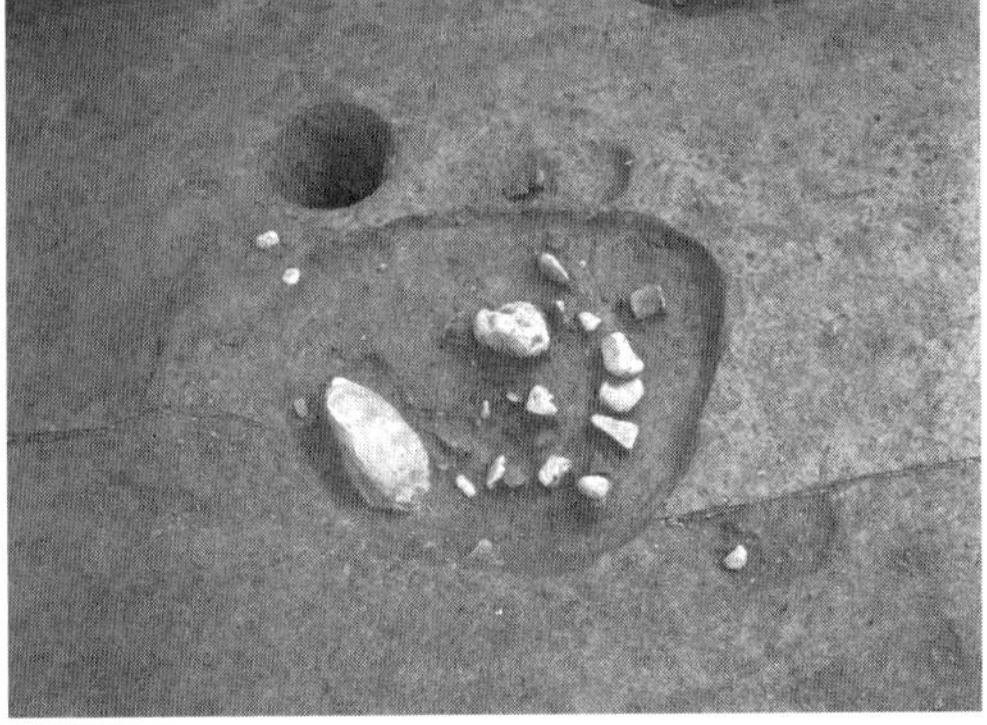

縄文時代後期の小土坑（※1）

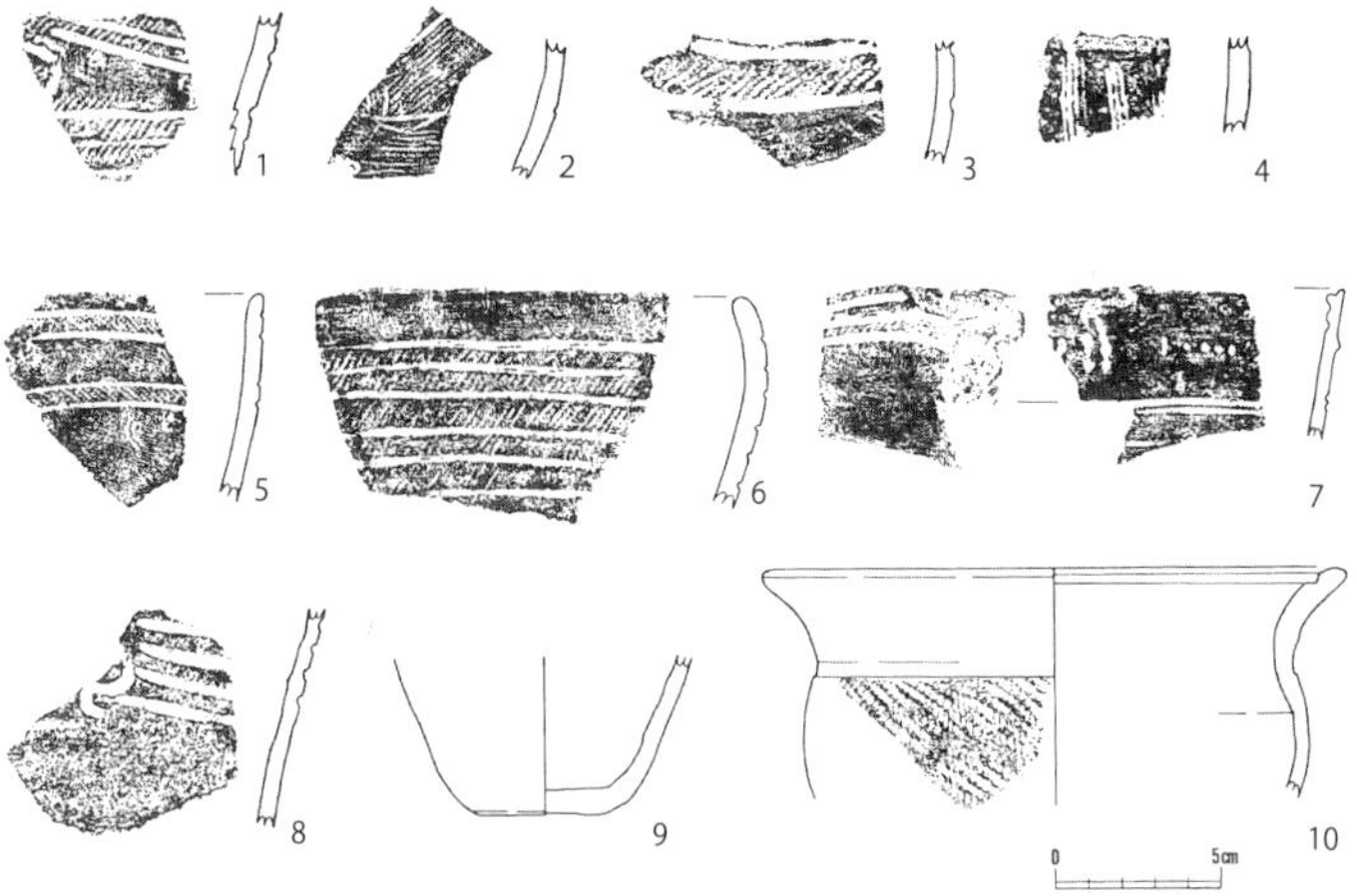

阿部雨ダレ遺跡から出土した後期の縄文土器

遺構を検出している。

縄文時代の遺構は小礫や縄文土器片が出土するピット状の小土坑で、トレンチ内一帯に比較的密集して存在したが、遺構の性格は明らかにされていない。

縄文時代の遺物はこの小土坑群と遺物包含層中から出土した。縄文土器は沈線文系の土器と、沈線をともなう充填縄文手法による磨消縄文系の土器、縄文系の土器、それに条線文系の土器からなる。多条の沈線を横方向に描く土器（図の8）は要所を縦に蛇行する沈線で区切る。磨消縄文系には口縁部が大きく緩やかに内彎する深鉢（図の6）は6条以上の沈線による帯縄文による文様帯をもつものや、主に3本の沈線による縄文帯で大きく三角形を描きその間に渦文や同心円文などを配したもの（図の1）がある。頸部から口縁部にかけて強く外反する縄文系の深鉢（図の10）は、口唇部内側に一条の沈線を配し、外面は頸部から上を無文とし胴部にＲＬの縄文を横位に施文する。条線文系では縦位に間隔を開けて粗い条線を垂下させるもの（図の４）と、幅の広い細かい櫛条の工具によって曲線や直線を全体に描くものとがある。ほかに異系統の土器として、薄い器壁でバケツ形の器形の深鉢は口縁部の下に刻みをもった凸帯を一条めぐらし、要所に縦長の貼付文を施し、内面には口縁部に沿って幅の狭い縄文帯をめぐらしている。このように本遺跡から出土する土器は後期前半から中葉にかけてのものが含まれているが、なかでも盛期は北白川上層式とされる土器の新しい段階と考えてよい。本遺跡からは土器以外に石鏃など若干の石器と、赤色顔料を塗った耳栓形耳飾（写真）があることが報告されている。

丁寧に赤色顔料が塗られた耳飾（※１）

この雨ダレ遺跡の立地する阿部の地域では北方約８００メートル《メートル》にある阿部六ノ坪《ろくのつぼ》遺跡から石棒が出土している。また本遺跡の東方、安倍丘陵に抱かれた安倍文殊院に隣接する文殊院北《もんじゅいんきた》遺跡では、１９９２年の県営住宅の建て替え工事に際して発掘調査が行われ、流路と護岸の一部が検出された。そのなかから古墳時代や飛鳥時代の遺物に混じって、黒色磨研土器の浅鉢が出土した。内外面を赤色顔料による彩色された滋賀里Ⅲａ式である。

【文献】松永博明１９８４「阿部雨ダレ遺跡試掘調査概報」『奈良県遺跡調査概報１９８３年度』

31 脇本《わきもと》遺跡

桜井市脇本

初瀬谷を西流する初瀬川が、盆地に流れ出す手前付近の右岸には、慈恩寺と脇本の集落があるが、その中間の水田地帯に脇本遺跡が立地する。2004年から国道165号線の改良工事にともなう発掘調査が継続して実施されて、断片的だった遺跡の情報が把握でき、かつて脇本遺跡、脇本東遺跡、灯明田《とうみょうでん》遺跡とされてきた遺跡群は、現在それらすべてを包括し、時代も複合する脇本遺跡と呼称されるに至っている。

ただ縄文時代の遺物が主に出土するのは、遺跡の東端に近い、脇本の集落にある春日神社南方一

西上空からみた脇本遺跡のある初瀬谷（※1）

脇本遺跡から出土した縄文土器

帯の標高90《メートル》前後の地域である。遺跡発見の切っ掛けとなった、1939〜1941年の4度にわたって土木工事に伴って行なった調査の報告があり、また「外鎌山北麓古墳群」の報告書にも脇本遺跡出土遺物の報告がされていることなどもあり、僅かではあるが、縄文時代の遺跡や遺物の様子を窺い知ることができる。

その調査を記した桜井市史には「遺物の出土状態は、表土層下に深い礫石層があり、その下層には砂層があり、その下に厚さ20《センチ》位の縄文土器の包含層がある」とある。出土した縄文土器には胴部外面に縄文を施すもの、全面条痕仕上げのもの、横位の磨消縄文を施し、渦巻文などの沈線文が退化したC字文や「の」字文を配したもの（図の1・2）、結節縄文原体を回転施文したもの（図の6）などがあり、後期から晩期にかけての土器があると記載されている。報告内容を見ると北白川上層式から一乗寺K式を中心とした後期中葉が盛期と思われる。

そのほかには土製品として、土製円盤、魚形土製品、突起状土製品（土偶あるいは装飾品）が、石器は「サヌカイトを原石とするもので、石小刀や石屑のほか砂岩質の石皿」などがあったらしい。また遺跡からは鳥獣類の骨や人骨も出土したと報告されている。

２００４年から始まった道路改良工事にともなう継続調査でも、遺跡東端付近で検出された自然流路から縄文時代の遺物が確認されている。ただし、土器は晩期の船橋式の深鉢で、石鏃、石匙、石錐、楔形石器などの石器類とともに出土している。

脇本遺跡がある初瀬谷の縄文遺跡については、これまであまり多くの資料は得られていないが、東に隣接する黒崎遺跡では、チャート製の有茎尖頭器が出土してことが知られている。また、初瀬川右岸の出雲集落東方にある桜井東中学校校庭からは、詳細は不明だが縄文土器が出土したこと、同じく初瀬小学校の敷地から山形文を施文した早期の土器や磨石などが出土している。さらに上流の吉隠字甲賀の初瀬川左岸の急峻な斜面からは長さ13・2センチ、刃部幅7・0センチ、基部幅1・8センチの、蛇紋岩製の定角式磨製石斧が出土している。初瀬谷に所在する縄文時代遺跡は、盆地部と宇陀川流域の遺跡とを繋ぐ位置にあるものの明らかにされている資料は限られている。地域間の交流を知る上でも重要なフィールドであり、今後の遺跡情報の蓄積が期待される。

【文献】松本俊吉1939「朝倉村脇本石器時代遺跡」『磯城』2―1、松本俊吉・菅谷文則1985『大和考古資料目録』12　奈良県立橿原考古学研究所附属博物館

32　平地山《ひらちやま》遺跡

香芝市田尻字平地山

遺跡は寺山から北方に派生する丘陵の北端部の香芝市田尻に所在する。遺跡のある丘陵上は標高90㍍前後で、丘陵北側は眼下を西に流れる原川を望む位置にある。2003年から学校建設にともなって、大規模な発掘調査が実施された。

遺跡周辺では古大阪層群・送迎《ひるめ》礫層と呼ばれる遺跡の基盤層に、剥片石器の材料として利用できるサヌカイト礫が包含されており、後期旧石器時代以降の石材採掘遺跡や石器製作遺跡が多数分布している。本遺跡でも谷部にあたる北側と、

平地山遺跡で検出したサヌカイトの採掘土坑
（香芝市教育委員会提供）

縄文時代草創期の有茎尖頭器や局部磨製石斧など（香芝市教育委員会提供）

丘陵斜面である西側一帯から、その石材を狙って掘削したサヌカイト採掘土坑が多数発見されている。採掘土坑には平面が不整円形を呈した単独の遺構と、いくつかの採掘土坑が連なった状態の遺構とがある。それぞれの採掘土坑の時期決定は困難だが、遺跡内から出土する遺物から判断して、縄文時代から弥生時代、なかでも弥生時代にはかなり盛んに採掘が行われたようだ。

この遺跡では縄文時代の土器は数点しか発見されていないが、有茎尖頭器、局部磨製石斧、木葉型尖頭器など縄文時代草創期に遡る遺物（写真）が纏まって出土していることが特筆できる。

同時に発掘調査された東隣の尾根上に立地するサカイ遺跡では、夥しい数のサヌカイト採掘土坑が検出されている。弥生時代の遺物が多いなか、縄文時代に属すると思われる石器も出土していて、縄文時代から採掘が行われていたことが明らかになっている。

なお、本遺跡の丘陵北端に近い位置に隣接する桜ケ丘第1地点遺跡では、かつて縄文時代草創期の石器製作土坑2基が検出されている。土坑は直径2～3メートルの規模で、石斧、削器、2次加工剥片、石核、多数の剥片とともに、無文土器と押圧縄文土器が出土している。縄文時代の石器製作跡の遺構として、また草創期の石器製作技術を知る上で貴重な遺跡である。

【文献】大倉利予・森川実ほか2007「平地山遺跡・サカイ遺跡」『香芝市文化財調査報告書』第8集、松藤和人ほか1979「二上山・桜ケ丘遺跡」『奈良県史跡名勝天然記念物調査報告』第38冊

33　下田《しもだ》遺跡

香芝市下田

香芝町下田集落を南北に貫いて流れる葛下《かつげ》川の両側に広がる下田遺跡は、1928年井戸掘削中に発見された1個の土器を、吉田宇太郎が紹介したことで知られることとなる。土器の出土地は葛下川に鳥居川が合流する標高51メートル前後の場所で、報告によれば「遺物は地表下十尺ばかりの層中に横臥し其の下には無数の黒炭化せる埋木が積み重ねてあり、附近一帯は青色味がかった砂混じりの粘土」とあり、出土した土器は「高さ13・5厘口径12厘（推定）」口縁が短く僅かに外反し、口唇

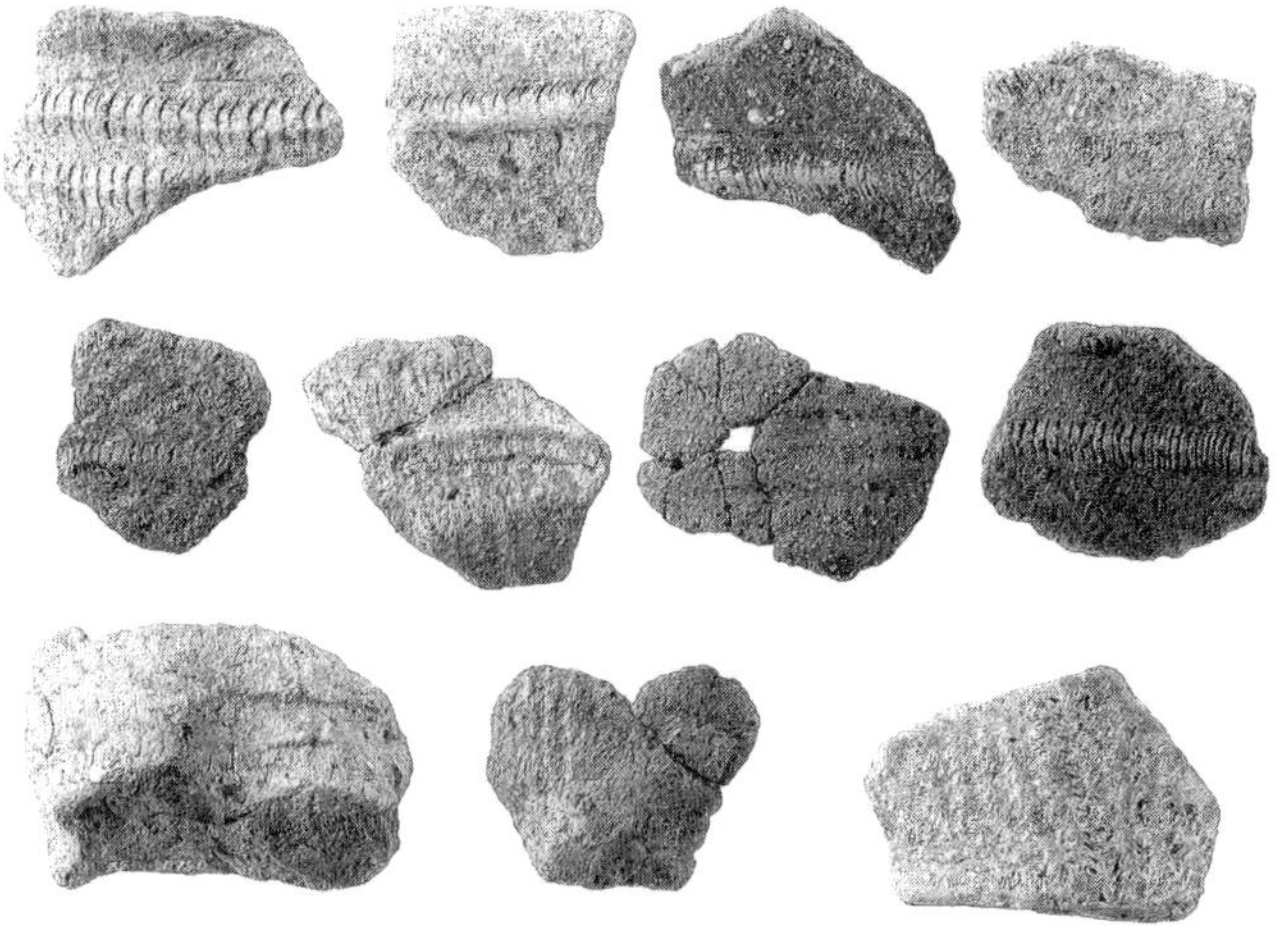

下田東遺跡から出土した縄文前期の土器（香芝市教育委員会提供）

部には刻み目を施し、頸部に１・２条の沈線をめぐらしている。口縁部から胴下半まで全面に羽状縄文を施した、黒色の精緻な前期の深鉢と思われ、北白川下層Ⅱ式の範疇と見られるが、厚手で小型の器形は特異で、報告の挿図だけでは判然としない。この完形に近い土器以外に石器などの伴出遺物はなかったとされている。

　２００３年には遺跡範囲の北端にあたる、初田川と鳥居川の合流地点の東側において、河川改修にともなう発掘調査が行われ、縄文時代の遺物が出土している。ただしいずれも地表下３メートルから４メートルの河川堆積物である砂層に含まれていた。縄文土器は後期初頭から後期前半に属する段階と、滋賀里ⅠとⅡ式、および船橋式などがあり、橿原式文様の鉢の破片なども出土している。また２００６年にはその上流右岸で、近世の遺構や遺物包含層の下から、縄文時代の不整形な落ち込みと遺物包含層を検出している。土器は中期終末ないし後期初頭と思われる小破片が数点あり、石器は石鏃、有茎尖頭器、削器、石錐、石錘があり、ほかに石核や台石とともに多数の剥片が出土している。

　下田遺跡の上流200〜300メートルの葛下川左岸沖積地には下田東遺跡があり、合流する初田川の護岸工事があった1977年頃に縄文時代の遺物が採集されている。高山寺式、北白川下層Ⅱ式、後期前半の縁帯文土器のほか、滋賀里ⅠとⅡ式など後期終末から晩期初頭の土器がみられる。下田東遺跡では2001年から土地区画整理にともなう大規模な発掘調査が実施され、ここでも自然流路や洪水層などから前期後半（写真）から中期前半、中期終末から後期中葉、後期終末から晩期前半、晩期終末などの土器が出土している。石器には石鏃、尖頭器、石錐、削器、糸巻形異形石器、石刀などがある。

　この二つの遺跡が所在する地域は、過去にも葛下川をはじめとして、その支流なども頻繁に氾濫を起こしていて、洪水層が厚く堆積している。流路や洪水層から出土した遺物は、周辺に縄文時代早期から晩期までの生活拠点があったことを想像させるが、集落や具体的な遺構の所在などは、今のところ明らかにされていない。

【文献】吉田宇太郎1929「大和下田村出土の縄文土器に就いて」『考古学雑誌10—4』、十文字健2004「下田遺跡」『奈良県遺跡調査概報2003年　第2分冊』、小泉俊夫・辻俊和・山下隆次1980「押型文土器を出土した香芝町下田東遺跡（一）」『青陵46』、小島靖彦・辰巳陽一ほか２０１１『下田東遺跡　香芝市埋蔵文化財調査報告書』第12集

34　瓦口森田《かわらぐちもりた》遺跡

香芝市瓦口字森田・下垣内、五位堂字ゲンバ

遺跡は香芝市西部で馬見丘陵南端の大字瓦口付近にあり、標高54前後《メートル》の丘陵崖下の沖積地一帯に広がる。区画整理事業に伴って１９８８年に発掘調査が実施された結果、縄文時代の河道を検出し、河道内の最下部の堆積層の数個所から集中して土器や石器などの遺物が出土した。

土器は後期の凹線文土器のなかでも宮滝式（写真）が量的に最もまとまって出土している。ヘナタリと思われる巻貝による凹線文

河道から出土した宮滝式土器（香芝市教育委員会提供）

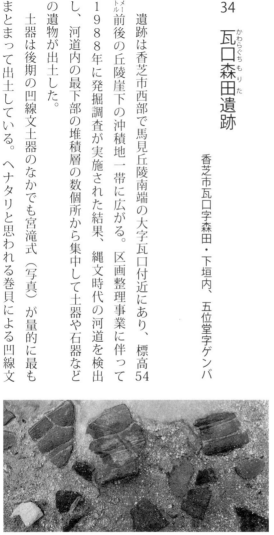

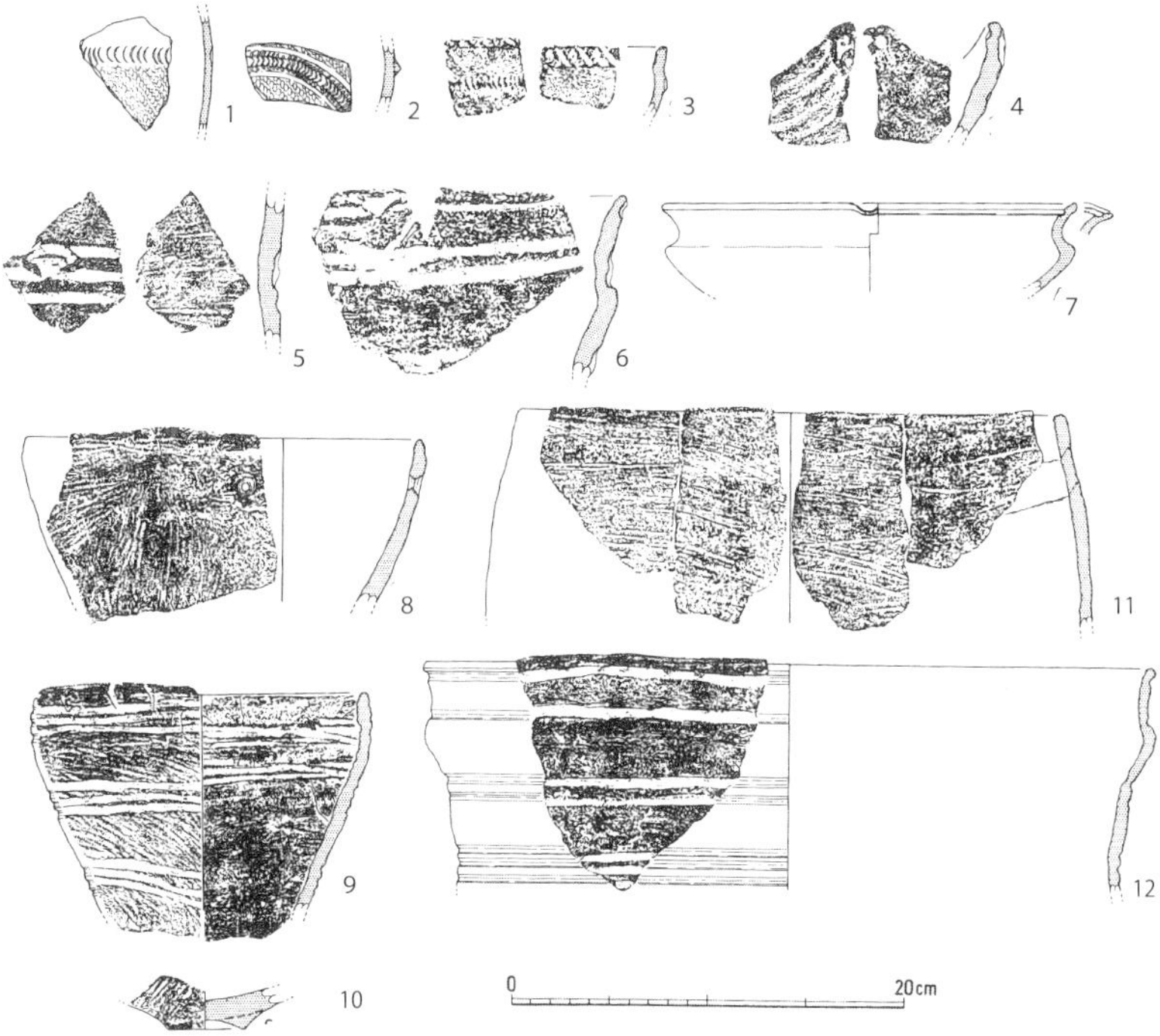

瓦口森田遺跡から出土した縄文土器

と、押圧文や回転による扇状圧痕文（図の4・5・6）が特徴となっている。凹線文はやや幅の広いものも存在しているが、主体は細い凹線が占めており滋賀里式に用いられる沈線文に近い施文の土器も含まれている。深鉢胴部は2段に屈曲する器形（図の12）が多く、また器面調整も粗雑さが目立つ。底部は例外なく緩やかな立ち上がりで窪み底の形態（図の10）を呈している。粗製土器は二枚貝による粗い器面調整のものが大半である。このことから宮滝式でも比較的新しい段階に中心があると考えられるが、片口のある研磨された浅鉢（図の7）など後続する土器も含まれている。また晩期の土器のほか北白川下層Ⅱ式（図の1）、同

Ⅲ式（図の2）、大歳山式（図の3）、船元Ⅰ式など前期後半から中期初頭の土器が少量出土している。石器は石鏃・石錐・削器・石斧・磨石・敲石があり剝片と石核も出土している。剝片石器はいずれもサヌカイト製で、このうち石鏃は側辺が直線的なものと、やや外に膨らみ気味の二等辺三角形の平面形態の2者があり、前者は浅いV字状の抉りが、後者はやや深いU字状の抉りをもっている。ほかに側辺が突出した五角形鏃が出土している。石斧は塩基性凝灰岩製の定角式磨製石斧である。なおほかに有茎尖頭器が1点出土している。

【文献】佐藤良二・青木勘時1989『瓦口森田遺跡発掘調査概報』香芝市教育委員会

35　狐井《きつい》遺跡

香芝市狐井字高里・五位堂字北大野・良福寺字杉橋

本遺跡は二上山東麓に発達した低丘陵末端部に位置している狐井集落の、南東方向にあって集落も含めた東西約800メートル、南北約650メートルの範囲を占めている。遺跡の中央付近の標高は55メートル前後で、初田川と杉橋川が北に流れ北方で葛下川に合流する。遺跡の北端に近い位置に明治年間に築造

狐井遺跡から出土した縄文前期の土器
（香芝市教育委員会蔵，写真提供は※２）

された「改正池《かいしょういけ》」があるが、かつて池の改修時に掘削した際、底から多量の黒色泥炭化した喬木樹幹、木葉、クルミなどの果実が出土し、それと同層位から皿形をはじめ多数の土器片が出土したと伝えられている。しかしその際に出土した土器の種類や時期などは詳かではない。

その後現地を訪れた樋口清之は、池の中やその付近から採集した遺物を報告している。土器は条痕調整の粗製深鉢が多く、条線文、沈線文、磨消縄文を描く土器のほか、凸帯文土器もみられる。石器には多様な形態の石鏃のほか石匙、削器、磨製石斧などがあるが、弥生土器も出土していて弥生時代の石器も含まれているとみられる。また同じく改正池付近で松本俊吉によって採集された土器がある。口縁部に矢羽状の文様を充填した楕円形の区画を設けた砂粒を多く含む灰黄色の中期終末の土器があるほか、外反する口縁の内側を肥厚させ、口縁内側には斜めの沈線をめぐらした縁帯文《えんたいもん》土器も存在する。

１９９３年改正池東堤の東側の微高地において、僅か80平方《メートル》ほどの小面積であったが、初めての本格的な発掘調査が行われ、遺跡下層に溝状に堆積していた黒灰色粘質土から、縄文時代前期から中期初頭の遺物が纏まって出土した。小規模な発掘調査ではあるが、当該期の資料に恵まれない県内では最も充実した遺物といえる。条痕地にD字形爪形文を配した北白川下層Ⅰa式（図の1）が本遺跡では最も時期的に遡るが、資料は僅かな数に留まる。同じく少量だが縄文地を採用し連続爪形文を施した北白川下層Ⅱa式・Ⅱb式（図の2）が出土している。土器の大半は凸帯の出現する北白川下層Ⅱc式・Ⅲ式、および大歳山式によって占められ資料内容も豊富である。凸帯への加飾は縄文、刻み、半截竹管による押し引きなど北白川下層Ⅱc式（図の4・7・9）の凸帯は多様である。幅の狭い凸帯上を押し引いた粘土のはみ出しがみられる北白川下層Ⅲ式、内彎する口縁部の内側にも縄文を施文し、凸帯上をΣ形に加工した施文具で押し引きする大歳山式（図の11・14・15）へ継続する。半截竹管による平行沈線で円文や三角文などを描き、赤色顔料を塗布した口縁部が内彎する浅鉢や、抉りのある十角形の底部をもつ土器などもみられる。

本遺跡の盛期には縄文の採用を契機に東日本との連絡が促進され、諸磯《もろいそ》系土器（図の16）の伴出に表れ、破片ではあるが鍋型胴部に円孔が並ぶ水平な鍔がつく有孔浅鉢形土器なども確認されている。その一方で瀬戸内地方の彦崎ZⅠ・ZⅡ式に類似した土器も出土している。この調査では約600点の石鏃のほか、石匙、石錐、異形石器などサヌカイト製剝片石器と、磨製石斧、磨石、敲石、石皿などが出土している。なかでもサヌカイトの剝片類が多量に出土し、石鏃の未製品が多数存在するなど、積極的な石器製作が行われていたことが窺われる。

またこの調査では多量の遺物が分解の進まない埋没環境にあった黒灰色粘質土から出土してい

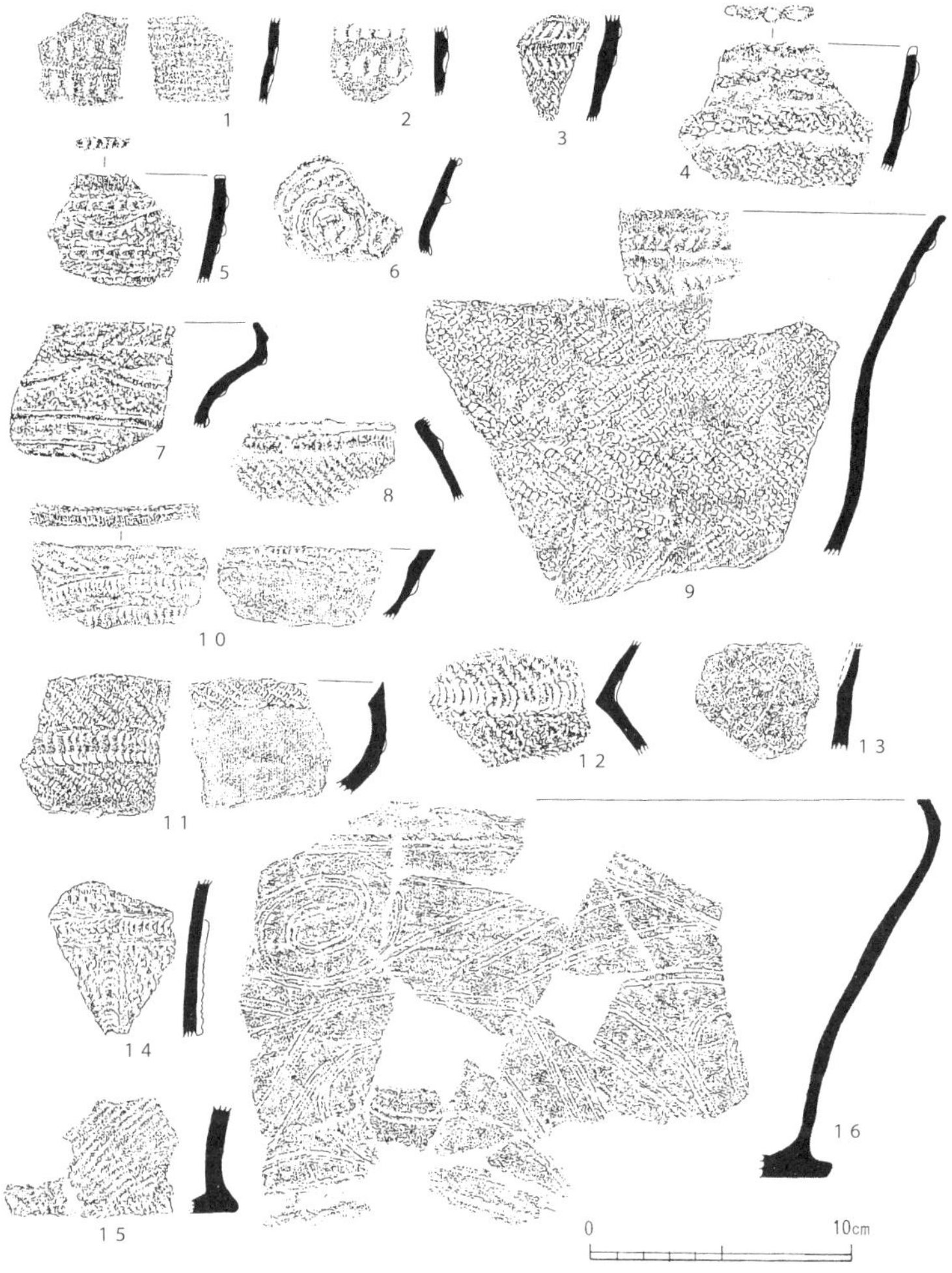

狐井遺跡から出土した縄文時代前期の土器

磯壁遺跡出土と報告されている縄文土器

て、有機質遺物が良好な状態で保存されていた。漆の付着した土器の底部が出土したほか、イノシシとシカを主体とした動物遺存体が多数出土していて、県内では稀有な資料でもあり、今後狩猟活動の実態を復元するための分析が待たれている。

本遺跡から約1キロ西方の二上山東麓に広がる扇状地には、古くから縄文時代の遺跡として知られる磯壁《いそかべ》遺跡がある。報告では「爪形紋土器」とされたものや「諸磯式」に属するとされた土器があると記載がみられるが、報告されている資料からみて後期前半から中葉の遺物も出土しているようだ。石器には多様な形態の無茎石鏃や石匙、石錐などの剥片石器のほか、砂岩製の凹石や頭部に2条の陰刻線をめぐらした石棒も採集されている。

【文献】樋口清之1935「考古雑録五題」『大和志2—8』、樋口清之1936「新発見の縄文式土器出土遺跡」『大和志3—11』、山下隆次1994「狐井遺跡第8・9次調査」『香芝市埋蔵文化財発掘調査概報2』、島本一1937「大和国二上山麓—磯壁付近採集の石器—」『大和誌4—3』

36 竹内《たけのうち》遺跡

葛城市竹内・当麻

　葛城山系の竹内峠を源とする熊谷川は、葛城市竹内の集落付近で広大な扇状地を形成する。遺跡はその標高１００メートル前後の扇状地の要部を中心とするが、これまでに縄文時代の遺物は広大な扇状地の北部一帯からも出土し、遺跡の範囲は南北約１０００メートル、東西約５００メートルに及ぶとみられる。

　遺跡は１９１８年鳥居龍蔵らの調査をもとに学会に紹介されているが、それ以前に高橋健自らの実査によって発見されていたともいわれる。その後島本一や森本六爾らによる遺跡、遺物の報告があるが、一方で地元の星川徳次郎や伊瀬敏郎らによって収集された遺物は、樋口清之によって１９３６年刊行の「大和竹之内石器時代遺蹟」としてまとめられ、遺物の紹介に留まらず遺跡が総合的に分析された。縄文時代の資料は草創期の有茎尖頭器から晩期の凸帯文土器まで各時期におよび、そのなかで樋口は竹内遺跡の採集品を地点ごとにわけ、一部試掘も行って縄文土器が多数出土した熊谷川に沿った扇状地要部に近いA地点の土器を２類に大別し、土器の変遷の見通しを記述している。土器以外に石器類や耳栓形の耳飾などの出土品が紹介されている。現在はこれら資料の多くは、学校法人奈良学園が保管している。因みに司馬遼太郎は母の実家が当地にあり、子供の頃に矢尻を拾ったことを記述しているが、それがこの竹内遺跡であったようだ。

本格的な発掘調査は１９７６年に初めて樋口報告のＡ地点の南方で実施され、晩期前半から中葉の配石遺構と土器棺墓を検出している。これらは乳児を埋葬した遺構と考えられると報告されているが、本遺跡ではじめて明確な遺構の発見となった。出土した土器も滋賀里Ⅱ式が多くを占め、量的分析にも応えられる資料として重要である。１９８５年以降には遺跡を南北に縦断して通過する国道１６５号線の拡幅や整備工事にともなって、扇状地上の数個所の地点で発掘調査が行われた。その結果、当麻集落の北方にあたる扇状地の末端部付近では、大洞系土器をともなう滋賀里Ⅲａと Ⅲｂ式の遺物包含層がみつかり、さらにその北方では北白川下層Ⅱ式のほか、天理Ｃ式、北白川上層式から一乗寺Ｋ式、

1976 年の調査で検出した配石遺構の全景（※ 1）

船橋式など、明確な遺構こそ検出されていないが、それぞれ異なる地点で遺物包含層が確認されている。特に当麻集落に近い地点での調査では、晩期前半から中葉の包含層内からサヌカイトの石核・剥片と、槌石や敲石などの剥片石器製作に関わる素材や工具類などの石器と原石が膨大な量出土した。遺跡の背後に二上山という石材の原産地をひかえた竹内遺跡の特質を窺い知る成果をもたらした。なお、この地点の一部で沼沢地が検出され、縄文晩期と弥生前期新段階の遺物を含む堆積層に覆われた埋没林がみつかっている。

1997 年の調査で出土した縄文晩期の土器（※ 1,
写真は葛城市歴史博物館撮影）

　先のA地点南方では１９９７年にふたたび調査が実施され、晩期前半から中葉の土坑約１００基が発見されている。楕円形の土坑は１・８メートル前後、円形土坑は１・０メートル前後の規模のものが多く、一部重複しているものの、最低２時期に区分できる配石遺構や土器棺墓も検出されている。配石遺構の下に土坑が検出されるものもあり、石刀、石剣、石棒などが埋置されていた。土坑の多くは墓と考えられ、埋葬と祭祀の空間が南西から北東に延びる扇状地高位に展開していることが明らかになっている。

竹内遺跡から出土した石棒（左）と土偶（右）（※２）

竹内遺跡では弥生時代から古墳時代にかけても、遺構や遺物が各所で確認されているだけでなく、それぞれ重要な内容を備えている。縄文晩期の墓地・祭祀遺構が検出された遺跡の中枢部と考えられている場所からは、奈良盆地が一望の下に望むことができる。本遺跡を東西に貫く竹内街道は、古より河内と大和を直結する重要なルートとされている。物資や情報が行き交う要衝としての地理的位置が、時代を超えて集落が継続的に維持された理由のひとつだろう。発掘調査された個所は広大な遺跡の僅か一部で、全容はとても計り知れないが、最も実態が明らかになっている縄文時代晩期の遺構や遺物の出土状態からは、中核となる集落とその周辺に点在する衛星的な集落の存在が見えてくる。今後の調査に期待がかかる葛城地域を代表する縄文遺跡のひとつである。

【文献】樋口清之１９３６「大和竹之内石器時代遺蹟」大和国國史會、久野邦雄・寺沢薫１９７７「竹内遺跡発掘調査概報」『奈良県遺跡調査概報昭和51年度』、松田真一１９７９「竹内遺跡発掘調査概報」『奈良県遺跡調査概報１９７８年度』、関川尚功１９９２「竹内遺跡」『奈良県遺跡調査概報１９９１年度第２分冊』、橋本裕行１９９８「竹内遺跡」『奈良県遺跡調査概報１９９７年度第３分冊』、神庭滋２０１１『先人からの言伝 樋口清之博士と竹内遺跡』葛城市歴史博物館

37　寺口忍海《てらぐちおしみ》古墳群下層遺跡

葛城市寺口

葛城市寺口における町営公園墓地造成に伴って、１９８４年に始まった古墳群の発掘調査によって存在が明らかとなった遺跡で、葛城・金剛山地の東麓に発達した標高２３０㍍前後の丘陵上に位置する。この丘陵一帯に築かれた寺口忍海古墳群の一支群の下層や、墳丘などから出土した縄文時代の遺物によって確認された。

出土した縄文土器には羽状縄文を施した繊維土器の破片が1点あり遺跡は早期終末に遡る。ただ土器の多くは中期終末から後期初頭に帰属し、この時期が全盛であることがわかる。口縁部に隆帯や太い沈線文で窓枠状に区画した文様帯をつくるほか、台形状の山形波状口縁をもつものなどがみられる。区画内には短沈線文による矢羽状の文様や、数条の沈線文と縄文による文様を充填する。胴部には間隔をあけて縦位の縄文帯を垂下している破片などがある（写真の手前の破片）。また波状口縁に沿って幅の狭い帯縄文を配した北白川上層式の新しい段階や、宮滝式土器を含む凹線文土器のほか、晩期終末の船橋式土器も存在している。加えてほぼ完形の巻貝条痕調整の土器を含む、後期から晩期の粗製深鉢（写真上の完形土器）が一定程度出土している。石器は石鏃4点、石錐1点、抉入石器1点のほか剥片が数点出土しているが、時期の特定は難しい。

古墳群の下層から出土した縄文土器
（※2，写真は葛城市教育委員会提供）

【文献】川崎保ほか1988「縄文土器と石器」『寺口忍海古墳群』新庄町教育委員会

38　櫛羅《くじら》遺跡

御所市櫛羅字ミハフケ・日置

御所市櫛羅字日置に所在する遺跡は、葛城山の東麓を葛城川に流れ込む支流に向けて、南西方向から延びてきた標高約110メートル《メートル》の丘陵の北端に位置している。遺跡から臨む河川の谷は比較的深いが南は広く開けており、1939年に丘陵北端にある通称日置池から遺物が出土している。池の水際の黒色包含層から縄文土器が出土したことを松並尚夫が紹介している。本格的な発掘調査は実施されていないので、遺跡の範囲や遺物の包含状態などは把握されていない。

出土した縄文土器は小破片が大半で40片ほど採集されている。土器はすべて縄文あるいは撚糸文を地文としている。縄文には縄巻縄文が使われており、撚糸文はやや縄が粗いもので縦位に施文されている。これらの地文の上に半截竹管や篦状工具による平行した沈線や、大きな弧線または細い波状などの沈線文を配した文様で、口縁部や胴部文様帯を構成する。以上のように資料は僅かであるが櫛羅遺跡の主たる土器は、県内では事例の限られる船元Ⅳ式と里木Ⅱ式に該当する。このほかに遺跡からは凹基式の石鏃と石槍の基部など、少数ではあるが石器類も出土している。

櫛羅遺跡から南東約1.2キロ《キロ》の地点には、弥生時代の南大和の拠点集落として知られる鴨都波《かもつば》遺跡がある。葛城山から東に派生する尾根のひとつが、葛城川と柳田川に挟まれるようにして沖積地を望むが、その先端部の標高100メートル前後の独立した台地上に立地する。県立高校の校舎改築に当たって実施された2003年の発掘調査で、弥生時代前期の文化層の下から縄文時代の遺物が出土している。

縄文土器は晩期の凸帯文土器で、口縁部がやや内傾して立ち上がる寸胴形を呈した深鉢は、口縁部直下と胴部上位に凸帯をめぐらす。口縁部の凸帯は口唇部と一体に作出するものと、口唇部から少し下がった位置に高さのある凸帯をもつものとがある。前者には凸帯上を刻まないものがあるが、後者にはD字形の刻み目が施される。器面は凸帯の下の一部にケズリ調整がみられるが、基本的にはナデによって仕上げる。石器には弥生時代の遺物包含層から出土した石棒2点が紹介されている。

一方櫛羅遺跡の西方約1キロの葛城山地東麓の小林樫の木地区からは、1986年の市営住宅建築に際して、縄文時代中期終末から後期初頭の土器が出土し、小林遺跡として報告されている。検出された小穴群は建物に関わる遺構と想定されているほか、剥片や原礫面を残した石核が多数出土する地点があり、石器製作に関わる資料も得られている。

【文献】松並尚夫1939「葛城山麓発見の縄文式土器遺跡について」『大和志6―7』、川上洋一ほか2004「鴨都波遺跡第20次調査」『奈良県遺跡調査概報2003年第2分冊』、藤田和尊1986『発掘調査現地説明会小林遺跡群の概要』御所市教育委員会

39　森脇《もりわき》遺跡

御所市森脇字角田

葛城山東麓に所在する一言主神社の東に隣接する、神城池の改修工事にともなう発掘調査で縄文時代の遺物包含層から後期の土器が出土している。

縄文土器は沈線文系深鉢、縄文系深鉢、粗製深鉢、浅鉢、注口土器で組成している。

深鉢は基本的に口縁部が内彎ないし外傾し、頸部がやや長く括れる形態で、口縁部と胴上部に集約された文様帯をもつ。直口と波状口縁があるが、沈線と縄文による口縁部文様帯は口縁に沿って施され、口縁部内面に文様を配する個体もある。縄文帯をつくる沈線は末端を反転するもの（図の1）や小さい渦文としたものがあ

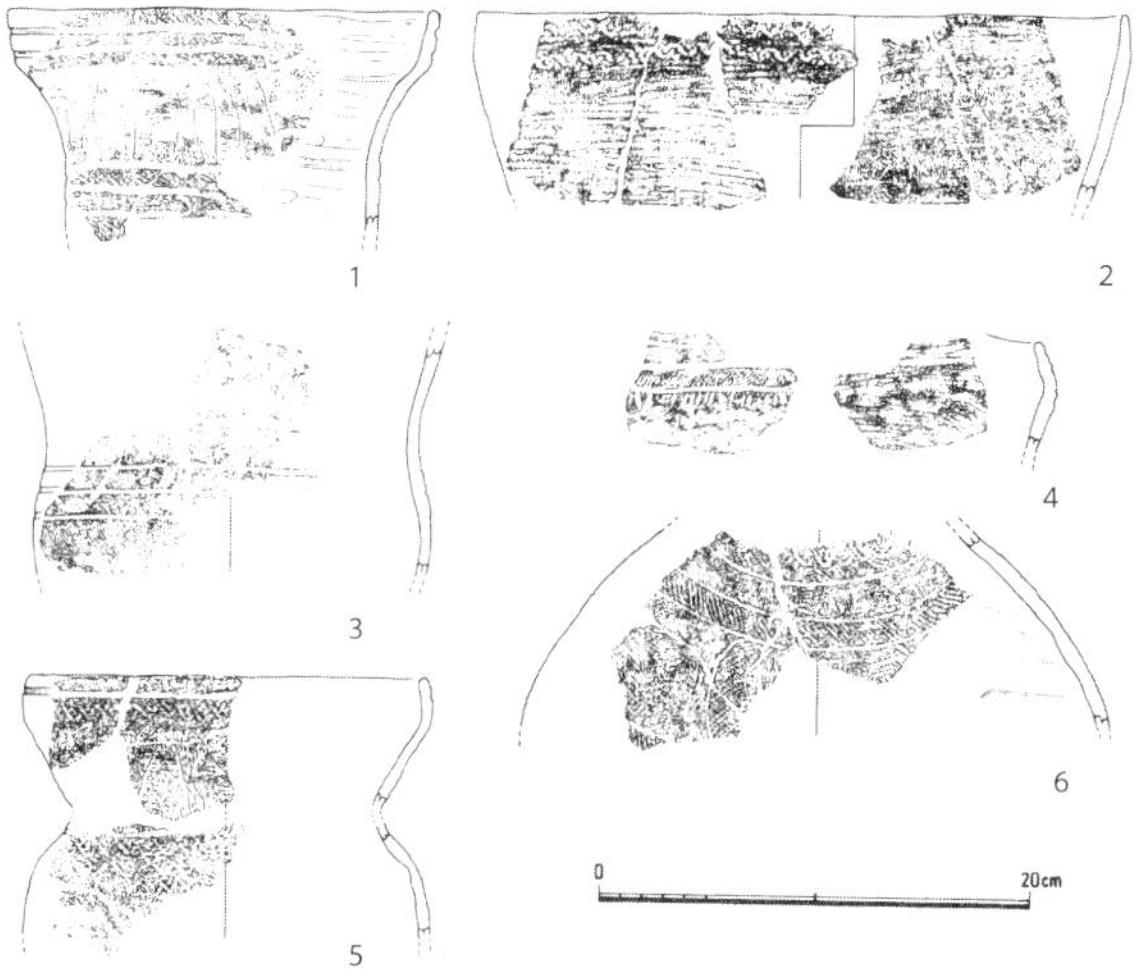

森脇遺跡から出土した後期中葉の土器

る。縄文は反撚り、縄巻縄文（図の５）、結節縄文《けっせつじょうもん》（図の２）など多彩である。縄文帯に用いられた沈線も、太目のものと細いものがあるほか、縄文も太く粗いものと繊細な縄とがあり、一乗寺Ｋ式が主体の土器群と捉えられるが、型式的には階梯差がある資料と考えられる。深鉢には巻貝による条痕調整の土器も少なくないほか、粗製の小型浅鉢や注口土器（図の６）も出土している。

【文献】青木香津江１９９８「森脇遺跡」『奈良県遺跡調査概報１９９７年第２分冊』

40　下茶屋地蔵谷遺跡《しもじゃやじぞうだにいせき》

御所市下茶屋

御所市南部の金剛山東麓地域を開析して北に流れる葛城川には、幾筋もの小河川が流れ込んで複雑な扇状地形を形成している。御所市南郷を中心とした地域では、１９９０年代に始まった大規模な圃場整備計画に起因する発掘調査が進められ、これまでに古墳時代の地域社会の構造解明にも繋がる遺構群の全容が明らかにされる成果が得られてきた。

葛城川に流れ込む一支流である竹田川の最下流域の北方に当たる、標高１３４メートル前後の場所で未

下茶屋地蔵谷遺跡の下層（Ⅲ層）から出土した縄文土器（※1）

知の縄文時代の遺跡が存在することがわかった。この調査地では弥生時代から中世の遺構が検出されているが、その遺構面の下層で、縄文時代の2基の埋甕と、Ⅱ層とⅢ層とに区分された遺物包含層から、中期終末から後期初頭の遺物が纏まって出土した。埋甕の1基は底部を穿孔した無文の深鉢を、やや斜めの正位に据え、その上に礫を置いていた。もう1基も無文の深鉢を据えた上に礫を目印のために置いていた。埋甕が存在した地点はこの付近でもっとも地山レベルの高い場所であり、本来存在したであろう集落に関わる遺構もこの場所を中心に広がっていた可能性が高く、大型破片を多く含む大半の土器は、その場所から流出して周囲の低い場所に堆積したものと判断されている。

出土した縄文土器は遺物箱に詰めて約88個分あり、中期終末の土器は北白川C式でも後半の段階としている資料に比定できるものがほとんどである。波頂部の渦文や同心円文と、その間を埋める窓枠区画文や短沈線文が配される口縁部と、垂下文のほかU字形や紡錘形の縄文帯などを配した胴部文様を基調とする。ほかに北白川C式の型式属性には存在しない、口縁部文様帯が拡張した口唇部や内面に折り返され、そこに沈線や刺突列を配した特徴的なものがある。これは布留遺跡の同時期の土器に類例があり、多様なモチーフがある条線文土器とともに、これらは天理C式とされる大和地方の地域色といってよいだろう。また口縁部に楕円形区画の文様帯をもつ六単位の波状口縁の浅鉢があり、磨消縄文を配する胴部上位に半円形の透かしを設けている。県内では北白川C式前半に属する資料はほとんど見当たらないこともあり、北白川C式の型式内容自体の再吟味も必要かもしれない。

北白川C式に後続する後期初頭の土器は、胴部との区画をなす隆帯や段のほか、肥厚口縁も衰退し、口縁部文様帯を飾った窓枠状区画文が幅を減じるとともに、位置もせり上がって胴部との一体化した構成に変容する。またこの時期の磨消縄文を主たる文様とする土器には、移行期の文様構成をもつ個体を含み、胴部文様との一体化へ向かう文様変化が読み取れる。加えて条線文のモチーフ、沈線を用いない縄文帯の多用、特徴あるJ字文の配置など、この地域での独自でスムースな文様の展開を見出すことができる。この段階には双耳壺が組成しており、胴部には沈線内に刺突を施した磨消縄文によるJ字文が展開する。

施文された縄文は中期終末段階にはLRが圧倒するようだが、後期初頭段階にはRLの割合が増加する傾向があるほか、後者には無節縄文と、付加条縄文《ふかじょうじょうもん》を用いる個体が数点見うけられる。このように本遺跡は中期終末に出現し、後期初頭に至る比較的短期間の営みのあった実態が明らかにされた。このような分析を踏えて報告では天理C式を再評価しており、かつて天理K式とされた後期初頭の土器も、類型毎に再整理したうえで型式内容を定義する必要がある。なお、本遺跡からは宮滝式土器の資料も少量出土していて、僅かではあるがその後の遺跡の利用も知られている。

石器は有茎尖頭器1点、石鏃7点、石匙3点うち1点は未成品、石錐2点、削器13点、楔形石器29点、石核9点、敲石20点、切目石錘4点、磨製石斧3点、石棒の可能性がある石器2点、石皿1点がある。剝片石器の主な石材であるサヌカイトについては、原産地からさほど遠くないにもかかわらず、質の悪い石材を用いている。本遺跡から出土した石器類は一般集落の器種をほぼ網羅しているが、土器の出土量と比較すると石器の数は比較的少ない傾向がある。遺構の多くは損なわれたと推定されているが、僅かに遺存していた埋甕や大量に破棄された土器の存在が、遺跡の性格と関わりがあるのだろう。

本遺跡から南西約800㍍には南郷柳原遺跡と南郷ハカナベ遺跡が南北に対峙するように立地している。南郷遺跡群の一連の発掘調査で、両遺跡の間を東に流れ下る竹田川の北側斜面地で、円形あるいは不整形な形状の土坑6基あまりを検出し、一方竹田川の南側でも多量の縄文土器が出土している。両遺跡から出土した縄文時代の遺物は、下茶屋地蔵谷遺跡と時期的にほぼ重なる中期終末から後期初頭の土器と石器によって占められている。

【文献】坂靖ほか2000「南郷遺跡群Ⅳ」『奈良県立橿原考古学研究所調査報告』第76冊

コラム8

縄文土器の文様

・縄文土器の名称と文様の意味

1877年アメリカの動物学者エドワード・モールスが、車窓から大森貝塚を発見し、わが国最初の縄文時代遺跡の学術調査を行ったことはよく知られている。現在でも高く評価されるその調査報告書『大森貝墟古物編』のなかで、モールスは出土した土器の文様の縄文に最初に注目しcord marked potteryと記述している。この翻訳が今日の縄文土器という名称の先駆となった。

縄文土器には縄の文様をはじめとして様々な道具を用いて、多様なデザインが土器面を埋めている。描かれた文様を観察すると、希に弥生時代の絵画土器のように具象的な絵を描いた例もあるが、圧倒的多数はいわゆる意匠化されたような文様が描かれている。その土器のデザインについて見ると、実は時間と地域が限定された一群の土器には、共通した文様が存在していることが認識できる。ということは同じ意匠文様を共有する集団内では、土器文様は記号や文字のように意味があり、単に装飾的効果を狙ったのではなく、土器に表現されなければならない役割を持っていたと考えられる。

・文様施文方法の特徴

ここでは描かれた個別の文様がもつ意味ではなく、意匠化された単位文様が主役となる縄文土器の、文様を施文する方法の特徴を見てみよう。土器面をカンバスとすると、その全体をひとつの画面として文様や意匠を描くことはむしろ少なく、画面を部位毎に水平に分割するほか、画面を均等に縦に割り振って描く特徴がある。その規則性をそれぞれを「文様帯」と「文様単位」という概念で認識すると、縄文土器には文様を描く際の割り付けが存在していたことが理解できる。

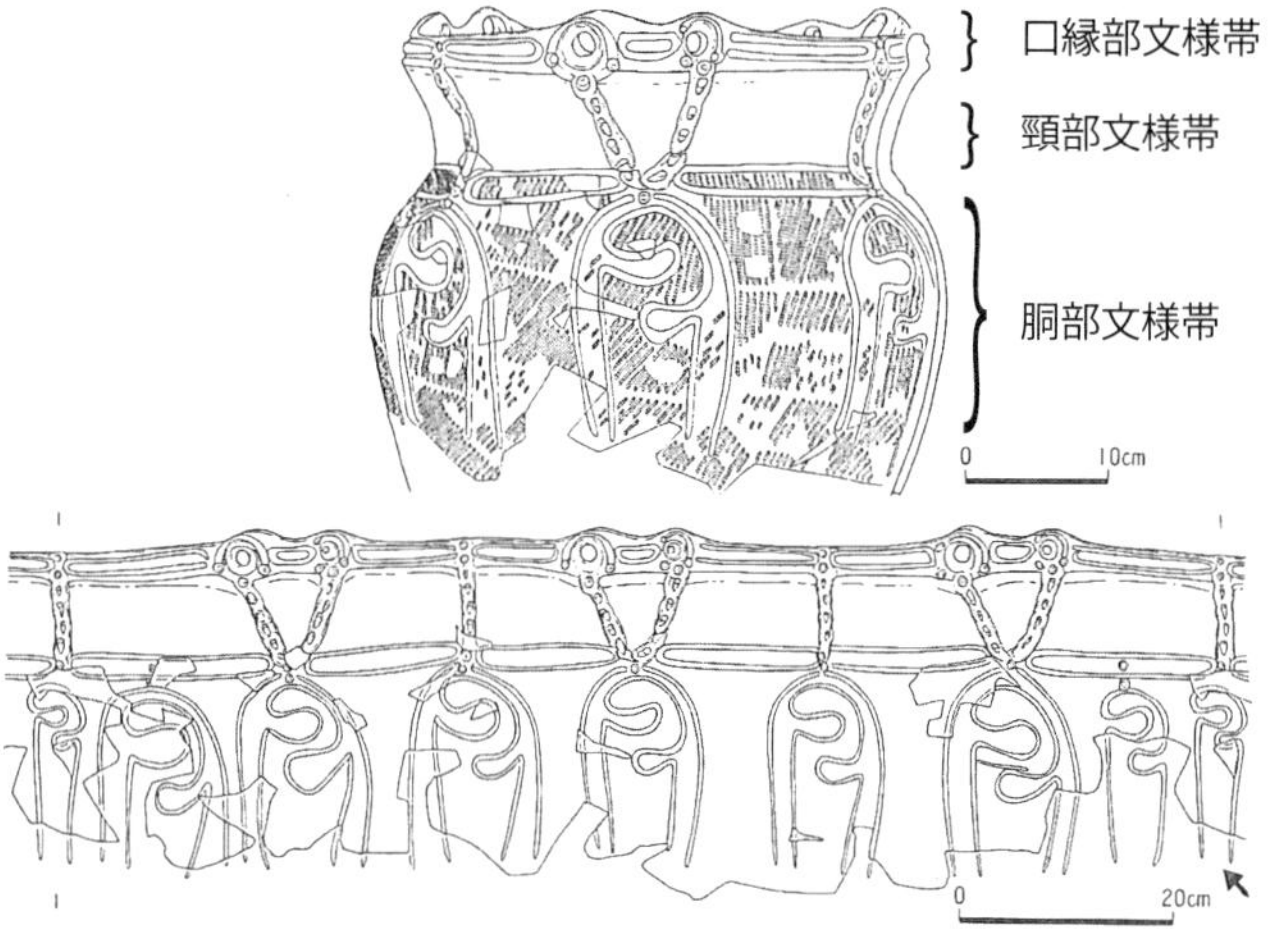

縄文土器の文様（㊤が側面図、㊦が展開図）＝高根沢町 2000 より転載

・文様レイアウトの決まり

文様帯とは土器文様を横に区切る割り付けである（図の㊤）。一般的には口縁部、頸部、胴部の文様それぞれが独立して帯状に巡って施されているが、その枠を超えて同化や分離、または拡大や縮小することもある。文様帯は器形との関わり、単位文様の配置、隣り合う文様帯との関係、用いられる施文具など文様施文に関わる諸属性が影響して系統的に変化する。したがって文様帯の存在を意識して観察すると、文様だけに注視していると見逃しかねない、土器文様の変容や推移を読み取り理解するうえでの助けとなる。

これに対して文様単位とは、土器文様の縦の割り付けにあたる。円筒形である縄文土器を円周に沿って文様を見ると、同じような文様モチーフが繰り返されている場合が多いことに気がつく（図の㊦）。これは土器面を縦に分割して文様を割り付ける構成を行っているためで、その繰り返される単位数は、時期と地域によって異なっている。多くの場合、波状口縁の単位に合わせて波頂部や、把手を付けた土器では把手部を基準に文様が割り付けられる。一般的には4単位に分割される場合が多いが、3単位、5単位、6単位など割り付けが難しい単位の土器も決して少なくない。

またこの縦の割り付けは口縁部と頸部と胴部で異なる場合も少なくない。図を参照すると、この土器は口縁部と頸部は3単位に割り付けているが、胴部文様帯は3単位のなかのひとつが異なったモチーフとなっている。割り付けを間違ったとする意見もあるが、同じくりかえしをあえて避け、意味をもつアクセントをつけたのだろうか。

このような土器面へのレイアウトも、土器作りの流儀を共有する集団では、恐らく約束事に則っていたことだろう。記号や文字のように単位文様に意味があるとみなすと、その繰返しや配置の仕方によって、土器文様に籠められた集団の意思を互いに認識したのかも知れない。

【文献】今村啓爾1983「文様の割りつけと文様帯」『縄文文化の研究5　縄文土器Ⅲ』雄山閣、小林達雄2002『縄文土器の研究』小学館、高根沢町2000「通史編Ⅰ第二編原始古代」『高根沢町史』

41 伏見《ふしみ》遺跡

御所市伏見

金剛山からは東に向かって多数の尾根が派生している。そのなかの伏見集落がある西方の開墾された一尾根の標高350メートル前後の緩傾斜面に遺跡が存在する。縄文時代の遺物が出土するのは後世の溝内の堆積土と、谷状地形に堆積した黒褐色土からで、後者は土石流によって削り込まれた谷の上層に堆積した、縄文時代の遺物包含層として捉えられている。

谷状地形から出土した一乗寺Ｋ式土器（※1）

後世の溝から出土した遺物は、縄文時代以降の土師器や陶器などの遺物と混在していた。縄文土器は中期終末から後期中葉にかけてのものが出土しているが数量は多くない。なお里木Ⅱ式の破片が1点含まれる。

一方谷状地形に堆積した上層の遺物包含層はおおむね上下に区別でき、下部からは北白川上層3式とされる土器が、上部からは一乗寺K式土器が出土している。下部の土器（図の1・2）は大きく内彎する口縁部に幅広い文様帯を設け、帯縄文や沈線文によって、渦文や三角文のほか弧線文などの施文を特徴とする。遺物包含層上部の土器はより資料も充実しており、前代より幅が狭まった口縁部が内折ないし内傾し、平口縁や波状口縁に沿った文様帯をつくる。口縁部には沈線文で細かい撚りの帯縄文《おびじょうもん》で区画し、胴部上半の文様帯は弧線状の沈線や、端部を6字状に巻き込む沈線のほか、結節縄文《けっせつじょうもん》の多用など一乗寺K式の特徴を有する（図の4・5など）。浅鉢には広口大型（図の10）と、内彎ないし内折する中・小型の鉢があり、前者は口縁部内側に文様帯をもつものが多く、内面に赤色顔料を塗布したものがある。後者は比較的幅広の口縁部に磨消縄文を配する（図の8）。注口土器には有頸と無頸がある（図の9・11）。これら一乗寺K式の土器には、蜆塚《しじみづか》KⅠ式など東海系統の土器がともなっていることも注意される。

石器については出土場所を問わず全体の内訳でみると、剥片石器では石鏃82点、石錐21点、削器36点、楔形石器131点、大型剥片6点、2次加工のある剥片66点、石核36点、礫石器は石錘2点、磨石3点、敲石1点、石皿2点、ほかに石刀1点が出土している。なお剥片石器の石材は、二上山産のサヌカイトが主体だが、石核の1点を含め四国坂出市の金山《かなやま》産のサヌカイトも約4％存在する。このほかに谷状地形の遺物包含層からは、岩偶が1点出土しているほか、辰砂を含んだ水銀鉱石なども出土している。

このように谷状地形の堆積層からの出土品ではあるが、後期中葉という時期的に限定された良好な資料といえる。土器は大型破片や完形品も含むことに加えてどれも磨耗も少ない。ごく隣接した

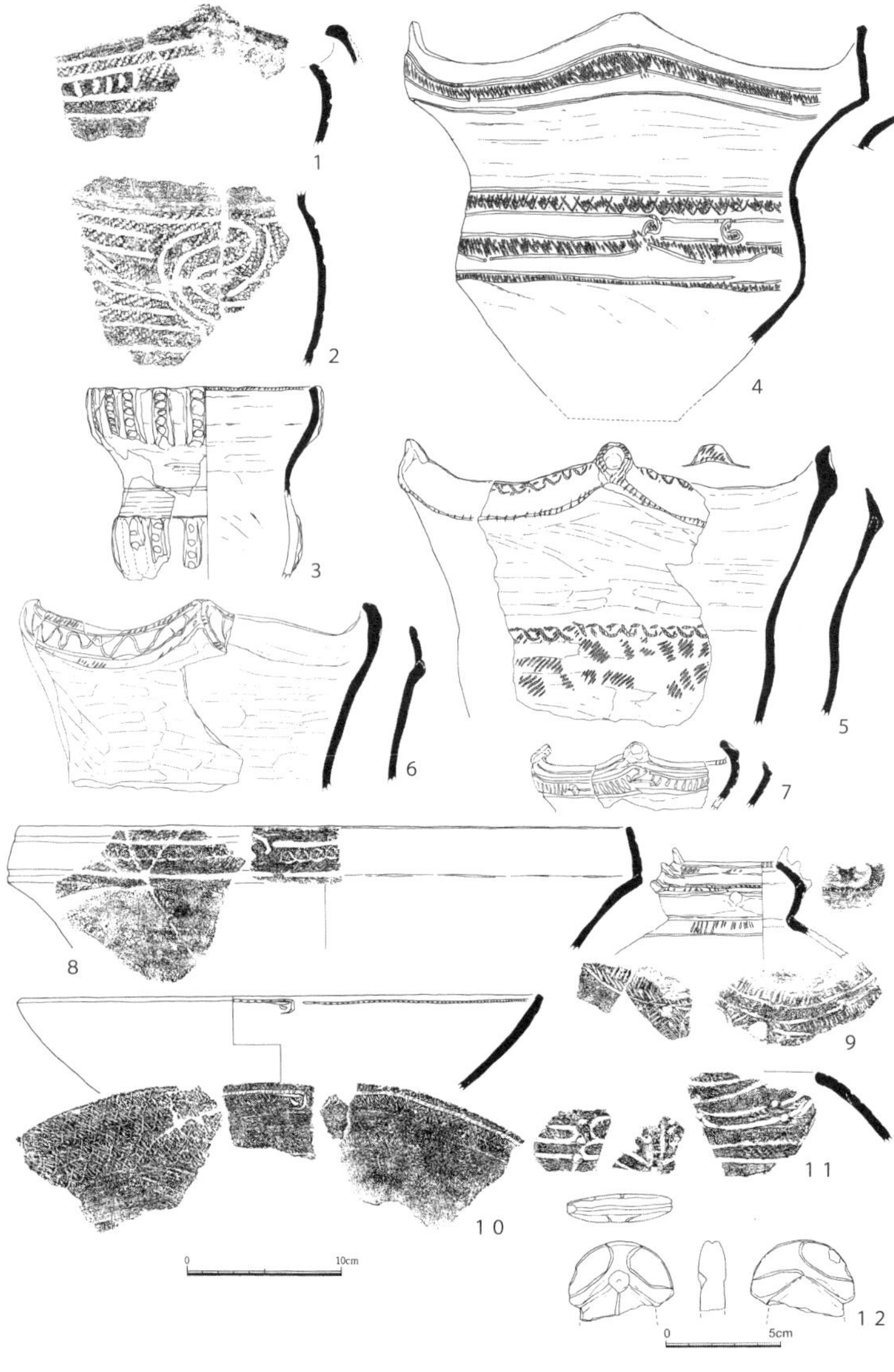

伏見遺跡の谷状地形から出土した縄文土器（※ 1）

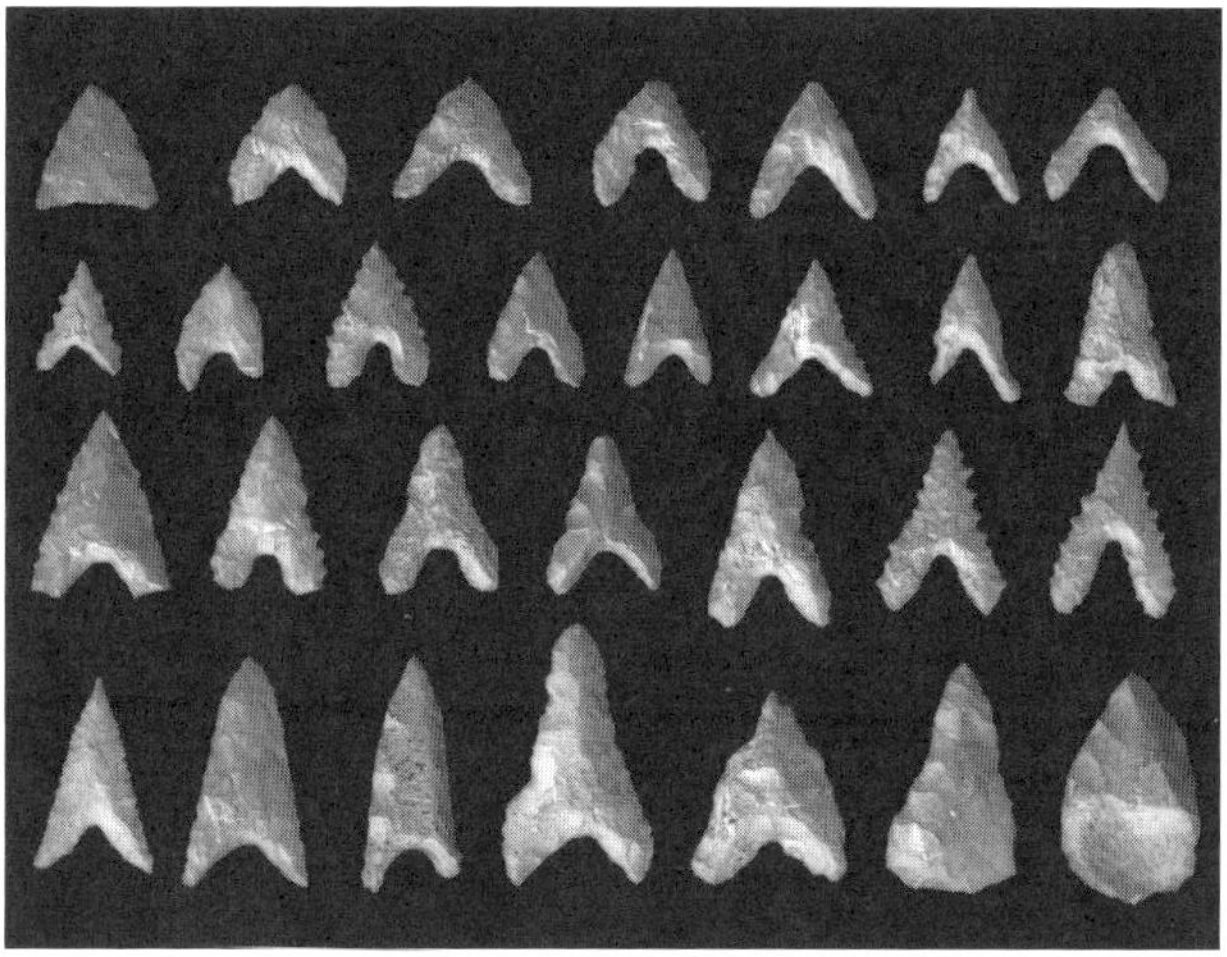

伏見遺跡から出土した石鏃（※ 1）

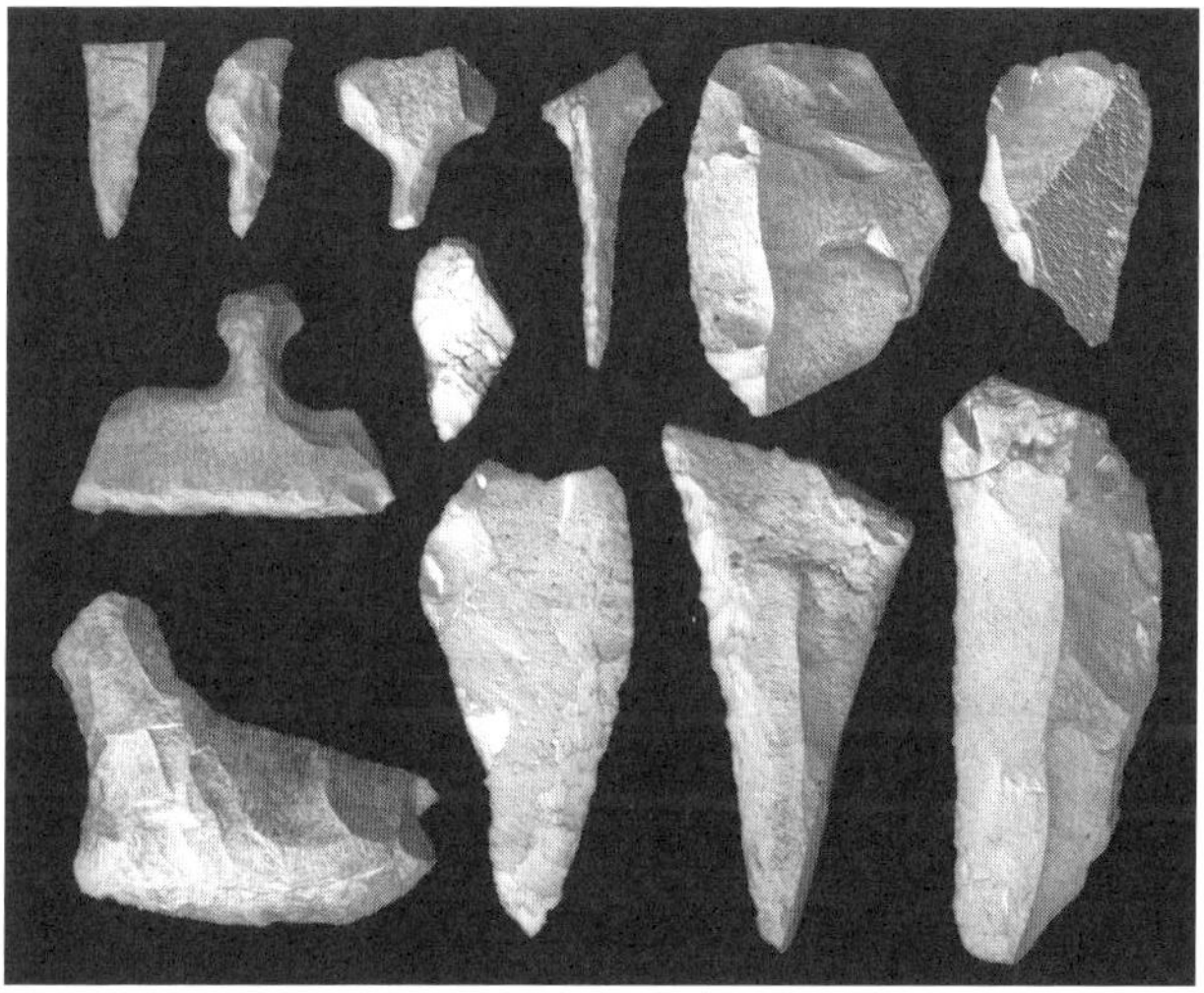

伏見遺跡から出土した石錐・石匙・削器（※ 1）

西北窪遺跡から出土した神子柴型石斧（※2）

地点に2型式にわたって営まれた安定した生活の場が存在し、一括した廃棄行為ないしは、何らかの事情で纏まって堆積に至ったのだろう。

本遺跡の北方約２００《メートル》に所在する西北窪《にしきたくぼ》遺跡では、掘り込み地業をともなう飛鳥時代後半から奈良時代前半の17棟もの掘立柱建物群が見つかっているが、その際に県内ではこれまで知られていない、縄文草創期に遡る局部磨製石斧が出土している。長さ12・7《センチ》、幅3・6《センチ》、厚さ2・9《センチ》、重さ１５０《グラム》で、幅の狭い刃部のみ研磨し、中央が甲高で断面が台形となるよう粗く作出した、いわゆる神子柴型《みこしばがた》石斧である。大型の木葉形尖頭器や石刃などの石器と共伴することが多いが、本品は単独で出土している。県内唯一の重要な出土品である。

【文献】北中恭裕２００５「伏見遺跡２００４第1次・2次調査」
『奈良県遺跡調査概報 ２００４年第2分冊』、廣岡孝信２００１
「西北窪遺跡」『奈良県遺跡調査概報 ２０００年 第3分冊』

42　玉手《たまで》遺跡

御所市玉手字西岡

御所市街地の南東方の国見山から北西に延びる掖上丘陵は、曽我川の支流付近まで達するが、玉手遺跡はその支流の北側沖積地にある標高が89メートル前後の微高地上に立地している。１９８４年に高等学校建設に伴って発掘調査が行われ縄文時代の遺跡の存在が明かになった。

調査では明確な遺構は検出されなかったが、黄灰色ないし黒灰色土の縄文時代の遺物包含層が広い範囲で確認されている。出土遺物のなかで最も時期の遡る資料は北白川下層Ⅱb式で、葛城地域では葛城市竹内遺跡や香芝市狐井遺跡などで同時期の資料が出土している。本遺跡の出土土器の大半は、縄文中期終末から後期中葉にあり、なかでも中期終末の天理C式にみられる口縁部の特徴をもつ土器や、後期中葉の北白川上層式の資料が充実しているが、後者には堀之内式の系統下にある土器も目立つ。ほかに晩期の凸帯文土器も一定程度

晩期のサヌカイトの集積土坑（御所市教育委員会提供）

出土している。土器以外の遺物には、石鏃、石匙、石錘、定角式磨製石斧、磨石などの狩猟具や工具類がある。ほかに石製品として石棒が出土しているが、これに関連して呪術的な資料として丁寧に製作されたスタンプ形土製品（写真を参照）の出土も注目できる。全体が鼓形を呈した長さ約6センチの両端面には、沈線で重ねた菱形文を描き、側面には同じく沈線で多条の直線や弧線を描いて、一部沈線間を斜線で充填する。側面の1カ所には小さい穿孔がみられる。ほかに滑車形耳飾なども出土していて、調査地付近に祭祀空間の存在も想定される。

本遺跡では2009年に、隣接地で京奈和自動車道建設にともなう発掘調査が行われ、天理K式

晩期の土器棺墓（御所市教育委員会提供）

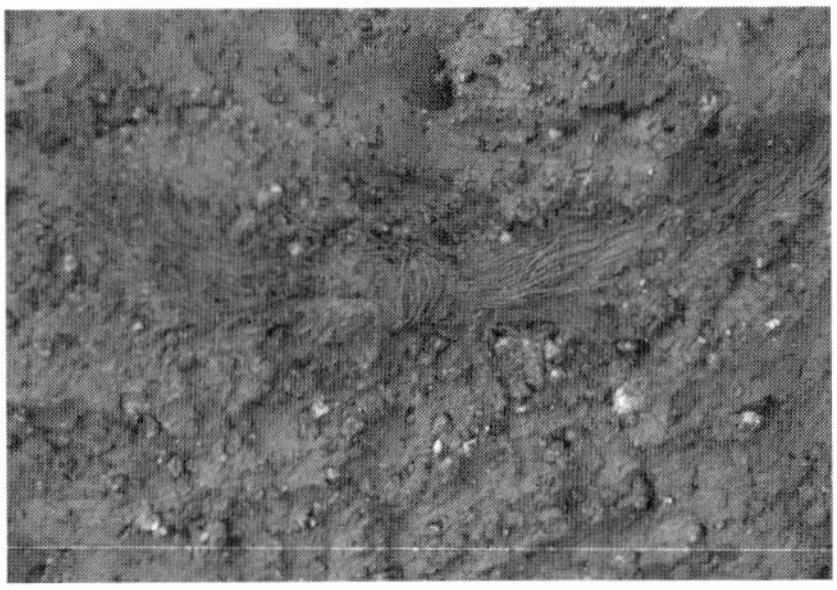

赤漆塗り糸玉の出土状態
（御所市教育委員会提供）

スタンプ形土製品（※2）

土器が出土したほか、晩期後半の口酒井式《くちさかい》段階の遺構が集中して確認された。地床炉、平地式住居とみられる方形に並ぶ建物の柱穴、137点の剝片からなるサヌカイトの集積土抗（写真を参考）などの遺構のほか、土抗墓14基と土器棺墓（写真を参照）20基からなる墓域も明らかにされた。1984年の発掘調査で出土している晩期の遺物とも関わる遺構群だろう。調査地一帯からは、土偶、土玉、赤鉄鉱や、県内ではいまだ出土例を聞かない、細く精巧なつくりの赤漆塗りの糸を束ねて結んだ糸玉《いとだま》（写真を参照）が出土している。出土遺物の内容から見て、生活の場に隣接した埋葬と祭祀の場が置かれていたと考えられる。

【文献】伊藤勇輔1985「玉手遺跡発掘調査概報」『奈良県遺跡調査概報1984年度』、濱慎一ほか2010『京奈和自動車道関連遺跡発掘調査概補概報Ⅲ　御所市文化財調査報告書37』

43　中西《なかにし》遺跡

御所市大字條

巨勢山《こせやま》の北側にある標高100㍍《メートル》前後の扇状地上の、御所市大字條集落に近接した北西側に遺跡が所在する。約1キロ西側を葛城川が北へ流れ、遺跡のある一帯は南西側から緩やかに北東方向へ下がる微地形が読み取れる。

遺跡は京奈和自動車道建設にともなう一連の発掘調査で発見され、10世紀から弥生時代にまで遡る各時期の水田遺構が検出されている。ここでは大和第1様式の土器を含む弥生時代の遺物包含層を除去して検出された遺構面で、弥生時代前期の土器棺と、別に縄文時代晩期の長原式の壺と深鉢を据えつけた2基の土器棺墓や、弥生前期や縄文晩期の土器を堆積土中に含む自然流路を検出している。さらに晩期の凸帯文土器を含む層の下で検出した自然流路からは晩期中葉の土器が出土した。その自然流路のベースとなる細礫層の上部からは滋賀里Ⅱ式が、下部からは北白川上層3式が出土した。ほかに後期初頭の土器や、さらに遡る中期前半の土器も出土している。

弥生時代前期の水田の南側で見つかった埋没林（※1）

縄文晩期の土器棺の検出状況（※１）

調査地は北半部で弥生時代の水田が検出されているが、南側の区域とを分ける位置には、灌漑用と思われる人工的な堤を備えた東西方向の水路が検出されている。一段高くなっている南半部では、合せて２６５本の立木と倒木を検出し、森林の広がりを埋没林によって確認している。樹種はヤマグワ44点、ツバキ属39点、カエデ属21点、イヌガヤ12点、コクサギ10点、オニグルミ7点、アカガシ亜属7点、エノキ属7点などとなっている。樹齢は5年以下がある一方、１００年前後を重ねた立木もある。切り株の周りを回る足跡や、切断痕や焦げ跡のある丸太や切り株も確認されていて、木材の調達・利用の様子がわかる。立木などがある森林地域の検出面からは、弥生前期の甕や鉢のほか、縄文晩期土器棺などが出土している。また、中部地方晩期終末の氷《こおり》１式土器も発見されていて、縄文時代晩期から弥生時代前期にかけて森林環境が維持されていたと考えられる。

このように本遺跡では水田経営が始まる以前の、縄文時代の森林利用の様子と、そういった里山的な森林環境が弥生時代に入ってからも維持され、水田とともに生産活動の場として活用されていた実態を明らかにできる貴重な発掘調査事例となった。ただ調査の一環で行われた縄文時代後期から弥生時代前期にかけての炭化物を中心とした放射性炭素の年代測定については、結果的に遺跡や地層の形成の理解に役立つとは言い難く、年代測定の方法論と目的とを正しく見極める必要があろう。

【文献】岡田憲一・大藪由美子2010「中西遺跡第14次」『県概報集2009年第3分冊』、菊井佳弥・大江綾子2011「中西遺跡第15次」『県概報集2010年第1分冊』

44 秋津《あきつ》遺跡

御所市池之内

縄文時代晩期から弥生時代前期の埋没林が発見された中西遺跡の北側に隣接する本遺跡は、古墳時代前期の大型建物や、それを取り囲む方形区画施設群が発見されたことで知られるが、扇状地上にあるここでは、弥生時代前期の河川氾濫堆積層に覆われた縄文時代晩期の自然流路と樹根のほか小土坑などが発見されている。

流路から出土した硬玉製の管玉
（※1）

自然流路の岸に近い場所からは、杭が打設され踏み石を置いた水辺の施設の一部と思われる遺構が検出されている。流路の最下部の堆積層や流路岸からは、篠原式から船橋式の土器のほか、石器や土偶などが集中して出土している。流路の南岸からは単独で硬玉製管玉が出土し、埋没した樹根のひとつの脇からはノコギリクワガタがほぼ完全な形で発見された。これらの時期も凸帯文土器の年代が示す晩期後半から終末の所産とみてよいだろう。

管玉の法量は長さ3・84《センチ》、幅2・03《センチ》、厚さ1・55《センチ》、重さは21・84《グラム》で、胴がやや膨れ両端が平面をなし、断面は僅かに扁平な楕円形を呈している。長軸には両端から穿たれた紐通しの孔があり、色調は部分的に白色と黒色が混じる緑色で、濃い部分と淡い部分がみられる。縄文時代では後期から晩期に比較的多く製作される管玉のなかでも、長さが3《センチ》

埋没樹根の脇から出土したノコギリクワガタ（※1）

焼土が入った縄文後期の土坑（※１）

後期の土器の出土状態（※１）

を超えるものは極めて少ない。翡翠原産地周辺では後期には下火となる大珠製作に替わって、晩期には新潟県細池遺跡などにみられるように、翡翠や蛇紋岩を含む濃い緑色系石材を用いた玉生産へ転換が企てられる。同時に大珠にみるペンダント型装飾から、ネックレス型組み合わせ装飾への変容という動きがある。本品はそういった装身具の変遷の中で生み出された逸品とみることができる。

本遺跡では焼土の入った土坑など縄文時代後期前半の遺構も検出されているほか、福田Ｋ２式の土器が出土している。この時期の土壌からはクリの花粉が80％以上の高い率を示している。洪水層の上に形成された水はけの良い土質に適応した、クリ林の極相林化した状況が窺える。

なお秋津遺跡の北方にあたる蛇穴《さらぎ》地区でも、谷地形に埋没した堆積層から滋賀里Ⅳ式ないし船橋式とみられる凸帯文土器が出土している。

【文献】米川仁一・菊井佳弥２０１０「秋津遺跡」『奈良県遺跡調査概報２００９年度』、岡田憲一ほか２０１１「秋津遺跡第４次調査」『奈良県遺跡調査概報２０１０年度』奈良県立橿原考古学研究所

45　大官大寺下層遺跡《たいかんたいじかそう》

高市郡明日香村小山字講堂八の坪

大官大寺は藤原京左京十条四坊を中心として造営された寺院であり、１９７４年の発掘調査を皮切りに、当時の奈良国立文化財研究所によって寺の中心部を主に継続発掘されたが、その調査の中で縄文時代の遺跡が確認されている。遺跡は寺川の支流域にある香久山南方の、現在は標高約90㍍の水田地帯に位置する。

遺跡では主要伽藍の北西側で、暗褐色土の縄文時代遺物包含層と、黄灰砂層の地山を掘りこんでいた数基の土坑からなる遺構が確

縄文中期終末ないし後期初頭の土坑
（奈良文化財研究所提供）

認されている。遺構には長径が約1・8メートルの不整形な浅い土坑、長径3・5メートル、短径3メートル、深さ0・9メートルの底がやや袋状の土坑、長径3メートル、短径2・5メートル、深さ0・5メートルで、下部で見つかった骨片の上に河原石が投げこんだ状態で出土し、大型の土器破片を多数出土した土坑などがある。これらの土坑は局地的には地下水位の高い場所にあり、地盤が帯状に続く礫層に沿って南北に分布していることと、袋状の形態を呈したものがあることも考え合わせると、堅果類の出土した土坑が存在したか不明だが、食糧貯蔵穴として使われた可能性がある。骨片の種類も含め、正式な報告はなく詳細はわからないが、検出されている土坑の形態は一様ではなく、出土資料の内容も含めて検討が必要だろう。なお、出土した土器から、これらの土坑は中期終末から後期初頭にかけて営まれたと考えられている。

縄文土器のほとんどが中期終末から後期初頭、および後期中葉から後期後半の時期に絞られる。中期終末は概ね北白川C式の範疇で捉えられ、口縁部に連弧文を描くものも僅かに含んでいるが、口縁部主文様が退化した円形や簡素な渦文が多く、山形波状口縁が発達を遂げていることのほか、沈線文をともなわない口縁部の縄文施文の土器など、大半が新しい段階とみられる。また条線文を施文した土器の割合はわからないが、土器の口縁部の短沈線文や羽状沈線文の多用、口唇部の拡張と状文や沈線文の施文など、布留遺跡で天理C式とされた当該時期の資料との属性類似が指摘でき、大和を中心とした地域の特徴とみなせる。中期終末に後続する太い沈線を用いた幅広の磨消縄

大官大寺下層から出土した縄文時中期終末から後期初頭の土器（奈良文化財研究所提供）

文で主文様を描く後期初頭の土器も、大型破片を含み量的にも少なくない。明確に口縁部を区画しない傾向が顕著で、文様だけでなく、口縁部文様帯が下位の文様帯との繋がりを強める。ここでも口唇部への縄文施文や、沈線を用いない縄文の多用が目につき、中津式と異なった地域色が窺われる。なお中期終末の土器には、波状口縁がくの字状に屈曲する東日本的な深鉢や、瀬戸内地方の里木Ⅲ式に類似する土器なども出土している。

後期中葉から後期後半の土器はほとんどが遺物包含層から出土したもので、地点も中期終末から後期初頭の土器とほぼ重なっている。ただこの時期の縄文土器は、縁帯文《えんたいもん》土器と凹線文《おうせんもん》土器に概ね集約され、その間を埋める土器は少ないと思われる。縁帯文土器は口縁部文様帯が水平に拡張した口唇部にせり上がり、口辺に沿った沈線と刻み状の短沈線や縄文が施される。口縁部外面を頸部から一体として無文化したタイプが多く見受けられる。この時期の縄文施文の少なさが指摘されているが、胴部上位の破片の内容がわからず詳らかにはしえない。波状口縁の個体には波頂部に環状把手や、刺突を施した突起を付けるものがある。概ね北白川上層式の古い段階が主体であろうか。ほかに口縁部の特徴が蜆塚KⅡ式に類似する土器がある。凹線文土器は口縁部がくの字に屈曲する深鉢に、複数条の凹線と巻貝の扇状圧痕文を主文様とする宮滝式に限られる。深鉢の胴部破片が明らかになっていないが、頸部が2段に屈曲するタイプも含まれていよう。ほかに口縁部に小さな突起を付加した広口鉢と、凹底の注口土器がある。器形や凹線の特徴などから、宮滝式の新段階が主体を占めると考えられる。

【文献】奈良国立文化財研究所1978「大官大寺下層遺跡の縄文式土器」『飛鳥藤原宮発掘調査概報8』、加藤雅士2009「大官大寺の縄文土器(1)」『奈良文化財研究所紀要2009』

46 飛鳥《あすか》宮跡《きゅうせき》下層《かそう》遺跡

高市郡明日香村岡

龍門山塊に発した飛鳥川は明日香村島庄から岡の集落付近に至って、両岸にやや広い段丘を形成する。岡集落がある右岸一帯には史跡飛鳥宮跡の範囲を中心に、複数の時期の宮殿遺構が存在し、現在も継続的な発掘調査が実施されている。その一連の調査のなかで、飛鳥時代の遺構が存在する下層から、縄文時代に遡る遺構や遺物が報告されている。宮殿遺構の保存が前提という限定されたなかでの下層遺構の調査ではあるが、これまでに数次の調査で重要な成果もあげられている。

　1973年には上層宮殿内郭中央付近において、縄文時代後期の一辺が3・5メートルの隅丸方形を呈する竪穴住居の一部が検出されている。住居のほぼ中央部で不

縄文時代後期の竪穴住居（敷石と柱穴は飛鳥時代のもの）（※1）

1973年に竪穴住居とその周辺から出土した縄文土器（※1，写真は奈良文化財研究所提供）

整円形の炉が検出され、住居の覆土中からは大型の土器破片が多数投棄されたような状態で出土している。この調査で出土した土器は幅広の磨消縄文でＪ字文などを描く後期初頭の天理Ｋ式に始まり、後期前半の土器を介して、精緻な渦文や平行線などの帯縄文を主体とした後期中葉の北白川上層式の新しい段階にまでいたる。竪穴住居の時期は北白川上層２式ないし３式とみられる。また非在地系の土器には堀之内２式や加曽利Ｂ１式などが出土している。

後期初頭から前半の土器は、１９８２年の上層宮殿内郭南端付近の調査でも出土している。宮殿遺構の下層から黒褐色の遺物包含層を確認し、太い沈線を用いた幅広の縄文帯で口縁部文様帯を描く磨消縄文系の深鉢や、渦巻状の沈線を口縁部に配したものや、帯状の縄文帯で口縁部文様帯をつくる浅鉢などがある。この２度の調査では土器以外に石鏃や打製石斧などの石器と、耳栓形の耳飾や石製平玉状の装飾品などがある。

上層宮殿内郭地区からやや南方に離れた地域では、晩期に下る遺構や遺物が確認されている。岡集落の南端付近に東から延びてきている丘陵裾で実施された１９７９年の調査では、縄文時代晩期

1973年の調査で出土した耳飾と石製平玉状装飾品（※1）

の遺物包含層が確認され、配石遺構と小穴がみつかっている。配石遺構は幅60センチ、長さ70センチの土坑内に、内側に面を揃えるように川原石を配置したもので、これに接して直径30センチの小穴が確認されている。出土した土器は口縁にリボン形突起がつく内彎気味の小型浅鉢で、内外面に赤色顔料を塗布する。また頸部がややくびれて口縁部が外反する小型浅鉢、ほかに口縁端部が短く外に屈折して、外面に沈線をめぐらした椀や、胴部中央に横方向の沈線を引き上半に沈線文で文様を描いた鉢などがあり、概ね滋賀里Ⅲa式の範疇だろう。

その北側近くでは１９８５年の調査で、宮殿遺構の基盤層から縄文時代の遺物を発見している。土器は口縁部から頸部にかけて2段に屈曲する形態で、口縁部から頸部をナデ仕上げし、胴部を条痕調整した深鉢や、口縁部が屈曲して外反する浅鉢などがあって、滋賀里ⅠないしⅡ式に該当する。

本遺跡の南側には島庄遺跡が立地し、これまでに2基の土器棺墓と数基の土坑が検出されている。土器棺墓のひとつは長径60センチ、短径40センチ、深さ15センチの土坑内に晩期の凸帯文の深鉢を埋設していた（写真を参照）。2基の土坑から出土した土器は頸部で緩やかに屈曲し、口縁部がやや外反する粗製深鉢で、口縁部に2ないし3条の沈線文を施す。口縁部に条痕調整を残す破片も存在している

島庄遺跡出土の土器棺（※1，写真は奈良文化財研究所提供）

が多くはナデ仕上げとし、胴部は板状の工具あるいは二枚貝などによる条痕調整をそのまま残している。浅鉢は頸部で強く屈曲し、口縁部が長く外反して延びる形態をもち、口縁端部内側に凹線を巡らすものがある。滋賀里Ⅱ式およびⅢa式に該当する。また遺跡からは一乗寺K式の土器が出土しているほか、未調整のサヌカイトの剝片がまとまって出土しており、石器製作に関わる資料とみられている。

この2遺跡は吉野川流域からは芋ケ峠を越え、飛鳥川を下って盆地部へ入った場所にあり、また東側から流れ下った冬野川との合流地点でもある地理的要衝に位置している。このことが段丘一帯には断続的ではあるが後期初頭から晩期終末に至る間、縄文時代の営みの痕跡が残された理由のひとつだったのだろう。

【文献】菅谷文則ほか1974『飛鳥京跡』昭和48年度発掘調査概報、菅谷文則・中井一夫・田坂正昭1974「明日香村大字岡の縄文遺跡」『青陵25』、今尾文昭1981「飛鳥京跡第71～75次発掘調査概報」『奈良県遺跡調査概報1979年度』、亀田博1983「飛鳥京跡第81～83次発掘調査概報」『奈良県遺跡調査概報1981年度』、小沢毅1986「飛鳥京第106次調査概要」『奈良県遺跡調査概報1985年度』、亀田博1989「島庄遺跡22次発掘調査概要」『奈良県遺跡調査概報1988年度』

47　稲渕《いなぶち》ムカンダ遺跡

高市郡明日香村稲渕字奥垣内

本遺跡は飛鳥川の上流に所在する稲渕の集落の南方にある。北東の山塊から飛鳥川に向かって延びる小支丘があるが、その標高約１９０メートル付近の緩やかな西北斜面に立地する。関西大学飛鳥文化研究所の建築工事に先立って、１９８４年に遺跡の存在が確認され、翌年に本格調査が行われた。

緩斜面に堆積した近世〜近代にかけての黄褐色粘質土の下に2層の縄文時代の遺物包含層が存在した。上層の暗褐色粘質土の下位からは、凸帯文土器を中心とした晩期後半から終末の土器が出土し、

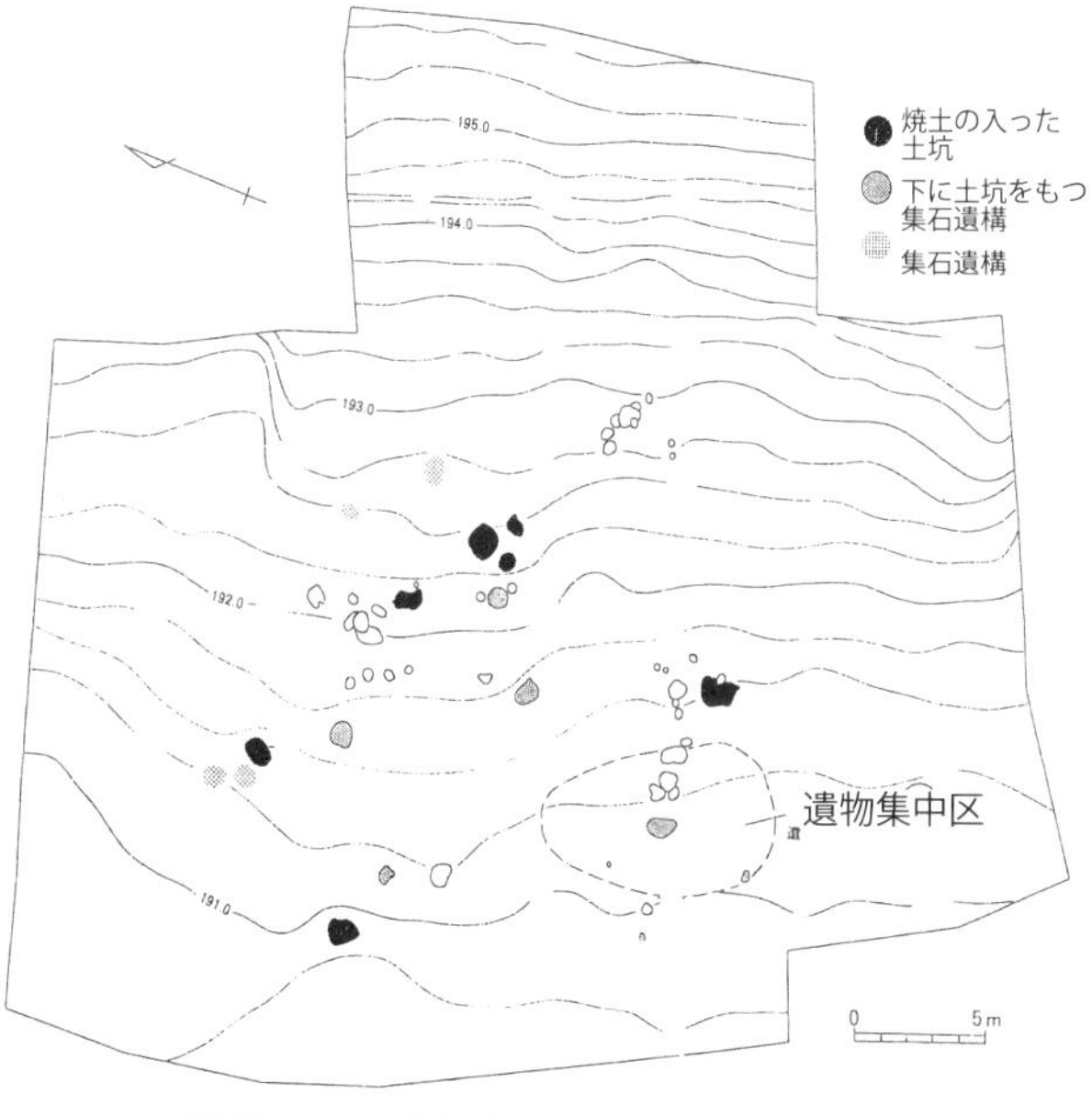

稲渕ムカンダ遺跡で確認された遺構の分布図

下層の暗灰褐色粘質土の上位からは晩期前半から中葉にかけての土器が、また下層の下位からは主として後期の土器が出土している。検出された遺構には集石遺構、焼土坑、土坑などがある。集石遺構には約5×3メートルの広範囲に、人頭大から拳大の礫が集められたものや、集石内から石刀が出土したものもある。これらの遺構は下層の上位に存在するものが多く、晩期前半から中葉の所産とされている。

出土した土器は中期から晩期にまで及ぶ。中期のものは船元Ｉ式が少量出土しているだけにとどまる。口縁部外面は全面に内面は幅狭く、かたい繊維を撚ったＲＬ縄文を施文する。後期の土器は初頭に位置づけられる天理Ｋ式とそれに続き、口縁部を水平に肥厚させた縁帯文土器も存在している。環状2段につくる把手破片もみられる。凹線文土器から資料数が増えるが、多くは凹線の間隔があき、口縁部が2段に括れるもの（図を参照）など宮滝式でも新しい段階から滋賀里Ｉ式へ移行する時期の土器が大半を占める。宮滝式以降は後期終末から晩期前半の土器として、口縁部に山形文などの沈線文を配したも

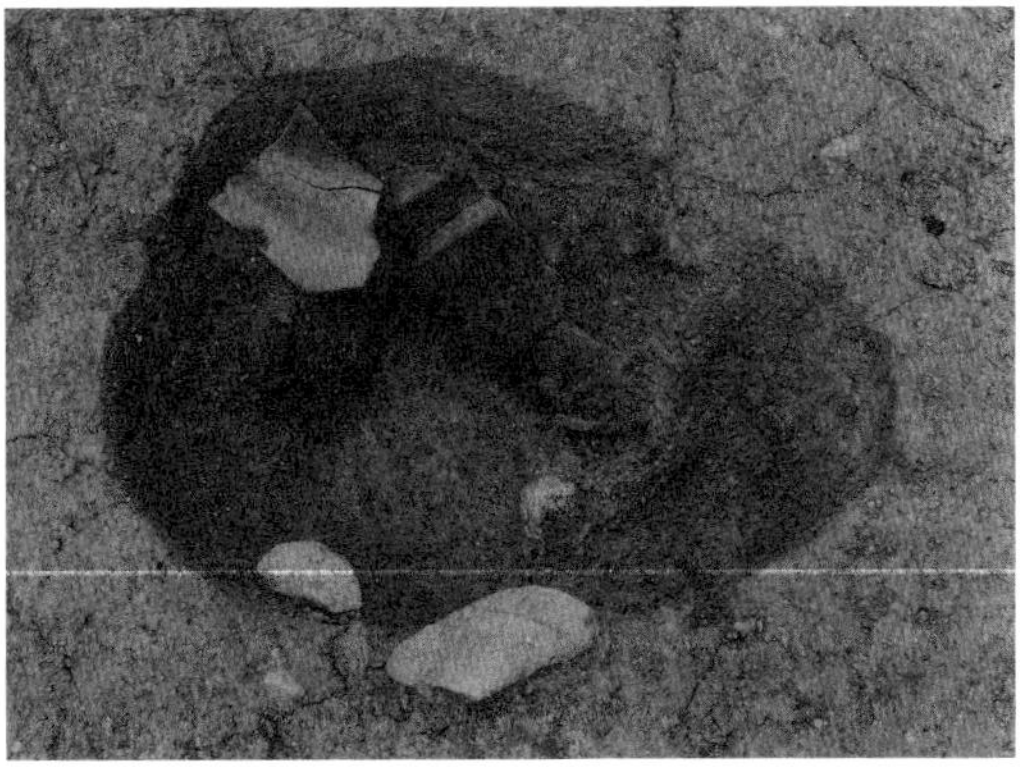

遺物集中範囲で検出された晩期の土坑
（関西大学考古学研究室提供）

のや、巻貝により条痕調整を施す深鉢など滋賀里Ⅰ式や、刻目帯に区画された七宝文など、いわゆる橿原式文様を描く浅鉢の破片が存在し滋賀里Ⅱ式から同Ⅲａ式へと継続し、土器から見る限り本遺跡が盛期に達した時期と考えられる。そのほか晩期終末の船橋式や長原式など、凸帯文土器も少なからず出土している。

石器には石鏃、石匙、削器、石錐、楔形石器など狩猟活動や各種加工作業に関わる剥片石器が出土している。礫石器には切目石錘、敲石、磨石などがあって、内水域の漁撈活動や、植物質食糧採集と加工処理具として用いられたこともわかる。遺跡内からは炭化したシイないしはカシとみられる堅果類が一カ所に纏まって出土している。明確な住居の遺構は発見されていないが、炭化物が多数出土している中にあったことから、室内に保存されていたドングリが焼け落ちた可能性もある。石製品には吉野川流域の結晶片岩製の石刀の完成品と未成品があわせて4点あり、石製呪術具の竜門山塊を越えて盆地部への流通を考える上でも興味ある資料といえる。このように稲淵ムカンダ遺跡では土器型式から見て空白の時期はあるが、後期初頭以降晩期終末に至るまで頻繁

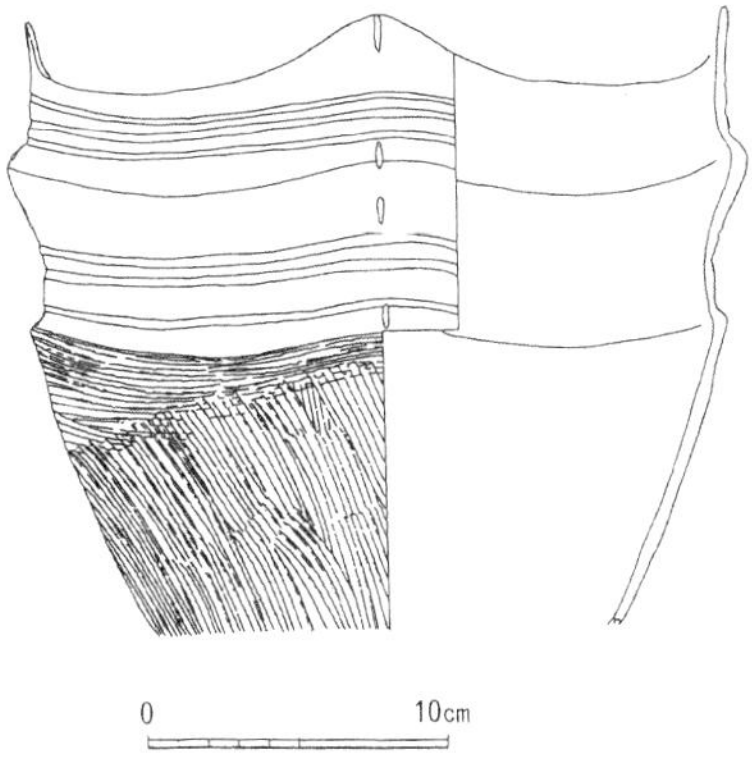

後期終末の土器

に利用が図られたことがわかっている。

なお本遺跡から1・5キロほど上流の栢森《かやのもり》集落との間には、飛鳥川がつくる小規模な段丘がいくつか存在している。そのなかの栢森シロカイト遺跡では、7基の小土坑が発見されていて、縄文時代後期前半の土器と削器が出土していて、飛鳥川の河岸に形成された段丘は縄文時代の集落やキャンプ地などとして利用されていることがわかる。

【文献】関西大学文学部考古学研究室1987「稲渕ムカンダ遺跡発掘調査概報」『関西大学考古学研究紀要5』

遺跡各節

3 大和高原の縄文遺跡

48 須山《すやま》サンコセ遺跡

奈良市須山町

遺跡は奈良市須山の集落に南に位置し、白砂川の２本の小支流が合流してつくる谷あいの、標高４１５メートル前後の低地に立地する。圃場整備事業にともなって２００３年に実施した試掘調査によって存在が明らかになり、周辺に拡げた発掘調査でドングリ貯蔵穴と自然流路が発見された。

　ドングリ貯蔵穴は一定の場所に集中するように纏まって合計６基が検出されているが、すべてが営まれていた縄文時代の掘削面が後に浸食されたため、現状では浅い皿状の土坑となっている。平面はいずれもほぼ円形で、直径は最大の土坑で約90センチ、最小で約50センチ、深さは最も遺存状態が良いもので約15センチを測るに過ぎない。６基のうちドングリが残されていたのは1基の土坑だけで、そこでは下層に堆積していたドングリの純層から約２５００個の堅果が発見されている。ドングリの内訳はツクバネガシが約72％、アカガシが約24％、コナラ属が約３％である。

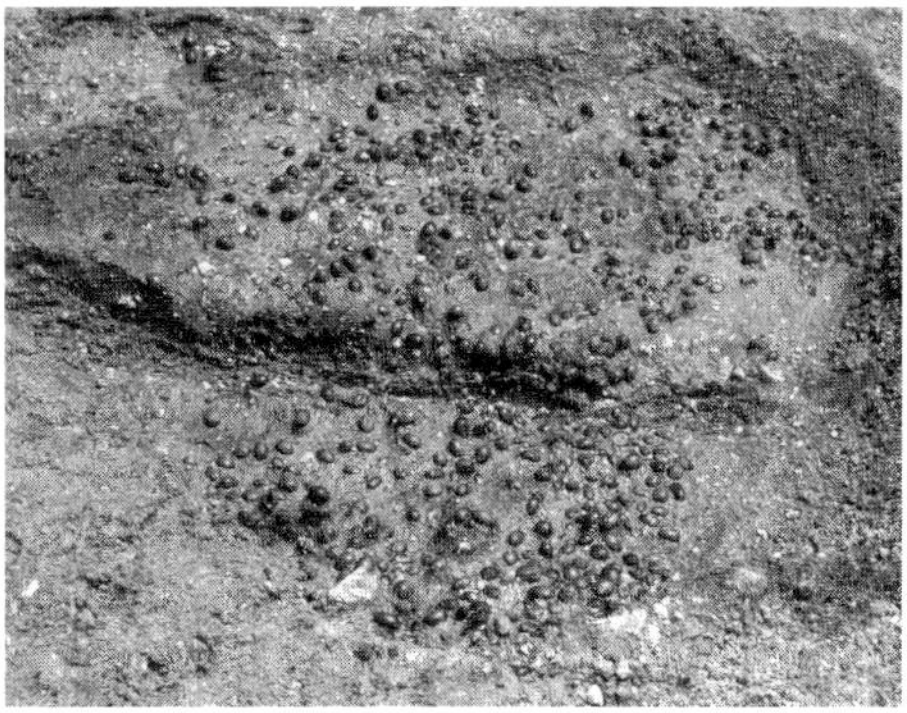

須山サンセコ遺跡のドングリ貯蔵穴
（手前半分は下層まで発掘した状態）（※１）

この調査では縄文時代の出土遺物は極めて限られ、貯蔵穴の1基から深鉢の胴部破片が発見されているが、小片でもあり後期ないし晩期としか判断できないと報告されている。ほかに自然流路の西岸で検出された小土坑からは、凹基式のサヌカイト製石鏃が1点出土している。

貯蔵穴は後に形成された自然流路の浸食をまともに受けていて、土坑の底部だけが残された結果となっているが、もともと谷水が集まる低地部を選んで設けられていたと考えられ、地下の水位が高い湿潤な場所が設置に適っていたことは明らかである。ただ貯蔵穴の管理上からいえば、増水時に谷水が流れる場所ではなく、流れに沿ってその脇に列をなすように設けていたのだろう。出土した堅果は照葉樹の森に由来するものだが、貯蔵穴内から採取した土壌の花粉分析では、落葉広葉樹や針葉樹の花粉も少ないながら出土している。ここではアカガシ亜属の優勢な周辺の森林環境から得られる資源に目を向けた、食糧資源獲得の姿が見えてくる。

【文献】米川裕治２００４「須山サンコセ遺跡」『奈良県遺跡調査概報２００３年』

49
阪原角田遺跡《さかはらすみだ》

奈良市阪原町字角田

阪原角田遺跡から出土した縄文土器（※1）

遺跡は奈良市阪原の集落がある小盆地の中央を北流する白砂川が、北東から北西に大きく流れを変える場所の河畔に位置している。阪原町字角田と呼ばれる地域を中心に、標高230メートル前後の低位段丘上に拡がっている。1991年に実施された阪原地区の圃場整備にともなう試掘によって確認されたが、本格的な発掘調査は行われていない。

試掘調査では縄文時代の遺構は確認されていないが、段丘の基盤礫層の上を覆う堆積層中に、暗灰褐色砂質土の遺物包含層があり、中期終末から後期終末まで断続的だが、数型式の土器が出土している。最も出土量の多い中期終末の土器は北白川C式ないしは天理C式の範疇に含まれるもので、口縁部に窓枠状区画を横に連ねる文様帯を配し、狭い区画内には文様を配さないものと、幅のある区画内に短沈線による斜線文を充填するものとがある。胴部は縦位の縄文が間隔を開けて垂下させるもの、縦位の沈線で胴部を縦に区画してその間を蛇行する沈線で埋めるものなどがある。ほかに口縁部から間隔を開けた縄文を垂下施文する土器も存在する。次いで後期中葉の北白川上層式や、一乗寺K式の注口土器なども少量出土しているが、後期後半から終末の口縁部や胴部に凹線と、要所に貼付した粘土の上に巻貝の先端刺突文をほどこすなどした、凹線文土器がある程度纏まった量が出土している。石器には石鏃、石匙、磨製石斧のほか剥片や砕片も出土している。

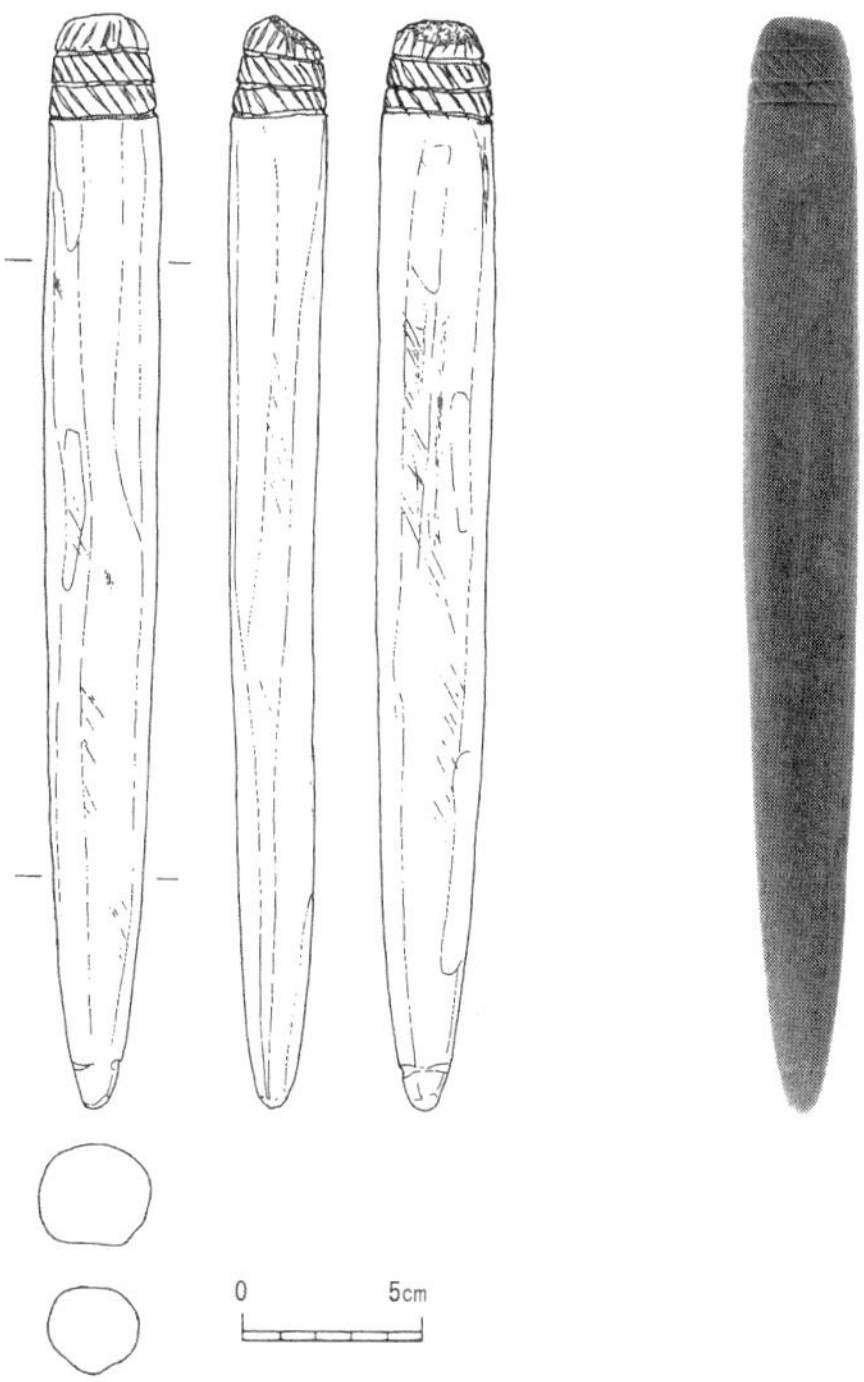

阪原門前遺跡から出土した石刀（写真は※１）

同じ阪原町では集落の北西の小支谷に延びている尾根の先端部において、室町時代の小規模な居館跡が発掘調査で確認されているが、その阪原門前《さかはらもんぜん》遺跡の調査で1点の石刀ないしは石剣が発見されている。石刀に関連する縄文時代の遺構や、伴出した資料は得られていない。石刀は緑色の片岩系の石材を研磨して製作したもので長さ28・3センチ、最大幅3・2センチで横断面は楕円形を呈す。一端は細くとがり気味に製作され、先端から約1センチの位置に浅く曖昧な沈線を巡らす。もう一端は丸みをもって仕上げ先端から1センチの位置に7ミリ前後の間隔で3本の沈線を巡らし、その間を左傾・右傾の斜線文で埋めている。晩期にいくつかの類例があり、所属時期が推定できる。

【文献】松田真一1992「阪原門前遺跡（付）阪原角田遺跡」『奈良県遺跡調査概報1991年度』奈良県立橿原考古学研究所

50 大柳生《おおやぎゅう》ツクダ遺跡

奈良市大柳生町

奈良市大柳生町を北に流れる白砂川右岸に舌状に張り出した、標高255～260メートルの段丘上に遺跡が立地する。この地区の圃場整備事業にともなう一連の試掘調査などによって遺跡の存在が明らかになり、３６００平方メートルの発掘調査の結果、後期から晩期にいたる多数の墓とみられる土坑、土器棺墓、立石などの遺構が検出された。

　土坑は互いに重なりあう状態で総数４００基あまり検出されているが、形態は円形、楕円形、不整円形など一定せず、掘り込みもあまり明瞭でないものも少なくない。規模も最大で直径１・５メートル、最小で０・３メートルにも満たないものもある。土坑内から完形の土器、磨製石斧、石棒、石刀、石剣など副葬されたと考えられる遺物と、骨細片が出土することから、多くは土坑墓と判断されている。また土坑底や土坑埋土上部に、大型の川原礫が存在するものが多く、遺体に礫を抱かせる行為や、墓標として置かれたものと看做される。土器棺墓のひとつは直径０・５メートル前後のほぼ円形の土坑内に、口縁を斜め上方に向けた状態の完形の深鉢を埋置し、口縁を別個体の土器で塞いでいた。深鉢は煤が付着したもので、焼成後底部に穿孔している。内部からは骨の細片が見つかっている。立石は土坑内に長さ37センチの礫を半分小穴に埋め込んで直立させた遺構である。ほかに、直径４〜６メートル前後の円形で掘り込みの浅い土坑が４カ所で確認されていて、１基は竪穴住居の可能性も指摘されているが、柱穴や底面の状態などによる限り住居と断定するには根拠に乏しい。また別の１基は土器をはじめ磨製石斧、石鏃、石核、石剣、石刀、剝片、土偶などの遺物が多量に埋没しており、ほかに動物骨の砕片も多数出土していた。単なる不要物の捨て場というより、祭祀にともなう廃棄行為があったとみるべきだろう。

これらの土坑墓や土器棺墓の検出面は複数あり、同一場所を墓地と定め、土坑墓の造営と盛り土造成を繰り返していたと考えられる。土坑墓とされた埋葬施設も検出状態が明瞭でないものは、ほかの遺跡の事例などを参考にすると、遺体に土を被せて覆う土饅頭のような埋葬形態も想定される。また土坑の規模と形状は多様で、すべてが一次的埋葬の遺構と捉えるのではなく、再葬行為や葬送儀礼にともなう祭祀行為に関わる遺構の存在も念頭において解釈する必要があるだろう。

大量に出土した土器は後期前半から晩期終末の間にあるが、土器型式が継続的に存在しているか整理途中のため不明である。北白川上層式、一乗寺K式、元住吉山Ⅱ式、宮滝式、滋賀里Ⅰ式、船橋式などのほか蜆塚式など他地域系

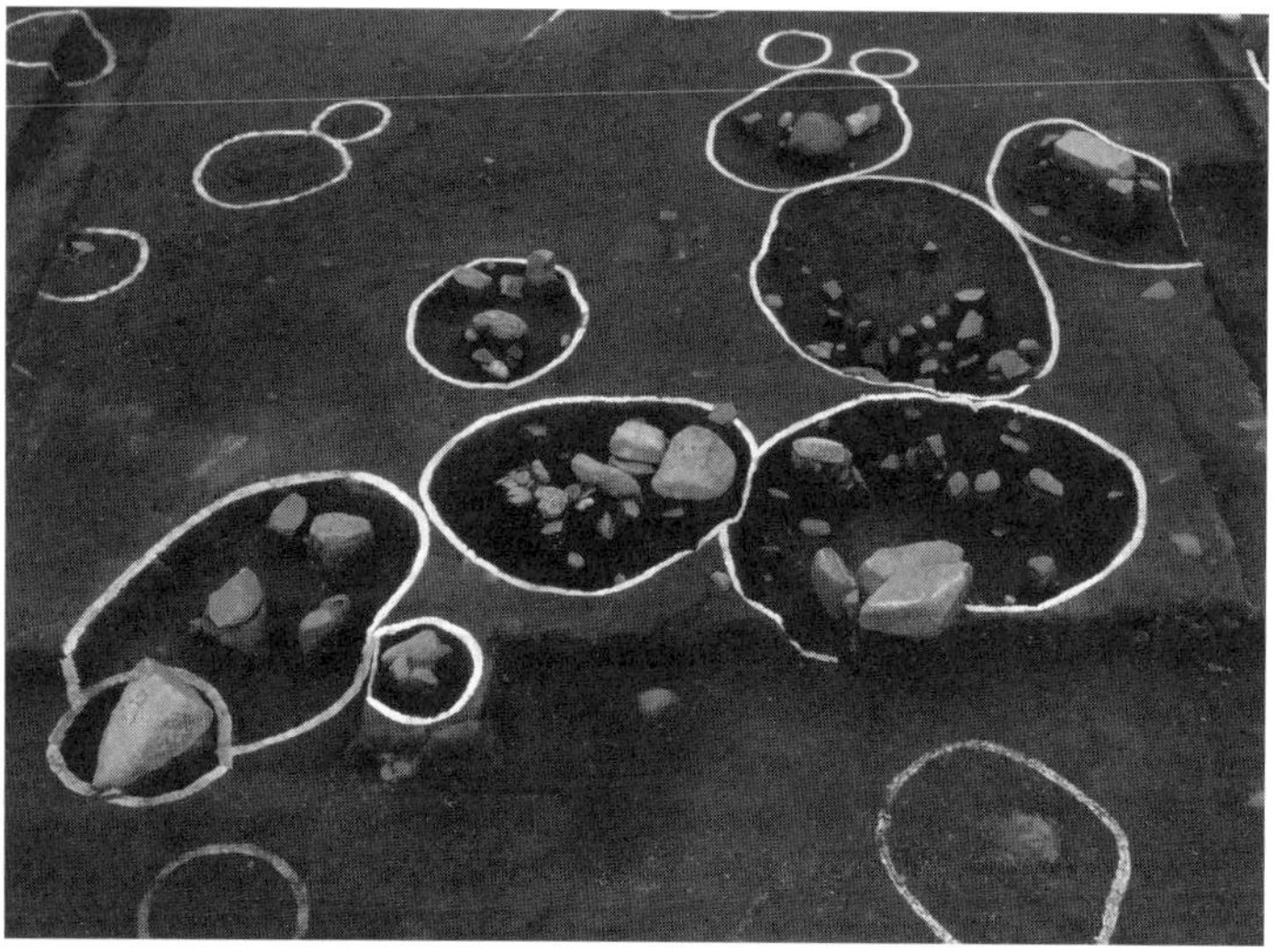

土坑墓などの遺構が検出された状況（※1）

大柳生ツクダ遺跡から出土した土器㊤と石器㊦（※1）

統の土器もみられる。石器も単位面積当たりの出土数は多く、石鏃は約2900点を数え、石錐、石匙、削器、楔形石器、石棒、石剣、石刀、磨製石斧、磨石、敲石、石皿などがある。ほかに軽石製垂飾、玉、土偶、有孔土盤などの石製や土製品が出土していて、装身具や呪術具の割合が高い傾向が窺える。

なお大柳生町ではツクダ遺跡の対岸にある藤井遺跡で晩期の土器が、右岸側北方約200メートルにある大柳生中殿遺跡で前期終末の土器が出土している。

【文献】水野敏典・石井香代子・湯本整1999「大柳生遺跡群第7・8次」『奈良県遺跡調査概報1998年度第1分冊』

51　天釣山《てんつりやま》遺跡

奈良市誓多林町

遺跡は奈良市誓多林《せたりん》町の上誓多林に所在する。奈良市東部を占める大和高原の田原盆地北端に位置し、岩井川と白砂川の分水嶺である石切峠東側にある、天釣山から延びる尾根の縁辺部にあたる標高440㍍《メートル》前後の谷を開墾した水田に位置している。遺跡は奈良時代以降の水田開発によって、著しい削平を受けていたが、残存した縄文時代の遺物包含層から大半の遺物が出土している。調査地西側では褐色砂質土の上層と、黄褐色粘質土の下層の包含層が区別でき、上層には土坑が確認されている。東側では上下層の区別はできないが、その上位に最上層が堆積していた。

出土した縄文土器を時期的に遡るものから順にみると、早期前半段階の大川式（図の1・2）、神宮寺式（図の4）、葛籠尾崎式（図の3）、穂谷式などがあって、高山寺式を除いた押型文土器の型式が幅広く確認できる。そのなかで条痕調整後に山形文を施文する当地では異質な土器（図の6）があり、波長の長い形態もほかの山形文とは異なっており、類例からみると中国地方の系統下のものだろう。また個体数では葛籠尾崎式段階の土器が比較的多く、山形文の種類だけでなく、密接施文と帯状施文の両者があり、何段階かの階梯を踏む資料が含まれていると考えてよい。これらに後続する胎土に繊維を含む比較的厚手の土器には、縄文や押引刺突文などを施文するものを含む、早期後半の条痕文系土器（図の7・8・9）が一定量出土している。これら早期の資料は東西両側のおもに下層の包含層から出土している。

前期の土器は調査区東側の包含層から出土しており、一部早期から前期への過渡期に置かれる条痕文調整や押引文を特徴とする土器を含む。続く羽島下層Ⅱ式はみられないものの、条痕調整でD字爪形文を特徴とする北白川下層Ⅰa式から、C字形爪形文や連続爪形文のⅠb式（図の11）が認められる。さらに縄文施文や竹管平行線などの採用になる北白川下層Ⅱ式（図の15・16）への展開を経て、北白川下層Ⅲ式へほぼ途切れることなく各型式が存在する。ただし特殊凸帯文はみられないことから、その出現以前に前期は終焉を迎えたのだろう。このほかに遺跡からは僅かに

天釣山遺跡の全景（※1）

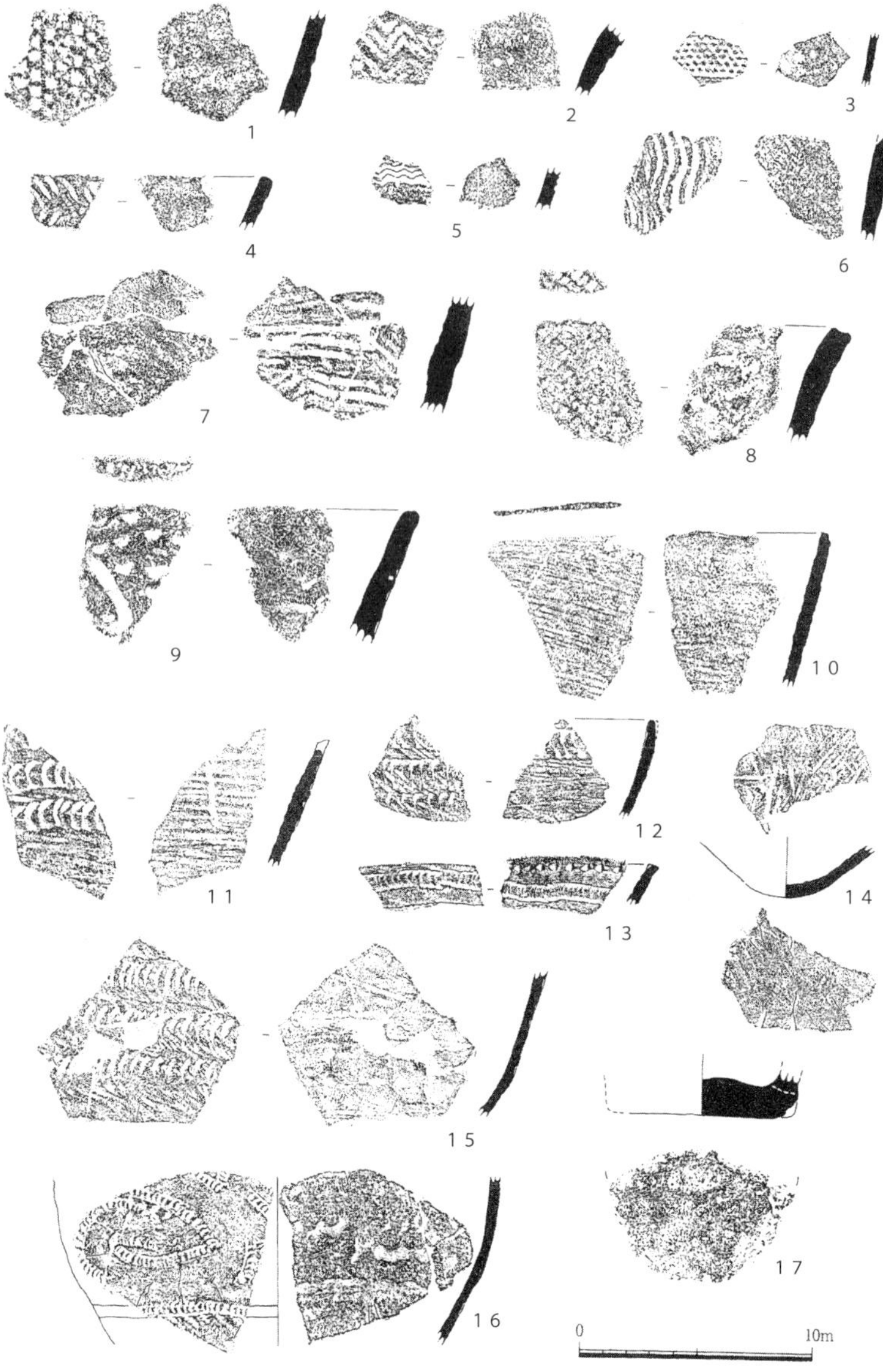

天釣山遺跡から出土した縄文土器

中期初頭と中期終末の破片が出土していて、この地の利用が断続的にあったことを教えてくれる。
石器は大半が剝片石器で、その内訳は尖頭器2点、石鏃146点、石鏃未成品31点、石錐13点、削器19点、石匙1点、楔形石器145点、石核7点、大型剝片2点のほか、2次加工のある剝片や使用痕のある剝片類が多数出土している。石材にはもっぱら二上山産サヌカイトが用いられているが、一部に周辺で得られる安山岩系の、通称カナンボ石も使用されている。礫石器は石錘1点、磨石6点、敲石3点、石皿4点とかなり少ない。ここでは特に長さ16チセンをはかるサヌカイトの大型盤状石核が持ち込まれ、剝片石器の製作が行われていた一方で、地元の石材も利用していた実態に注目できる。

【文献】安永周平・岡田憲一 2005「天釣山遺跡」『奈良県遺跡調査概報 2004年 第1分冊』

52　横田矢田野遺跡《よこたやたの》

奈良市横田町

遺跡は田原盆地を流れる白砂川本流の西側に位置する、奈良市横田町の標高395メートル前後の丘陵上にある。耕地整理にともなう古墳時代の集落の発掘調査に際して、遺物包含層などから後世の遺物と混在して縄文時代の遺物が出土している。

縄文土器は神宮寺式から葛籠尾崎式の山形文や刺突文施文の押型文土器、北白川下層Ⅱ式、天理K式、北白川上層式（図の1～6）、元住吉山Ⅰ式（図の8）などがあるほかに、異系統との土器として後期の堀之内2式の深鉢（図の9）が出土している。石器には石鏃、削器、楔形石器がある。遺跡には断続的に足跡が残されていて、しばしばこの地が利用される生活適地であったことがわかる。

白砂川を挟んで東側に連なる丘陵の南側には中ノ庄《なかのしょう》マカミリ遺跡があり、やはり遺構は検出されていないが北白川上層式土器とともに、石鏃、削器、石錐、石英斑岩製小石棒などの石器類が出土している。

横田矢田野遺跡の西方約300㍍の茗荷《みょうが》遺跡からは異形局部磨製石器が出土していて、押型文土器後半期の遺跡の存在が推定されている。

白砂川を500㍍ほど下った左岸の和田ナカドヲリ遺跡からも、遺物包含層などから北白川下層Ⅰb式、北白川下層Ⅱ式、鷹島式など前期から中期初頭や、北白川上層式や榿原式文様を有する滋賀里Ⅱ式などの土器とともに石鏃、削器、楔形石器、石核などが出土している。

さらに白砂川を下った此瀬町の南面する丘陵斜面には史跡太安万侶墓があるが、付近の

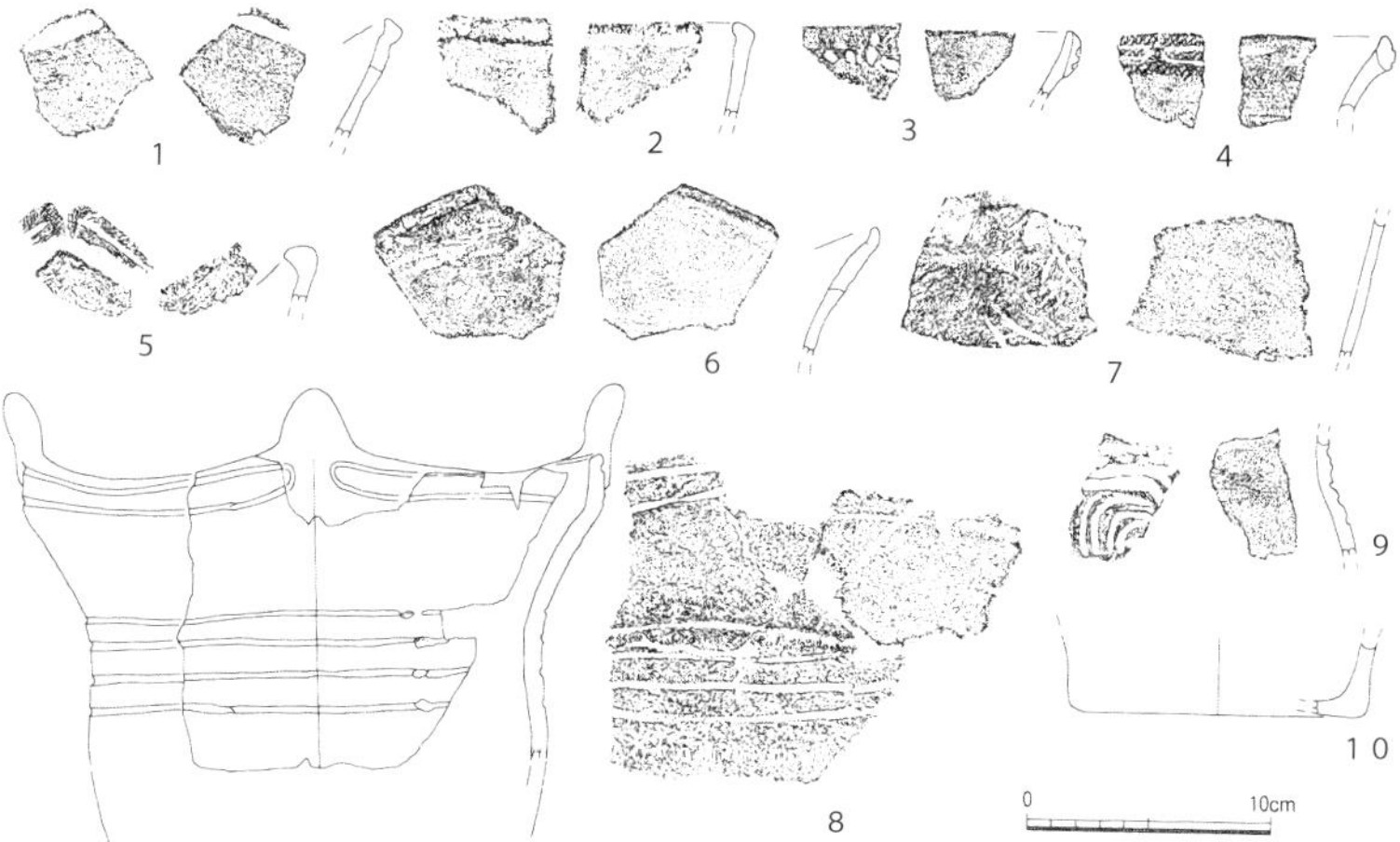

横田矢田野遺跡から出土した縄文土器

此瀬五反田《このせごたんだ》遺跡からは、縄文時代の小ピットが検出され、時期の特定は出来ないが条痕文土器とともに石鏃、石錐、楔形石器、敲石などが出土している。

一方、白砂川の上流に目をやると、横田矢田野遺跡の南方の南田原《みなみたわら》ミヤケ遺跡で早期後半の東海系の入海《いるみ》Ⅱ式土器が、さらに約2キロ上流の本流に接した標高約440メートルの幅狭い河岸にある長谷白土《ながたにしらつち》遺跡からは、縄文時代の小土坑2基が見つかったに過ぎないが、中期終末から後期初頭の北白川C式ないし天理C・K式土器や石鏃が出土している。

田原盆地の南西部を占める位置にある矢田原町の矢田原《やたわら》遺跡では、この地域では珍しい遺構が発見されている。長さ1メートル~1・4メートル、幅0・7~1メートル、深さは深いもので80センチの規模の土坑6基が約10メートル間隔で並んでいた。報告では陥穴の可能性あるとされていて、土坑の底に杭か逆茂木《さかもぎ》の痕跡とみる穴も見つかっている。近接する場所からは楕円文を施文した押型文土器と晩期凸帯文土器が出土している。

一方、田原盆地東縁の標高450メートル前後の小丘陵先端に立地する中貫柿ノ木《なかつらかきのき》遺跡では、3基の縄文時代のドングリ貯蔵穴を発見している。1基は直径63センチ、深さ18センチの円形の土坑で、上面を植物層が覆っていたが土坑内は純粋なドングリで満たされていた。総数6741点のドングリはツクバネガシで殻斗は4点しかなく、基本的に殻斗を除去して貯蔵されていた。この北側1メートルの近接したもう1基の貯蔵穴は直径約1メートル、深さ23センチで不整円形を呈する。土坑内からドングリは一切出土しなかったが、土坑埋土は先の貯蔵穴を覆っていた植物層と同じ層で、規模・形状から貯蔵穴と判断されている。このほかに調査区の東壁でもドングリ貯蔵穴が発見されている。貯蔵穴を覆う砂礫層などから、山形文施文の穂谷式や、条痕文が施文された早期後半の土器のほか、中期終末から後期の土器片などが出土している。なお、貯蔵穴の年代は、出土したドングリの放射性炭素年代から後期ないし晩期の所産と報告されている。

これまで白砂川上流域の田原盆地の縄文時代の遺跡についてはほとんど知られていなかった。近年の耕地整

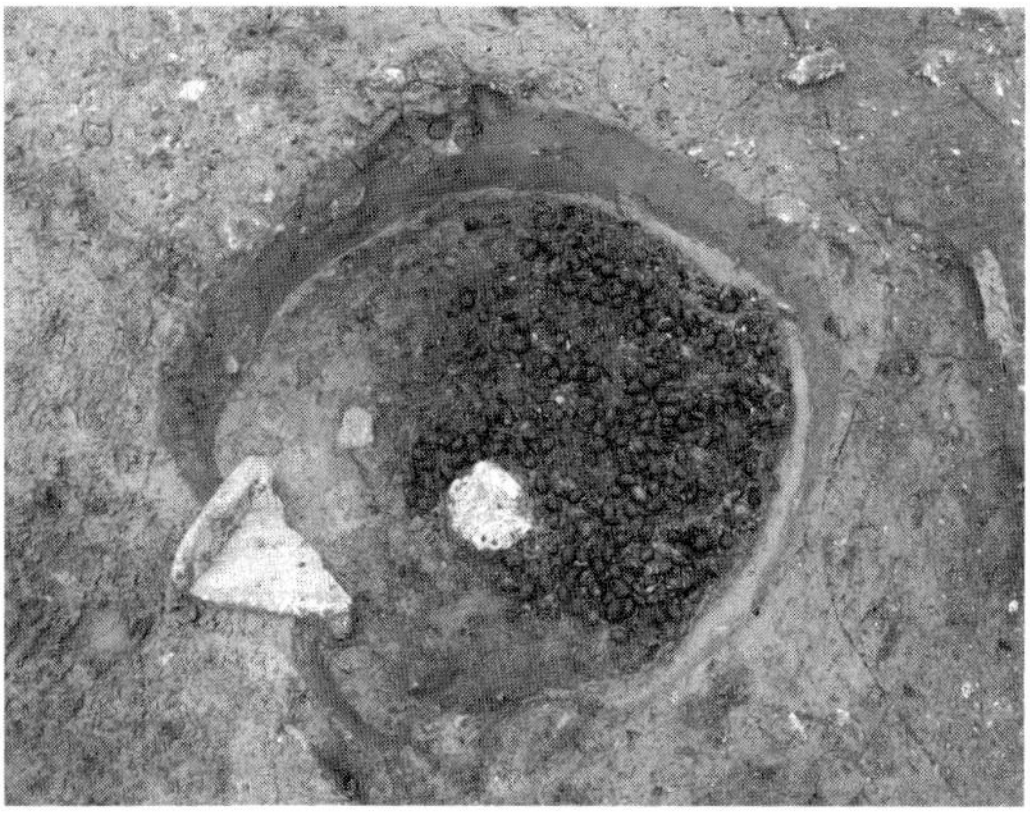

中貫柿ノ木遺跡で確認された貯蔵穴とドングリの出土状態（※1）

理を契機に調査が実施された結果、竪穴住居などの建築遺構は検出されず、また遺跡の規模も大きくはないものの、早期から晩期に至る縄文時代の遺跡が支流域にまで分布している実態が明らかになってきている。

【文献】木村健明２００６「横田矢田野遺跡」『奈良県文化財調査報告書』第１１６集、北山峰生２０１０「長谷白土遺跡」『奈良県文化財調査報告書』第１３７集、廣岡孝信２０１１「日笠フシンダ遺跡　附載　中貫柿ノ木遺跡」『奈良県文化財調査報告書』第１４４集　奈良県立橿原考古学研究所

53　別所下ノ前《べっしょしものまえ》遺跡

奈良市別所町

遺跡は奈良盆地東方に広がる大和高原の中央部を北流する打滝《うちたき》川の上流部で、別所町に所在する極楽寺の北東に立地する。圃場整備によって発見された主として縄文時代早期から前期初頭、および中期終末から後期前半に営まれた遺跡である。発掘調査は２００２年から２００５年にかけて実施されている。

打滝川の支流が合流する谷の中に尾根から延びてくる数カ所の微高地上に、縄文時代の遺物が出土する包含層が形成されている。この遺物包含層は地点によっても異なるが、良好な層序を保っている場所では上・中・下層に分離できるようだが、いずれも二次的な堆積と考えられている。

微高地の1カ所からは集石炉を単独で検出している。直径約80センチ、深さ20センチの掘り込みの中に、長さ15〜20センチ程度の扁平な大型の川原石を放射状に敷き詰め、隙間には小型の石を詰めている。谷方向の南側は敷石を横に並べていて、炉の焚口と想定されている。炉内からは時期を決定できる資料は得られなかったが、南東に約6メートルの場所から神宮寺式土器が纏まって出土していることや、大和高原に所在している遺跡の類似する集石炉などによって、炉の時期が早期の所産であることが推定できる。集石炉の南側には古い流路跡が見つかっているが、縄文時代早期の遺物包含層より層位的に新しく、流路内堆積土から中期終末から後期初頭の土器が出土してい

別所下ノ前遺跡で検出した集石炉
（奈良市教育委員会提供）

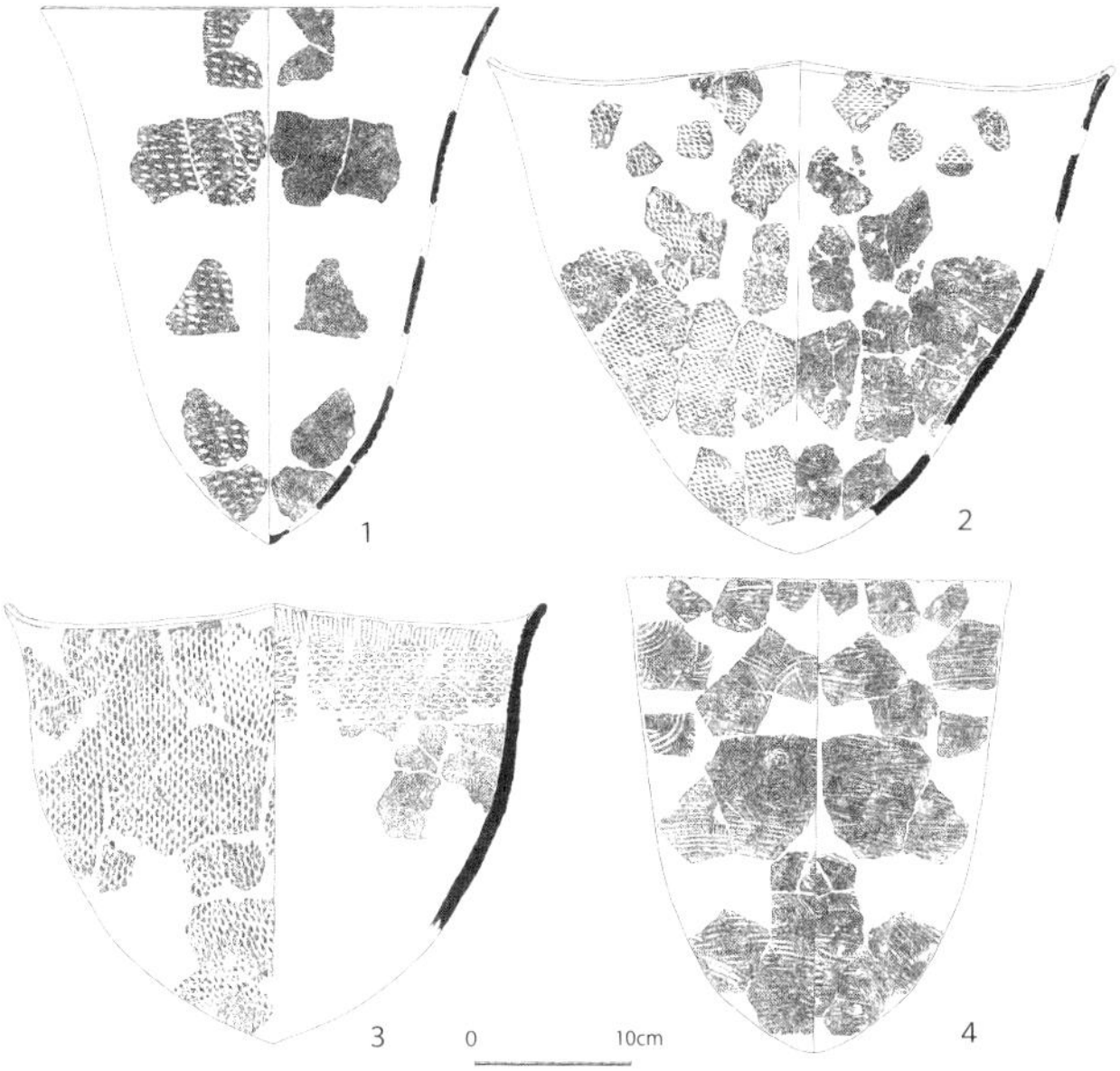

別所下ノ前遺跡から出土した縄文土器（1は別所辻堂遺跡出土）

て、埋没上限は明らかになっている。

本遺跡ではA～Eまでの5カ所の調査区から縄文時代の遺物が出土しているが、ここでは総括的に記述する。縄文早期から前期初頭に含まれる時期の土器が、本遺跡から出土した縄文土器の約90%を占めていてこれらが主体をなす。時期的に最も遡る大川《おおこ》式土器を僅か1点含んでいるが、多くは神宮寺《じんぐうじ》式で、ほかに葛籠尾崎《つづらおざき》式、山芦屋《やまあしや》式（図の2）、黄島《きじま》式（図の3）、高山寺《こうざんじ》式、穂谷《ほたに》式など、一部欠落している時期はあるものの、ほぼ連続する押型文土器が存在する。これらに続く早期後半の条痕文系土器には、胎土中に繊維を多く混ぜ込んだ無文と縄文を施文した土器が出土する。さらに早期終末から前期初頭の、石山式やそれに後続する貝殻条痕文土器が最も多くの量出土している。早期終末には東海地方の天神山《てんじんやま》式に類似する、二枚貝による押引文や弧状のモチーフを表出した条痕文土器（図の4）なども出土している。特に大和高原地域では早期後半の条痕文土器群の纏まった資料に恵まれていなかったため、当該時期の土器様相を整理するうえで重要な資料といえる。ほかに、中期終末の土器が出土しているが数は多くない。

石器は多くの縄文土器が二次堆積した可能性が高い遺物包含層中から出土していることを考慮すると、同一層の内の土器型式との対応は困難といえる。石器の内訳は、剥片石器が石鏃98点、石匙3点、掻器1点、削器21点、楔形石器21点、礫石器が磨製石斧1点、石錘2点、敲石4点、磨石1点のほか、石核13点や多数の剥片や砕片が出土している。石材はすべての石器と剥片類の99％はサヌカイト、ほかに剥片石器にチャートが、敲石など礫石器にホルンフェルスや砂岩などが用いられている。土器型式別の出土量から考えて全体で示された石器組成は、早期前半から前期初頭という幅の中で評価することになろうが、石鏃の突出した内容は、弓矢による狩猟活動が活発であったことを反映しているのだろう。形態からの特徴は多様な型式があることだが、魚型の五角形鏃、基部V字抉りの二等辺三角形、小型の鍬形鏃など、それぞれ大川式、神宮寺式、高山寺式土器との結びつきが指摘されている形態である。また遺跡の時期が重なる早期の大川《おおこ》遺跡や鵜山《うやま》遺跡など、大和高原東縁部に立地する遺跡では、植物質食糧加工具とされる磨石や敲石の占める割合が高くなる傾向が窺われるが、本遺跡は当該石器の出土量を見る限り低調といわざるを得ない。石器としての認定の問題もあろうが、検討すべき課題である。石斧は刃部のみ研磨した磨製石斧ただ1点があるが、恐らく早期の所産だろう。この時期に磨製石斧が少ないのは、同時期の遺跡においても石斧利用が低調なことと同じ傾向である。また僅か1点の出土ではあるが切目石錘の存在は小規模河川の上流部であるにもかかわらず、魚網などを利用した内水域漁撈を行っていたことを示す。ただし、時期は僅かな土器しか出土していない中期終末と見るべきだろう。

一連の圃場整備事業で周辺の遺跡も発掘調査されているが、ここでは同一の在所内で隣接する別所辻堂《つじどう》遺跡と別所大谷口《おおたにぐち》遺跡の成果について触れておく。

別所辻堂遺跡は支流合流部にある別所下ノ前遺跡の、一方の谷を約150メートル遡った地点の尾根西斜面裾に立地する。遺跡では明確な遺構は検出されていないが、2次堆積と見られる縄文時代の遺物包含層が存在した。

出土した縄文土器は神宮寺式（図の1）、高山寺式、穂谷式などの押型文土器、および茅山《かやま》下層式、八ツ崎《はっさき》Ⅰ式、粕畑《かすばた》式の条痕文土器など早期の纏まった資料が得られているほか、北白川下層Ⅰ式と北白川下層Ⅱ式土器など前期の土器も数片出土している。石器類は早期を中心として通有の石器群であるが、深いV字状の抉りを入れた長脚鏃《ちょうきゃくぞく》が数点含まれていて遺跡の初源が注意される。

別所大谷口遺跡は別所下ノ前遺跡から打滝川の約400メートル下流の谷筋に形成された微高地上に展開する。縄文時代の不整形な土坑がいくつか検出されているが、どれも風倒木痕のような自然の営力によるものと考えられる。遺物包含層は早期前半の遺物が含まれる下層と、同時期の土器に早期終末や中期終末から後期初頭の土器などが混じりこむ上層とに区分できる。出土数の大半を占めるのは神宮寺式の押型文土器で、後続する葛籠尾崎式のほか、早期後半の条痕文土器や繊維を含んだ厚手の縄文施文土器も散見される。石器は調査面積によるとも思われるがさほど多くなく剝片石器に限られる。石鏃や削器が中心で、石材はサヌカイトを主体とし、ほかには僅かだがチャートやガラス質安山岩などが使われている。

【文献】大窪淳司・鐘方正樹・熊谷博志ほか２００７『県営圃場整備事業田原東地区における埋蔵文化財発掘調査概要報告書Ⅱ』奈良市教育委員会

54 杣ノ川《そまのかわ》イモタ遺跡

奈良市杣ノ川町

布目川流域の南端に近い上流域に位置する本遺跡は、杣ノ川集落の下流約４００㍍に位置し、本流から分かれた支流がつくる谷に形成された標高４２０㍍前後の平坦部に立地する。発掘調査は圃

杣ノ川イモタ遺跡から出土した縄文土器
（奈良市教育委員会提供）

場整備事業に先行して2001年から2002年にかけて実施されている。

縄文時代の遺物が纏まって出土した地区では、2次堆積とされる上下2層の遺物包含層が存在していて、下層のシルト層からは縄文時代早期の遺物が、上層のシルト層からは主に中期前半から後期前半にかけての遺物が出土した。下層遺物包含層の掘削中に認識できた、直径約60センチ、深さ約25センチのほぼ円形の集石土坑が1基検出されている。拳大の火を受けた川原礫が数十個詰まった土坑で、縄文早期に類例が多く知られている集石炉に類似した遺構である。敷石のように底石を設けたものもあるが、この土坑に底石は存在しない。

出土した縄文土器は早期前半の大川式、葛籠尾崎式、黄島式、高山寺式の押型文土器があり、土器全体の18%を占める。特に大川式には口縁部横位に、胴部縦位にネガテイブ楕円文を施文したほぼ完形資料（図の左）が出土している。続く早期後半の条痕文土器は2%に過ぎないが、連続刺突文を施した二枚貝条痕調整で、波頂部を酒杯状に作る特徴をもつ八ツ崎I式をはじめとした繊維土器があり、関東地方の鵜ヶ島台《うがしまだい》式の文様を持つ土器も含まれている。前期では羽島《はじま》下層Ⅱ式、中期の船元《ふなもと》Ⅰ式からⅣ式（図の右）などが散見される。中期終末には土器の量が増加し、後期中葉に至るまで多寡はあるものの土器量では80％を占めている。中期終末の北白川C式土器や、後期前半から中葉の土器に良好な資料がある。

石器は出土状態から時期別に区分することはできない。石鏃は全調査区を合わせて104点出土して定型的石器のなかでは最も多い。出土している土器型式を反映して、形態は多様だが、やや深い抉りを持ち先端を細く突出させる二等辺三角形鏃や、鍬形鏃《くわがたぞく》、ハート形鏃など早期に特徴的な形態が含まれている。鋸歯縁鏃《きょしえんぞく》や五角形鏃のほか、薄手で幅広の属性を持つ石鏃などもみられる。次いで楔形石器が50点ある。ほかに石錐、石匙、削器、掻器のほか、両側に小さな頭部を作り出した小型の異形石器などの剝片石器があるが、石核も含めて石材はサヌカイトが圧倒する。礫石器には敲石、凹石、礫石錘がある。

杣ノ川イモタ遺跡の上流約400メートル《メートル》の、谷部斜面裾には杣ノ川キトラ遺跡があり、一連の圃場整備にともなって発掘調査が行われている。ここでは縄文早期に遡る不整形の小規模な土坑が2基見つかっているが、縄文時代の遺物は遺物包含層中で検出された遺物集中地点で出土したものである。

縄文土器は押型文土器にほぼ限られる。数片の大川式ないし神宮寺式がもっとも先行する土器で、次に神宮寺式とそれに後続する山形文、刺突による矢羽状文様、正格子目文などを上下交互に横位施文する土器、さらに高山寺式でも新しい段階の土器などが纏まった数量出土している。杣ノ川イタモ遺跡の押型文土器と比較すると、重複する土器もあるが、一方の遺跡の空白期をもう一方が補完する土器型式の存在が窺える。

石器は出土数が少なく、この時期のすべての器種が揃ってはいないが、石鏃、石錐、楔形石器、削器などサヌカイト製の剥片石器が石核とともに、ほかに敲石が出土している。なお、石鏃には大川式土器との結びつきが強い魚形の形態のものがある。

【文献】大窪淳司・鐘方正樹・久保邦江・原田博志ほか２００６『県営圃場整備事業田原東地区における埋蔵文化財発掘調査概要報告書Ⅰ』奈良市教育委員会

55　水間《みま》遺跡

奈良市水間

遺跡は奈良市水間町の、打滝川と西方丘陵から幾筋も延びてくる尾根裾に散在する集落との間の平坦な耕作地に位置するが、検出された数基の土坑や遺物包含層は、尾根の延長が沖積地に埋没した微高地上に存在している。縄文時代の遺構や遺物が発見された地区は幅約40メートルの自然流路を挟んで、南北の微高地にわかれている。

南の微高地では長さ約5・5メートル、幅1・8メートル、深さ0・4メートルの浅い不整形の土坑1基が検出され、埋没土から船元Ⅱ式土器が出土している。土坑周辺からは石鏃や楔形石器などの剝片石器が出土している。一方北側からは上下に分層できる縄文時代の遺物包含層が確認され、遺物は2次堆積したものとみなされているが、下層からは縄文早期中葉から前期初頭の土器が、上層からは主に中期から後期前半の土器が出土している。下層の遺構面から3基の土坑が検出されていて、炭粒が多く混入していた直径約60センチの規模の1基からは早期終末前後の条痕文土器が出土し、長さが約3メートルの不整形を呈した土坑からも同時

打滝川と水間遺跡の遠景（奈良市教育委員会提供）

期の土器が少量出土していて、これらの遺構の時期がほぼ限定できる。どちらの土坑内にも礫はない。もう1基の直径約60センチ土坑は被熱礫が内部に堆積しているほか、不定形な大型の川原礫が倒れ込んだ状態で見つかっている。周辺の早期の遺跡で検出される集石遺構とは、土坑の形状や礫の集石状態が異なり同列には扱えない。

　南北の2地区から出土した縄文土器の時期的内訳は、早期では高山寺式土器（図の1～4）が僅かに存在するが、出土土器の多く占めるのは早期後半から前期初頭にかけての貝殻条痕文土器群で約70％にのぼる。そのなかには滋賀県粟津湖底遺跡で出土している粟津SZ式とされた土器に類似したもの（図の5）が含まれている。中期終末の北白

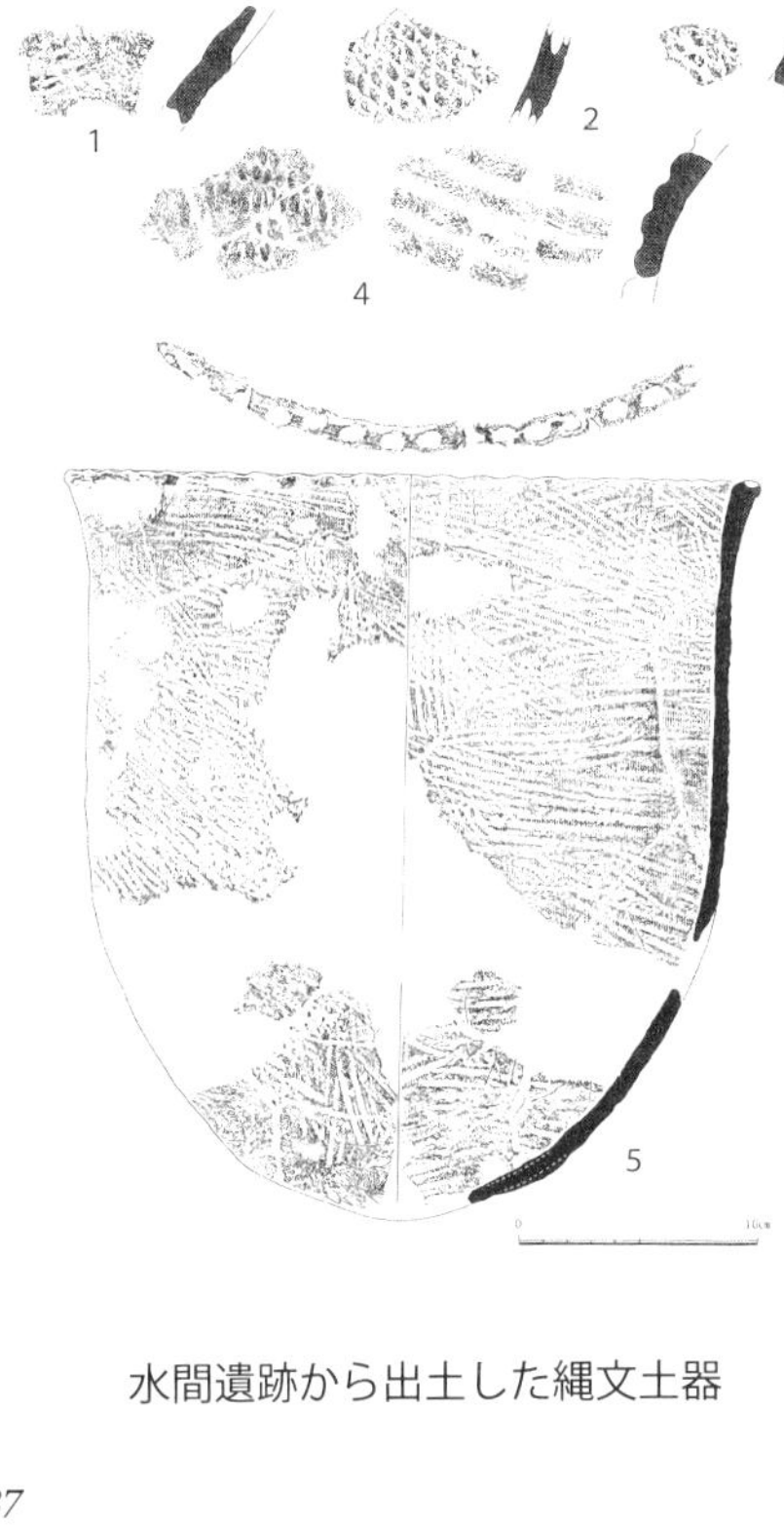

水間遺跡から出土した縄文土器

川C式土器が約20％ありこれに次ぐ数量を占める。またその間の北白川下層Ⅱ式、船元Ⅰ・Ⅱ・Ⅳ式など前期と中期の土器が少量だが出土しているほか、後期前半から中葉の土器も若干存在する。

石器は定型的なものに限ると約140点出土している。時期的な区分は土器との対応が明確でないため一括して扱っているが、土器の割合から見て、早期後半から前期初頭が中心になると考えられる。器種別に見ると石鏃90点、石匙6点、削器14点、掻器1点、石錐1点、楔形石器36点、石皿1点、敲石2点、磨石2点、凹石1点、石核35点となる。石鏃はチャート製の1点を除くほかはサヌカイト製であるが、形態や法量は多様である。いくつか特徴的な形態について見ると、両脚端部が外に反り返るものがあり、報告では異型局部磨製石器との関連を指摘しているが判断は難しい。またやや薄手で両脚端部を丸く仕上げた特徴を持つ形態の石鏃や、幅が長さを上回りU字形の抉りが特徴の小型鏃などは、早期中葉から前期初頭の土器群にともなう可能性がある。なお先端部が膨らみ気味の魚形や五角形の石鏃など早期前半や、出晩期の特徴的形態と見られている将棋駒形石鏃もあり、出

縄文早期から前期の石器（奈良市教育委員会提供）

土土器と整合しないものもある。石匙には縦型と横型があるが、両面加工する縦型に対して、横型はどれも片面加工の刃部調整を行っている違いがある。礫石器の数は少ないものの石皿、敲石、磨石、凹石がある。磨石には敲打痕も併せ持っており、対象物の打割や粉砕など万能的に利用したのだろう（写真を参照）。

【文献】大窪淳司・鐘方正樹・久保邦江・原田博志ほか２００６『県営圃場整備事業田原東地区における埋蔵文化財発掘調査概要報告書Ｉ』奈良市教育委員会

56　ゼニヤクボ遺跡

奈良市藺生《いう》町

本遺跡は１９８０年と１９８５年に並松《なんまつ》小学校の増改築工事と、その後の周辺部での施設整備工事などにともなう発掘調査によって、弥生時代から古墳時代前期の住居跡群と方形周溝墓群などからなる集落跡の構造が明らかにされ、都祁地域の中核的集落であったことが明らかにされている。

１９９６年には遺跡のある南北に広がる丘陵の最高所を含む一帯が、福祉・保養施設に計画されたのを機に発掘調査が実施された。その結果、丘陵南東側の斜面から裾部一帯にかけて縄文時代早期の遺物包含層が確認されたほか、数基の土坑が検出された。土坑は直径が1メートル前後の不整円形や、長さが約4・5メートルの細長い形態のものがあるが、特に炭化物や礫などは入っていない。

　出土した縄文土器の大半を占めるのは、早期の高山寺式が主体となる押型文土器である。高山寺式は主に楕円文を基軸として文様の形状と大きさから型式細分するほか、内面に斜行する沈線の有無と形状によって分類されている。ここでは沈線を有する類が多く、沈線を持たないものは当該土器の10％程度に過ぎない。前者はさらに沈線の形態や施文方法によって分けることができ、細い工具を用いて施文間隔が広い沈

1996年の発掘調査地全景（奈良市教育委員会提供）

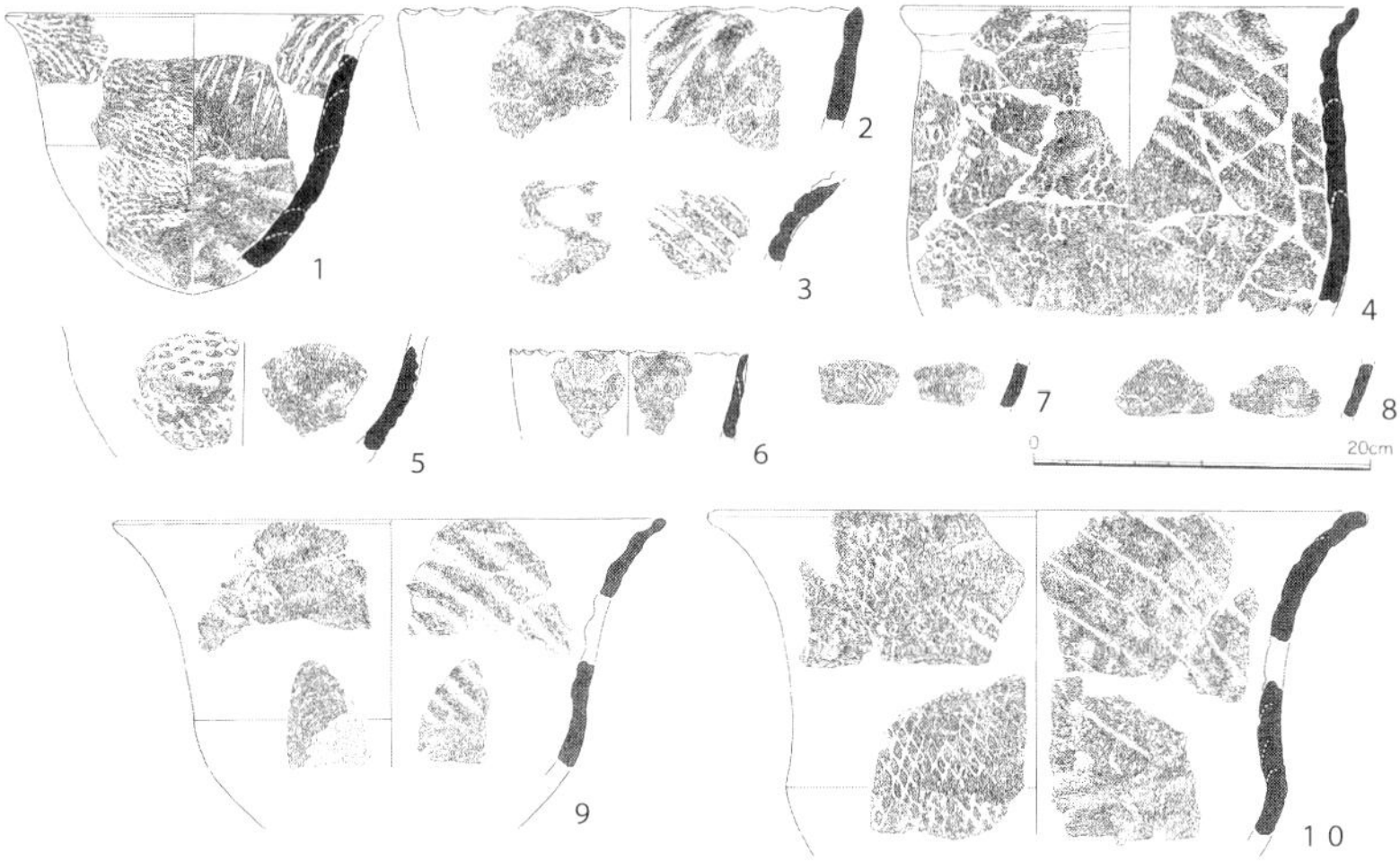

ゼニヤクボ遺跡から出土した高山寺式土器

線と、断面が波板状に密に施文される沈線とがある。表面の文様はほぼ楕円文に限られ、小粒もしくはやや大きめの楕円文を斜位ないし縦位に全面に施文するものが多い。大粒の楕円文や菱形状の楕円文を施文する土器も少数含まれている。

このほか比較的小さい楕円文を施文するものには、口縁部内面に楕円文を横位一条施したものがある。高山寺式に先行するものだろう。また、押型文土器としてネガテイブ楕円文を施した、大川式ないし神宮寺式土器が1点存在する。楕円文以外に振幅の大きい山形文を施文する土器が少量あり、高山寺式に後続する穂谷式に該当するとみてよい。なお、縄文土器に関しては、本遺跡別地点から長原式に比定できる晩期の凸帯文土器も出土している。

高山寺式土器が出土した調査地区からは伴出した石器の内容がわかっている。土器は数段階の型式差があるものの、高山寺式の石器群として重要な資料である。石器組成は石鏃21点、石槍1点、削器1点、磨石3点、石核3点のほか剥片石器製作に関わる剥片や砕片があるほか、有茎尖頭器1点が出土している。石鏃では正三角形で基部にU字状の深い抉りが入る鍬形鏃とも呼ばれる形態が8点あり4割近くを占める。ほかの遺跡同様、高山寺式土器と鍬形鏃や幅広タイプの石鏃との繋がりが窺える。有茎尖頭器は浅い抉りをもつ細身の石鏃の存在とともに、草創期に遡る遺跡の開始時期を予想させる資料である。

ゼニヤクボ遺跡は布目川の最上流部に位置しているが、流れを約7キロ下った奈良市萩の集落の西のはずれの開墾地のクズレ谷遺跡からは、かつて異形局部磨製石器が出土している。半透明の暗灰色のチャート製で、全長8・0センチ、厚さ1・1センチ、最大幅2・3センチで、先端は丸味をもち、直線的な両側面を呈する長い身部には、両外に踏張る小さい脚部をつくる。研磨痕は縁辺部の一部を除くほぼ全面に及んでいる。俗に「トロトロ石器」と呼ばれるこの石器は三重、岐阜、愛知県など伊勢湾周辺に数多く分布する傾向がある。萩からはこの石器に伴う土器の出

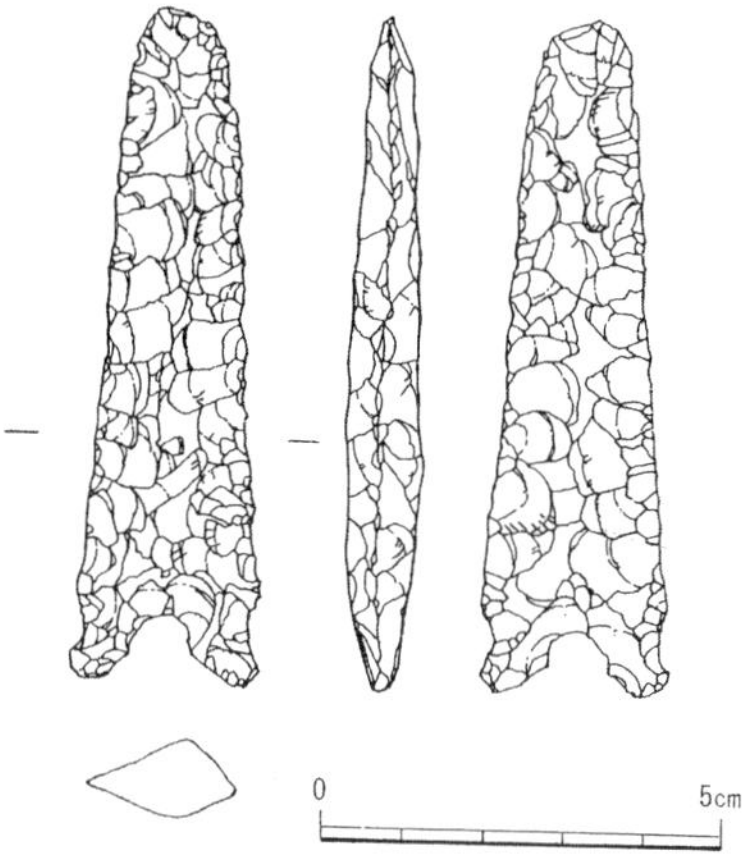

クズレ谷遺跡から出土した異形局部磨製石器

土はないが、ゼニヤクボ遺跡が営まれた高山寺式土器の時期に盛行することから、同じ流域における遺跡動向を窺う資料として重要である。

【文献】鐘方正樹・熊谷博志ほか２００８「ゼニヤクボ遺跡発掘調査概要報告」『奈良市埋蔵文化財調査年報　平成17年度』奈良市教育委員会

57　高塚《たかつか》遺跡

奈良市藺生町字高塚

この遺跡は都介野盆地の西南部にある標高４９０メートル《メートル》前後の低い丘陵上に立地し、市境界を挟んだ西側に所在する天理市鈴原遺跡から５００メートル《メートル》ほど東方に位置している。１９５１年の県による都介野地区の総合文化財調査の際には、両遺跡の中間地点でも押型文土器が採集されているため、一体の遺跡とする考え方もある。高塚遺跡も鈴原遺跡同様、終戦後に入植した開拓者によって開墾しつくされた模様で、１９７２年の農道建設工事のほか、１９８２年の工場新築工事にともなう２度の発掘調査が行われたにもかかわらず、縄文時代の遺物こそ出土したものの、明確な遺構や遺物包含層の確認はできなかった。

高塚遺跡の出土遺物には、総合文化財調査の際の採集品と、2度の発掘調査出土品に加えて、奈良市針に在住の今西良男や、中野和正の採集資料にみるべきものがある。

早期の土器の主体は押型文土器であり、文様組成は多種に及ぶ。ネガテイブ楕円文、市松文、格子目文、山形文の一部など大川式ないし神宮寺式に該当するものが最も先行する土器（図の1・6）で、山形文、小振りの楕円文、複合鋸歯文などを施文する葛籠尾崎式や福本式段階の土器（図の3〜5・8・11〜13）が続き、厚手で斜行する楕円文を施した高山寺式の古い段階の土器（図の10）も存在する。前期の土器は少ないが、条痕地に半截竹管でD字形の爪形文を配した北白川下層Ⅰ

高塚遺跡とゼニヤクボ遺跡の航空写真（奈良市教育委員会提供）

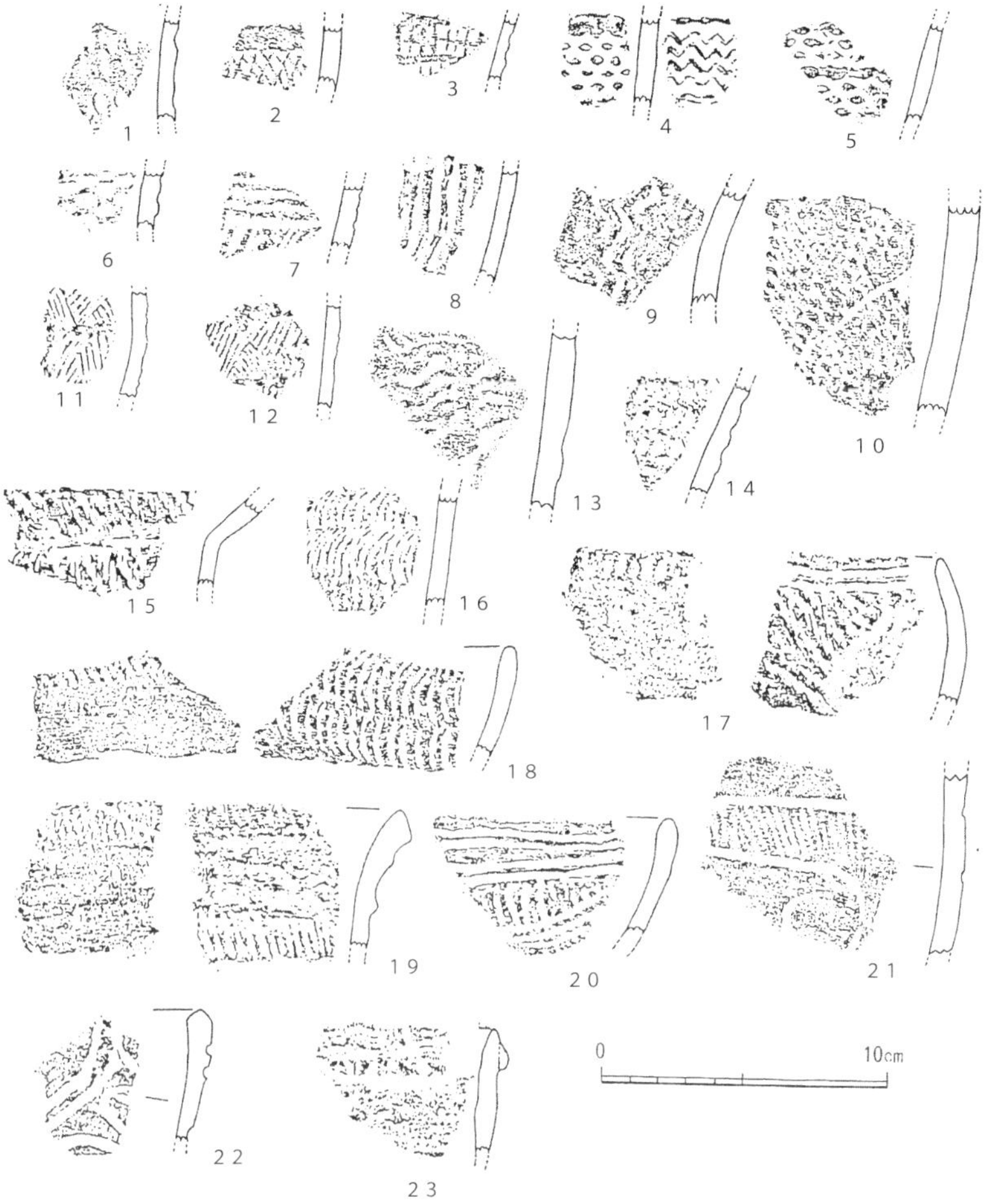

高塚遺跡で採集された縄文土器

式（図の14）の破片がある。中期は幅広の連続爪形文と硬い繊維による縄文が特徴の船元Ⅰ式（図の15・16・18）および縄文地の口縁部に平行沈線や、隆帯上を半截竹管でなぞる船元Ⅲ・Ⅳ式土器（図の17・20）が存在する。中期終末と後期初頭の土器はあまり多くないが、比較的太い沈線と細かい縄文からなる磨消縄文（図の21・22）や条痕仕上げの粗製土器があり、後期初頭から前半に置ける。晩期の資料はさらに少なく、条痕仕上げの深鉢と凸帯文が施された終末の船橋式（図の23）が存在する。

なお船橋式土器は同じく都介野盆地にあって、本遺跡から北東約1キロに位置している友田東山遺跡から、弥生土器とともに数点の破片が採集されている。

石器には石鏃、尖頭器、削器、掻器、石匙、楔形石器などがある。石鏃は凹基式ないし平基式で五角形の魚形鏃も存在するが、ほかに特徴ある形態はみられない。尖頭器は2点ありどちらも茎部を作り出していて、断定はできないが有茎尖頭器の可能性がある。削器、掻器には不定形のものが多い。石匙には横型と縦型の両者がある。これらの剥片石器はすべてサヌカイト製である。

上記の鈴原遺跡は１９４９年に松本俊吉によって新聞に紹介されていて、ここでは山形文や楕円文を施文した押型文土器が最も古い時期に属すが、葛籠尾崎式や福本式の段階が量的に多くを占める。前期の土器も多少存在するほか、鷹島式ないし船元Ⅰ式と船元Ⅱ式など中期初頭から中期前半の土器がある。ほかに後期の土器も散見される。石器には蛇紋岩製とみられる定角式磨製石斧のほか、石鏃、石匙、削器などサヌカイト製の剝片石器が採集されている。

【文献】末永雅雄ほか1952『奈良県総合文化調査報告書 都祁野地区』、泉武1985「遺跡と遺物」『都祁村史』

58　桐山和田遺跡《きりやまわだ》

山辺郡山添村桐山

大和高原のほぼ中央部を北に流れる木津川の一支流である布目川は、その中流の山添村桐山で東へさらに北へ大きく蛇行する。本遺跡は布目川が左岸に形成した標高275メートル《メートル》前後の低位の河岸段丘上に立地している。布目ダム建設によって遺跡地全域が水没することになったため、1988年から翌年にかけて発掘調査が実施された。遺跡の層序は中世の遺物包含層で、土坑などの遺構が穿たれた茶褐色土を除去した下に、縄文時代早期の黒褐色土の遺物包含層と遺構群がほぼ全面に広がっている。

早期の遺構の多くが後述する押型文土器が使われた早期に属するものであり、おもな遺構には礫群、石器石材を集積した遺構、土坑などがある。礫群としたいわゆる集石遺構は26基確認されているが、多くが遺跡の北半部に偏って分布していて、遺跡の南西側では2基だけが確認されている。この礫群は礫が上下に重ならず纏まっている1類、擂り鉢状の土坑内に礫が多数充填された2類、礫がやや散漫な纏まりを持った3類とに分類される。20基と最も多数見つかっている2類は、土坑内に拳大の礫が直接詰まっているものと、土坑の底から側面に大型の川原石を敷いてその中に拳大の礫を充填しているものとがある。どちらも被熱した痕跡が明らかな礫が詰っていて、土坑内には細かい炭化物が混じり込んでいるが、土器など礫以外のものがほとんど出土しないことから、焼礫を用いた一種の焼石炉と考えることができる。(コラム10を参照)

上空からみた桐山和田遺跡と北野ウチカタビロ遺跡(※2)

礫群の分布していない遺跡中央付近からは、石器の石材を集積した遺構が見つかっている。直径約17センチの小さな穴の中に、剥片が折り重なるように存在している。剥片石器の主たる材料であるサヌカイト24点をまとめて備蓄したと考えられるものである。剥片の大きさは最大が7・6センチ、最小で2・4センチで、なかでも5〜7センチの大きさの剥片が多く揃い、かつ原礫面が残されている剥片が多数である。また2次調整が施された剥片はほとんどなく、剥片が接合する資料も存在しない。早期では礫群が多数存在していることは注目されるが、遺跡が広がる段丘上全体を発掘調査しているにもかかわらず、竪穴住居をはじめとした居住に関わる構造物は発見されていない。

これらの遺構にともなう押型文土器は神宮寺式から高山寺式にかけてのもので、この遺跡から出土する縄文土器の90%以上を占めている。特にネガティブ文を主文様として施文する神宮寺式土器は充実している。また刺突文と山形文、あるいは格子目文と組み合わせたものや山形文を密接施文した段階の土器と、それに後続する山形文などと組み合わされた楕円文が出現するいわゆる葛籠尾崎式段階の押型文土器なども豊富な内容をもっていて、この時期の土器群の変遷を見る上で重要な資料といえる。早期の石器には石鏃・石匙・削器・掻器・楔形石器・礫器・磨石・凹石・石皿・有孔石製品などがある。石鏃は最も出土数が多く基部にU字あるいはV字状の抉りが入る二等辺三角形、円脚の逆ハート形、鍬形などの形態がみられ、近畿地方の神宮寺式とそれに後続する時期の押型文土器とともに出土する形態に類似した傾向がある。削器や掻器などほかの剥片石器も同様と見られる。これら剥片石器の石材は鉄石英や黒曜石などもごく少数使われているが、圧倒的多数はサヌカイト製である。石製品では珍しい有孔石製品が出土している。長さ32ミリ、幅22ミリ、厚さ5ミリの大きさで、表面が丁寧に磨き上げられた楕円形の石製品で、長辺の一端近くに、直径2・5ミリの小孔が穿たれている。塩基性凝灰岩製で垂飾品として用いられたと思われる早期には数少ない貴重な製品である。

これら押型文土器にともなう石器組成はこの時期の器種を網羅しているが、特徴として石鏃の数の多さに見る狩猟具の卓越に比して、磨石や石皿など植物性食糧の加工処理具が少ない点が挙げられる。こういった生産具である石器の組成が、先に見た遺構の種類と構成からなる、遺跡の性格に関わっている可能性もある。

早期押型文土器の時期に形成された黒褐色土の下に洪水砂の堆積があるが、そのさらに下層にも黒褐色土の遺物包含層が存在しており、出土した遺物から縄文時代草創期の文化層であることが判明した。草創期の遺構は遺跡の南西側にある2カ所の遺物集中地点と石材集積遺構、および25基の不整形な土坑がある。西側の遺物集中地点は東西約10メートル、南北約8メートルの範囲に遺物が集中し、若干の土器の破片のほかに石鏃、尖頭器、有溝石器などの製品や工具とともに、サヌカイトやチャートの剥片や砕片が多数出土していて、特に尖頭器や石鏃など狩猟具の多さが目を惹く。東側の遺物集中地点は東西約10メートル、南北約4メートルの範囲を占めるが、西側より遺物数も少なく集中度も低い、ここでは石鏃などの石器も数点あるが、土器破片数が多い点が異なる。石材集積遺構は西側遺物集中地点の東約10メートルに位置し、長径19センチの浅い土坑に剥片65点が集積された遺構で、剥片の大きさは最大6・2センチ、最小1・1センチである。剥片のなかで6点が接合関係にある。石材はすべてサヌカイトだが、6種類ほどの石質が異なる原石に由来する剥片からなり、原礫面を残すものが約6割、縁辺を加工した剥片が約2割含まれている。

草創期の土器は隆起線文《りゅうきせんもん》、斜格子沈線文《しゃこうしちんせんもん》、無文に分類できる。隆起線文土器は粘土を摘まむような工具によると思われる連続する爪形状の圧痕を伴う隆起線が特徴で、基本的に多条とする隆起線は口縁部を螺旋状に巡らせて貼付される（写真の1・2）。やや細い隆起線を貼付する類は、数条の横位隆起線を口縁部に配したものや、横位隆起線の下に接して胴部へかけて縦位に配したものなどがあって、数種類に分類が可能な資料を含んでいる。斜格子沈線文は僅かに1点だが、個体数の最も多い無文土器は器厚、口縁部形態、胎土などの違いによって8類に分類が可能である。出土地点の分析などから、有文土

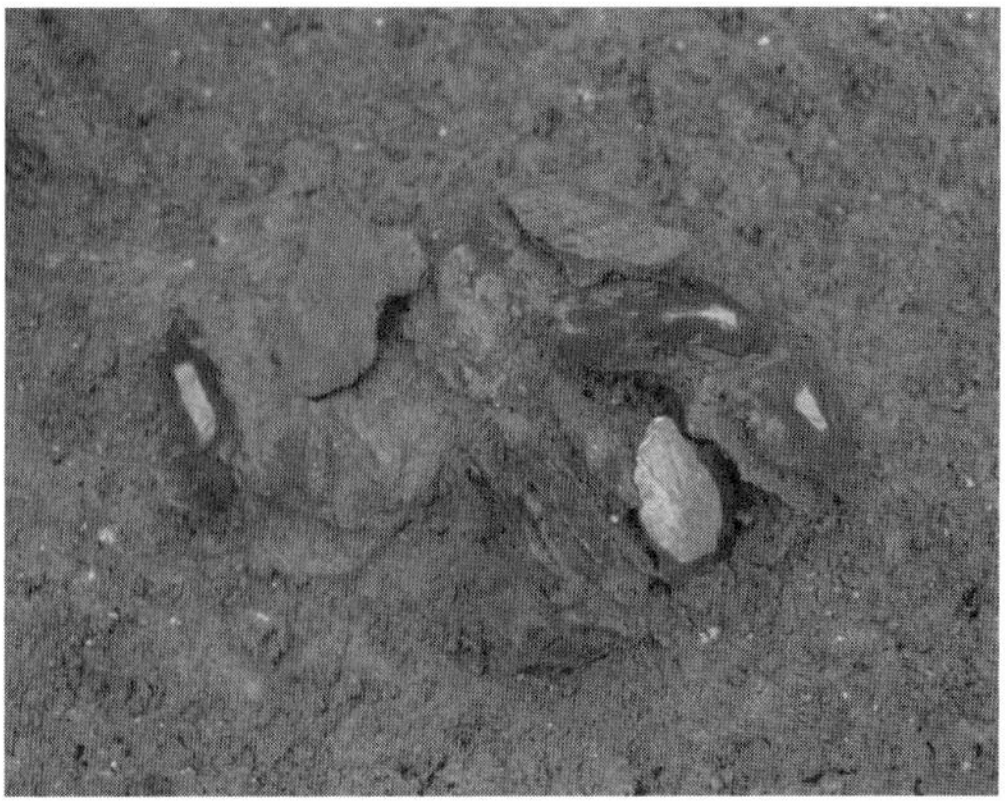

縄文草創期のサヌカイト剥片の石材集積遺構（※1）

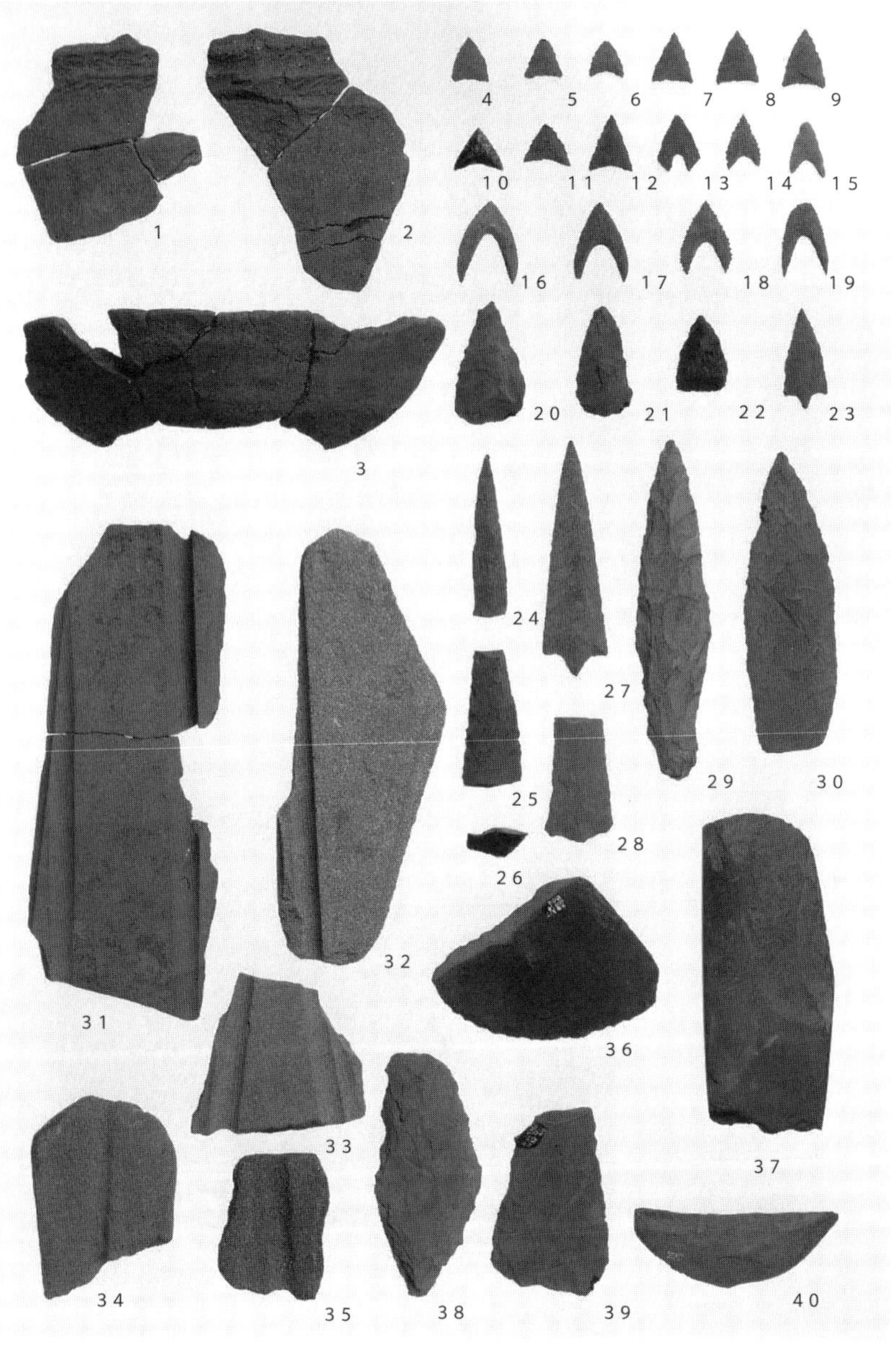

桐山和田遺跡から出土した縄文時代草創期の土器（左上）と石器（※２）

器との対応が明らかにされている。

草創期に属する石器は石鏃をはじめ柳葉形尖頭器と有茎尖頭器などの狩猟具が揃い、削器・掻器・楔形石器、磨製石斧などの工具類も完備している。そのほかに工具では有溝石器の存在も重要である。狩猟具では石鏃が尖頭器をはるかに圧倒する傾向が指摘でき、石槍から弓矢へすでに転換が図られていることを読み取ることができる。尖頭器は数量自体が少ないだけでなく、個体差が大きく規格規制が崩壊している様がみられる。有溝石器には従来から矢柄研磨器と呼ばれているタイプとともに、偏平な板石を素材とし、研磨による著しい線状痕がある深い溝をもつ石器が存在している。東海地方西部から近畿地方に分布域がある石器で、用途の解明などの課題が残されている。

桐山和田遺跡の発見は草創期の遺跡の立地や、遺物の出土状態をはじめとする遺跡のあり様や構造を考える上で重要な意味をもっている。また、出土資料は近畿地方では草創期の土器と石器の組成内容が、はじめて明らかにされ、かつ基準とするに足りる量的な保証も備えた貴重な資料といえよう。

【文献】松田真一・守屋豊人２００２「桐山和田遺跡」『奈良県文化財調査報告書』第91集

コラム9　槍から弓矢へ

・狩猟具と動物

弓矢の歴史は我々の想像以上に古くに遡り、後期旧石器時代にすでに出現している地域もあるが、多く地域では新石器時代に入ってから使われだした新技術とされている。日本列島では縄文時代草創期に弓矢が出現している。列島の出現期の土器については未だ見極められてはいないが、奈良県桐山和田遺跡において隆起線文土器《りゅうきせんもん》とともに出土した狩猟具の内容をみると、この段階には有茎尖頭器《ゆうけいせんとうき》を除くと石槍は急速に影を潜め、弓矢がかなり普及し新式の狩猟具の首座に就いたことがわかる。この時期、日本列島ではナウマンゾウなど大型動物が絶滅し、現在も野山に生息するイノシシ、シカ、タヌキ、ウサギなど中小の動物が狩猟対象となっていた。的が小さく、すばやい動きをするこれらの動物に対処するため、遠距離からでも狙うことができ、かつ弦の弾力による速度のある弓矢の導入が不可欠だった。このように日本列島で弓矢を使った狩猟が始まった背景には、縄文時代初期の列島において狩猟対象とされた動物環境の変化が深く関係しているとみている。

・矢柄の製作と材

弓矢の使用が始まったこの頃、矢柄研磨器《やがらけんまき》または矢柄整直器《やがらせいちょくき》と呼ばれる中央に縦方向1本の溝がある特殊な石器が、列島各地から出土している。用途はその名称が示す通り、この石器2個の溝を合わせるように持ち、溝の間に矢柄を挟んで上下に動かし、その摩擦熱によって柄を真っ直ぐにする道具と考えられている。矢柄は真っ直ぐでないと命中確率が低くなり、効率の良い狩猟成果は望めないためである。この矢柄研磨器は中国北部やシベリアなど、大陸側の複数の時代の考古資料に散見できるが、日本列島では縄文時代草創期に属するものがほとんどで、その後はいくつかの例外を除いてほぼ姿を消してしまう。

矢柄研磨器（北野ウチカタビロ遺跡出土品）（※2）

矢柄は植物を素材としているので、矢尻である石鏃は出土しても矢柄自体は腐食して、ほとんど遺跡には遺されていない。ところが最近北海道恵庭市にある縄文時代中期のユカンボシE11遺跡で、矢柄がそのまま出土するという貴重な発見があった。矢柄は黒曜石製の石鏃に接して出土し、矢羽根を付けた痕跡や、弦をつがえる切り込みも確認できた。矢柄の材を鑑定すると、和紙漉きの際に樹液を糊として利用されることがあるノリウツギというアジサイ科の木であった。今金町ピリカ旧石器博物館ではこの発見をうけて矢の復元に取り組み、当時の人はノリウツギの曲がった古枝から、春になるとまっすぐに伸びる若枝に目をつけて矢柄材として利用したことを明らかにした。中空構造の枝の軽さも矢柄に適していると見抜いたのだろう。日本列島にはほかにも篠竹のような矢柄の適材が自生していたため、矢柄研磨器を用いて柄を製作する必要がなったと考えられる。弓矢の出現期に矢柄研磨器の出土がほぼ限られる情況をみると、恐らく矢柄研磨器は弓矢の技術とともに、縄文時代の初めに大陸から伝えられ、その後まもなく廃れていったと考えられる。

・石鏃の形態

武器として使用されることもあった弥生時代の石鏃と比較すると、縄文時代の石鏃は小型でかつ軽量である。特に弓矢が出現したばかりの初期の石鏃は軽量で、小さく薄く作られる特徴があり、同時期に用いられた小型の石槍である有茎尖頭器との大きさの違いは歴然としている。また有茎尖頭器という名称からもわかるように、基部に明瞭な茎《なかご》を作り出していて、槍柄の先端部に茎を差し込むように固定するのに対して、石鏃は基部が直線的、ないしは基部に凹状の抉りを入れ、加工した矢柄の先端もしくは別作りの矢筈《やはず》で、石鏃の基部を挟み込

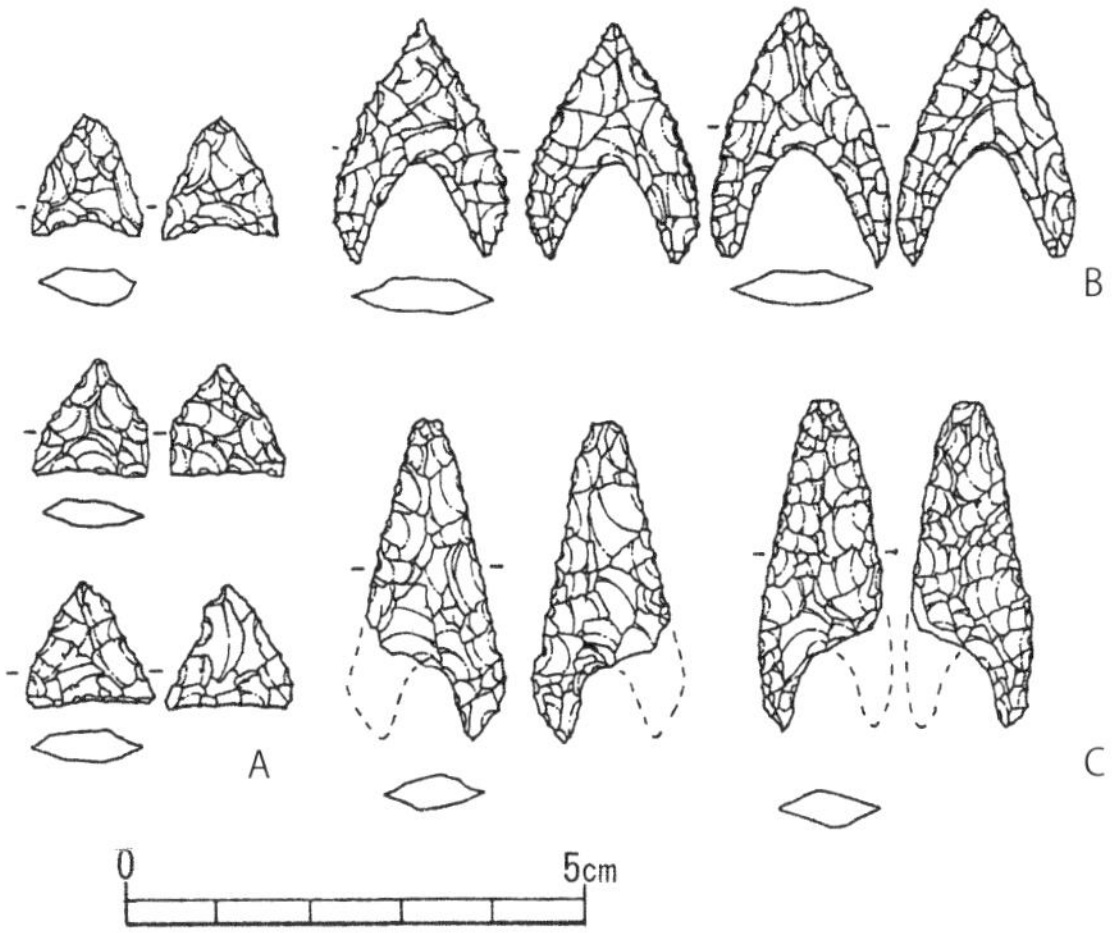

桐山和田遺跡から出土した縄文時代草創期の石鏃

むように固定する違いがある。決して石槍が小型化して石鏃が作られるようになったのではないことがわかる。

次に桐山和田遺跡から出土した草創期の石鏃形態を観察すると、弓矢が出現したばかりであるにもかかわらず、かなり多様な形が存在していることに気づく。基部を直線的につくる正三角形タイプ（図のA）、基部に著しく深い抉りが入る長脚形タイプ（図のB）、側辺が膨らむ形状で基部にU字形の抉りが入る二等辺三角形タイプ（図のC）などがあり、これら三者の形態差は見た目にも相当大きい。その一方で、同じ形態に属する石鏃については、大きさや重量が比較的揃っており規格性が高いことも窺える。獲物に向けた矢を自在にコントロールするには、弦の張り、引く力、矢柄の長さや作り、矢の重心位置などとともに、石鏃の形態と重量の微妙な調整が欠かせないはずで、石鏃も規格の均質化を高めて、飛距離や命中率を向上させる必要があったと考えられる。同時に形態差の大きい3つのタイプの石鏃の存在は、弓との組み合わせで対象動物や狩猟方法によって使い分けていたことも考えられる。

・縄文の弓射の技術

縄文時代に始まる弓矢の技術は、温暖化が進行した日本列島の動物相の変化に適応した狩猟具として導入された。弓矢出現期の石鏃がすでに多様な形態をもち、その一方で規格の均質化が窺えることや、遺跡に残された十分な数量の保有実態をみると、槍から弓矢への迅速な転換と、弓矢の技術が狩猟活動に効果的に発揮される水準に達していたということが理解される。弓矢を駆使し始めた列島の狩猟民は、周辺に生息していた動物の動きや習性などの知識を蓄積し、それに適応した道具揃えや弓射技術を磨き、狩猟活動の周到な戦略を練っていたに違いない。

【文献】山内清男1968「矢柄研磨器について」『日本民族と南方文化』金関丈夫先生古稀記念委員会編、稲田孝司1986「縄文文化の形成」『岩波講座　日本の考古学』6

59　北《き》野《たの》ウチカタビロ遺跡

山辺郡山添村北野

遺跡は木津川の支流である布目川中流域の山添村北野字ウチカタビロに所在する。布目川が北から大きく東に流れを変える地点の、右岸に形成された南北約２００メートル、東西約１４０メートルの規模で、ほぼ二等辺三角形を呈する標高２７８メートル前後の低位段丘上に立地している。布目ダム建設にともない遺跡全体が水没地となることから、１９８９年から下流側対岸に位置している桐山和田遺跡とともに、遺跡全面に及ぶ本格的な発掘調査が実施された。

遺跡の層序は、主に中世の掘立柱建物や木棺墓などの遺構ベースとなっている黄褐色砂質土層の下に、縄文時代早期の遺物を包含する黒褐色砂質土層が厚く堆積していて、同層は地点によって間層を挟んで３つの

縄文時代早期の礫群（手前の焼礫を除去した状態）（※１）

層に分層されている。早期に営まれた遺構は土坑・礫群・配石遺構・石材集積遺構などがある。遺跡の南側から集中して確認された8基の礫群は、焼礫を土坑内に充填した一種の焼石炉と考えられる遺構だが、土坑底や側壁に大型石を敷いたものと、焼礫だけが充填されたものとがある。3カ所で検出したサヌカイト石材の集積遺構は、剥片石器素材を纏めて備蓄して置いたものと考えられる。

遺跡東端付近では、遺構はみつかっていないが中期終末から後期前半の土器が纏まって出土している。太い沈線で幅広の充填縄文帯を特徴とした天理C式・K式土器が中心で、無節縄文《むせつじょうもん》や直前段多条《ちょくぜんだんたじょう》の縄文を施した個体や、網代痕《あじろ》をもつ底部などもある。早期の遺物は遺跡全体から出土し、縄文土器の約90％を押型文土器が占め、なかでも神宮寺式と葛籠尾崎式が本遺跡では最も資料的に充実していて、それぞれの型式は細分が可能な内容をもっている。またこれら押型文土器に伴う石器類も大量に出土し、石鏃を中心とした狩猟具をはじめ、削器や石匙など剥片石器と、磨石や敲石など礫石器からなる加工具も豊富である。

この遺跡で特に注目されるのは、対岸の桐山和田遺跡と同様に、県内では稀な草創期に遡る遺物が出土したことである。顕著な遺構こそは検出されなかったが、遺跡の中央部で早期の遺物包含層の下に埋没した小規模な自然流路が存在しており、その埋没土の下層にはやや粘性を帯びた黒灰褐色土が堆積していて、同層から草創期の土器と石器が出土している。土器は180片ほどあるが、隆起線文土器と無文土器に限られる。隆起線文土器はやや太めの隆起線を螺旋状に貼り付けるもので、隆起線の上下に連続する貼り付け、痕跡を顕著に残す土器（写真の1）、繊維を含む土器でナデつけるように生体の爪ないし工具によって隆起線を貼り付ける土器、口唇部に接して太い粘土紐を貼り付け、口縁端部を拡張し斜沈線を施す厚手の土器（写真の2）などが出土していて、本遺跡独自の文様施文のほか造形や整形がみられるものがあり、草創期の土器のもつ属性もかなり多様であることがわかる。

草創期の土器と石器が出土した自然流路（※1）

草創期の石器は石鏃・尖頭器・削器・掻器・楔形石器・磨製石斧・有溝石器などによって構成されている。石鏃は量的に安定して存在しており、基部の抉りの浅い正三角形鏃、やや深いU字状の抉りのはいった二等辺三角形鏃（写真の17・18）、基部にU字状の抉りがはいり、左右の脚が逆三角形状に作出された形態などがある（写真の16・19・20）。尖頭器はやや粗い調整の小型品と、有

北野ウチカタビロ遺跡から出土した土器（上段）と石器（※２）

茎尖頭器（写真の7〜9）とがあるが、形態差が大きく規格性は失われている。掻器には作用部が両側辺に及ぶ急斜な片刃調整の特徴をもつものがあり、やや軟質の石材を使った磨製石斧（写真の22）は側辺にそって稜を形成した全面磨製の製品で、この時期の資料としてはあまり類例を知らない。有溝石器には隣接する桐山和田遺跡と同様、一般に矢柄研磨器とされるタイプ（写真の26・27・28）と、偏平な板材を用いた著しい条線痕のある深い溝をもったタイプ（写真の21・25）の2者が出土している。

本遺跡の草創期の資料をみると石器の内容は桐山和田遺跡に共通する点が多いが、一方で土器には類似する要素もあるが、それぞれの遺跡特有の属性を備えた点も見いだせる。近畿地方における草創期の一時期の基準となる新たな資料として重要なだけでなく、石器と土器ともに他地域との編年関係や系統的な繋がりを見極める上でも極めて貴重な価値をもった出土品といえる。

【文献】松田真一・近江俊秀1990「布目側流域の遺跡6」『奈良県遺跡調査概報 平成元年度』、松田真一1993「山添村のあゆみ」『山添村史 下巻』

60　上津大片刈《かみつおおかたがり》遺跡

山辺郡山添村西波多

遺跡は名張川の支流である遅瀬川上流域の山添村西波多にあり、支流の堂前川が合流する地点で、大きく湾曲した場所の右岸段丘上に広がっている。西側に突き出すように形成された段丘の標高は２８０～２９０メートルで、川に向かう緩傾斜面に遺跡が立地する。上津ダムの建設よって遺跡が水没するため、１９９６～１９９８年にかけて全域の発掘調査が実施された結果、縄文時代草創期と早期および後期の遺構や遺物が出土し、遺跡の全容が明らかにされた。

最も時期が遡る遺構は、早期の遺物包含層の下層から検出された集石遺構で、直径が約90センチ、深さ約20センチのほぼ円形を呈した土坑である。その内部に川原石を30個ほど敷き詰めた遺構で、草創期の所産と報告されている。遺物はいっさい出土していない。このほかに草創期と認識された遺構として、遺物集中出土地点が5カ所で確認されている。これらは緩斜面のなかでもやや平坦な場所に並列するように存在し、爪形文土器のほか、有茎尖頭器や有溝石器などが出土しているほかは、サヌカイトの剝片や砕片がある程度纏まって出土している。傾斜変換線に沿って存在していることから、人為的な行為の結果によるものであるかどうか判断が難しい。

早期の文化層からは直径が2・8メートルの規模の小さい円形竪穴住居が検出されている。貼り床とされた面では、不規則な配置に柱穴が20カ所確認されている。住居内に炉は備わっていない。この住居のほかに11本の柱からなる掘立柱建物の東半部と認定した遺構がある。早期に属する遺構として最も多く検出されているのは11基検出された礫群で、直径が80～140㌢の範囲にあり、深いもので40㌢程度の土坑内に礫が集められている。礫の数の多寡はあるものの埋土内に纏まっているが、一部に壁面として大型礫を敷くように配した構造のものがある。集石遺構とも呼ばれるこの土坑内には炭化物が混じり込んだものも少なくなく、焼石を使った集石炉とみられる。このほかに大小の土坑が17基検出されている。これらの遺構は多くが段丘南側に集中し、押型文土器の時期の遺構と判断されている。

草創期の土器は生体の爪によるとみられる爪形文《つめがたもん》を、横位多条に配したものと、口縁部に沿って一条施文したものがあるほか、無文帯を設けて横位施文するものなどがある。器形全体がわかる資料はないが、口縁部は小さく口唇を外反させる特徴がある。爪形文土器以外に口唇と口縁部にそれぞれ横一条の縄文側面圧痕列をもつ土器と、撚糸文を横位ないし斜位に施した土器が出土している。これらの土器は多縄文土器として一括される土器群の特徴をもつもので、爪形文土器と併存した可能性がある。早期の土器は押型文土器によって占められていて、文様としては市松文、格子目文、ネガティブ楕円文、山形文、平行線文、楕円文など、押型文土器のほぼすべての文様が存在している。型式に照らすと大鼻《おおはな》式、大川式、神宮寺式、葛龍尾崎式のほか、福本式に類似した土器な

草創期の爪形文土器㊦と多縄文土器㊤
（※２, 阿南辰秀氏撮影）

どがあり、高山寺式と穂谷式を欠いている。大鼻式は三重県亀山市大鼻遺跡を標識とする土器で、近年滋賀県粟津湖底遺跡でも良好な資料が得られている。

石器には草創期から早期の多量の資料が得られている。ただ、層位と遺構によって時期が限定できた資料は一部に限られる。器種を見ると有茎尖頭器を含む尖頭器、石鏃、削器、掻器、石錐、楔形石器、局部磨製石斧、有溝石器、磨石、凹石、敲石、石皿などがある。有茎尖頭器は11点ありすべて長野県柳又遺跡出土の尖頭器を標式とする柳又《やなぎまた》型に属し、草創期の遺物包含層ないし遺物集中地点からの出土である。そのほかの尖頭器も11点あり、木葉形や細身の柳葉形のほか基部が丸みをもつ形態などがあり、同じ形態のものはほとんどない。石鏃は３９３点あり多くが押型文土器の時期の所産とみられるが、基部に極めて浅い抉りのある正三角形鏃や、深い抉りに特徴ある脚部をもつ石鏃など、草創期に属すると看做せる石鏃が約１割を超える数存在する。早期には石鏃形態からも、押型文土器後半でも新しい段階は含まない

有茎尖頭器㊤と掻器類㊦（※２, 阿南辰秀氏撮影）

石斧㊧と矢柄研磨器㊨（※２, 阿南辰秀氏撮影）

傾向が窺える。磨石類と石皿の個別の所属時期は明らかでないが、出土数は少なくなくこの種の石器を用いた活動が盛んであったことを示している。

なお、上津大片刈遺跡の前面を流れる遅瀬川から分かれた堂前川を暫く遡った左岸には上津《かみつ》堂前尻《どうまえじり》遺跡が位置している。遺跡の周辺は急峻な谷が形成され、川がつくる屈曲部に突き出すように形成された標高約３００メートルの段丘上に遺跡があり、１９９３年に上津ダムの建設に際して発掘調査が実施された。

縄文時代の遺物は段丘の基盤層上に堆積した暗褐色粘質土層から出土している。土器は後期の土器も若干出土しているが、市松文・格子目文・ネガティブ楕円文・山形文などの文様を施した早期の押型文土器にみるべきものがあり、多くは神宮寺式、大川式、大鼻式など、押型文土器前半期のものに限られる。ほぼ完形に復元できる土器は口径約26㌢で、短くしかも強く外反する大鼻式の口縁部の特徴をもち、幅広い面をつくる口唇と、幅の狭い口縁部には縄文を回転施文し、頸部には縄文の側面圧痕文を、膨らむ胴部には縦位の市松文を施す。ほぼ全体が復元できる貴重な土器である。石器にはサヌカイトの石鏃・尖頭器・彫器などの剝片石器があり、石鏃には基部にV字状あるいはU字状の抉りが入る二等辺三角形を呈するものと、基部の抉りが僅かな魚形五角の形態を呈したものなどがみられる。尖頭器は薄手で長さ46㍉、幅14㍉の両面調整加工の木葉形である。

【文献】米川仁一２００３「上津大片刈遺跡」『奈良県文化財調査報告書』第１０４集、平岩欣太１９９５「上津ダム水没地内遺跡群　上津堂前尻遺跡」『奈良県遺跡調査概報１９９４年度』

61　大川《おおこ》遺跡

山辺郡山添村中峰山字大川

遺跡は奈良県北東部の山間を流れる名張川の蛇行部左岸に形成された、標高１４０㍍前後の河岸段丘上に位置する。縄文時代の遺物の分布は段丘中央付近を中心に、東西約２３０メートル、南北約１３０メートルの段丘面ほぼ全域にひろがっている。

　大川遺跡は１９５７年、橿原考古学研究所と同志社大学の共同で第１次発掘調査が実施され、当時はあまり知られていない特有な文様の押型文土器が出土し、調査後速やかに結果報告がされたこともあって、学界から注目されることとなった。その後、１９７９年に始まった範囲確認の調査や、２００１年からの遺跡公園整備にともなう調査などがあり、遺構の構造や分布のほか、出土資料の充実もあって、遺跡の内容がかなり明らかにされてきている。

　第１次調査によると遺跡の中央付近の層序は、表土直下に中世の遺物を包含する約30センチの褐色砂質土が一様に堆積し、その下に30センチ～40センチの褐色

三重県側からみた大川遺跡の近景（※１）

砂質土があって、おもに縄文後期初頭から後期末にかけての遺物が出土している。さらに下層へ漸移する付近からは前期の土器が出土し、約30センチの厚さがある下層の暗茶褐色砂質土からは、押型文土器を主体とした早期の遺物が出土している。それ以下は無遺物の黄白色砂層へ漸移する。

　これまでの7次に及んだ発掘調査において、段丘の西端付近で一辺約4メートル×3・9メートルの隅丸方形で中央に炉が据えられた後期前半の竪穴住居1基と、西端付近に加えて段丘中央付近から、後期前半から後半を中心とした数基の円形や楕円形の土坑が確認されている。早期の遺構の大半は押型文土器の時期と確認でき、これまでに段丘中央部と東部で合わせて3基の竪穴住居が検出されている。平面はいずれも円形ないし不整円形を呈し、長径が3・9メートル、3・8メートル、3・0メートルの規模で、深

大川遺跡中央付近で検出された竪穴住居や礫群などの遺構
（※1）

さは40～50㌢《チセン》程度である。床面に不規則な位置で柱穴状の小穴が検出されている程度で、主柱となるような太い柱を建てたとは考えにくく、小規模で比較的簡易な上部構造が想定できる。これら早期の住居内にはいずれも炉を設置していない。

住居跡の周辺からは表面に加熱痕のある拳大の川原礫を集めた礫群が17カ所で確認されている。この礫群には上下には重ならず50個前後の礫を平面的に集めたタイプと、細かい炭化物が混り込んだ土坑内に、１００～２００個ほどの礫が積み重なるように詰まったタイプとが存在する。後者のタイプの土坑の規模は直径70～１５０㌢《チセン》程度が普通であるが、なかに長径が２５０㌢《チセン》にも及ぶ特別な大きさの土坑が1基あり、詰まった礫の数は約１０００個にも上る。礫群の隙間から土器の細片が希に出土するが、この土坑で常に土器を使用したとは考えられない。用途については墳墓、祭祀施設、屋外炉など諸説があるが、土坑と礫の構造、住居との関係、炉が存在していないことなどのほか、東南アジアから南太平洋の島々の民族例などを参考にすると、焼石を用いて食物を蒸し焼きにする調理施設とみるのが妥当だろう（コラム10を参照）。この土坑をともなう礫群は早期の押型文土器や、後続する条痕文土器が出土する遺跡から普遍的に検出される遺構のひとつである。

大川遺跡から出土する縄文土器は、押型文や貝殻条痕文の一部の土器からなる早期の一群、後続する条痕文系の早期終末から前期前半にかけて、中期初頭、中期終末から後期後半などがあるが、この中で押型文土器は出土土器全体の約78％を占めている。なかでも主体となるのは、本遺跡の出

典型的な大川式土器（※２）

土品が標識資料となっている大川式と、後続する神宮寺式土器で、押型文土器全体の82％にあたる。大川式土器は口縁部が強く外反し、胴部から底部へ膨らみ気味に移行する全体が乳房状の形態を呈した尖底深鉢土器である。大川式の文様は、市松文、特殊菱形文、斜格子目文、平行線文などいわゆるネガティブ文様を主体とし、これに縄文や刺突文が加わる特徴をもつ。多くは口縁部を横位に、胴部を縦位に施文具を回転施文し、口唇部と頸部には刺突文や押圧文を配した、文様の種類と施文の手順とがきまりに則って実行されている土器である。神宮寺式と大川式に代表されるネガティブ文様系の押型文土器の編年については、その後の施文原体の解明、施文原体の長さや、使用施文原体の種類などの検討などから、一貫した施文の省力化で理解でき、大川式から神

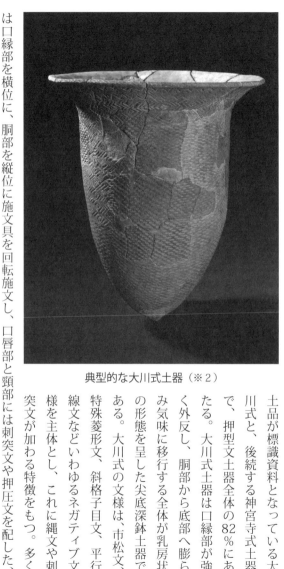

宮寺式へ移行する組列が確定している。一方で大川式や神宮寺式に加えて中部地方の立野式などネガティブ文様系と、沢式や樋沢《ひざわ》式など格子目文や山形文の帯状施文系の押型文土器との関係についての論議は結着をみていない。ネガティブ文様系押型文土器の出現について、分布の中心にある東海西部から近畿東部が候補地のひとつと考えられるが、押型文より先行する土器との関係はいまだ明らかでなく、草創期の表裏縄文土器との連絡が想定されているが、系統的な繋がりを説明するまでには至っていない。

大川式・神宮寺式以外の押型文土器には山形文、楕円文を密接施文する砲弾形の深鉢が存在する。ほかに綾杉文を配する波状口縁の深鉢や複合鋸歯文《ふくごうきょしもん》を施文するものもみられ、いずれも神宮寺式に後続する葛籠尾崎式の段階である。また大型の器形が出現する時期の、厚手で粗大楕円文を施す特徴をもつ高山寺式や穂谷式なども出土している。

資料数は少ないが早期後半から終末の条痕文土器のほか、前期の羽島下層Ⅱ式から北白川下層Ⅰ式土器も一定量存在する。北白川下層Ⅲ式と大歳山式および船元Ⅰ式など、前期終末から中期初頭の土器があるが、その後は途絶える。空白となる時期を隔てて中期終末から後期終末までは、型式毎に多寡はあるもののほぼ途切れることなく継続的に出土し、なかでも天理式、北白川上層式、元住吉山Ⅰ・Ⅱ式などの資料は比較的が纏まっている。

石器は時期毎に組成を整理することは困難だが、総体でみると石鏃や尖頭器などの狩猟具の占める割合が高く、主体は数量の多い石鏃であるが、大川式との繋がりが強い魚形の五角形鏃、神宮寺式に多い二等辺三角形鏃、押型文土器後半に普及する鍬形鏃のように、所属時期をある程度特定できるものがある。工具類には削器、掻器、石錐、石匙、石斧、磨石、凹石、石皿などがあり、資源獲得道具や加工処理道具が充実する。石錘も出土しているが恐らく中期終末以降の所産だろう。ほかに石製品として、環部をかなり幅広につくり、扁平で中央孔が小さい形態的特徴をもった新しい段階の玦状耳飾が出土していることも注目される。

遺跡の中核部を中心にして、段丘の広い範囲が奈良県史跡に指定されている。公園化された現在の遺跡は、竪穴住居の復元などの整備が完了している。

【文献】酒詰仲男・岡田茂弘1958「大川遺跡」『奈良県文化財調査報告』第2集、松田真一1989『大川遺跡』山添村教育委員会、橋本裕行ほか2004『大川遺跡6・7次調査』山添村教育委員会

コラム10　石蒸し料理の跡

・早期の遺跡で見つかる集石遺構

県内の縄文時代早期、なかでも押型文土器を出土する遺跡からは、拳大の多数の礫を集めた集石遺構あるいは礫群と呼ばれる特徴ある遺構が見つかっている。平面的に礫が集められたタイプもあるが、最も多いのは土坑内に礫を充填するように詰まった遺構で、日本列島各地でも発見されている。特に類似した形態のものは近畿地方から東海地方に及ぶ。この集石遺構は竪穴住居が存在する遺跡では、ほとんど例外なく隣接して設けられ、住居と重なることはないため、同時に存在していたとみなせる。ただ、住居が未検出でも集石遺構だけが存在する遺跡があり、ベースキャンプも含む集落でなくとも、必要に応じて設けていたことがわかる。

・諸説ある用途

この遺構の用途・機能については、大川遺跡の1次調査を担当した酒詰仲男が、民族例を参考にして、調理施設と位置づけたうえで、土器の中に熱した礫を放り込んで煮沸するストーン・ボイリングを想定している。しかし、土器を用いることが前提のストーン・ボイリングが行われたとするには、礫の数が必要以上に多いことや、かなり大きなサイズの礫が含まれていることに加えて、大川遺跡3次調査で検出された、長径が2・5メートルもある破格の規模の集石遺構の解釈が難しい。

　このほかにもこれまで埋葬施設、祭祀施設、土器焼成施設など様々な解釈が提示されてきた。しかし被熱痕跡がある礫が多いこと、礫の詰まった土坑内に炭化物が混じり込んでいるケースがあること、貝塚などでも人体埋葬の痕跡が見られないこと、特殊な遺物や祭祀関連遺物がともなう事例がないこと、土器の破片がともなうことはあっても、土器焼成を行ったような出土状態とは見なし難いなど、いずれも納得できる解釈は得られない。

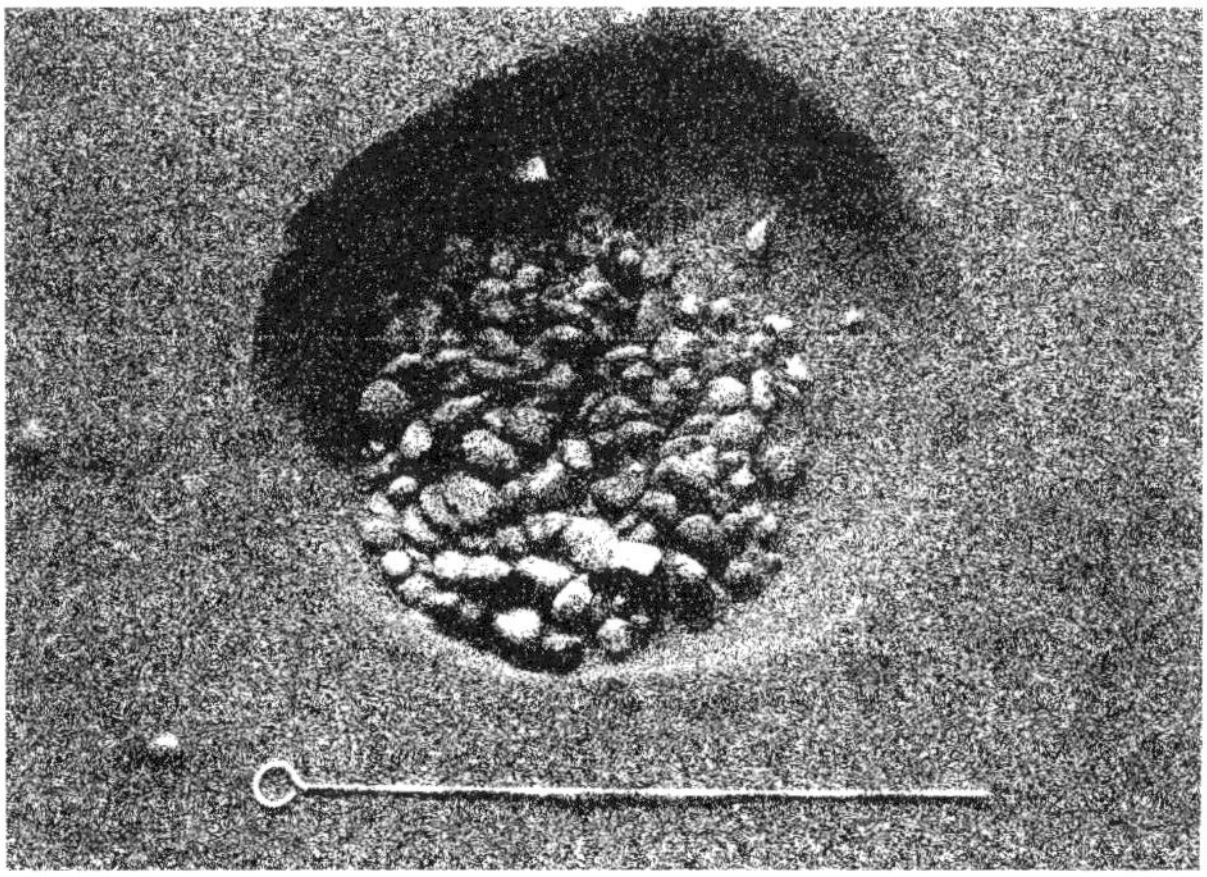

大川遺跡で発見された縄文早期の集石遺構（※2）

ニューギニアの石蒸し料理
調理用の穴に焼けた礫を並べている㊤、食物をくるんだ葉をひろげて蒸し上った食物をとりだしている㊦
（blog.livedoor.jp/mk-gattam/ マサル・ニューギニアＨＰから）

・民族資料から

用途を探るうえで参考となるのが、東南アジアの狩猟採集民族が行っている石蒸し料理という調理法がある。まずタロイモや肉などの食物をバナナなど大きな葉で包み、地面に掘った浅い穴に詰め、傍らで焼いて充分に熱した石をその上に乗せる。すぐに焼石めがけて水を掛け、蒸気の上がる穴全体を葉で覆い食物を蒸し焼きにする。現代の民族事例を安易に援《かん》用することはできないが、早期の集石遺構はそういった石蒸し調理法が想定でき、集石遺構にともなって検出されている焼土坑は、石を焼いた一種の炉とすれば整合的な解釈ができる。検出された集石遺構はどれも、礫が土坑内に詰まったままで見つかっている。調理が終わった後は礫をそのままにし、食物だけを取り出したのだろうか。周辺からは土坑をともなう集石遺構に外に、礫が平面的に集められたような状態の遺構も確認されている。調理用として集められた礫なのか、それとも石蒸し調理がすんだ後、調理施設から取り出されて集められた状態の礫なのか、被熱痕跡の確認や、集石遺構を忠実に真似た調理の復元実験研究なども有効かも知れない。

【文献】高山純1974「オセアニアの蒸し焼き料理法について」『愛名鳥山』愛名鳥山遺跡発掘調査会、岡本東三1981『縄文時代Ⅰ早期・前期　日本の美術』189

62 広瀬《ひろせ》遺跡

山辺郡山添村広瀬

　奈良県の北東部の山間地帯を三重との県境を蛇行しながら北流する名張川の、左岸段丘上に立地する。流域の上流約1キ口には鵜山遺跡が、下流約2キ口には大川遺跡がある。遺跡は養護老人ホームに建設に先立って1981年に発掘調査が行われている。標高155メートル前後の段丘面は川の緩やかな蛇行に沿って南北に長く延びているが、段丘の奥行きが最も広い北端に近い畑地で調査が実施された。

　地表下約70センチで検出される3層とした暗茶褐色土層は、中期終末から後期の遺物包含層で遺物が多く出土し、その下面では土坑などの遺構も多数確認されている。さらに下層には4層の黄褐色砂質土層と5層の暗茶褐色砂質土層が堆積し、ごく少量だが4

名張川がつくる段丘上に立地する広瀬遺跡（※1）

層上部付近から早期に遡る遺物が出土する。

　中期終末から後期前半にかけての遺構には、約60基の土坑、中央に石囲炉をもつ竪穴住居1基があり、早期の遺構として土坑をもつ礫群2基などが検出された。中期と後期の土坑は調査面積約500平方メートルのほぼ全域に分布している。規模は径0・4メートル前後の小型のピット状のものから、径1・5メートル以上の大型の遺構まで規格性はないが、土器の大型破片を一括して埋置した土坑や、完形の深鉢をおさめた土坑などがある。。竪穴住居は規模が5・3×4・5メートル、深さ0・4メートルの隅丸方形に近いプランを呈している。床面中央部には1辺60センチの石囲炉が設けられ、周囲に炉に使われた石材が焼土とともに散乱しており、炉と壁の間から主柱を建てたとみられる柱穴を5カ所で検出している。住居跡覆土からは中期終末の土器も出土しているが、後期初頭から前半にかけての土器が多量に出土しており、住居は後期に営まれたと考えられる。

縄文時代後期の竪穴住居（※1）

2基の礫群はどちらも径1メートル前後、深さ0・4メートル程度の規模で、炭化物を含む土坑の中位から上位に拳大の礫が詰まっていた。遺構周辺から出土した土器や、大川遺跡の礫群の例などから押型文土器の時期に属する屋外炉と考えられる。

広瀬遺跡の土坑から出土した縄文後期の土器（※2）

出土した土器で時期が最も遡るのは押型文土器だが、いずれも小破片で器形全体が明らかな資料はない。縦位と横位に施文する山型文、縦位施文するピッチの広い山形文、格子目文状のネガティブ文が出土していて、押型文土器も複数の型式が存在する。中期の土器には連続爪形文を施した幅広い凸帯を波状口縁に沿って配した、縄文地の船元I式があるが数は多くなく、また後続する土器も出土していない。

縄文土器の95％以上が、中期終末から後期前半の土器によって占められている。後期初頭の土器には土坑24と51からほぼ完形で出土した深鉢がある。図の1と2は頸部が強く括れて外上方に広がる口縁部をつくる器形を呈し、4単位と5単位の波状口縁の深鉢である。文様は天理K式に見

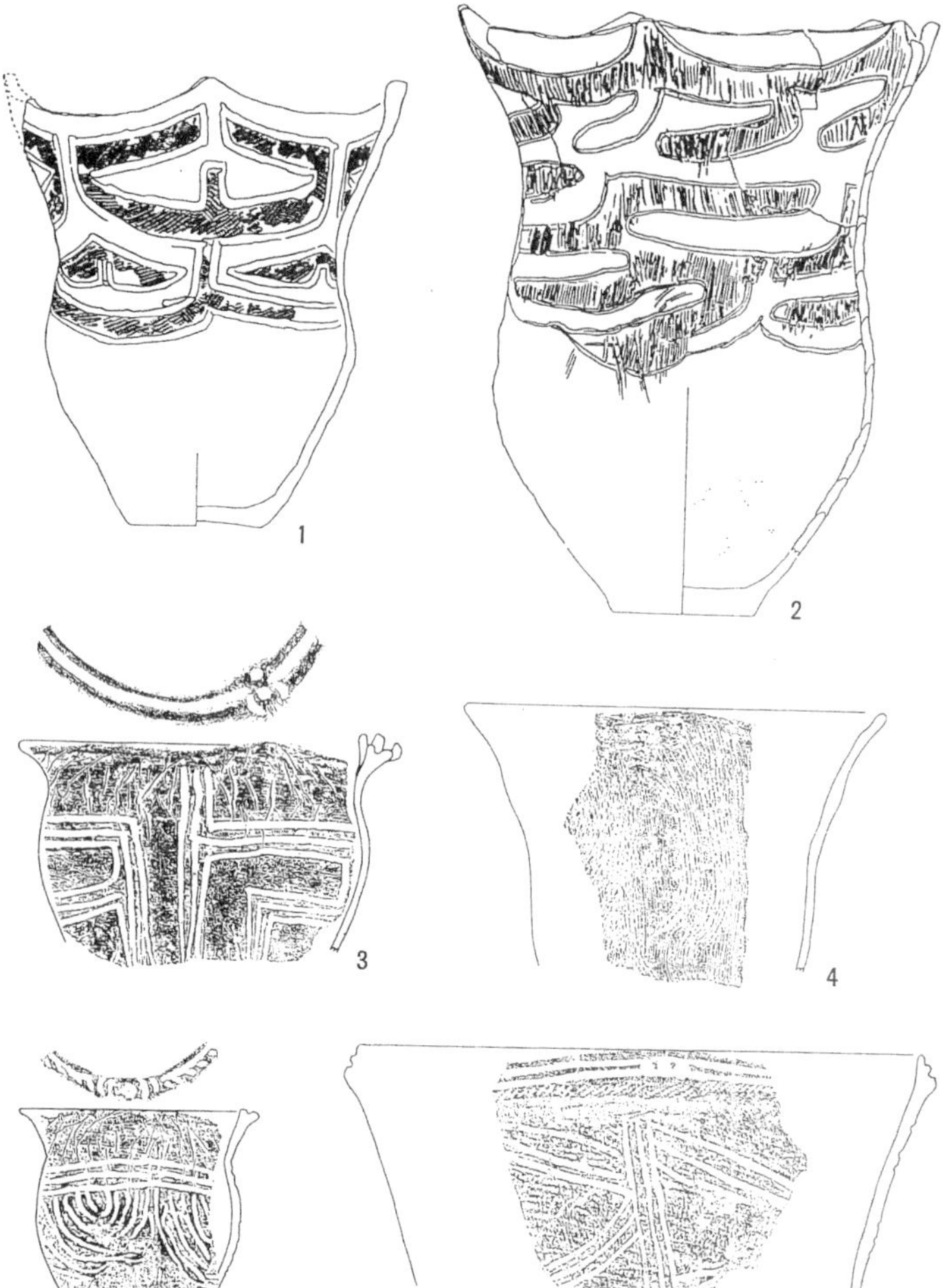

広瀬遺跡の土坑２４（1）、４０（3～6）、５１（2）から
出土した縄文土器

られる太い沈線による磨消縄文帯を、波頂部を起点として左右を繋ぎ、沈線間は縄文を充填するものが多いが、条線で埋めるものもある。どちらも土坑に単体で据え置かれたもので、埋葬土坑の可能性がある。土坑40から出土した土器は4個体あり、後期前半の一括資料とみてよい。3は頸部から短く外反した口縁部を有する深鉢である。拡張した口唇部面に太い沈線をめぐらし、低い波頂部には刺突文を2個と短い弧線を施す。頸部から胴部にかけては3本の太い沈線で直角に折れる直線による幾何学文を配す。黒褐色を呈する精緻な土器である。4は口縁部が僅かに外反しながらラッパ状にひらく形態で、口縁部から胴部に不規則な条線を縦方向に施す。6は口縁部をやや肥厚させ短く内側に屈折する深鉢である。口縁にそって2本の平行沈線をめぐらし、沈線間に3個1組の刺突文を何カ所かに配し、口縁部屈折部には横位の縄文を施す。胴部は縄文地に三本の太い沈線で三角形の幾何学文を描く。灰褐色を呈し、胎土に石英粒を多く含む。5は外反する口縁に拡張した口唇部を持つ小型の深鉢である。口唇部には太い1本の沈線と連続する短沈線をめぐらし、要所を刺突文と弧線文で加飾する。口縁部外面から頸部を無文とし、胴上部にめぐらした3本の沈線に下部の同心円の沈線をつないでいる。灰黄褐色のやや胎土の粗い土器である。6の文様構成は関東堀之内1式に共通するが、地文として縄文を施している点に違いがある。この土坑内の土器は堺市四ツ池遺跡F地点資料とともに、瀬戸内地方の福田K2式から、縁帯文土器成立までの間の段階に置くことができる。

石器には石鏃、削器、石匙、石錐、楔形石器などの狩猟具と工具の各種剥片石器が出土しているほか、定角式磨製石斧、磨石、敲石、凹石、切目石錘などがある。

【文献】松田真一1982「広瀬遺跡」『奈良県遺跡調査概報1981年度』松田真一1993「山添村のあゆみ」『山添村史下巻』

63 鵜山《うやま》遺跡

山辺郡山添村鵜山字カズカワ

名張川は名張市街地から北流したあとは奈良県山添村内を流れ、その後三重との県境となって北方へ下る。鵜山遺跡は山添村が名張川を越えて東へ張り出した、標高が155メートル《メートル》前後の右岸の低位段丘上に立地している。圃場整備工事に伴って2001年と翌年の2度の発掘調査が行われ、縄文時代早期の集落の一部が明らかになった。

遺跡の層序を縄文時代早期の遺物や遺構が集中する付近でみると、水田下にⅡ層とした早期後半から後期の遺物包含層である黄褐色砂質土層、Ⅲ層の早期の主な遺物包含層である黒褐色土層が堆積していて、Ⅳ層の黄灰色砂層からも早期の遺物が僅かに出土している。Ⅴ層は無遺物の黄色砂層である。縄文時代の遺構面は6つが認識できたとされるが、局所的に認識はできても本遺跡の土壌の形成や土質の特徴に加えて、報告の記載から見ても、後述する遺構の認識とともに微妙だろう。ここでは報告に従って、検出されたとする主な遺構を記載する。

早期の多くの遺構はⅣ層上面で検出され、遺物が集中して出土する地点付近が、川に沿って細長く延びる段丘上では、最も幅広い場所にあたる。竪穴住居の可能性があるとする大型円形土坑が8基あり、土器型式に基づいた時期別に区分すると大鼻式期が2基、大鼻ないし大川式期1基、大川式期3基、大川ないし神宮寺式期1基で、加えて早期後半と考えられるのが1基ある。大型円形土坑は平面形がどれも不整形な円形を呈し、規模は最大で長径3・8メートル、最小は

名張川上空からみた鵜山遺跡の全景（※1）

3・4メートルである。土坑内部に炉をもつものはなく、底面に小さい穴をもつ土坑とまったくないものとがあるほか、土坑の掘り込みの外側に小穴を配したものがいくつか存在するが、太い柱を立てた穴とは看做せない。遺構の深さはそれぞれの検出レベルに差があるにも関わらず、検出面から底まで僅か10センチかせいぜい15センチと極めて浅い特徴がある。出土した土器の数量は大型円形土坑ごとにかなりの差がある。

集石遺構は大川式期2基、早期後半と考えられるのが1基ある。このなかで押型文土器や条痕文土器など早期の遺跡に普遍的な礫群や焼石炉とされる形態の集石遺構は2基である。このほかに不整形土坑とされた性格が詳らかでない遺構は、大川式期に4基、大川ないし神宮寺式期1基、早期後半が1基、時期不明が1基存在する。

ほかにサヌカイト集中地点が1カ所で確認されている。集中地点の遺物の内容は板状素材3点、石核3点、楔形石器34点、磨石と敲石合わせて4点、剥片51点、砕片60点であるが、ほかに石鏃1点、石錐1点、削器1点

縄文時代早期の集石遺構（※1）

大型土坑70と60から出土した土器（※1）

の剥片石器の製品が含まれている。剝片に接合する資料が1点だけ存在するだけだが、組成内容から石器製作がおこなわれた場所での、製品と剝片や砕片などからなる残余の集積とみることができる。

これらの遺構にともなう土器のほか、早期の遺物包含層から出土した土器の多くは押型文土器である。なかでも市松文や斜格子目文などを代表的文様表徴とした大川式と、それを遡るとされる大鼻式、および後続する神宮寺式土器が大半を占めている。その後に続く土器型式も断続的に見うけられるが、押型文土器後半に普及する楕円文を施文した土器は僅か2点に過ぎず、その頃には恒常的な利用はなかったことが明らかである。なお出土した押型文土器のなかに、長野県立野式土器に類似した格子目文を施文した土器の存在が指摘されている。押型文以降の土器の出土状況をみると、主にⅡ層とした遺物包含層を中心に、早期後半から前期初頭の条痕文土器群が、中期の船元Ⅱ〜Ⅳ式、中期終末から後期中葉の土器が出土していて、この地の断続的な利用があったことがわかっている。

石器には剝片石器として尖頭器、石鏃、石錐、掻器、削器、鋸歯縁《きょしえん》石器、抉入《けつにゅう》石器、楔形石器などと石核がある。礫石器には礫刃器、石錘、磨石・敲石・凹石類、石皿・台石類などがある。槍先である尖頭器は器体中央付近にまで及ぶ深い剝離技術が失われ、精美な尖頭器製作技術崩壊の実態が明らかにされた。この技術上の変容は石鏃の形態推移にもみることができるという。剝片石器の主要石材であるサヌカイトの石核は少なく、またどれも小さく、入手した資源を徹底して使い尽くした跡がみうけられる。当然だが原産地である二上山に近い同時期の遺跡でみる石核のあり方との違いをみせる。

本遺跡における縄文時代早期の石器の器種別割合、すなわち石器組成についてみると、石鏃などに代表される狩猟具や、石錐・石匙・削器・掻器などの工具類に対して、磨石・凹石・敲石・石皿などの打割や粉砕のための道具類の割合が多いことが指摘されている。繁栄時期や周辺環境要因に大きな違いがない下流の大川遺跡との石器組成の差異を、遺跡利用の反復度に求める意見があるが、判断の難しい礫石器の多寡をあまり過大に評価すると、本質を見誤る危険性もある。

本遺跡では最も遺構の存在する可能性の高い地域において、住居跡の可能性があると看做した大型円形土坑が8基検出されている。押型文土器前半期の土器型式の細分は、今後も引き続き検討の余地があろうが、この間に構築された住居は最大でも8基に留まる。そこからは1ないし2基程度の同時存在の住居と、少人数の集団による暮らしの様子が復元できる。

【文献】岡田憲一・田部剛士ほか２００６『鵜山遺跡　奈良県立橿原考古学研究所調査報告』第96冊

遺跡各節

4　宇陀の縄文遺跡

64 高井《たかい》遺跡

宇陀市榛原区高井

宇陀《うだ》川の支流内牧《うちまき》川の右岸にある標高約３６０メートルの低位の河岸段丘上に立地している宇陀市高井所在の遺跡である。１９８６年に圃場整備の事前調査として発掘調査が行われ、縄文時代中期終末から後期の遺跡であることが明らかになった。

発掘調査の結果、段丘上から土坑55基と竪穴住居１基の遺構を検出した。竪穴住居は後期前半の時期とされるもので、一辺３・５メートルの方形プランをもっており、この時期としてはやや特異な形態である。検出された土坑の大多数は、住居跡の南西側一帯に分布している。分布域の北半にはやや規模の大きい土坑が群在し、南側には小さい土坑が集中する傾向があり遺構の性格の違いを表している可能性がある。また検出された土坑のうち、土坑内に完形の深鉢を据えているものが４基あり、これらは底部が穿孔されて

土坑内の縄文土器の出土状態（宇陀市教育委員会提供）

いるため、埋葬用として使われた土器棺と考えられる。したがって土坑も埋葬に関連する遺構との想定もでき、埋葬形態の差を時期だけでなく、再葬行為との関連を考慮する必要があるだろう。

出土した遺物は中期終末から後期前半のものが圧倒的多数を占めている。完形に復元された後期初頭の深鉢（写真を参照）は、中期終末の波状口縁の形態的特徴を継承した4単位の土器で、単純な縄文帯からなる口縁部文様帯から、頸部から胴上部にかけて縄文を充填したJ字文を2段に垂下させた文様構成としている。本遺跡出土のこの時期の土器群は天理市布留遺跡、御所市南郷遺跡、山添村広瀬遺跡などの土器群に匹敵する良好な資料である。

後期初頭の深鉢（宇陀市教育委員会提供）

この時期の石器は石鏃・楔形石器・石錘・磨製石斧・磨石・砥石などがある。特筆すべき石器に入念な研磨によって仕上げられた独鈷石《どっこいし》がある。外形は両端が尖り気味につくられ上辺と下辺ともに弓形に反る形態を呈し、中央の節は非対称で瘤状につくり出されている。節と節の間は小敲きの痕跡を残す。県内では田原

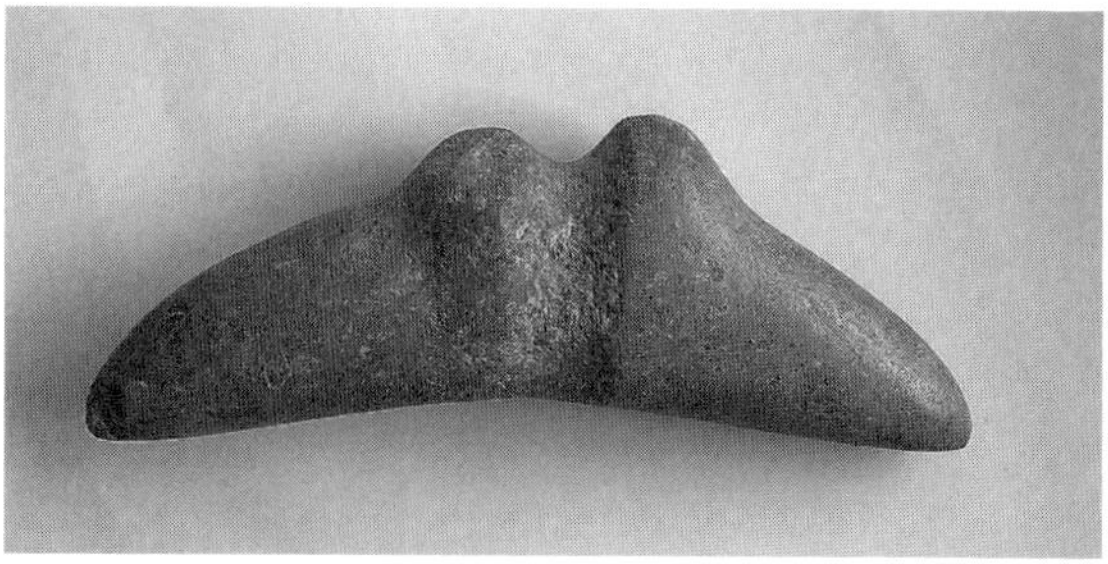

高井遺跡から出土した独鈷石（宇陀市教育委員会提供）

本町唐古・鍵遺跡のほか、大和高田市川西根成柿遺跡や奈良市下深川で出土しているがことが知られているだけの貴重な遺物である。

高井遺跡からは少量であるが早期前半と、後半から前期前半の土器も出土している。前者は押型文土器の後半期に属する葛籠尾崎式から福本式段階と高山寺式に該当する土器で、後者は茅山下層式、粕畑式、入海式のほか、粟津SZ式などの条痕文土器で、この時期東海地方からの強い影響が窺える。さらに北白川下層I式も出土していて、時期を超えた頻繁な利用が窺える。このうち押型文土器に伴うとみられる石器として、石鏃のなかに鍬形鏃とチャート製の異形局部磨製石器がある。後者は県内では天理市布留遺跡、奈良市荻クズレ谷遺跡、奈良市茗荷遺跡、大和高田市池田遺跡に類例があるが、東海地方西部に分布の中心がある石器だけに、当地域へ波及した背景を考えるうえでも重要な遺物である。ほかに後期後半に属する遺物も僅かだが出土している。

【文献】柳澤一宏１９８６「高井遺跡」『大和を掘る１９８５年度』奈良県立橿原考古学研究所附属博物館

65　沢《さわ》遺跡

宇陀市榛原区沢字砥出屋敷

沢遺跡は宇陀市沢字砥出屋敷にある。宇陀盆地を北流する芳野《ほうの》川に向かって東から延びる尾根があるが、その先端部分の標高約３３５メートルの台地上に立地している。１９５５年に遺跡東南部側の道路工事中に多くの遺物が出土し、その後１９６３年には遺跡の北端部で小規模な試掘調査が行われた。この調査の所見によれば、縄文時代の遺物はおもに表土下約１メートルに堆積した黒色の粘土層から出土したが、顕著な遺構は検出されなかった。この２度の工事や調査によって出土した遺物が橿原考古学研究所附属博物館に収蔵されている。その後は榛原町や合併後の宇陀市教育委員会による数次の発掘調査が実施されて、後期前半の直径約３・５メートル、深さ１メートルの土坑と、５基の埋設土器からなる遺構群を検出している。また遺跡の範囲や隣接する下城《しもんじょ》・馬場《ばば》遺跡などとの関連も明らかにされつつある。

沢遺跡で検出された埋設土器（宇陀市教育委員会提供）

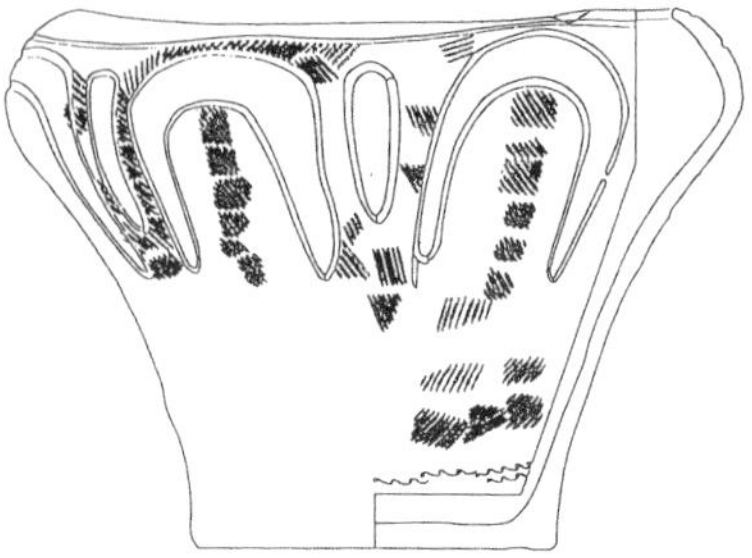

沢遺跡から出土した後期初頭の鉢（※２）

出土遺物の多くは縄文時代後期の土器によって占められている。磨消縄文系の土器はやや太い沈線を用い、充填手法による幅広の縄文帯をもつ天理Ｋ式に類似する後期初頭の時期のものを含む。完形に復元された土器には口縁部が強く内彎して幅広い平底をもつ形態の鉢（写真を参照）があるが、この土器の口縁部には太い沈線によって逆Ｕ字上の文様を描き文様間を縄文施文した文様帯をもつ。ただこの遺跡で主体となるのは口縁端部を拡張し刺突・沈線・縄文などで口唇部の文様を発達させ、多くは頸部を無文とし、３ないし４本の沈線で胴部の文様帯を描く縁帯文土器である。ほかに櫛状工具によると思われる条線を密接して施文したり、条線を絡めながら垂下させるように施文した土器や、胴部に縄文を全面に施文する土器、また条痕調整の粗製土器なども伴出している。

後期の土器以外に研磨された浅鉢、ケズリ調整を施した粗製深鉢、凸帯文土器など晩期の土器があるほか、耳栓形の耳飾も出土している。

沢遺跡の東約４００メートルにある尾根先端部付近の標高約３４０メートルの台地上には下城・馬場遺跡がある。ここでは中世の遺構群の下層で検出された自然流路から晩期の土器（写真の右下）が出土している。出土した凸

下城・馬場遺跡から出土した縄文土器
（宇陀市教育委員会提供）

帯文土器は口唇部下に刻目を施した一条凸帯を巡らすものと、口縁部に二条の凸帯をもつ深鉢とがある。凸帯は口唇部を折り返して貼り付け、凸帯上の刻目はD字あるいは菱形を呈している。壷はやや外反する口縁部の外側とほぼ同じ位置の内側にそれぞれ一条の凸帯をめぐらす。これらの晩期終末の土器とともに、弥生前期の土器が出土している。また、２０００年度の発掘調査では山形文を施文した押型文土器（写真の左上）と、二条の刻目列を施文し条痕調整した、波状口縁の粕畑《かすばた》式土器（写真の左下）など早期の土器も出土している。

【文献】小泉俊夫１９６１「芳野川流域の先史遺跡」『古代学研究』29、柳澤一宏１９８５「下城・馬場遺跡」『榛原町文化財調査報告』１

66　桧牧《ひのまき》遺跡

宇陀市榛原区桧牧

遺跡は宇陀市榛原桧牧に所在し、宇陀川がほぼ直角に屈曲する地点の左岸に形成された標高約２９６メートルをはかる低位段丘上に立地する。室生ダム建設によって遺跡は水没するため、１９７２年に発掘調査が行われた。１９９３年にはダム周辺の整備事業にともなって再び発掘調査が行われている。

最初の調査では段丘南端の河川に近い場所から、川原礫を集めた集石遺構が検出されている。１９９３年の調査では平面が楕円形や不整形な土坑10基が検出されている。浅い掘り込みの中に礫が充填されているものと、礫が全く入っていない土坑とがある。前者は早期の遺跡に普遍的な礫群とされる集石遺構である。

２度の発掘調査で出土した土器は、押型文土器がその

宇陀川畔にある桧牧遺跡の 1993 年の調査状況（※１）

多くを占めている。ネガティブ文（図の2）や格子目文（図の1）など大川式と神宮寺式土器に加えて、平行線ないし矢羽状文や山形文を横位密接施文する葛籠尾崎式段階の土器が一定程度出土している。量的にはこれに後続する大型で厚手の高山寺式土器（図の4～11）が充実していて、主たる文様である楕円文は小粒のもの、大粒のもの、さらに大粒で偏平なものなど形状を基準として、3種類程度に分類できる。施文方法は施文原体を縦位もしくはやや斜方向に回転施文し、内面には斜

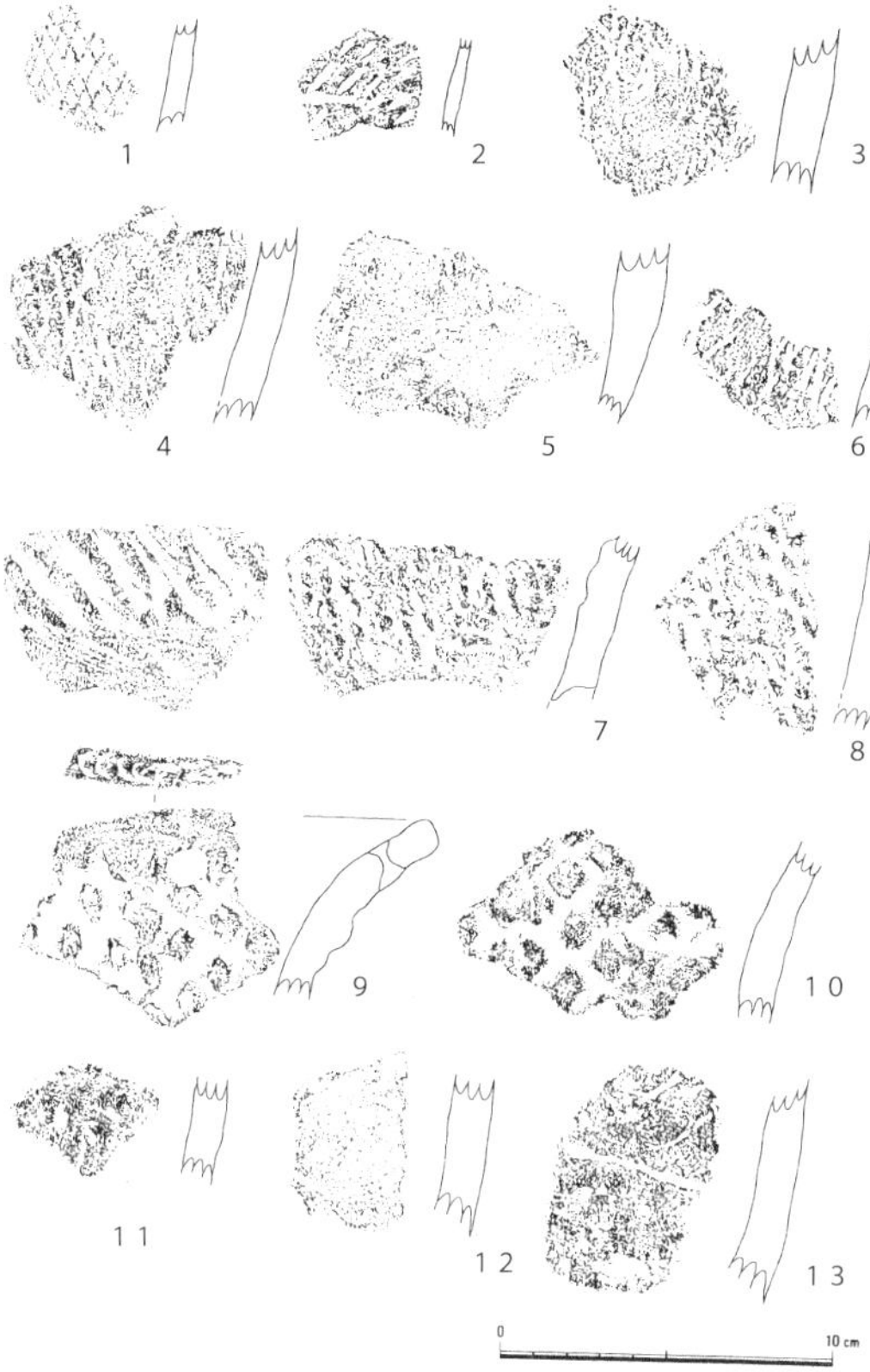

桧牧遺跡から出土した縄文土器

行する幅広の沈線文が口縁部から胴部中位まで施されている。大きく開く口唇部にはC字状の特殊な刻み目が施されているもの（図の9）がある。ほかに高山寺式土器の新しい段階にともなうとみられる網目状撚糸文土器（図の4・6）も出土している。縄文を施文した一群の土器には前々段を3本撚りの特殊な縄を使用したものや、羽状に縄文を施文する特徴をもつものがあり、北白川下層Ⅱ式を含む前期後半の土器があるほか、条痕調整の土器や無文土器も出土している。

石器では石鏃が多く出土しており、基部にやや深い弧状やV字状の抉りをもつ二等辺三角形を呈する形態のものや、深いU字状の抉りをもつ小型の三角形鏃などの特徴をもつものがあるが、前者は早期の大川式や神宮寺式など押型文土器に、後者は前期後半の土器にともなう石鏃と考えられる。

1972年の室生ダム水没予定地の調査では、桧牧遺跡の下流に所在する宇陀市山辺三の2か所の遺跡も同時に発掘調査されている。約2キロ下流右岸の川井第Ⅰ遺跡では、顕著な遺構は検出されていないが、外反する口唇部に刻み目を施し、口縁部に横位山形文を、胴部は縦位にネガティブ文を密接施文した大川式土器が出土し、それと結びつきの強い魚形の五角形石鏃がある。ほかに縄文施文の土器や条痕調整の土器が出土している。さらに約500メートル下流左岸の川井第Ⅱ遺跡では、縦位に格子目文を施文した大川式土器や、大粒の楕円文を斜位に施文した高山寺式土器が出土している。ほかに前期の土器や、サヌカイト製の削器や剥片なども出土している。

これらの調査から宇陀川流域では、特に縄文時代早期や前期に河川沿いの蛇行部に形成された低位段丘を利用する遺跡が多いことがわかってきた。全容がわかる遺跡こそ少ないが、この時期の集団は大きな集落を構えることはなく、比較的狭い範囲を生業活動領域とした小規模な集団が流域に点在していた状況が想定できる。

【文献】久野邦雄・小泉俊夫１９７３「室生ダム水没地埋蔵文化財調査概報」奈良県教育委員会　清水昭博・桐山佳葉１９９４「檜牧遺跡第２・３次発掘調査概報」『奈良県遺跡調査概報１９９３年度』

67　坊《ぼう》ノ《の》浦《うら》遺跡

宇陀市榛原区桧牧・自明

宇陀川の支流内牧川がつくる宇陀市桧牧と自明にまたがる標高３２０メートル前後の段丘上に立地する。段丘のほぼ全域を対象とした圃場整備にともなって、１９９８年から翌年にかけて発掘調査が実施された。遺跡からは礫や土器の破片が埋まった不整形な土坑が数基見つかっているが、竪穴住居など用途が推定できるような遺構は発見されていない。

出土した土器は早期前半と後半、中期終末、後期初頭から前半、後期終末ないし晩期初頭と晩期終末などがある。土器の全容や個別資料の詳細は報告されていないが、最も遡る資料は押型文土器で、大川式（図の1・2）、神宮寺式（図の3）、葛籠尾崎式（図の4）、高山寺式（図の5）があるが、なかでも神宮寺式が多いとされる。これらに続く条痕文土器も入海Ⅱ式（図の6）のほか、早期終末前後まで繊維土器などが出土している。近年、本遺跡以外にも下城・馬場遺跡や高井遺跡など地理的に三重県に近い宇陀地域では、早期の条痕文土器が出土した報告が多い。また北白川C式（図の8）の存在はこの地域でも、中期終末に遺跡数が増加することを示しており、天理K式ないし中津式や縁帯文土器など後続する土器も出土している。また中期終末から後期前半に属する、表面を粗いミガキや条痕調整で仕上げた粗製土器

坊ノ浦遺跡の発掘調査時の全景（宇陀市教育委員会提供）

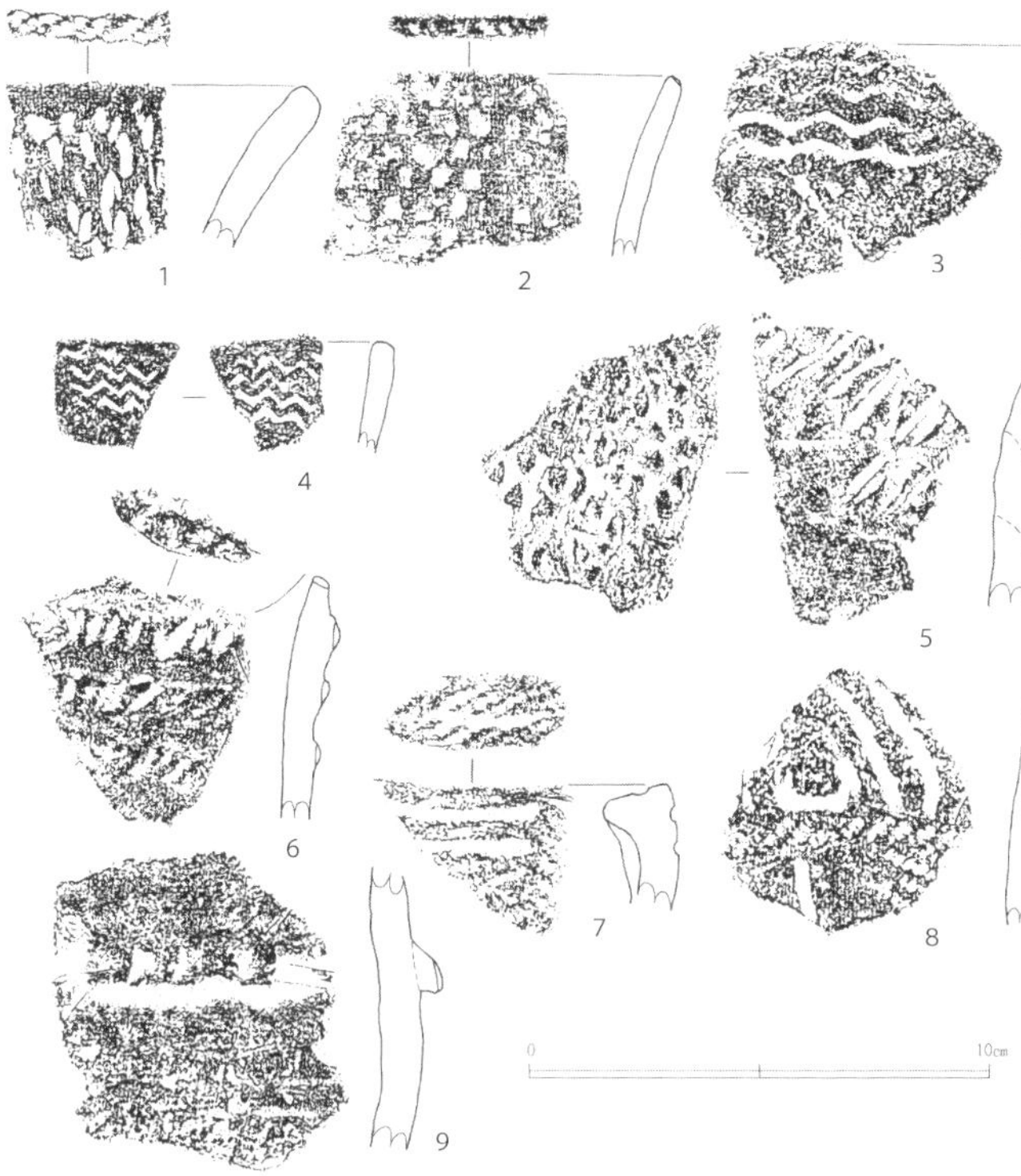

坊ノ浦遺跡から出土した縄文土器

が存在する。このほか滋賀里Ⅰ式や船橋式（図の9）が出土している。

土器との関係は定かでないが、石鏃、削器、掻器、楔形石器、敲石、磨石、石皿などの石器類が出土している。剥片石器は珪質頁岩製を僅かに含むが、多数はサヌカイトによって占められていて、石核も少なからず出土している。なお、先端を欠損するが、深い樋状剥離技術が窺える有茎尖頭器が1点出土している。

【文献】柳澤一宏・横澤慈2001「Ⅳ坊ノ浦遺跡第3次発掘調査概要Ⅱ」『榛原町文化財調査概要24』榛原町教育委員会

68 本郷大田下《ほんごうおおたした》遺跡

宇陀市大宇陀区本郷

宇陀市本郷に所在する本遺跡は、口宇陀を北流する宇陀川に流れ込む本郷川に面した標高388《メートル》前後の河岸段丘の緩斜面で発見された。周辺には注目される縄文遺跡は知られていないが、宇陀地域には河川に沿って形成された沖積低地や段丘上に所在する縄文時代の遺跡が少なくない。

遺跡は県営圃場整備事業に関連する発掘調査で存在が明らかになった。縄文時代の遺構は南西から北東方向に流れる、古墳時代の自然流路堆積層や遺物包含層の下から発見された、総数で42基の貯蔵穴である。これらの貯蔵穴は出土遺物などから、後期前半から中葉と、後期終末から晩期中葉の時期に営まれたことが判明した。貯蔵穴が穿たれた緩斜面には、かつて古墳時代流路と概ね同方向に流れていたさらに古い自然流路が存在しており、貯蔵穴はその流路がほぼ埋没した状態にあった頃、流路跡に沿うように集中して設けられていた。なかには既にある貯蔵穴に接して貯蔵穴を穿ったものや、古い貯蔵穴を新たに掘りなおしたものも確認されている。かつての流路があった地下水位の高い条件を備えた場所を意識して貯蔵穴を設けていた。

　貯蔵穴はいずれも平面形が円形ないしやや不整な円形を呈し、規模は多くが直径90～１６０センチの範囲にある。縦断面形はおおむね逆台形をなしていて、底は平坦で深さは１３０センチを超えるものもあるが、大多数の貯蔵穴は45～１００センチである。内部の埋没状態を代表的な貯蔵穴の例で観察すると、貯蔵穴の底には薄い純ドングリ層（写真を参照）の存在が確認できる場合が多く、その上に流れ込んだ砂層や粘土層が堆積している。いくつかの貯蔵穴からは、その上に木葉や小枝層ないしそれらが土壌化した腐食層が堆積し、その

密集して分布するドングリの貯蔵穴群（※１）

直上に棒状の角材や丸材、あるいは幅の狭い板材などが埋没した状態で検出された。これらの材木で穴の上部を横架し、蓋の役割を果たしたものと思われる（写真を参照）。埋没土上部に人頭大の石が落ち込むように発見されているのは、貯蔵穴の目印として使われたのだろうか。

貯蔵穴の内部は発掘調査時に水を多く含んだ状態にあったが、ドングリがそのまま残存していたことから判断すると、造営当時も地下水位の高い状態はそれほど変わらなかったものと考えて良いだろう。常に水に浸せる環境を貯蔵穴の設置場所として選定したとみられる。検出した貯蔵穴42基のうち内部に純ド

貯蔵穴内に落ち込んでいた木製の蓋材（※１）

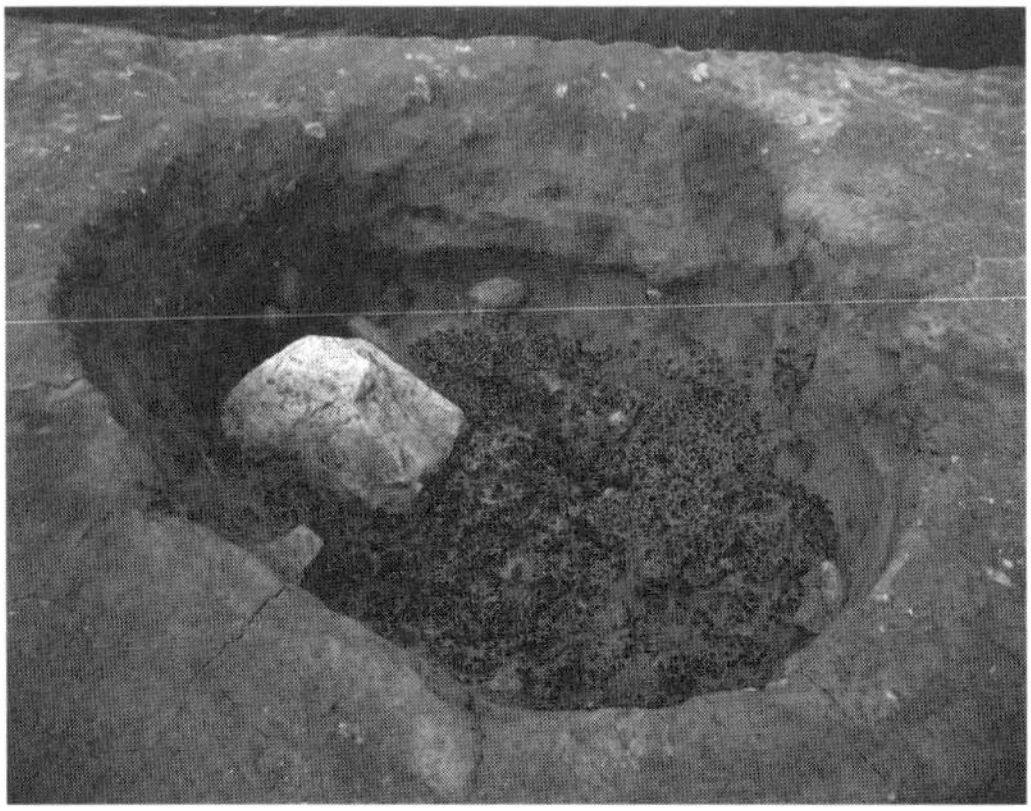

貯蔵穴内に取り残されたドングリの出土状態（※１）

ングリ層として残っていたものは32基あるが、いずれも底に薄く堆積しているに過ぎない。検出した総個数は約3万個であるが、それぞれの貯蔵穴毎にみると、最も多いもので約5200個、ほかは数個～400個とバラツキがある。しかし貯蔵穴の容積を鑑みると、数千個と多いものであっても貯蔵されていたものがそのまま発見されたとは到底考えられず、利用していた当時に取り出した後の取り残しと見做すことができる。

貯蔵穴内から出土したドングリ類の多くはシラカシとアカガシであることが同定されていて、それ以外にイチイガシ、イヌブナ、カヤ、オニグルミ、トチ、クヌギなどもいくらか含まれていた。また、貯蔵穴内のドングリ類がいずれも僅かな量の取り残された状態であったことからみて、次の収穫時期を待たずに消費されてしまったのであろう。ただし、貯蔵穴内から見つかった角材や丸材のほか板材などは、貯蔵穴の蓋としての用途が考えられ、ドングリ類を取り出したあとの管理も怠りなく行っていたと考えられている。

縄文土器は貯蔵穴内と包含層から出土しているが数量は少ない。後期中葉の北白川上層式3期と、空白期間をおいて後期終末から晩期にかけての宮滝式、滋賀里Ⅰ式、同Ⅱ式、同Ⅲa式、篠原式があり、それぞれの貯蔵穴の時期が特定できる。石器は石鏃や削器などが僅かに出土しているに過ぎない。ほかに木胎《もくたい》朱塗り鉢形と思われる容器の漆膜の破片や、籠の一部とみられるヒゴ状材を用いた編み物などが発見されている。

貯蔵穴が見つかった本遺跡からは住居跡などの遺構は一切発見されず、また近辺に集落を営んだ遺跡の存在も知られていない。居住地域では一般的に多量の土器や石器などの生活道具類が出土するが、ここでは面積あたりのそれらの遺物は極端に少なく、日常の生活の匂いは感じられない。ドングリの貯蔵穴は居住の場との繋がりや距離とは関係なく、収穫地や貯蔵穴の環境が設置場所を選定する上での条件となっていたのだろう。

貯蔵穴から出土した宮滝式土器（※1，阿南辰秀氏撮影）

本郷には上流の左岸段丘上に位置する本郷ソマタニ遺跡で、表裏に山形文を施した押型文土器のほか、鷹島式や天理K式土器が出土している。石器には切目石錘と石鏃がある。

【文献】岡林孝作ほか２０００『本郷大田下遺跡　奈良県立橿原考古学研究所調査報告』第83冊、卜部行弘１９９８「本郷遺跡群」『奈良県遺跡調査概報１９９７年度第2分冊』

コラム11　ドングリの貯蔵穴

・貯蔵穴が設置された場所

本書でもいくつかの遺跡紹介の中で、食糧貯蔵穴を取り上げてきたように、近年特に奈良県内の遺跡から発見される事例が増えてきた。恐らく居住地域以外に発掘調査の手が及んできたことがその原因だろう。居住地域以外の場所に、生業活動の施設を設けていたのは、貯蔵穴とされるこの種の施設の役割と深く関係している。発見された貯蔵穴は、扇状地の末端付近や小規模な河川跡に沿った付近など、どこも地下水位が高い湿潤な場所で、そこにいくつも集中して設けられていた。証拠は示せないが、恐らく対象とした食糧の収穫地に近い場所に違いない。このような場所に設けられた食糧貯蔵穴が、奈良県内だけでなく西日本の縄文時代遺跡から近年多数発見されている。

・貯蔵されたドングリ

もう一度本郷大田下遺跡の貯蔵穴をみてみよう。貯蔵穴内に取り残されたドングリ類は、

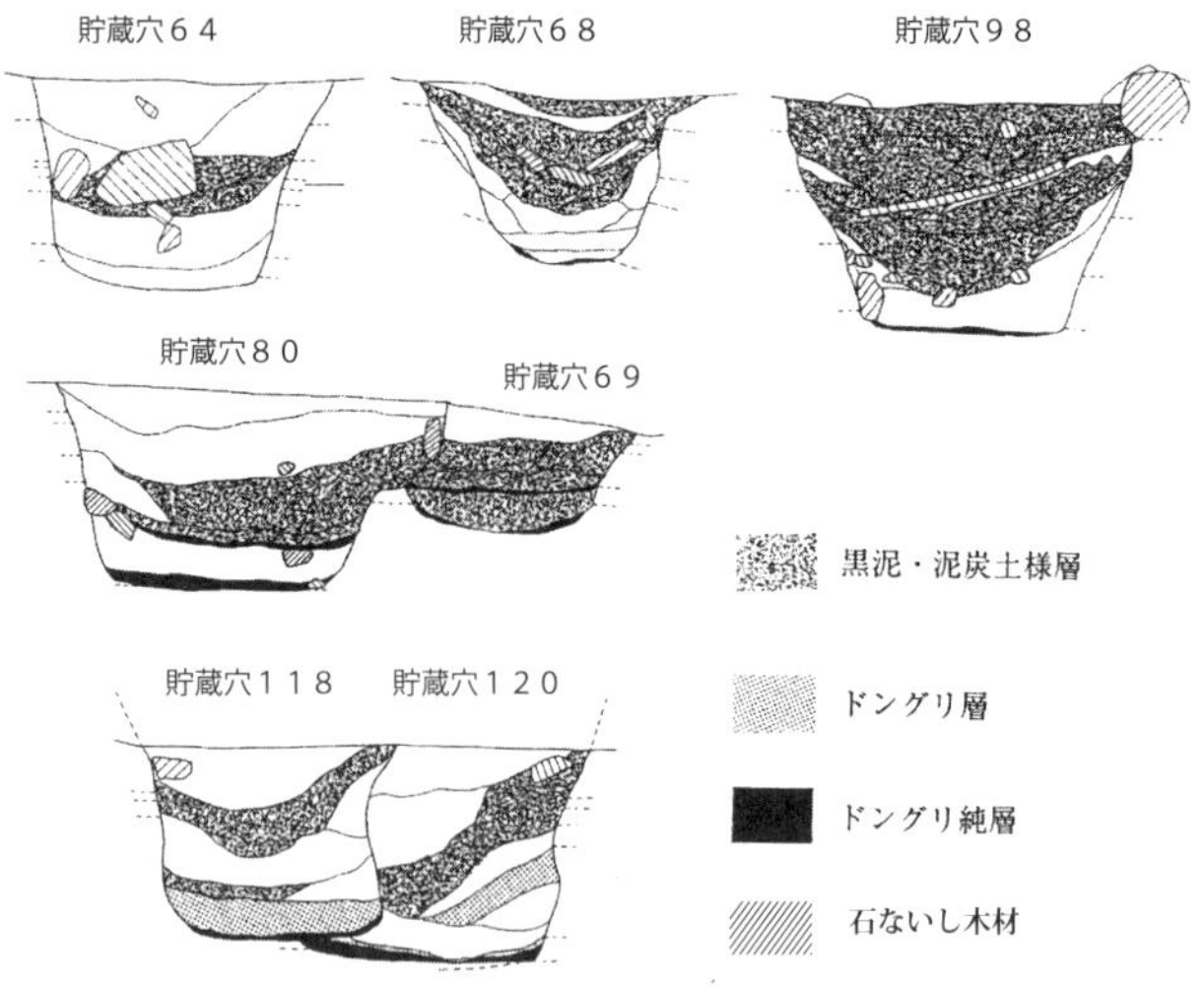

本郷大田下遺跡で発見された貯蔵穴の断面図

貯蔵穴 68 と 98 は埋土中に木材がはさまっており板や枝などで蓋をして管理していたことがわかる。底には取り残されたドングリが僅かに堆積している。80 と 118 は先につくられていた貯蔵穴が埋没したあと、新たに設置されたもの。

シラカシやアカガシのほか、イチイガシ、イヌブナ、カヤ、オニグルミ、トチ、クヌギなどもいくらか含まれていた。これらのドングリ類で注意されるのは、生で食べることが可能なものと、食用とするにはタンニンなどいわゆる灰汁抜きが欠かせない種類とが含まれていることである。またトチには非水溶性の灰汁が含まれていて、複雑な工程で灰汁を抜く技術が必要だとされている。本郷大田下遺跡の貯蔵施設は、貯蔵穴の設置環境や出土状態、さらに貯蔵されたドングリ類の種類や果皮を被った状態などをみると、収穫後速やかに水漬けすることが主目的で、ある程度の期間保管するために設置されたと考えられる。恐らく灰汁抜きなどの処理が必要なものについては、ドングリの種類毎に別の場所で行われたのだろう。

縄文時代の堅果類の貯蔵や保存を知ることのできる考古資料は最近になって増加している。そのなかで主に東日本地域でも、屋外の貯蔵穴が存在するが、それらの多くは高燥な場所に設けられた乾燥型の貯蔵穴である。そのほか、堅果類が竪穴住居跡から見つかる場合も少なくない、新潟県鍋屋町《なべやちょう》遺跡、同県栃倉《とちくら》遺跡、長野県藤内《とうない》遺跡など前期から中期の遺跡で報告例が知られている。このような住居跡から出土する堅果は圧倒的にクリとクルミが多くを占めており、かつ出土状態を観察すると、いずれも住居内で乾燥して保管していたようだ。

一方、本郷大田下遺跡のような水浸け状態で保存する貯蔵穴は、佐賀県西有田町の坂の下遺跡、山口県平生町岩田遺跡、岡山県山陽町南方前池《みなみかたまえいけ》遺跡、奈良県天理市布留遺跡など西日本各地の縄文時代遺跡に多くみられる傾向がある。時期は前期のものも存在するが、中期以降に事例が集中し、特に後期から晩期に急増する傾向がある。これらは住居地区に近接した例もあるが、むしろ地下水位の高い場所を設置条件とした湿地型の貯蔵穴なのである。同種の遺跡で貯蔵穴が密集して存在したり、岩田遺跡の貯蔵穴群に好例がみられるように、古い貯蔵穴に重なって新たな貯蔵穴が穿たれていることからも、潮見浩が指摘するように、限られた適地に集中して設けられたのであろう。

・湿地性貯蔵穴の役割

西日本地域に多く分布する貯蔵穴に保存された堅果類は、東日本地域に多い住居内保存種とは異なって、坂の下遺跡ではイチイガシ、アラカシ、ツブラジイが、岩田遺跡ではアカガシ、シラカシ、ウバメガシなどが、南方前池遺跡ではイチイガシ、トチ、クリなどが貯蔵されていてクリやクルミも少なくないが、むしろドングリ類が主体となっている。これは落葉広葉樹が主体となっていた東日本地域に対して、西日本地域が常緑広葉樹に広く覆われていた当時の森林相と関係している。このように保存されているドングリ類の種類と、水漬け状態の貯蔵環境などをみて、西日本地域に広く分布する貯蔵穴は生のままで保存し、また灰汁抜きの効果を期待した貯蔵方法であったと考えられてきた。

しかし先にも述べたように同一貯蔵穴に残されたドングリ類には加工処理方法が異なるものが含まれている例が多くみられること、また最近になって低湿地に設けられた、トチやドングリ類を加工処理するための遺構が発見されていることを鑑みると、貯蔵穴が灰汁抜きを第1の目的としているとは考えにくい。必ず行わなければならない収穫したドングリ類の虫殺しとともに、ある程度の期間の保存が必要なために設けたのであろう。ただ貯蔵穴のなかには堅果類が土坑いっぱいに詰まったまま発見される事例もあることや、シイやクリなど美味な堅果が少ないことから、備荒用としての役割も期待されていたのではなかろうか。

【文献】潮見浩1977「縄文時代の食用植物―堅果類の貯蔵倉庫群を中心として―」『考古論集―慶祝松崎寿和先生六十三歳論文集―』、宮路淳子2002「縄紋時代の貯蔵穴」『古代文化』54―3古代学協会、松田真一2012「近畿地方の縄文集落の生活と生業」『縄文集落の多様性Ⅲ　生活・生業』雄山閣

69　松井《まつい》コブノ木《こぶのき》遺跡

宇陀市菟田野区松井字コブノ木

遺跡は宇陀市菟田野《うたの》松井字コブノ木にあり、芳野川がつくる標高360メートル前後の氾濫原上に開けた、松井集落の北縁に立地している。集落の北側の丘陵の裾に天神社が鎮座しているが、遺跡はその境内を中心に付近一帯に広がっているとみられるが、正確な範囲は明らかでない。遺物は民家の改築の際に出土したものや、畑から耕作時に採集されたものが多く、いまだ正式な発掘調査は実施されていない。

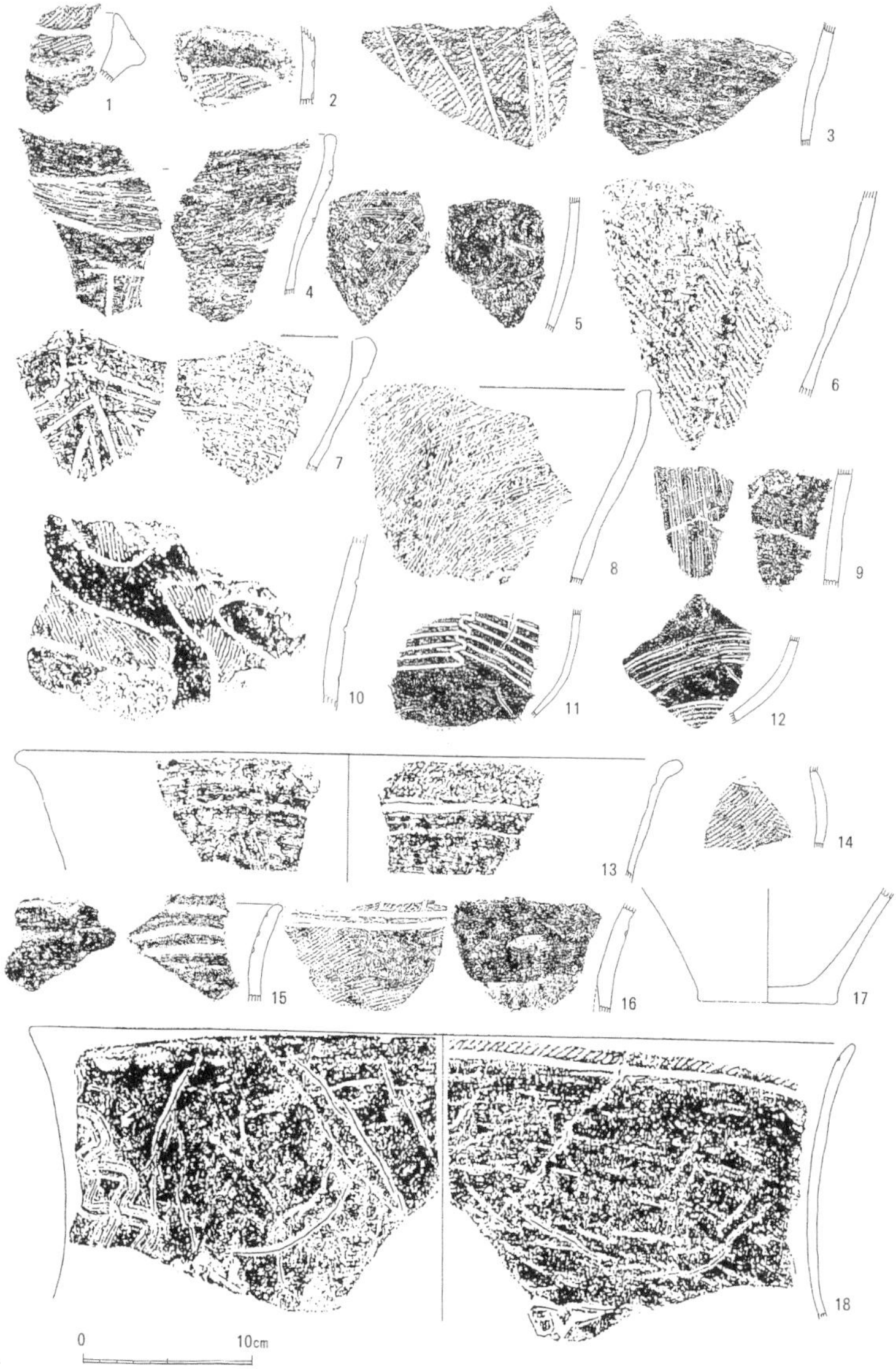

松井コブノ木遺跡で出土・採集された縄文土器

採集された遺物には中期終末から後期中葉の土器がみられる。中期終末から後期初頭への移行期の土器には、口唇部を拡張して太い沈線間に縄文を施す土器があるが、太い曲線の沈線による幅広の縄文帯で口縁部と胴部を一体として文様を描いた土器は、後続する後期初頭の天理K式の特徴を備えている。この磨消縄文系の土器には、沈線間を縄文で充填するもののほかに、櫛状工具による条線で充填する破片も何点かみられる。また、中期終末から後期初頭の段階には、櫛状工具を横位や斜位のほか全面を埋め尽くすように施文する条線文系と、間隔をあけて縄文帯を垂下させる縄文系の土器とがある。後期前半から中葉の土器には、口縁部内面に施文部を設けたものや、多条の沈線を配した土器などがあり、当遺跡における継続した活動の跡が窺える。石器には石鏃・削器・楔形石器のほか二次加工のある剝片や石核が採集されている。剝片石器はいずれもサヌカイト製である。

宇陀市岩崎（旧菟田野町）で発見された石棒（※2）

本遺跡から芳野川を約1・5キロ下った付近で、南側から四郷川が合流するが、その左岸にある岩崎集落の南の標高340メートルの沖積地で、1970年代に発見された1本の石棒が知られている。石棒は長さ57・0センチで両端に突起した頭部を造りだし、横断面が円形に近い楕円形を呈した大型の両頭式石棒で、身部は中央をやや太めにつくる。一端は長さ7・0センチ、幅9・0センチ、もう一端は長さ7・0センチ、幅7・5センチでどちらも丸みをもって丁寧に磨きあげられた頭部としている。大型石棒の完形品は県下ではほかに例がないもので、現在奈良県立橿原考古学研究所附属博物館に常設展示されている。

【文献】小泉俊夫1961「芳野川流域の先史遺跡」『古代学研究』29、網干善教・小泉俊夫1968「先史時代」『菟田野町史』

70 向淵《むこうじ》遺跡

宇陀市室生区向淵字竜神

宇陀市室生向淵の字龍神にある本遺跡は、大和高原南部から宇陀川に流れ込む支流のひとつ大野川流域に位置する。向淵集落の西に聳える山地の南斜面にあたる標高約500メートル付近に、竜王淵《りゅうおうぶち》と呼ばれる池があり、以前から縄文時代の遺物が採集されていて、その南東側周辺に遺跡が広がって

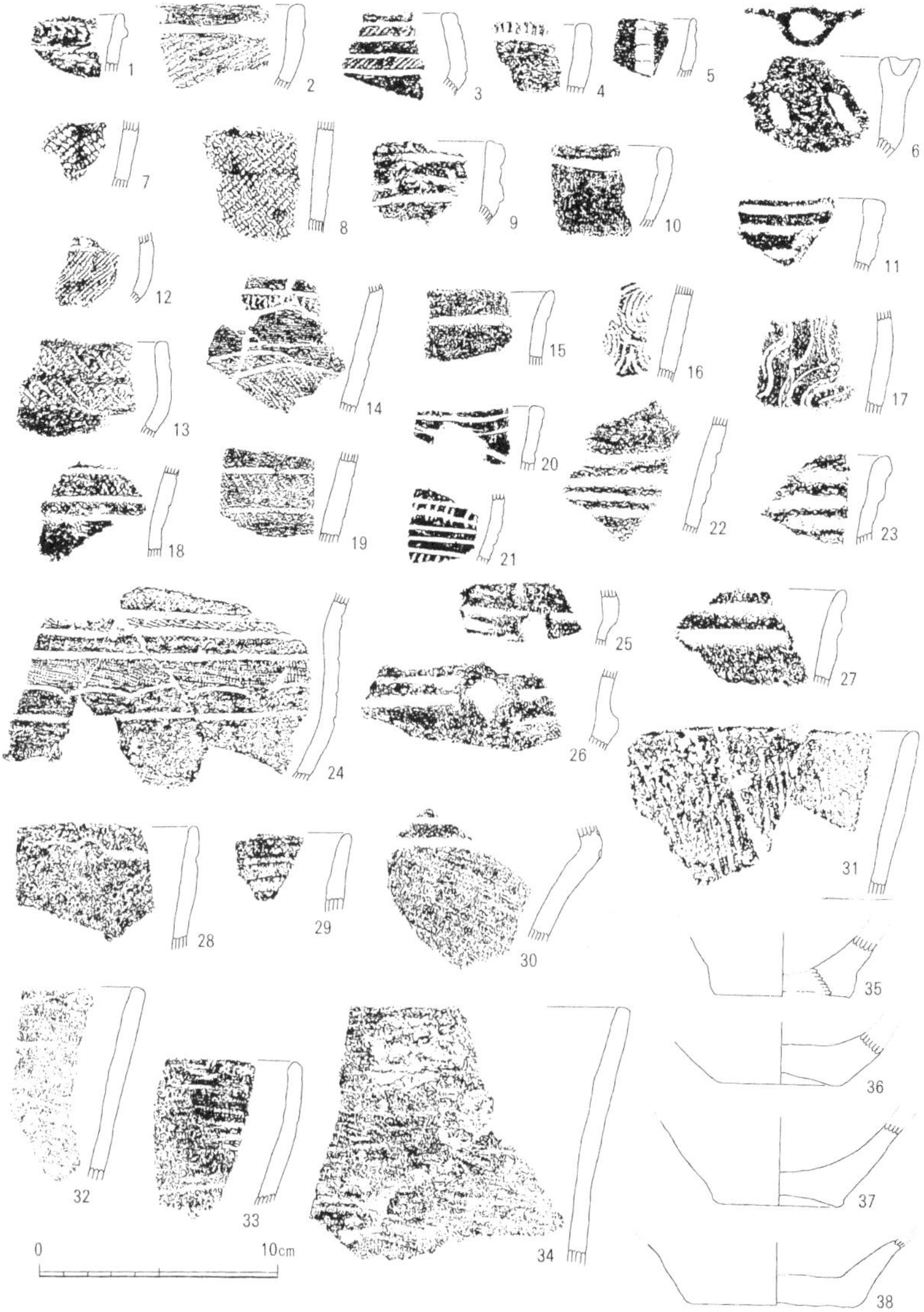

向渕遺跡で採集・出土した縄文土器

いると予想されていた。１９６４年に遺跡の範囲内と思われる櫟林を開墾する事業にともなって試掘調査が行われた。縄文時代の遺構こそ発見されなかったが、新たな縄文土器や石器などが得られたことで、遺跡の消長がより詳細に明かにされることになった。

土器からみた遺跡の盛期は、後期中葉から後期終末にかけてとみられる。口縁部と胴部に帯縄文による文様帯を形成するもの、胴部に配された横位の沈線間に連続する弧線文と巻き貝による擬縄文で文様帯をつくるもの、あるいは結節のある縄文を用いた特徴などが指摘でき、一乗寺K式から元住吉山Ⅰ式に該当する資料が充実していることがわかる。これらに先行する資料もある。押し引き文や幅狭い凸帯上に爪形文を施したもの、横位全面に縄文を施文したものなど前期に遡る土器のほか、後期初頭の土器なども出土している。後続する土器としては凹線文土器があり、出土量も少なくはなく元住吉山Ⅱ式から宮滝式まで、遺跡は規模をあまり縮小することなく継続していたことが推定される。ほかに条痕文調整の深鉢があり、多くは後期に属する粗製土器とみられる。

【文献】網干善教・小泉俊夫１９６６「先史文化」『室生村史』

71　弁天《べんてん》遺跡

宇陀市曽爾村伊賀見字弁天

遺跡は宇陀郡曽爾村伊賀見《いがみ》字弁天にあり、景勝香落渓《こおちだに》の上流である曽爾川が左岸に形成した、標高約３６０メートルの低位段丘上の南北約１００メートル、東西約60メートルの範囲に縄文時代の遺物が散布している。曽爾村史ほかこれまでにいくつかの報告があるが、いずれも表面採集によって得られた遺物の報告であり発掘調査は行われていない。

採集されている遺物のなかでは中期終末から後期前半にいたる時期のものが多く、特に太い沈線と充填された縄文を特徴とする後期初頭の土器が中心である。１点だけではあるが楕円押型文の施文された土器が採集されており、遺跡は早期に遡ることが判明している。

石器には石鏃・石匙・石錐・楔形石器・石錘などがある。石鏃は基部の抉りの深い鍬形鏃や二等辺三角形鏃のほかに軽量の魚形五角形鏃があり、遺跡の出現がさらに遡上することも考えられる。また石器全体のなかで石鏃とともに、切目石錘の占める割合が高いこともこの地域の縄文時代遺跡の特徴であり、当時の生業の問題を考えるうえで興味深い。

本遺跡の上流約１・３キロの曽爾川右岸には久保川原《くぼがわら》遺跡があり、１９８４年に耕地整理に伴う事前の発掘調査で縄文時代早期の小規模な土坑と、押型文土器や石鏃、削器などの遺物が出土してい

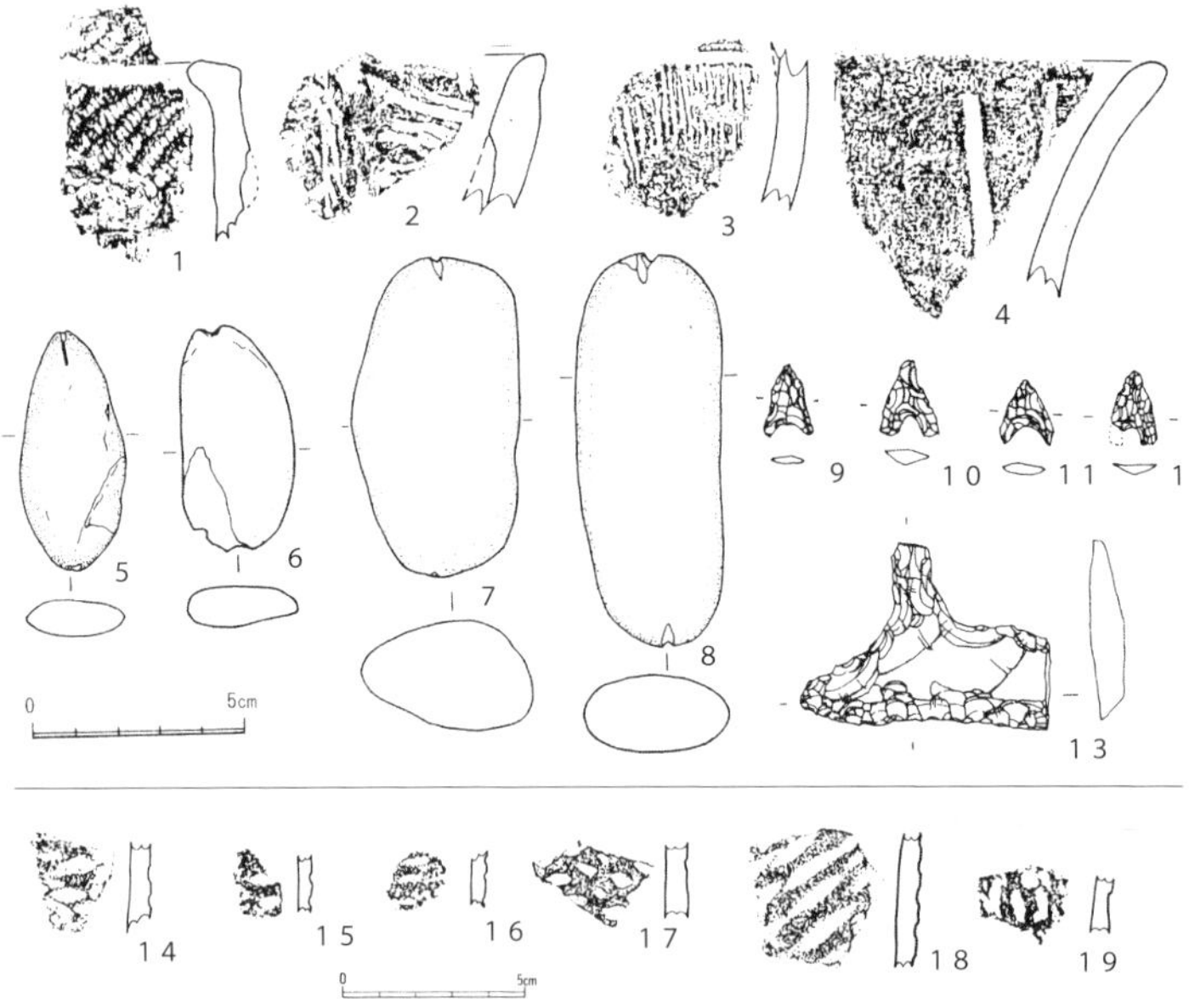

弁天遺跡（1〜13）と大口遺跡から出土した遺物（14〜19）

る。土器はネガティブ楕円文や山形文のほか、両者を組み合わせた破片などで、大川式や神宮寺式に該当する。

　久保川原遺跡と同様の押型文土器は、東に聳える亀山西側の標高470《メートル》前後の中腹に立地する、太良路《たろじ》の大口《おおぐち》遺跡でも出土している。全体の形状や文様構成がわかる破片はないが、施されている文様はネガティブ楕円文が多く、これに斜格子目文や刺突文が加わる。ネガティブ文を施したものは縦位に回転施文された胴部の破片である。これらの押型文土器に伴うとみられる石器には、浅いV字状の抉りがある二等辺三角形鏃や鍬形鏃がある。ほかに削器や楔形石器も採集されている。

太良路の集落に近い曽爾川右岸には太良路北《たろじきた》ダイ遺跡があって、１９９１年と１９９２年に耕地整理にともなう事前の発掘調査が行われている。遺跡が立地する低位の段丘は南北約７００メートル、東西幅約１５０メートルの規模があるが、発掘調査が実施されたのは、段丘北半部で最も幅の広い付近の約４００平方メートルである。この調査では奥宇陀地域では初めて竪穴住居を検出したほか、焼土が埋没した特殊な大型土坑や墓坑と考えられる遺構などを検出している。

これらの遺構に伴って出土した遺物は、後期前半から中葉の土器が中心で、一部の資料を除き、縁帯文土器の新しい段階である北白川上層2式と同3式にほぼ包括される。この時期の縄文土器のなかに、北陸地方（図の11）のほか関東地方の堀之内2式や加曽利B1式（図の7・8・10）など、非在地系統の土器が少なからず存在している。深鉢や鉢などに加えて、注口土器なども散見される。石器には石鏃、石匙、掻器、石皿などがあり、このうち剥片石器はすべてサヌカイト製である。

太良路北ダイ遺跡がある段丘の南半部には、太良路南ダイ遺跡があって、やはり耕地整理に伴う発掘調査が２００１年に行われている。ここでは広範囲の試掘調査が実施されたものの、顕著な遺構は検出されていない。ただ、出土点数は少ないが、段丘南西側で縄文土器が出土している。土器はやや粗い爪形文を2から3条めぐらす条痕調整した特徴をもち、口縁部内面と口唇部にも同様の爪形文を施す粕畑式土器（図の14・15）である。ほかに縄文を羽状に施文した土器（図の16）など

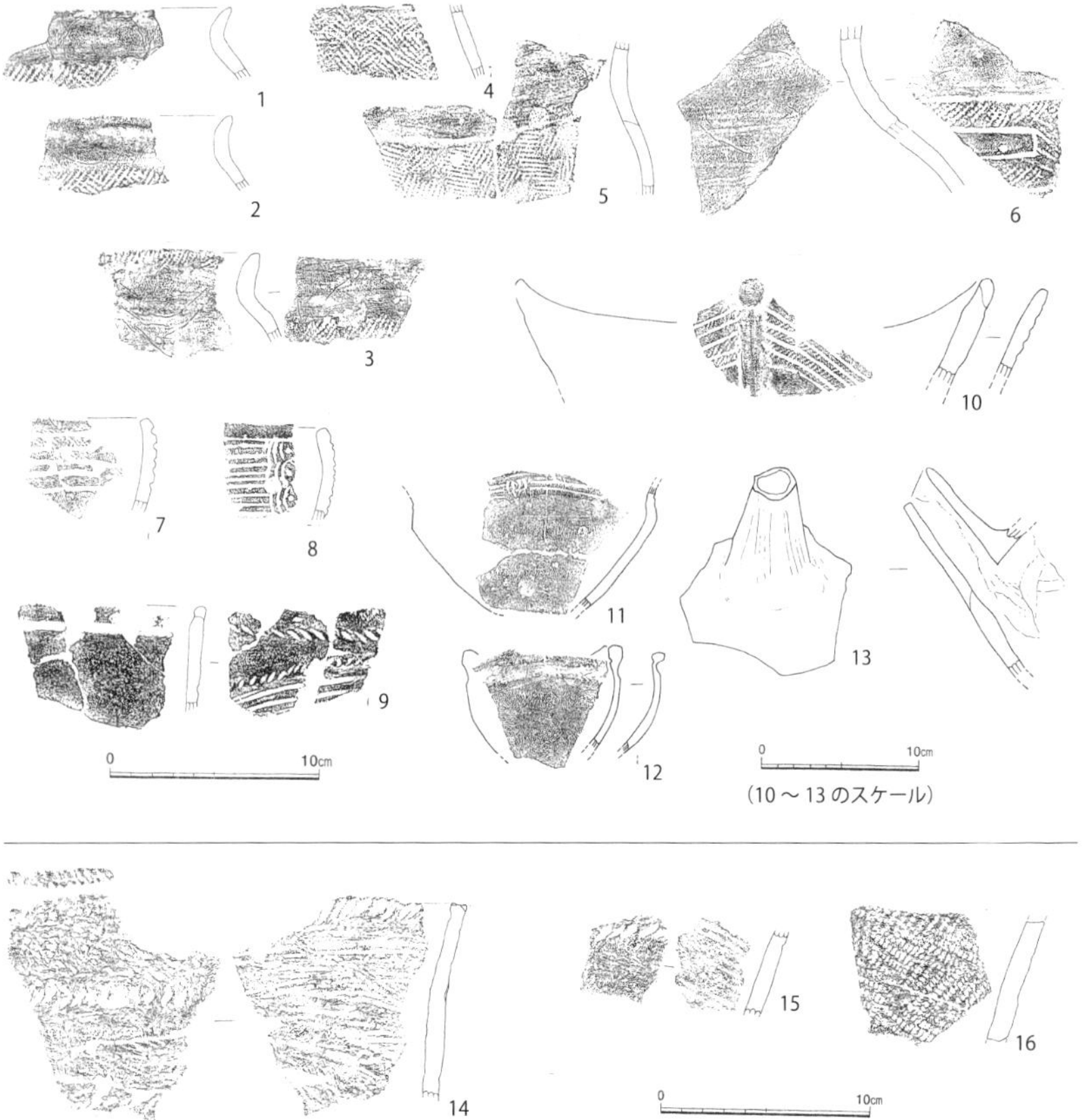

太良路北ダイ遺跡㊤と太良路南ダイ遺跡㊦から
出土した縄文土器

が出土している。石器には削器と磨石や敲石などがある。

【文献】網干善教・小泉俊夫1972「曽爾村の黎明」『曽爾村史』、中野和正・松田真一1985「曽爾村弁天遺跡採集の縄文時代遺物」『青陵』56、松田真一1985「久保川原遺跡発掘調査報告書」『奈良県遺跡調査概報1984年度』、中野和正・松田真一1987「曽爾村大口遺跡出土の縄文時代遺物」『青陵』61、橋本裕行ほか2002『太良路南ダイ遺跡発掘調査報告』曽爾村教育委員会

72　条ケ本《じょうがもと》遺跡

宇陀市曽爾村今井字条ケ本

遺跡は曽爾村今井字条ケ本にあり、御杖村との村境に聳える古光山の西麓にあたる標高約650前後《メートル》の高原地帯に立地している。遺跡はこれまで正式な発掘調査されたことはないが、戦後この地への入植者による開墾で遺跡の存在が知られるところとなった。遺跡の情報に関しては、収集された表採遺物によって僅かに明らかにされているに過ぎないが、宇陀地域では数少ない前期の遺物が主体となる重要な遺跡である。

縄文時代の遺物は県遺跡地図に明示された範囲のなかの、主に東西の2カ所の地点から採集されており、そのうち西地点では採集された遺物は少ないものの、条痕調整で爪形文が施文された北白川下層Ⅰ式に該当する土器が出土しているとされる。遺物の大半は標高620《メートル》付近にある東地点から採集されたもので、その地点の畑の持ち主によって、開墾や耕作中に発見したものが採集・保管されている。東地点の土器は表面採集資料であることから細片が多く、早期から後期のものを含んでいるが、資料の中核となるのは前期中葉から中期初頭の土器群である。爪形文土器には口縁部に主に横方向に水平に施文されたC字形爪形文を配し、その下を主に横位の縄文施文によって埋める胴部文様帯をもつもの（図の2〜4・18）がみられる。平行沈線内に爪形文を施文されるものも存在しているが、なかでも目立つのは爪形凸帯文を有する土器で、それには高さのある凸帯で曲線による同心円文などを描くもの（図の19）や、凸帯の幅より広い特殊施文具を用いたもの（図の21〜23）、口唇部にΣ状刻みの特徴ある爪形文を施すもの（図の28）、やや幅広の爪形凸帯を口縁に沿って配するもの、あるいは弧状に展開したものなどがみられる。これらは北白川下層Ⅱb式・Ⅱc式・Ⅲ式・大歳山式および、中期初頭の船元Ⅰ式ないしは鷹島式（図の15・20）に該当する土器で、県下でも数少ない資料として重要な位置を占めるものといえる。遺跡からはほかに僅かだが、粗大な楕円文を施した早期の高山寺式土器や、宮滝式土器とみられる凹線文土器も採集されている。

採集された石器のうち石鏃にはU字状の深い抉りがあって、丁寧な調整の均整のとれた二等辺三

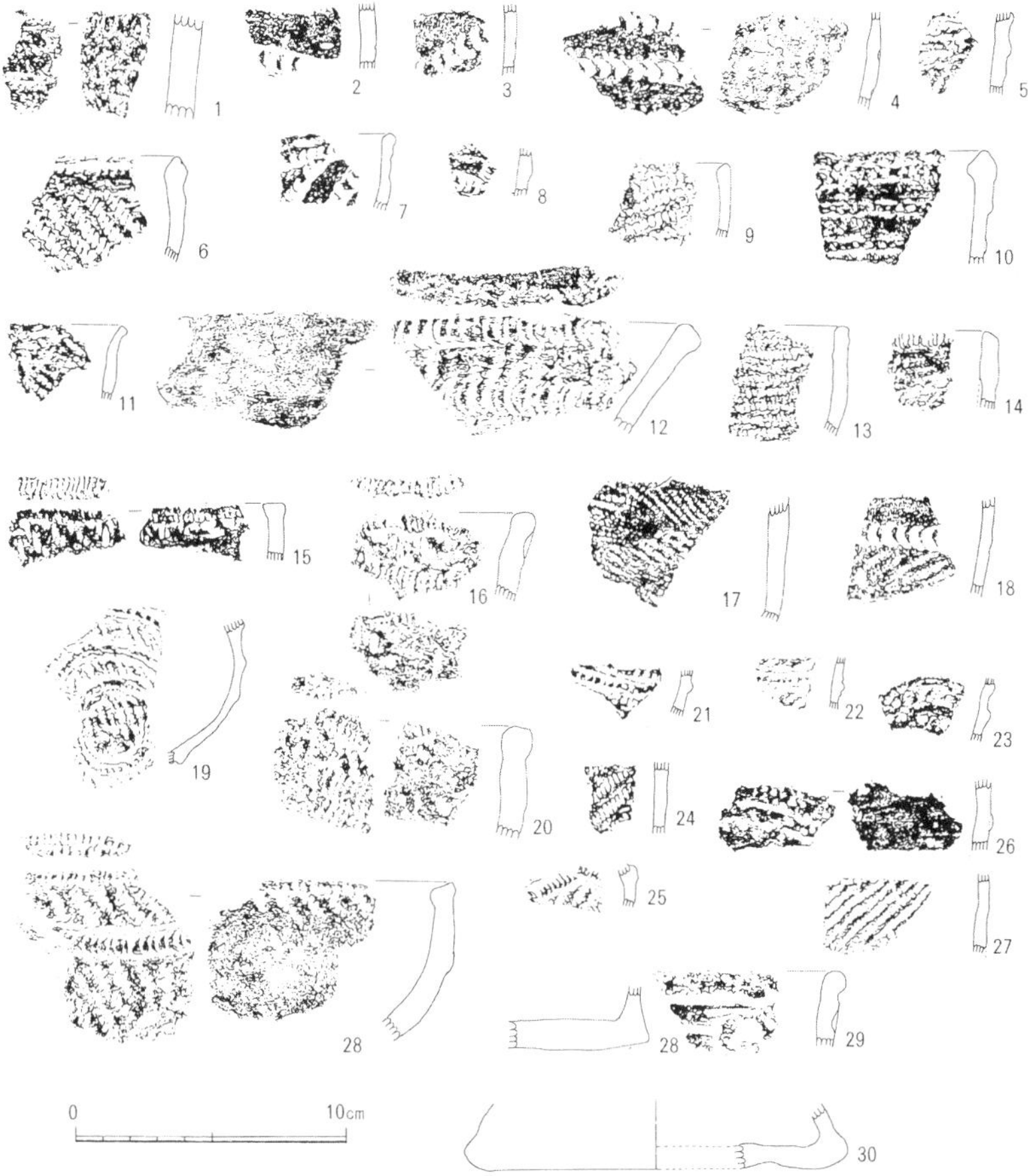

条ケ本遺跡で採集された縄文土器

角形を呈するもの、一次剥離面を広く残すことを特徴とし、基部に浅いV字状の抉りをもつ石鏃などがあるほか、小型の木葉形を呈した凸基式石鏃も含まれている。石匙にはつまみ部が小さく外彎する刃部をつくる横型のもののほか、肩が張る形態で丸みのあるつまみ部をつくりだした前期に通有の左右対称の三角形石匙などが存在する。

【文献】綱干善教・小泉俊夫1972「曽爾村の黎明」『曽爾村史』、中村善則1974「名張川および青蓮寺川流域遺跡分布調査概略」『史峯』第5号

73　泥土平《どだひら》遺跡

宇陀市御杖村神末字泥土平

名張川の支流のひとつで奥宇陀東端地域を北流する神末川《こうずえ》は、御杖村と三重県美杉村の県境付近を蛇行して流れ、神末字泥土平で標高約440<ruby>ｍ</ruby>《メートル》の低位の河岸段丘を形成するが、遺跡はこの段丘上に立地している。遺跡一帯は現在北側が植林され、南側が水田となっているが、遺物はおもに北側の地域から採集されている。御杖村史に紹介されている縄文時代遺跡で、これまでに発掘調査は

行われていないが、しばしば地元の研究者などによって遺物が採集されてきた。

採集されている縄文土器には、押型文土器と若干の条痕文土器を含む早期、および中期終末から後期中葉にかけての土器がある。押型文土器は大川式あるいは神宮寺式のネガティブ楕円文（図の1・2）が少量あるが、主体となるのは山形文や楕円文を施した段階の土器である。山形文土器（図の3）は、胴部から口縁部にかけて外傾気味に広がる単純な器形を呈している。この土器は外面全面に縦位の山形文を密接施文し、内面の口縁部には同原体を横位に2段に施文している。ほかに胴部に山形文を縦横に施文した破片があるが、図の3と同一個体の可能性がある。。楕円文土器はより厚手で、凸部の形状が長径8ミリ前後のやや大粒の楕円文で、縦位密接または斜位密接に施文したもの（図の7～9）が存在する。条痕文土器には低い凸帯に刻み目を施した入海Ⅱ式土器の細片（図の10）が確認されている。

中期終末の土器は段を設けて口縁部を肥厚させ、隆帯で窓枠状の区画をつくり、その内部におもに短沈線による羽状文やジグザグ文などで充填し、胴部は垂下する数条の沈線ないし縄文など縦位の文様で構成する深鉢で、天理C式ないし北白川C式に該当する土器群（図の11～17・20～23・27など）である。この時期に属するとみられる胴部に葉脈状文をもつ土器（図の19）は北陸地方の系統と思われる。後続する型式の後期初頭の土器は、口縁部と胴部が一体化する文様構成を指向するもので、太い沈線間を充填した縄文帯で曲線的な文様を描いた磨消縄文系深鉢（図の25・26）を代

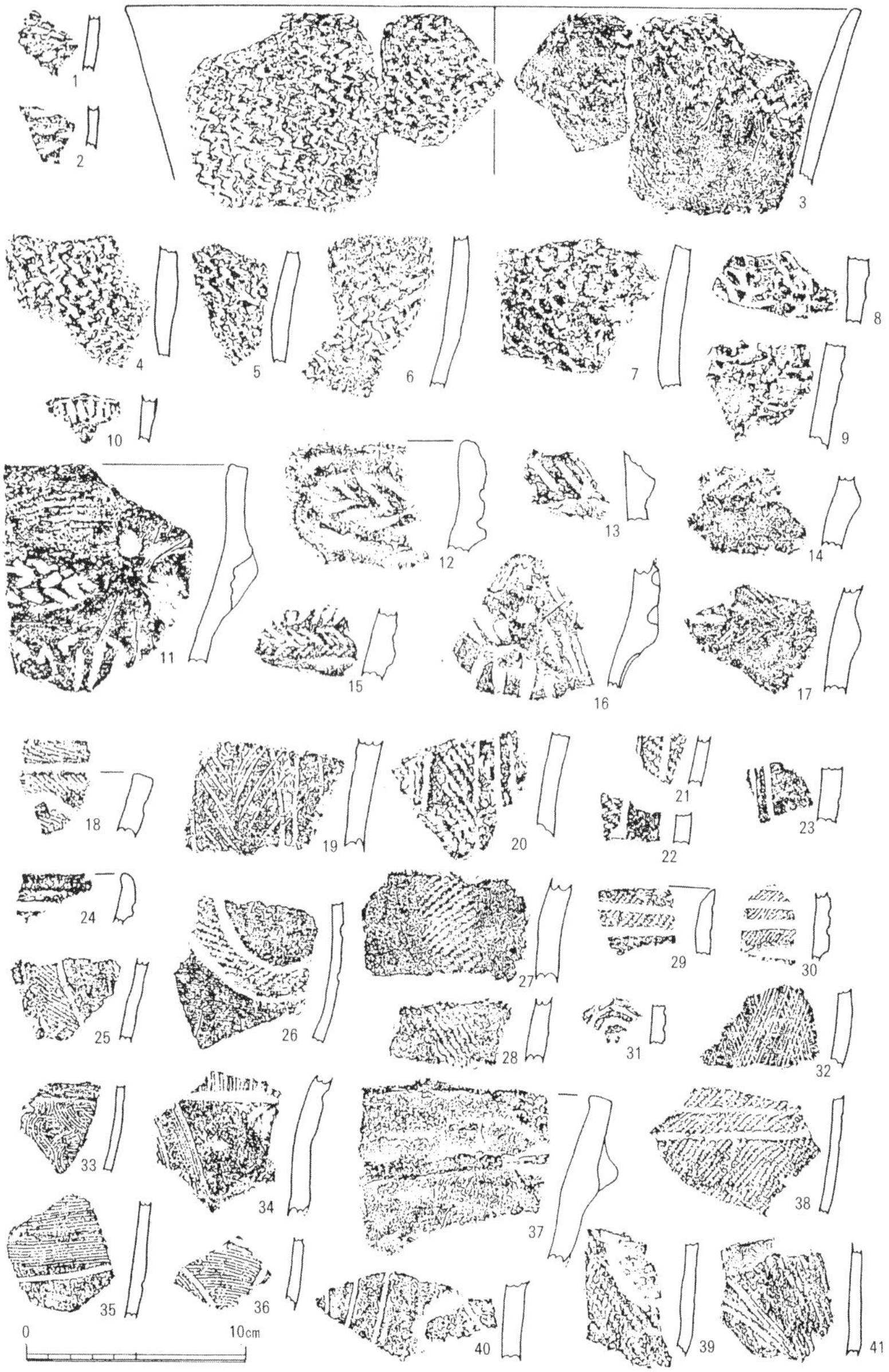

泥土平遺跡で採集された縄文土器

表とするが、櫛状工具による条線文を施文する土器（図の32）も含まれる。本遺跡では以上の中期終末から後期初頭段階の縄文土器の量が最も多い。また撚りの細かい縄文を用いた帯縄文で胴部文様を構成したもの（図の30）、沈線に沿ってその間を櫛状工具で埋める曲線的文様をもつもの、櫛状工具で蛇行する文様を描く土器（図の33）などは、後期前半から中葉の北白川上層式に該当する特徴を備えている。

採集された石器は多くはないが、早期の所産とみられる小型の石鏃のほか、削器、磨石、石錘、楔形石器などがある。

遺跡の下流約1・5キロで敷津集落の方向から流れる支流との合流地点の南側には、平岩《ひらいわ》遺跡がある。村史によれば縄文時代早期、中期、後期の土器や、石鏃、石棒が出土したとあり、ほかに尖頭器、削器、敲石、磨石などが採集されている。

【文献】網干善教・小泉俊夫1976「先史時代」『御杖村史』、松田真一1986「奈良県御杖村泥土平遺跡出土の縄文時代遺物」『古代文化』38―10

74 長尾《ながお》遺跡

宇陀市御杖村菅野字長尾

遺跡は名張川の支流である青連寺《しょうれんじ》川と菅野《すがの》川に挟まれた奥宇陀の山間部に位置し、曽爾村と御杖村とを分ける倶留尊《くろそ》山から古光《ここう》山に続く山稜の東斜面に立地する。遺跡は亀山と古光山の間にある鞍部の南東側に位置し、標高660㍍《メートル》前後の東に開けた高原状の緩傾斜地から縄文時代の遺物が採集されている。採集されているほとんどの遺物は、浅い小支谷を隔てて存在する2カ所の農地のなかでも、南側の遺物散布地のものである。かつて小規模な試掘調査が行われたことがあるとされているが、それによって出土した遺跡や遺構の報告はなく、本格的な発掘調査も実施されていない。

採集された遺物には縄文土器と石鏃・石錐・掻器・削器・楔形石器などの石器がある。土器は早期に属する資料に限られ、その前半を占める押型文土器と、後半の条痕文土器がある。押型文土器は文様によってネガティブ楕円文・山形文・複合鋸歯文・綾杉文に分類できる。ネガティブ楕円文を施した土器はどれも薄手で、神宮寺式土器（図の21～23）に該当するものに限られる。山形文は口縁部の表裏に横位施文した土器で口縁端部に刻み目を施したやや厚手の土器（図の24）で、近畿地方ではあまり類例がない。複合鋸歯文を施文した土器（図の25）は綾杉文（図の26・27）とともに、横位密接施文が隆盛する葛籠尾崎式土器に平行する段階のものだろう。本遺跡にはみられないが、

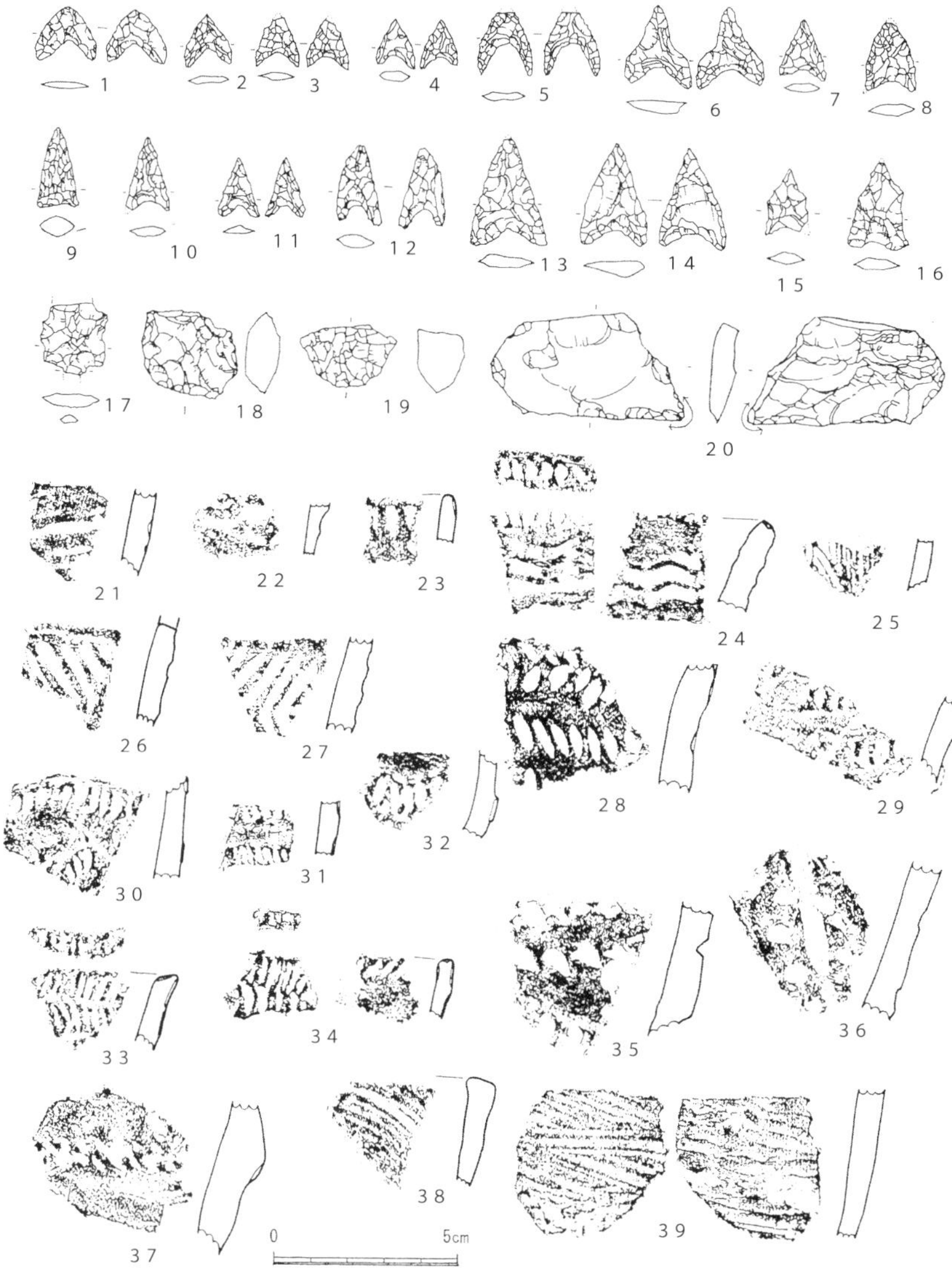

長尾遺跡で採集された縄文土器と石器

この段階の資料はしばしば山形文や格子目文などとともに組み合わせて用いられることが多い。条痕文土器は押型文土器よりも採集されている点数が多い。ヘラ状工具による爪形状の刻みを横方向に連続して施すものは、あまり条痕調整が著しくないやや厚手の土器（図の28）である。名古屋市上ノ山貝塚や刈谷市八ツ崎貝塚出土土器に類例がある。これに後続する土器には低い凸帯を貼りつけ平行する凸帯と波状の凸帯上に連続する刻み目を施しており、器壁は薄い特徴をもつもの（図の29～32）と、凸帯を消失し連続する刻み目だけが施されたさらに薄手の土器（図の33・34）が存在する。後者は口唇部および口縁部内面にも細かい刻み目が配され、口縁部では上下の刻み目が接するように施文されている。前者は入海Ⅱ式、後者は石山式に該当する。ほかに内外面条痕調整の土器や、深い刺突文を横に連続した厚手土器（図の35）など、いずれも早期後半に置くことのできる土器などが採集されている。これら東海系の土器の多さは、奈良県東端部に近い場所にある本遺跡の地理的な位置とも関わっている。

石器は土器と比較してかなり多く採集されている。特に石鏃は多種類の形態のものが存在している。平面形で分けると、正三角形鏃では浅い抉りとやや深い抉りをもつもの、脚部が外に踏ん張る形態の鍬形鏃、二等辺三角形鏃、五角形鏃、先端角度が鈍角な逆ハート形鏃などがみられる。ほかに特に抉りの深い長脚鏃が存在することも注目できる。石材はチャート製のものが数点含まれているが、大多数はサヌカイト製である。

【文献】中村善則１９７４「名張川および青蓮寺川流域遺跡分布調査概略」『史峯』第５号、網干善教・小泉俊夫１９７６「先史時代」『御杖村史』、松田真一１９８７「奈良県御杖村長尾遺跡出土の縄文時代遺物」『古代文化』39―6

遺跡各節

5　吉野山地の縄文遺跡

75　中遺跡《なか》

和歌山県境に近い五條市中町にある遺跡は、吉野川がつくる左岸の標高１０３メートル前後の低位段丘上に立地する。古くは１９５６年の阪合部《さかいべ》小学校の建設時に弥生土器などが発見され、遺跡の存在が知られていたが、２００１年から新たに校舎建替え工事にともなって実施した発掘調査で、弥生時代中期の方形周溝墓や８棟以上の竪穴住居を含む大規模な集落が確認されている。

この調査で弥生時代の遺構とは別に、縄文時代後期と、晩期前半から中葉の遺構群が検出されている。晩期の遺構は５基が確認された土器棺墓で、棺とした深鉢が横位に設置できる程度の土坑を穿って、口縁部を斜め上に向けて置かれる。口縁の方向は東に向くグループと西向きのグループに分かれ、深鉢の胴部には拳大の穿孔があり、うち１基からは打製石鍬が出土している。土器棺墓の時期は滋賀里Ⅱ式からⅢb

土器を重ねて埋納した後期の土坑
（五條市教育委員会提供）

土器埋納土坑から出土した宮滝式の注口土器
（五條市教育委員会提供）

式とされる。

後期の遺構は前述の土器棺墓に先行する宮滝式の所産で、直径70㌢、深さ50㌢ほどの土坑内に、深鉢や注口土器を多数折り重なるように納めた特殊な埋納遺構である。詳しい出土状態をみると、土坑の底に6個体以上の深鉢の大型破片を敷き詰めるように配し、その中央に下半部を欠いた別の深鉢を載せ、さらに完形の注口土器を上に置いている。最後に土坑底に敷いたと同じように深鉢の破片で覆っている。このような大型土器の埋納遺構は、埋甕のような土器の埋設や土器棺墓の趨勢と関係するとした立岡和人の意見がある。後期中葉から晩期前葉にかけての時期は、それ以前にみられた埋設土器や晩期中葉以降に隆盛する土器棺が、三重など近畿東縁地域を除くと近畿地方ではほとんど知られていない。この間を埋めるように出現するのが、この中遺跡をはじめ兵庫県印路《いんじ》遺跡、大阪府西大井遺跡、奈良県稲淵ムカンダ遺跡、和歌山県溝の口遺跡などにみられる大型土器の埋納行為だとして、埋設土器のように器を完形で埋置するのではなく、破砕した破片を埋納している点に注目して「容器としての形態破棄を意図とした」特徴を提示する。ただ、土器の埋納状態や注口土器などの扱い方などからみて埋葬施設とは考え難いものが多く、埋葬に限定せず後期から晩期にかけての儀礼や祭祀の動向の中で評価することが必要だろう。

本遺跡が所在する場所は紀伊と大和の境界にあり、吉野川を前面に望むこの場所は縄文時代にあっても紀ノ川水系の重要な往来の要衝であっただろう。検出された遺構の性格や、出土遺物の理解のためにも詳細に内容がわかる調査報告書の刊行が待たれる。

【文献】網干善教１９５７「宇智郡阪合部村中町遺跡」『奈良県文化財調査報告書１』、増田一裕ほか１９７９「野原・中遺跡出土の遺物」『奈良県遺跡調査概報１９７８年度』

76　上島野《かみしまの》遺跡

五條市島野町

遺跡は五條市上島野の吉野川が左岸に大きく張り出した河岸段丘上に位置している。これまで部分的な調査を除いて、本格的な発掘調査は行われていないため、遺跡の実態は良くわかっていない。ただし地元で以前から縄文時代の遺物がかなり多数採集されていて、下位段丘のなかの最も北に突出する一段高い段丘平坦面付近が、遺跡の中心であることが推定できる。

これまでに採集されている遺物からみると、中期終末から後期初頭と、後期中葉の土器がとりわけ充実している。ほかに、後期後半や後期終末から晩期前半の時期の土器も採集されていて、この段丘上が断続的に利用されたことがわかるので、土器を中心に内容をみてみよう。

中期終末から後期初頭の土器は段、隆線、沈線などで口縁部文様帯を区画するものに代表される深鉢があるが、大きな台形頂部をもつ波状口縁なども含まれる。口縁部の形態や充填文様や、胴部の沈線と縄文の縦位施文のほか、紡錘状の文様モチーフなど系統的な変化が窺える資料を含む。このような北白川C式とされたなかでも新しい段階から、天理K式へ移行する段階の資料が豊富にある。後期中葉の土器は大きく内彎する波状口縁から強く括れる頸部を経て張りのある胴部へ移行するプロポーションや、大きく外に広がる平縁の口縁部に球形

上島野遺跡の現状（五條市教育委員会提供）

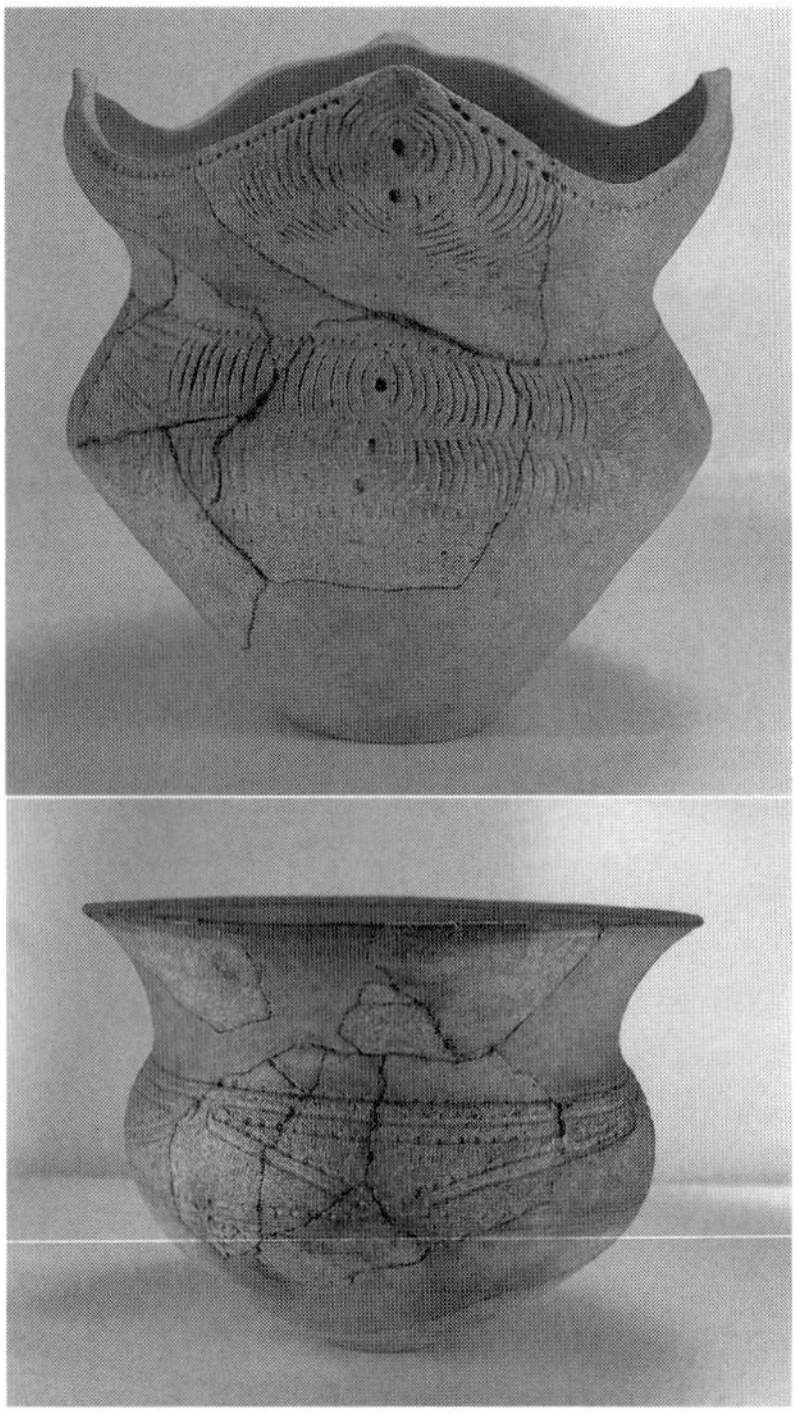

上島野遺跡の北白川上層式土器
（五條市教育委員会提供）

の胴部が続く器形の深鉢などが特徴的な土器群で、口縁部は波頂部に多条の沈線や磨消縄文で渦文や同心円文を配して、隣り合う波頂部との間を帯縄文や沈線などで繋ぐ。胴部にも同心円文・S字文・蛇行文などで横に連なる帯縄文を区切るように配置するなどの文様が特徴である。文様の構成のほか単位文様の違いや縄文の種類によって数段階の変遷が辿れるが、これら後期中葉の土器は北白川上層式に包括される。さらに一乗寺K式も少量ながら含まれているほか、この時期の注口土器も採集されている。後続する土器については、後期後半の凹線文土器や、滋賀里Ⅱ式やⅢa式さらに篠原式など晩期前半から中葉の土器もあり、河川に面して広く発達した段丘上が、頻繁に拠点として利用されたことが明らかになっている。

上島野遺跡では石鏃・石匙・削器・石錐・楔形石器・磨製石斧・打製石斧・石錘・石剣・石棒な

上島野遺跡の礫石器類
石錘（1～6）、打製石鍬（7・8）、磨製石斧（9～12）
（五條市教育委員会提供）

ど多種類の石器が採集されている。吉野川流域では中期終末以降、石錘を出土する遺跡が多く目立つ。ここでも切目石錘と礫石錘を合せて24点あり、石器の器種別組成でみると石錘は高い割合を示し、盛んだった内水域の漁撈活動が想定できる。なお、石器については確かな石材同定が果たされていないが、非現地産製品の広がりのほか、石材の動きなどの問題に迫るためにも今後の調査が必要だろう。

蛇行する吉野川を3キロほど遡ると右岸に五條市東阿田町の集落があるが、背後の阿田峯から派生する尾根の南斜面に東阿田稲口《ひがしあだいなくち》遺跡が立地する。１９５２年大阿太小学校の校庭拡張工事に際して、部分的な発掘調査が行われ、縄文時代後期の遺物包含層を検出している。縄文土器は口縁部に沿って幅広の磨消縄文を配した深鉢、櫛状工具による縦位や斜位の条線文を施文する深鉢、肥厚させた狭い口縁部に縄文を配し、頸部を無文、胴部

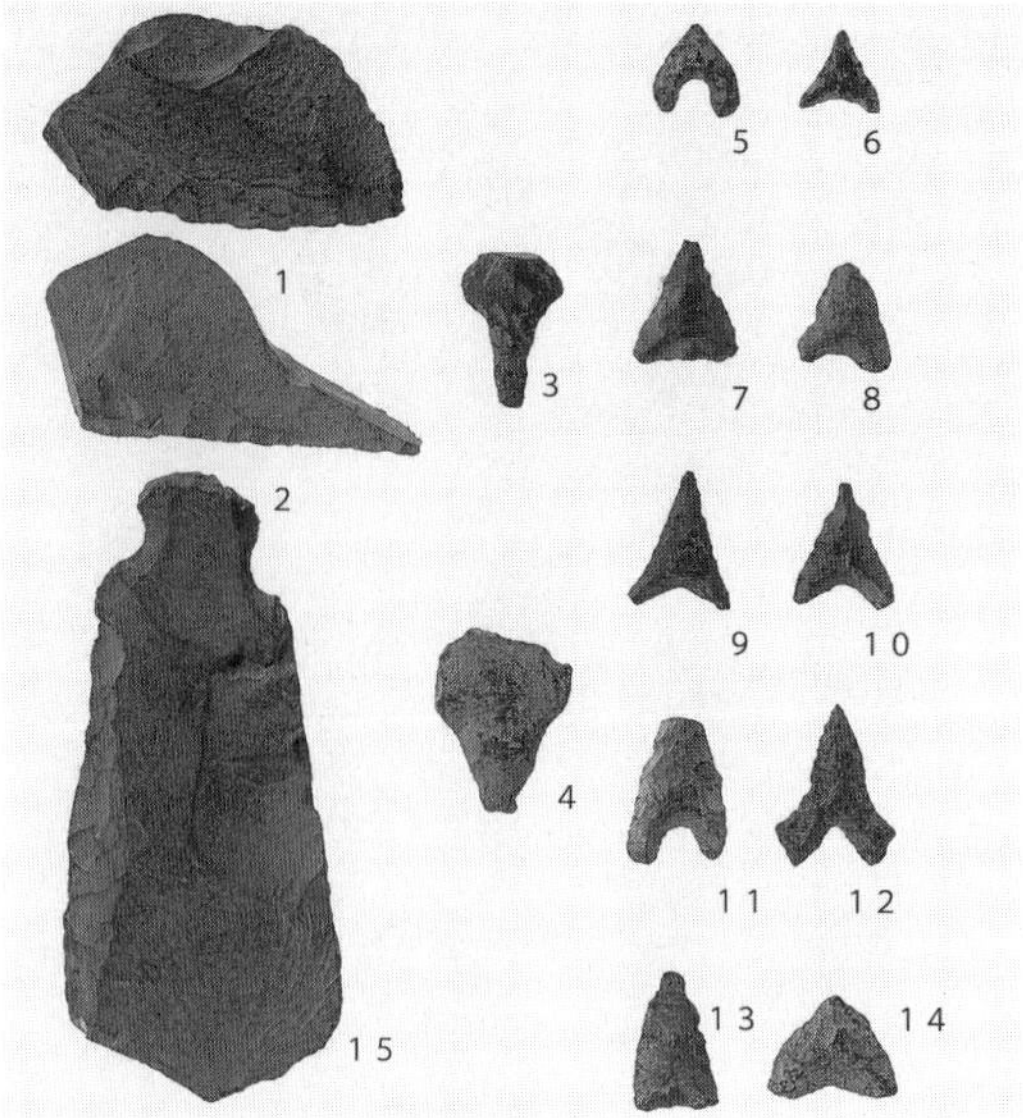

上島野遺跡の剝片石器類 削器（1・2）、石錐（3・4）、石鏃（5〜14）石匙（15）（五條市教育委員会提供）

上位には沈線を境として縄文を全面に施文した深鉢など後期前半の土器が報告されている。かつてこれらのなかの主たる土器を稲口式として後期前半の標識資料とされたことがある。現在は北白川上層Ⅰ式を中心とした土器と考えてよい。

また東阿田稲口遺跡の北西の台地上の、五條市阿田には切畑《きりはた》遺跡が立地する。ここで採集される土器には半截竹管による爪形文を施した破片があるとされる。土器のほかに石鏃、石槍、石錐、石匙などの剝片石器が採集されている。

【文献】小島俊次1954「吉野川流域の古文化について」『奈良県総合文化調査報告書 3 吉野川流域』、村上昇・近藤奈央・大下明ほか2004「Ⅳ〔1〕上島野遺跡」『市立五條文化博物館 資料目録Ⅰ』

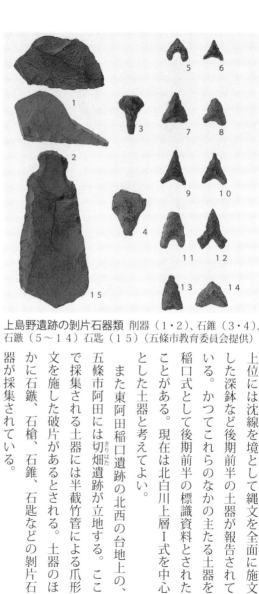

77　野原北《のはらきた》遺跡

五條市野原町

遺跡は吉野川を眼前にした標高112メートル《メートル》前後の左岸段丘上に立地している。これまで弥生土器などとともに縄文土器も採集されていたが、2004年に段丘南端に近い地点で行われた発掘調査で、縄文時代後期前半とみられる1基の遺構を検出している。調査は限定的な範囲で行われたため、遺構の掘削面の層序との関係は明らかでないが、遺構内から出土した土器細片から時期が判断されている。

遺構は直径が約25センチ《センチ》の不整円形を呈し、深さは現存で約30センチ《センチ》の小土坑で、壁面はほぼ垂直に掘り込んでいる。遺構内の遺物の出土状態は興味あるもので、平坦な底の上に礫面を残したサヌカイトの石核を置いて若干の土で埋めた後、4個の切目石錘と小石を並べて置く。それらを土で覆って扁平な台石、石皿破片、丸い敲石、磨石を折り重なるように埋納し、土坑の中に土を充填している。穴の中には炭粒や焼土が少量混入していたが、壁面

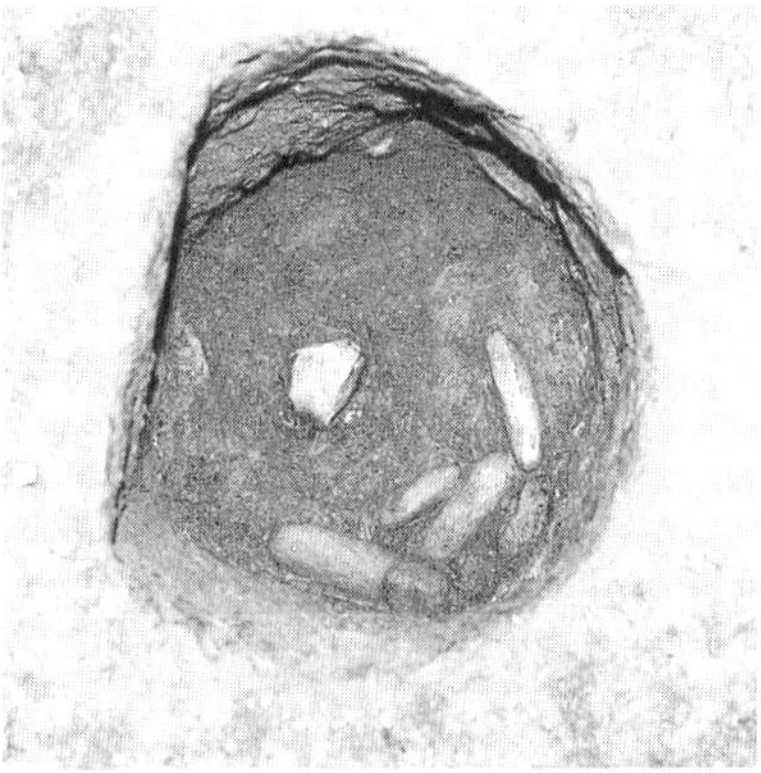

小土坑に納められた石錘や石核など
（五條市教育委員会提供）

小土坑から出土した敲石㊤と石皿㊦
（五條市教育委員会提供）

や埋納遺物には被熱痕跡はない。

この遺構が本来単体で存在したものかどうか明らかでないが、打割、敲打、粉砕用の道具、漁網用の道具、石鏃に代表される剝片石器の原材料など、どれも生産に関わる製品や素材を選択して段階的に納めていることからして、生業活動の成就や成果祈願に際した祭祀行為のなかで設けられた遺構と考えられる。特異な遺構だけに、あらかじめ存在した遺構の一部を利用したものなのか、あるいは祭祀に臨んで新たに設置した祭りの場であるのか類似した遺構の検出を待ちたい。

【文献】前坂尚志2005「野原北遺跡第2次調査」『平成15・16年度五條市内遺跡発掘調査報告書』

78　佐名伝《さなで》遺跡

吉野郡大淀町佐名伝

遺跡は吉野川の本流に面した北岸に形成された、標高138㍍前後の東西に長い段丘上の大淀町佐名伝に所在する。1999年と2003年に小規模な発掘調査が行われていて、縄文中期終末の土器や、石錘や石棒などの遺物が得られているが、縄文時代に関わる顕著な遺構は発見されていない。ただ以前から遺跡を東西に貫く国道付近では地元の研究者によって採集された縄文時代の遺物が知られていた。また届出はされていないが、国道の改良工事にともなって確認したとされる遺構の一部や、その際に採集された遺物などから遺跡の内容を窺うことができる。遺跡からはストーンサークル状に石を集積した遺構や、80㌢もの掘り込みの住居址、土器埋設遺構などのほか、貝塚の発見証言まであるが、その後の調査で同一地点から、近世の石垣なども検出された事実もあり、今後の調査で正しく検証する必要があろう。以上のような経過があり、遺跡の範囲は推定の域を出ないが、現在の佐名伝集落から西側に広がり、東西400㍍程度に及ぶ可能性がある。

採集された縄文土器は滋賀里Ⅱ式からⅢａ式の縄文晩期前半に位置づけられる土器で、貝殻条痕調整の深鉢は頭部が単純に屈曲するもののほか、明瞭な2段に屈曲する形態と、頸部にナデを施して外傾する口縁部をなすものがある。文様は波頂部を基準に平行沈線や格子沈線文のほか押圧文な

佐名伝遺跡出土の縄文土器（下の３点は非在地系統の土器）＝五條市教育委員会提供

どで加飾する。浅鉢は平縁と波状の口縁があり、屈曲する頸部から内彎気味の口縁部を呈するものや、強く外反して口唇部が短く立ち上がる形態のほか、屈曲のない単純な椀形や壺形も含まれ多様である。ナデによる調整のものもあるが、多くはミガキによって仕上げられている。文様は深鉢同様、平行沈線文や山形に配した沈線文が描かれるが、おもに滋賀里Ⅱ式段階の刻目列による区画と、内部を三角形刳込文と平行沈線による施文をもつ橿原式文様が特徴的である。ほかに冒頭に記した小規模な発掘調査で中期終末の土器も出土している。

これらの資料の中に3点の縄文を施文した非在地系統の土器が存在する。平行線間や平行線と三叉状の沈線との間にLRの縄文を充填した深鉢の破片である。胎土が精良で在地の土器とは明らかに異なり、文様の特徴から東日本系統の土器とみてよい。

石器には削器、楔形石器、礫石錘、剥片があるほか、地元の佐名伝公民館には磨製石斧、敲石、磨石が保管されている。

【文献】近藤奈央2004「V〔1〕大淀町・佐名伝遺跡」『市立五條文化博物館　資料目録Ⅰ』、佐藤麻子2011「佐名伝遺跡」『奈良県遺跡調査概報2010年第1分冊』

79　大淀《おおよど》桜《さくら》ケ丘《がおか》遺跡

吉野郡大淀町下渕

吉野川の中流域は中央構造線にそってほぼ西に流れ、両岸に段丘が発達する地形を形成している。本遺跡は大淀町下渕付近で一旦南に迂回するように流れをかえた吉野川の右岸に張り出した高位の段丘上に立地する。遺跡の範囲は段丘南半部にあたる標高145メートル前後の平坦な一帯に及ぶと想定され、特に大淀町立桜ケ丘小学校の校庭の北東地域で遺物が多く採集されている。1950年小学校の校庭の拡張工事に際して縄文時代の遺物が出土し、その年と翌年に遺物出土地点とその北方一帯を中心に発掘調査が実施された。

発掘調査の結果、大小の竪穴遺構や溝状遺構を検出している。竪穴遺構の中で直径60～80センチ程度の小規模な複数の土坑状の遺構は、内部から灰や木炭片が検出されたものや、受熱礫が入ったものなどがあり、炉と判断されている。またやや規模の大きな竪穴遺構は4カ所のピットをもった直径約1・2メートル、深さ0・2メートルのものと、中央に1本の柱穴をもち、脇に炭灰の入った炉跡を備えた直径約2メートルの規模の遺構は、ともに竪穴住居とされているが、住居としては小

大淀桜ヶ丘遺跡の小規模な竪穴住居（※1）

出土した前期の縄文土器（※2）

規模でかなり特殊な性格なものとみなさざるを得ない。溝状遺構は幅1・2メートル、深さ0・2メートルだが、長さは5メートルを超え中央に石を配置したほかにあまり例を聞かない形態の遺構である。配置された石の中には台石状のものと敲石があり、石の周辺から石鏃やサヌカイトの剥片が多数出土し、報告では石器製作を行った遺構と考えている。

出土した土器は前期の爪形文を施文した土器が主体で、本遺跡は縄文を採用する北白川下層Ⅱ式以降に始まる。口縁部文様帯に連続爪形文を施文し、胴部に縄文を施す北白川下層Ⅱa式（図の8）に続き、原体幅が狭く施文間隔が開く爪形文に変化し、水平方向の平行した爪形文のほか、縦位や曲線を用いた文様モチーフで構成するものが出現するほか、赤色顔料を塗布

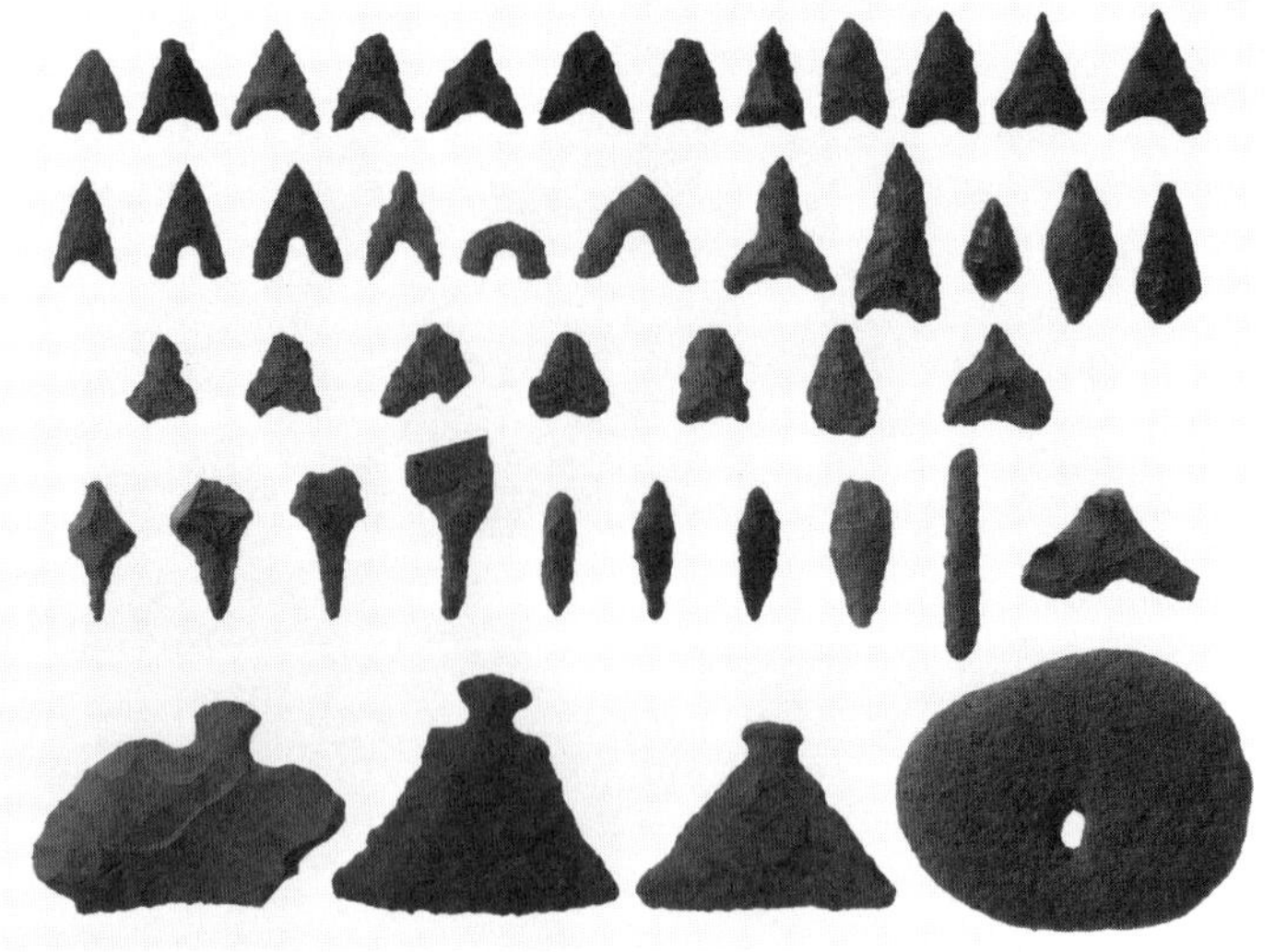

出土した石器（石鏃、石錐、石匙など）（※２）

した土器が導入される北白川下層Ⅱｂ式（図の１・２・６）がある。後続する凸帯文が出現し凸帯上に爪形文、刻み目文、縄文など多彩な加飾が特徴の北白川下層Ⅱｃ式（図の４・９）と、さらに特殊凸帯文などを施文する同Ⅲ式から大歳山式土器（図の10・12・13）にいたる諸型式が出土している。また諸磯ｂ式の影響を受けたモチーフをもつ土器（図の11）も出土する。深鉢以外では半截竹管の内側による平行線で文様を描き、赤色顔料を塗布した浅鉢もみられる。なお、縄文地に低く幅広い爪形凸帯を配した船元Ⅰ式も出土していて、遺跡が中期初頭まで継続していることがわかっている。

石器は石鏃、石錐、石匙、削器、打製石斧など狩猟具や工具類である剝片石器と石錘、磨石、敲石などの漁撈具や工具類の礫石器によって構成されている。最も出土数の多い石鏃の形態は多様であるが、正三角形でU字状の深い抉りが入り脚下端が幅広の形態、正三角形で浅いV字状の抉りが入る形態、二等辺三角形でV字状の抉りが入り脚端部が尖る形態、平基で二等辺三角形の鏃などがある。石匙は不定型も含むが、前期に特徴的な肩の張った三角形タイプが含まれている。石器製作跡とされた溝状遺構からは、これらサヌカイト製の剥片石器の未成品や剥片が出土している。吉野川流域では中期終末以降の遺跡からは切目石錘が多用されるが、前期が中心の本遺跡では、石錘は両端に打ち欠きのある礫石錘が出土している。なお、土器と石器以外の遺物として、竪穴遺構から獣骨（種は不明）とヤマグリの実が出土している。

【文献】小島俊次1960「大淀桜ケ丘遺跡」『奈良県文化財調査抄報』13

コラム12　動物の中のイヌ

・遺跡から出土するイヌ

　奈良県下の遺跡からは橿原遺跡など数例を除いてイヌの出土は知られていないが、貝塚を中心に、全国の縄文時代の遺跡ではイヌが出土する事例は少なくない。古くは1877年に大森貝塚を発掘調査したことで著名なE・S・モールスが、貝塚からイヌの骨が出土したことを記している。ここではイヌはほかの哺乳動物と区別して扱われていたとは考えなかったようだ。

　ところが、その後一体分のイヌの骨が福島県三貫地《さんがんじ》貝塚や、神奈川県西ノ谷貝塚で土坑内から出土し、イヌが埋葬される場合のあったことが明らかになり、縄文時代のイヌの出土情況に注意が払われるようになった。確かに縄文時代のイヌにも解体痕跡がある少数の出土例もあるが、イヌ以外の動物骨の出土状態とは異なり、埋葬された事例が多いほか、イヌの遺体が多い遺跡では、シカやイノシシの骨の量も多く、これら狩猟対象動物が少ない遺跡では、イヌの遺体も少ない傾向があり、イヌが主に狩猟活動と関係していたことを窺わせる。

その後の時代ではどうだろう。長崎県壱岐島に所在する弥生時代の原の辻遺跡の事例が興味を引く。松井章らの分析によると、ここからは縄文時代の小型のイヌ、やや大型のイヌ、それと北方のオホーツク文化のイヌの特徴をもった3系統のイヌの骨が出土している。それらの骨に残された傷跡は食用とした際の解体痕や切断痕と判断されている。また中世の鎌倉材木座や、近世には明石城武家屋敷跡などのほか、オホーツク文化の遺跡でも、解体された部位や年齢に偏りがあるイヌの骨が多量に出土し、日本では明らかにイヌを食料としていた時代や地域があった。

・縄文時代のヒトとイヌ

縄文時代のイヌの埋葬はヒトとの関係を知る手掛かりとなる。東大阪市の生駒山西麓にセタシジミを主とした晩期中葉の日下《くさか》貝塚があり、集落の北部からは19基の土坑墓が確認されている。墓のなかの7基は中央に空閑地をおいて直径約10メートルの円周上に配置され、残る12基の土坑墓はその周辺に存在している。そのなかで成人男性が埋葬された墓と、成人女性が埋葬された墓の間に挟まれた位置に、長さ1・05メートル、幅0・64メートル、深さ0・12メートルの不整楕円形を呈した土坑内に、一体のイヌが埋葬されていた。イヌの頸は折り曲げられ、前足と後足は肩関節と股関節からそれぞれ強く曲げられて、腹部前方で交叉させ、背を丸くする体勢で発見されている。

ヒトとイヌの近接した埋葬事例はほかにもある。いずれも縄文時代晩期の愛知県伊川津《いかわづ》貝塚や同県吉胡《よしご》貝塚では、ヒトを埋葬した土坑の周辺から数体のイヌの埋葬が確認されているが、さらに中期の千葉県高根木戸《たかねきど》貝塚と後期の茨城県小山台《おやまだい》貝塚では、成人男性の埋葬土坑内にイヌが合葬されていた。名古屋市の瑞穂競技場にある縄文時代前期に遡る大曲輪《おおぐるわ》貝塚では、35才前後の抜歯された壮年男性人骨が土坑に埋葬されていたが、その人物はイヌの遺骸を抱いた状態であった。イヌを抱いているのは珍しく、よほど可愛がっていたのだろう。

イヌを胸に抱いて埋葬された男性
（名古屋市大曲輪貝塚）＝名古屋市教育委員会提供＝

イヌの埋葬とそこに近接して発見されるヒトの年齢や性別の間には有意な関係がみられ、特に成人男性とイヌとの間で結びつきが強いことが指摘できる。生業活動の性差による役割は即断できない面もあるが、各地の採集狩猟民族の事例なども参考にすれば、狩猟活動は成人男性が担った重要な役割の一つであったことは想像に難くない。現代におけるイノシシ猟では、イヌを猟犬として使うことが常であり、狩猟の効率をあげるのには欠かせない。縄文時代のイヌと成人男性の結びつきは、猟犬としてイヌが活躍した可能性が高いことを示しており、猟犬としてイヌを使うことは、弓矢が槍に取って替わった狩猟具の変化とともに、縄文時代に起こった狩猟方法の大きな改革といえよう。

縄文時代後期の岩手県貝鳥《かいとり》貝塚や東京都馬込《まごめ》貝塚から発見された埋葬イヌは、四肢骨を屈曲させて、頭部を肢骨の間に入れるように体を丸めた姿勢であった。どれも死後人為的に変形を加えられている。このような事例をみると縄文時代には、イヌをヒトと同じ墓地に、ヒトを屈葬するのと同じように丁寧に体の姿勢を丸めて埋葬するなど、イヌに対して特別の扱いがあったことを知ることができる。

・傷ついたイヌ

先に紹介した高根木戸貝塚では遺跡北側の墓域内の直径1メートルの範囲から、あまり時間を隔てることなく埋葬された3体のイヌが出土している。そのうちの1体のイヌは、前肢骨が複雑骨折していたが、その後骨折した個所が治癒した痕跡が確認されている。同様に福島県薄磯貝塚からも骨折した頸骨が治癒した痕跡をもつ1体のイヌが、晩期の貝層の中に礫を被せて埋葬されていた。薄磯貝塚のイヌは骨折した骨が太く増殖した上に彎曲しており、治癒したとはいうものの行動はかなり不自由な状態であったと思われる。縄文人はそのような事故や疾病に見舞われ、傷ついたイヌに対しても深い愛情をもって接していたことがわかる。

【文献】金子浩昌1984『考古学シリーズ10貝塚の獣骨の知識—人と動物のかかわり—』東京美術、山田康弘1997「縄文家犬用途論」『動物考古学』8

80 越部《こしべ》ハサマ《はさま》遺跡

吉野郡大淀町越部

遺跡は大淀町越部の吉野川の中流域に所在する。吉野川に北から流れ込む支流越部川に向かって、竜門山地から延びてくる丘陵先端部の標高170㍍付近に立地する、縄文時代から弥生時代の遺跡である。町立保育所建設に際して1993年に発掘調査が実施され、縄文時代晩期の墓群を検出している。

墓群は晩期中葉の土坑墓11基と土器棺墓2基からなるが、埋葬遺構以外に配石遺構1基が検出されている。土坑墓は長さ1〜1・5メートル、幅0・6〜1メートルの規模の隅丸方形ないし楕円形を呈し、土坑底はほぼ平坦である。土坑検出面では墓の上に目印として置かれたと考えられる大き目の礫が見つかったものや、土坑内に土器を埋置したものなどがある。墓のつくりや葬送の方法について考えるうえで貴重な資料といえる。土器棺墓のなかの1基は先行する土器棺を設置した墓坑の一部に重なるように穿れていて、不整形な墓坑のなかにやや斜め横位に土器棺を据えていた。配石遺構は長さ幅ともに3メートルの範囲の中に、小礫を配置したものである。検出された土坑墓や土器棺墓の主軸は、ほぼ東西方向を示す規則性が認められ、かつ墓群の集中と空閑地の区分けが意識された配置となっている。それは中央に空閑地となるスペースを確保し、その広場を中心にして計画的に営まれた晩期の墓域であると考えることができる。このような計画的な墓地を検出した類例は、近隣では大阪府日下貝塚にみることができるが、

晩期中葉の土坑墓（※1）

県内ではほかに調査例がなく晩期の墓地研究に貴重な事例を加えた。

出土した土器は晩期中葉にほぼ限定される。器種の大半を占める深鉢では、口縁部が外反気味となるものと直線的に外傾するものがあり、頸部は「く」の字形に屈折するものと緩やかに屈曲するものがある。口縁部外面は二枚貝などによる条痕調整のあとナデ仕上げし、胴部は二枚貝調整するものもあるがケズリやナデ仕上げするものが多い。型式的には滋賀里Ⅲa式の範疇にあるが、8号や10号土坑墓出土のやや古い様相をもつ土器と、土器棺1号や3号・6号土坑墓のようにより後出の要素をもった土器とが含まれている。

石器には石鏃・削器・打製石鍬・石錘・敲石・磨石・石皿などがあってこの墓地に近接して居住空間も存在していることが予想される。石器組成のなかでも多くを占めている石鏃はやや膨らみ気味のものと直線的な側辺をもつ基部の抉りが浅い二等辺三角形鏃と、先端近くで側辺の肩が張る五角形鏃が主要な形態である。石鏃の平均長は2・2㌢、

晩期中葉の２基の土器棺墓（※１）

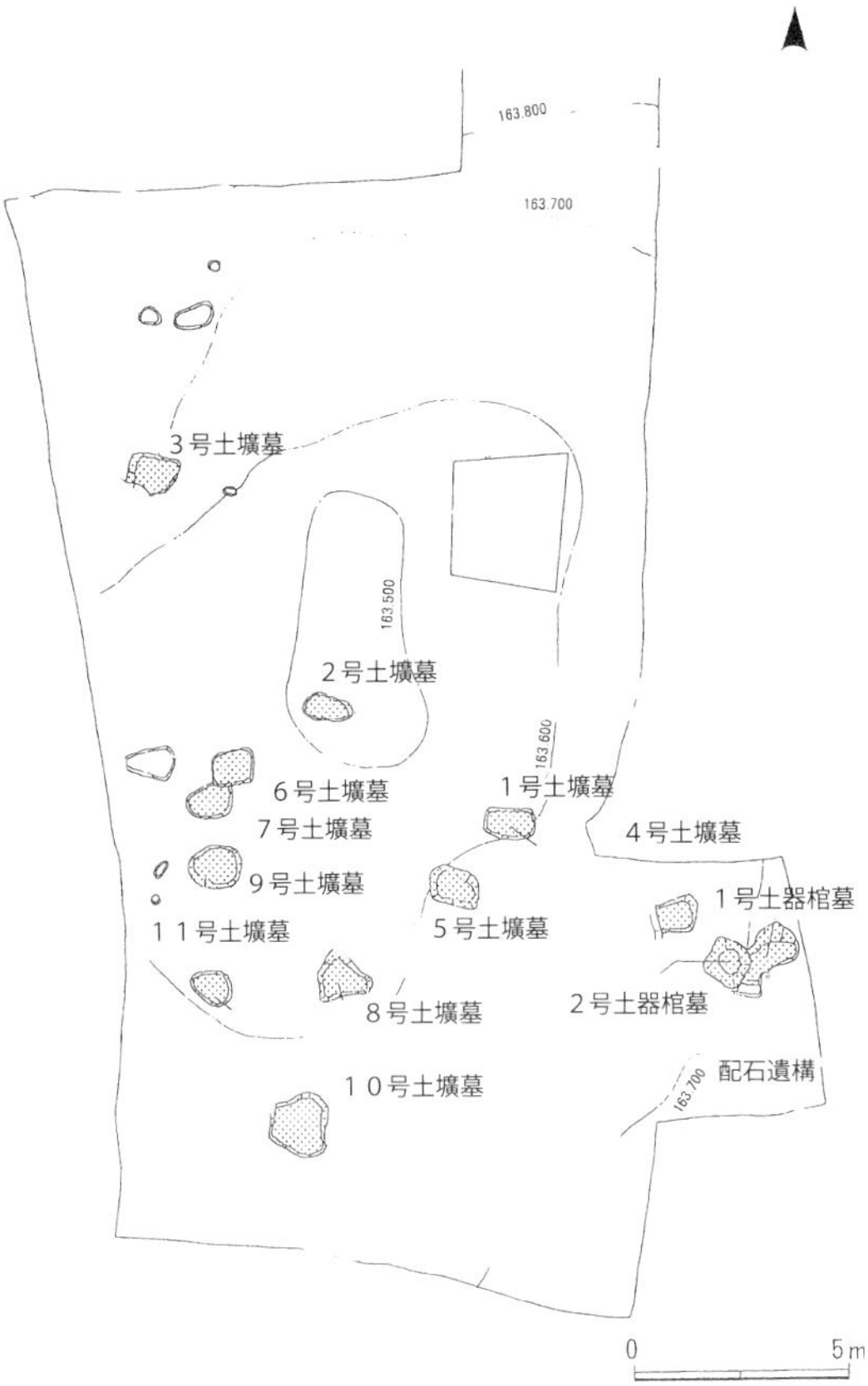

越部ハサマ遺跡の土坑墓・土器棺墓の分布図（アミ目）

重さ0・79グラムで概して晩期に一般的な大型化の傾向はここではみられない。出土した石器構成には狩猟・漁撈と植物採集という、この地域でのバランスのとれた生業活動の傾向が反映されているとみることができる。

【文献】近江俊秀ほか1994「越部ハサマ遺跡」『大淀町文化財報告』第1冊

北六田遺跡から出土した縄文土器（※２）

81　北《きた》六《む》田《だ》遺跡（北六田第2地点）

吉野郡大淀町北六田

吉野川は中央構造線にそって西流するが、大淀町北六田に所在する本遺跡は、吉野川北側の山塊から南に延びる尾根が右岸段丘にいたる先端付近に立地している。以前から遺跡周辺で採集された縄文土器の報告があったが、１９５１年に近鉄六田駅の北西側の標高約１５５メートル前後の地点で、小規模な試掘調査が行われた結果、地表下約30センチで厚さ約40センチの縄文時代の遺物包含層を検出し、纏まった縄文土器が得られている。

出土した縄文土器は前期終末のものも若干存

在しているが、主として中期初頭から前半の土器で占められている。縄文地を基本とした深鉢は、半截竹管による爪形凸帯文を、口縁に平行ないしは弧状に横連なるモチーフで貼り付ける。凸帯文には幅の広いものと、狭いものとがある。特徴ある縦長の節の縄を使用したものがあるほか、口縁部内面に縄文を施文する個体も少なくない。波状口縁の土器には波頂部から爪形凸帯文を垂下させ、口縁にそって押し引き状の刺突文を施すもの、口縁部にそって平行する沈線を引きそこから弧状の平行沈線を横に連ねた深鉢などがある。

北六田遺跡から出土している土器は中期初頭の鷹島式とみられるものを含む船元Ⅰ式段階に始まり、船元Ⅱ式が主体となる土器群と考えられる。なお関東地方中期初頭の五領ヶ台式に類似した土器が存在する。吉野川下流の紀ノ川流域では和歌山市鳴神《なるがみ》貝塚で、本遺跡と同じ中期初頭の土器が出土しているほか、奈良県内では天理市布留遺跡西小路地区出土の土器群が知られている程度で、遺跡数の少ない時期であり、本遺跡の出土品は貴重な土器資料といえる。

【文献】島本一１９３４「北六田の遺跡遺物について」『大和石器時代研究』、小島俊次１９５４「吉野川流域の古文化について」『奈良県綜合文化財調査報告３』

82　丹生《にう》川原《かわら》手垣内《てかいと》遺跡

吉野郡下市町丹生字川原手垣内

遺跡は吉野山地の北側山間部の一角、下市町丹生に所在し、吉野川支流の丹生川がつくる深い渓谷に、南から風呂谷川が合流する地点の、標高３５８メートル前後の西側斜面に立地する。国道のバイパス道路建設にともなう発掘調査で、縄文時代早期の遺跡であることが明らかにされた。

遺跡からは風倒木痕とともに６基の土坑が検出されているが、規模や形態は多様で目的や用途などを想定しがたい。ただ、土坑内や周辺からは縄文土器のほか、石器や剥片類も出土していて、土器を使用した滞留があったことや、石器製作がおこなわれていたこと

上空からみた丹生川原手垣内遺跡の調査地（※１）

出土した各種の石器（※１）

は確実である。

縄文土器は早期前半の押型文土器が最も多くを占め、型式は連続しないが大川式、神宮寺式、穂谷式が出土している。早期後半の厚手繊維土器や条痕文土器が少量含まれているほか、中期終末ないし後期初頭の土器も僅かに出土していて、時期を越えてこの場所を利用していたことがわかる。石器は石核と２５００点近い剝片とともに尖頭器、石鏃、石錐、削器、異形石器、楔形石器など剝片石器とその未製品に加えて、磨石兼用の凹石と石皿の破片と思われる礫がある。石鏃は総数１１４点、ほかに石鏃未成品が35点あり、定形石器では出土数が突出する。

縄文時代の遺物が出土した場所は、尾

根から谷を流れる川に向かって下る、急峻な傾斜地の中腹に形成された幅狭い平坦部である。土器の集中する地点と、剝片を含む石器の集中する地点はかなり明瞭に区別でき、土器を使用する煮炊きの場と、石器製作をおこなった場とを想定することができる。

【文献】鈴木一義２０１２「丹生川原手垣内遺跡」『奈良県文化財調査報告書』第１５１集

83　丹治《たんじ》遺跡

吉野郡吉野町丹治

遺跡は吉野山から流下した丹治川が吉野川本流に合流する地点左岸の吉野町丹治に位置し、吉野川に面した標高約１６０メートルの低位段丘平坦面に立地している。１９４２年に県営貯木場の造成の際に遺跡が発見され、島田暁らによって遺跡の一部が発掘調査されている。調査では礫が多数混じった遺物包含層を確認しており、その下から川原石の上面を揃えるように配置した、配石とも呼べる遺構が確認されている。

出土した縄文土器は近年に再整理と分析が行われ、凹線文土器の名残をとどめた土器が若干存在

丹治遺跡から出土した縄文土器（※２）

しているが、それも含めて後期終末の滋賀里Ⅰ式に始まり、欠落する時期もあるがほぼ継続的に存在し、最も後出の土器には少量の長原式があることが明らかにされた。晩期の土器全体の８割に近い深鉢で最も多くを占めるのは、頸部が緩やかに屈曲しやや外反ないしは外傾する口縁を呈した器形で、二枚貝による条痕調整もあるが、むしろナデないしケズリによる器面調整が優勢で、多くが口唇部に刻目を施した個体である。これらはほぼ篠原式に近い内容を備えているが、さらに細分が可能なことと、刻目の多用などに地域的特徴を有していることも指摘されている。浅鉢類は頸部で強く屈曲し口縁部が外反して大きく外に広がる磨かれた黒色研磨系のものが多くを占める。ほかに口頸部が一体化した鉢形を呈するものもある。椀形ないしは壷

削器、打製石鏃、磨石などの石器類（※2）

形とされるものには、ボウル状に膨らむ器体に短い口縁部がつく器形があり、リボン形の突起を有するものや、沈線と刳込文で橿原式文様を表出するものがある。底部には丸底と平底と凹底とがある。

丹治遺跡から出土している土器は、従来から滋賀里式と橿原式の間に編年されてきたが、主体となる土器は滋賀里Ⅲa式から篠原式の段階で、当地の晩期中葉の様相を知る重要な資料としてあらためて評価されている。

初出文献によれば、石器には石鏃、削器、打製石斧、磨製石斧、石錘、磨石、石皿などがあって、周辺地域の晩期の遺跡と同様な器種組成の傾向が窺われる。

【文献】小島俊次1954「吉野川流域の古文化について」『奈良県総合文化調査報告書3　吉野川流

域』、岡田憲一２０１１「丹治遺跡の縄文土器」『重要文化財橿原遺跡出土品の研究　橿原考古学研究所研究成果』第11冊

84　宮滝《みやたき》遺跡

吉野郡吉野町宮滝

吉野川が蛇行を繰り返す中流域に立地している流域屈指の縄文時代の遺跡である。遺跡は吉野町宮滝の吉野川右岸の段丘上にあり、大きく南に張り出す標高１９０㍍前後の段丘平坦部の南側一帯に広がっている。１９３０年の1次調査をかわきりに末永雅雄によって始められた「吉野離宮」および「吉野宮」の解明に関する、9年に及ぶ一連の発掘調査が行われた中で、縄文時代の遺跡の存在も明らかにされた。

縄文時代後期を中心とした遺物は主に遺跡南西部一帯から出土し、範囲は約１００㍍四方に及んでいる。その場所では飛鳥・奈良時代の敷石遺構の下層に縄文時代の遺物包含層が存在しており、包含層の下位からは木炭や灰とともに獣骨や人骨が集中して出土し、周囲に川原石を配置した配石

遺構が見つかっているほか、埋設土器も発見されている。これらは埋葬遺構や祭祀に関連するような遺構と考えられるが、詳細は明らかでない。２０００年の発掘調査では新たに遺跡の南東側から、焼けた礫が土坑内に詰まった礫群とも呼ばれる縄文時代早期に遡る集石遺構２基が発見されている。遺存状態が良くないこともあるが、土坑の規模は直径が約０・７メートルと０・４メートルの比較的小型で、土坑内の礫も数十個程度の集石遺構である。

上空からみた宮滝遺跡（※１）

宮滝遺跡からは早期前半と中期終末から晩期終末まで、空白の時期もあるがこの地の頻繁な利用の証となる縄文土器が出土している。大川式と神宮寺式の早期の土器があるが、縄文土器からみる遺跡の全盛は、後期後半の元住吉山Ｉ式から晩期前半の滋賀里式、および篠原式から一部凸帯文土器にかけてであり、なかでも標識資料である宮滝式が最も豊富で充実した内容をもっている。凹線文土器群の一角を占める同型式の器種

宮滝遺跡から出土した宮滝式㊤と滋賀里Ⅰ式㊦土器（㊤は※2、㊦は※1）

は、深鉢、鉢、浅鉢、注口土器で構成される。深鉢はおもに頸部が2段に屈曲する器形の特徴を備え、平縁と波状口縁に分けられる。文様は巻貝のヘナタリを施文具として、水平ないし口縁に沿う複数条の凹線文を配して、波頂部やその中間部の要所に扇状圧痕文や刺突文をもって加飾する。別に口縁部が単純にく字形に屈曲する器形で、口縁部にだけ複数条の凹線文をめぐらす深鉢もある。器面全体は条痕文で調整した仕上げとなっている。鉢や浅鉢には外反する口縁に円形突起がつくものや、口縁部が内傾する大型化した土器などが存在する。注口土器は後期後半に西日本一帯に広がる形態を引継ぐがこの時期にはやや減少傾向にある。これら本遺跡資料をもって命名された宮滝式は、その後大阪府更荒寺《さらでら》遺跡や京都府一乗寺向畑遺跡などの資料の分析によって、型式的に先行する土器群が元住吉山《もとすみよしやま》Ⅱ式として分離され、宮滝式が凹線文土器群の後半部に位置づけられている。また宮滝式の細分案や、それに続く後期終末に位置づけられる滋賀里Ⅰ式の型式内容の吟味について、周辺地域との併行関係も踏まえた編年整備の動きがある。

石器には狩猟具の石鏃のほか、削器、石錐、磨製石斧、打製石鍬、凹石、敲石、磨石、石皿などの工具類、漁撈具の切目石錘に加えて、石刀、石剣、石棒などの祭祀具も揃っている。特に生業に関わる器種は、弥生時代に移行してからも稲作に転換することのない当地の石器組成につながる内容が把握でき重要な意味をもつといえる。

宮滝遺跡における発掘調査はこれまですでに60次を超えているが、全盛期である後期後半から後期終末の時期の明確な縄文時代の遺構は1次調査以来明らかにされていない。ただ1次調査では配石遺構に絡んで焼けた人骨の報告があり看過できない。近年長野県北村遺跡や京都府伊賀寺《いがじ》遺跡の事例などとともに、死者の扱いや葬送儀礼を考える上で貴重な検討材料となろう。

出土資料のうち宮滝式土器の標識となる土器と石器1600点余りが、一括して奈良県有形文化財（考古資料）に指定されている。

【文献】末永雅雄ほか1944『宮滝の遺跡　奈良県史跡名勝天然記念物調査報告第』15冊

85　宮の平《みやのだいら》遺跡

吉野郡川上村迫

丹生《にう》川上神社上社はかつて川上村大字迫《さこ》字宮ノ平に鎮座していたが、国土交通省による大滝ダム建設で境内が水没する計画となり、神社は字船屋迫の標高４２１メートル字船屋迫の高台に遷座した。元の境内地は紀伊山地北部山間地帯を蛇行しながら北流する吉野川が形成した一つの河岸段丘上に位置している。この段丘は社殿のある長さ約１５０メートル、幅約80メートルの広さの上段面と、外側に幅最大で約25メートルの狭く取りまくように形成された下段面とにわかれる。吉野川の河床から下段面までは約17メートルの高低差があり、そこから約５メートル高い上段面の標高は２８０メートルである。本境内地からはすでに１９８７年に神木の抜根の際に出土した後期に属する縄文時代の遺物が報告

吉野川の上流にある宮の平遺跡（※１）

されていた。そのため1998年からダム建設に先立って、遺跡全体を対象とした発掘調査が実施された。

段丘上段面からは押型文土器がともなう早期の遺構が検出されている。礫群とも呼ばれる集石遺構が1基あり、楕円形の浅い土坑内に焼けた礫が重なり合って充填された状態で検出されている。竪穴住居と判断された大型土坑は16基あるが、時期は大川式ないし神宮寺式とされている。そこは廃絶後に土器などの廃棄坑となり、出土した土器の型式や大型土坑の重複状態から6段階の変遷が捉えられるとする。竪穴住居がどれも段丘基部の傾斜変換線付近に集中して営まれているが、選地に何らかの理由があるのだろうか。また、集石遺構に対する住居の数も多く、同時期のほかの遺跡とは違った特異な比率となっている。なおほかに用途の不明な小土坑が46基発見されている。

段丘上段面で検出された焼礫が詰まった集石遺構（※1）

本遺跡の早期の土器は大川式土器を中心として神宮寺式が次ぐが、後続する葛籠尾崎式や高山寺式に加えて、近畿地方ではあまり良好な資料に恵まれない穂谷式も存在する。押型文土器後半には遺構も少なく、土器も減少するがこの場所の利用は継続する。さらに、穂谷式に後続する土器への移行期の土器群として宮の平式が抽出できると提起されていて、条痕文土器との間隙を埋める土器型式検討の材料となる。ほかに北白川下層Ⅱ式など、前期の土器も少量出土している。

他方、段丘下段面からは検出された主な遺構には、中期終末から後期前半に営まれた竪穴住居5基と、多数の立石《りっせき》や配石遺構などがある。竪穴住居のプランは円形、隅円方形、隅円長方形があるが、1基は柄鏡形を呈した特殊な形態をもっている。その竪穴主体部の直径は約4㍍、張り出し部長さ1・5㍍、幅1・4㍍の規模があり中央に炉を設ける。張り出し部先端に深鉢形土器を倒立させて据え、その内側に板状の石を横たえる。床面には石皿や台石として用いられた大型石器を置き、炉に据え置かれた石皿表面には水銀朱が付着する。柄鏡形住居は中期終末から後期にかけて、南関東や中部地方を中心に隆盛するが、近畿地方では石囲炉の出現や住居プランの変容など、この時期に住居や祭祀関連遺構に新たな動きを見せるが、柄鏡形住居もそういう東からの強い影響を受けて出現したのだろう。なお三重県名張市下川原《しもがわら》遺跡からは、板材で敷石を敷設した張り出し部と、石囲炉との連結部に埋甕を設けた柄鏡形住居が発見されていたが、本遺跡で確認された柄鏡形住居が、最も西に位置する確実な事例となった。

住居が構築された時期には、周辺で配石遺構や立石などからなる祭祀に関連するとみられる遺構が造営される。配石遺構全体は規模の大きい上下2層の遺構群と、それを構成する個別の遺構からなっている。上層配石群は約10メートル四方の範囲に人頭大の礫が集合し、北側に中央部が盛り上がる隅円長方形の配石が、西側により礫の集中度が高い配石が設けられている。下層配石群は東西約13メートル、幅約5メートルの規模で、群の東半部は約1メートル規模の単位配石数基で構成され、配石には礫を上面に置くなどした土坑がともなうものもあるが、多くは下部に土坑は認められない。配石内に光沢ある磨かれた礫や石皿が埋置されているものがある。

立石は3基発見されているが、そのうちの1基は棒状礫を小石で根固めして支えるように据えられ、すぐ脇には石皿が置かれた土坑があり周囲には焼土が散乱する。別の立石も根固めの礫を据え、接するように穿たれた土坑から石皿が出土し、石皿を置く土坑と立石とが対をなしている。先述の柄鏡形住居に隣接する立石は、骨粉や炭化粒が詰まった土坑と関連する可能性がある。立石は石棒と石皿や立石と磨石・敲石などと同様に、祭祀のための組み合わせと看做すことができる。

配石遺構やそれにともなう土坑について、報告では土坑

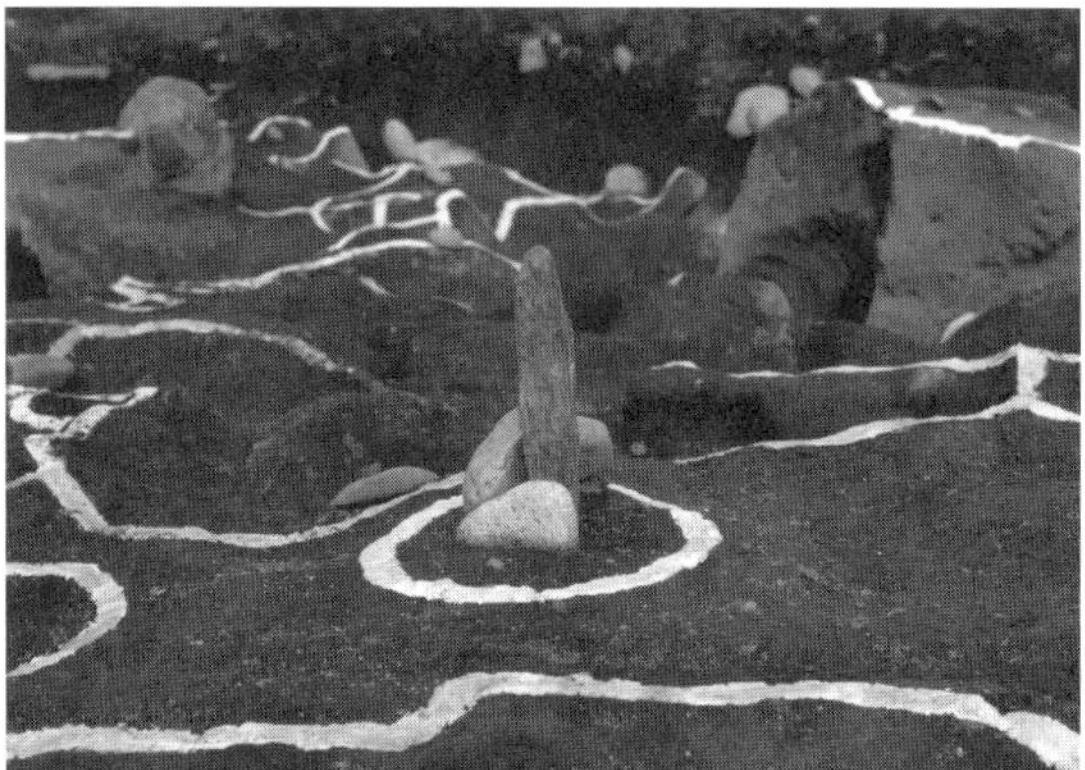

段丘下段面の立石の検出状態（※1）

の一部を貯蔵施設と考えているが、多くは埋葬と祭祀に関わる遺構とみてよいだろう。また配石遺構や上下層の配石遺構に挟まれた大量の土器の堆積などの重畳的な存在を、主に東日本で確認されている環状盛土遺構に通じる構造物と見做す指摘もある。

段丘下段面から出土した土器の中で、中期終末に属する資料は北白川C式段階のものであるが、頸部や胴部文様には地域独自の意匠があり、時期も後期初頭の資料に通じる。後期への過渡期の文様変遷再考を促す資料として重要な意味がある。後期初頭から前半の口縁部や把手に象られた、ヘビやムササビ頭部を思わせる動物意匠も興味ある資料といえる。

段丘下段面の遺構から出土した縄文後期の土器（※1）

出土した石器は早期と中期終末から後期前半のものを含んでいるが、出土地点と形態などから概ね区別することが可能である。早期の石器は尖頭器や石鏃などの狩猟具、石匙、削器、石錐、楔形石器などの剝片利用と、石斧、磨石、敲石、石皿など礫利用の工具類がある。なかでも磨石・敲石類については、報告では用途として石器製作や皮なめしを想定している。中期終末から後期前半の石器も剝片石器では、尖頭器の消失や石斧の増加など、多少の器種の入れ替わりや組成比率の変化のほか形態などに違いがあるものの、ほぼ同種の石器が揃っている。礫石器ではこの段階で加わった約500点の石錘があり、眼前の吉野川において刺し網漁が盛んだったことを示唆している。

【文献】岡田登1991「奈良県丹生川上神社上社境内採集の縄文時代遺物について」『皇学館大学神道研究所所報35』、橋本裕行・南部裕樹ほか2002『宮の平遺跡Ⅱ 奈良県立橿原考古学研究所調査報告』第86冊、橋本裕行・南部裕樹ほか2005『宮の平遺跡Ⅲ 奈良県立橿原考古学研究所調査報告』第89冊

コラム13　河川の漁撈

・草創期に始まる内水域の資源

奈良県は海なし県なので、縄文時代にも海の幸にはあまり恵まれているとはいえない。鮮魚の流通が整っている今でも活きの良い魚を食べるために、わざわざ大阪まで出て行くこともある。ただ当時も海岸部の遺跡との交流によって海産資源を得ていたこともわかっていて、橿原遺跡でマダイやフグのほかクジラの骨も出土していることがそのことを証明している。

さて現在もコイやアユなどを食する機会が少なくないが、この川魚の美味しさも捨てがたいものがある。多摩川と秋川の合流地点に面した場所に立地する、東京都あきる野市前田耕地《まえだこうち》遺跡では、縄文時代草創期の住居内からサケの骨が多数見つかり、川を遡上してきたサケを捕獲していたことが明らかになっている。縄文時代には海浜部に貝塚を形成するようになる以前から、内水域の水産資源に目を向け、良質なタンパク源を獲得していた。

・河川の網漁

　奈良県では縄文時代の早い時期に遡る漁撈活動の証拠は見いだされていないが、前期の大淀桜ケ丘遺跡では小石の両端を打ち欠いて糸掛けとした礫石錘が出土していて網漁の証拠とする意見があるが、河川の漁撈の転換は中期以降に訪れる。大小を問わず河川に面した遺跡からは、長さ5～10センチ程度の細長い小石の両端に溝を丁寧に切り込んだ切目石錘が多数出土する。石錘は編み物を作る際のおもりとする見解もあり用途は限定できないが、恐らく多くは漁網に結びつけて使用したと考えられる。内水域で行われた漁撈活動の方法としては、網漁以外にもヤスなどによる刺突漁や、釣り針を用いた漁もあっただろうが、木の枝や竹のほか骨角器など有機物を素材とした漁具は、腐朽しやすいこともあるのか、県下の遺跡から発見される例はきわめて少ない。

　吉野川上流にある宮の平遺跡の発掘調査では、中期終末から後期前半にかけての約477個もの石錘が出土した。遺跡のある吉野川上流域では現在も、ウグイ、アマゴ、アブラハヤ、カワムツなどが生息しており、網漁によるこれらの魚類の捕獲が盛んであったことが窺える。また、吉野川の支流高見川の右岸に位置する東吉野村中出《なかで》遺跡では、発掘調査こそ実施されていないが耕作地などで拾うことのできる土器から、後期の遺跡であることがわかっている。ここで採集されている石錘は長さ5～8センチ、幅3～4センチのほぼ大きさの揃った扁平で細長い石を用いている。ところが両端の確認できる4個の石錘すべてに、片側端部の糸掛け溝が2カ所切り込まれていて、これは糸に錘を確実に結びつけ、脱落を防ぐための細工とみられる。吉野川の中流域から下流域に所在する遺跡からは、2カ所に切り込みをもつ仕様の石錘はいまだ聞かないため、流れの速い上流の環境に適応した工夫と考えている。同じく上流域にある、上記の宮の平遺跡にも片側に複数の糸かけ溝をもつものがあるほか、石錘の重量分布をみると30～40グラムの範囲にあるものが最も多い。このように比較的重い石を素材としていることも、上流域の河川環境に対応した結果とみることができるだろう。

宮の平遺跡から出土した石錘（※1）

・魞《えり》漁の遺構

奈良盆地内の漁撈活動に目を向けてみよう。ここでも石錘を出土する遺跡は少なくないが、吉野川流域や名張川流域の遺跡のように、数十個を超えるような遺跡は見当たらない。河川の規模を考えると、網を使った漁撈は低調だったかも知れない。近畿地方内陸部を一瞥してみても石錘や土錘などは、比較的大きな河川沿いの遺跡からの出土が目立つ傾向は同じである。

観音寺・本馬遺跡の河川跡で検出した魞遺構（橿原市教育委員会提供）

莇内遺跡の魞の復元図（熊谷常正原図）

では小河川に沿う遺跡ではどのような漁撈活動を行っていたのだろう。本書でも紹介した橿原市観音寺本馬遺跡（123ページ）では、集落北方で縄文時代晩期の数条の自然流路が検出されている。そのうちのひとつの流れは最大幅が13メートルあるが、流路の中央付近の川底から直径1・8メートルの環状に杭が打ち込まれた遺構が検出された。最長約80センチ、太さ2〜10センチの丸材20本と割材14本を使用し、多くは直接河床面に、数本は大型木材の幹に打ち込まれ、環状の内部にも数本の杭が附設されている。杭の間隔は15センチ〜30センチだが流路下流側に較べて上流側の杭の間隔がより広くなっている。北海道石狩紅葉山《いしかりもみじやま》遺跡、岩手県萪内《しだない》遺跡、福岡県貫川《ぬきがわ》遺跡などで同様の形態と構造からなる、より遺存状態の良い遺構がみつかっていて、これらが河川に仕掛けた魞漁の施設とみなされている。橿原市観音寺本馬遺跡で検出された遺構は、魚道の下流側に袋状の竹簀《たけす》をたてて魚を捕らえる魚溜部にあたり、放射状に開く形態の魚導部は残存していなかったとみられる。またこの施設は補修しながら維持管理されていたことが、杭の硬度や色調の違いがあって明らかだという。盆地部の内水域では、小規模な河川環境に有効な陥穽《かんせい》漁が行われていたことを知ることができる。

【文献】田井中洋介2007「石錘による網漁」『縄文時代の考古学』5同成社、松田真一・成瀬匡章2002「東吉野村小栗栖採集の縄文時代遺物について」『青陵』109号

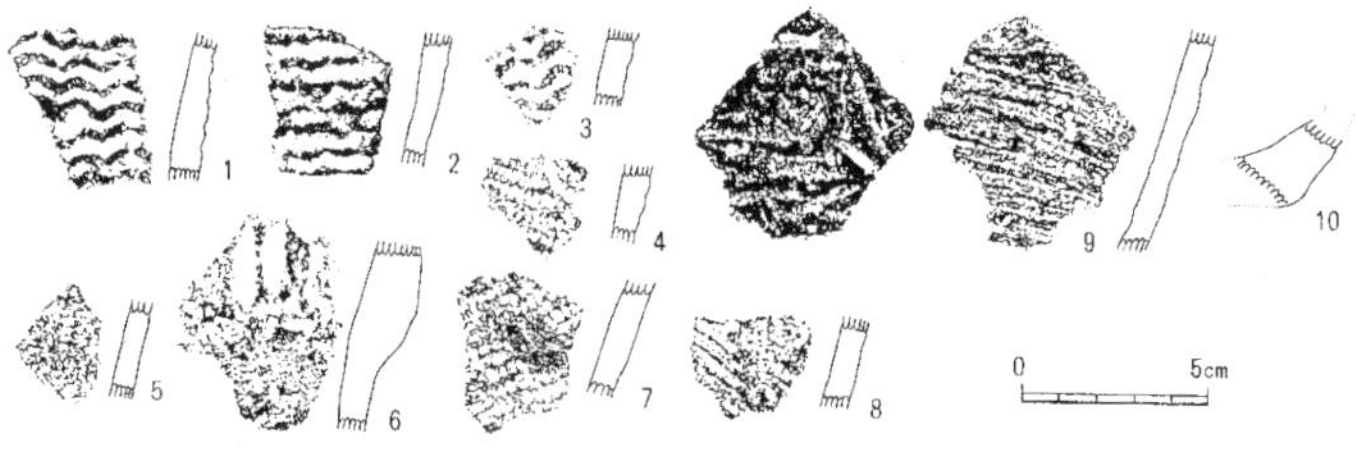

向平遺跡から出土した縄文土器

86 向平《むかいひら》遺跡

吉野郡上北山村宮平字向平

紀伊山地の南側の山岳地帯にある向平遺跡は、北山川の支流東ノ川がつくる深い渓谷の中に形成された河岸段丘上に位置している。奈良県内では紀伊山地南側で発見されている唯一の縄文遺跡である。遺跡は上北山村大字小橡字向平にあり、遺物の分布する範囲は標高約３１０《メートル》の段丘の下流側にあたるあまり広くない一帯に限られる。遺跡は坂本ダムの建設に先立って発掘調査され概要が明らかにされている。

向平遺跡からは早期に属する礫群が検出されている。炭や灰の堆積層の広がりの中心部分に、直径が70〜80《センチ》の規模の河原礫が詰った土坑を確認し、集石遺構としてこの時期には普遍的な焼礫を用いた炉の一種であることがわかる。

出土した遺物は早期の押型文土器であるが、確認できる文様はすべて山形文でいずれも横位密接施文されたもので葛籠尾崎式とみてよいだろう。ほかに内外面を条痕調整したものと、前期の土器と報告されている縄文を施文した破片が存在する。石器には五角形石鏃と、浅いU字状の抉りがはいる二等辺三角形石鏃とがあり、どちらも早期の所産とみてよい。ほかに切目石錘も出土していて、前期以降にもこの地が利用されていた可能性がある。

【文献】小島俊次１９６２「東ノ川のあけぼの」『東ノ川（上北山村文化叢書１）』上北山村役場

87　木津名滝《こつなたき》遺跡

吉野郡東吉野村木津

東吉野村木津に所在する本遺跡は、県東部の山間地域を流れる吉野川の支流高見川の右岸に形成された、標高約４００メートルの低位の段丘上に立地している。層序や遺構の詳細は不明だが、２０００年に小規模なトレンチによる試掘調査が実施され、遺物包含層や検出された土坑などから縄文時代の遺物が出土している。

縄文土器は横位に施文された山形文（図の１）と、やや厚手の楕円文（図の２）が施文されたい

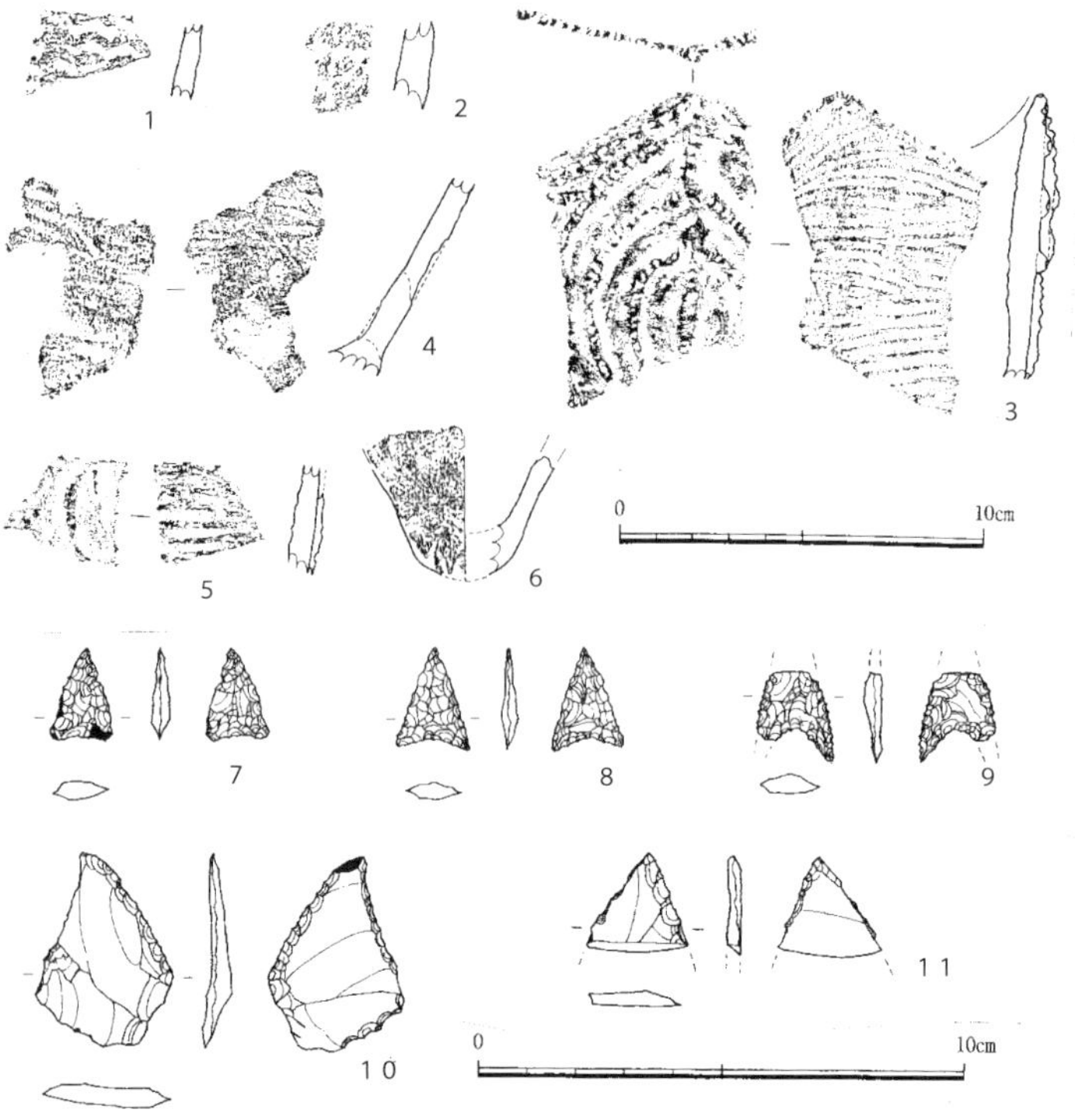

木津名滝遺跡から出土した縄文土器と石器

ずれも細片だが、葛籠尾崎式ないし福本式と、高山寺式と思われる押型文土器である。出土している土器の主体は内外面ともに貝殻条痕調整が顕著な有文と無文の土器である。前者は口唇部に刻目を施した波状口縁をもつ深鉢（図の３・５）で、幅広い口縁部文様帯に半截竹管による刻目で飾った隆帯文で文様を描く。口縁部に沿って配される隆帯とは別に、波頂部から垂下する隆帯を軸に、同じ隆帯で3重の同心円風のモチーフを描く。貝殻条痕は外面を縦方向に、内面は横方向に調整する。後者の条痕調整は前者ほど顕著ではないが、入念な調整の深鉢（図の4）で胎土に僅かな繊維を含む。底部は丸みをもった尖底（図の6）を呈する。

これら条痕文系土器は東海地方の天神山式に類似する要素をもつ早期終末の段階に置けると考えられ、三重県境に近い本遺跡の存在は、櫛田川流域から高見峠を通るルートによって当地へ波及してきた状況の一端を示している。

石器には石鏃と削器のほか剥片があり、サヌカイト製以外にチャート製の石鏃が含まれている。

【文献】柳澤一宏・横澤慈・朴美子２００４「東吉野村木津名滝遺跡の出土遺物」『青陵』１１１号

奈良県の縄文時代遺跡の調査・研究の回顧——エピローグ

1　縄文研究の黎明期

東京帝国大学に招聘されたE・S・モールスによる大森貝塚の発掘調査が行われたのは、1877年のことであった。この調査はわが国における近代科学としての考古学研究の嚆矢として高く評価されている。しかしモールスの方法論や研究手法を理解し実践する学的素地は、残念ながら当時のわが国には育っていなかったことや、先史時代の研究が人種論的な論争へ向かうなど、モールスが意図とした研究の継承へとは繋がらなかった。

もともと先史時代の研究については活発とはいえなかった奈良県においては、明治期に目立った調査や研究は見られない。僅かに1904年、高橋健自による『考古界4—7』に「神武陵西発見の石器時代土器」という報告や、1917年には鳥居龍蔵の「閉却されたる大和国」などがあった。しかし、その後は戦前までに森本六爾、樋口清之、島本一らによる県内遺跡の縄文資料の紹介や、個別遺跡の研究に取り組むなど、奈良県においてもようやく縄文文化研究の機運が高まってきた。

本格的な縄文時代遺跡の発掘調査は、末永雅雄による1938年に始まった宮滝遺跡の調査だろう。ここでは縄文時代の遺構や出土状態は必ずしも良好ではなかったが、標識資料として「宮滝式」が設定され、1944年に刊行された報告書では宮滝式の分布圏の把握や、凹線文土器から現在の滋賀里式へ推移することを文様変化から考察し、土器の型式学的検討を実践した。相前後して開始された橿原遺跡の調査は、県内では初めての大規模でかつ組織的な縄文時代の発掘調査となった。1938年のこの調査では確認された包含層とその下から、屈葬された人骨のほか、炉跡や杭列など県下で初めて縄文時代の遺構の検出に成功している。縄文土器はもとより石器、土製品、石製品のほか、動植物遺存体などの有機遺物を含む縄文晩期の資料は厖大な量に及び、出土した主要な遺物は後に国の重要文化財に指定された。さらに1939年には中期終末から後期初頭の天理市布留遺跡が、1942年には晩期の吉野町丹治遺跡の一部が調査され、それぞれ当時近畿地方における縄文土器の編年研究に寄与する成果を得ている。

昭和初期から戦前にかけて、縄文時代の研究では山内清男の「日本遠古之文化」に代表されるように、縄文土器の層位学と型式学に基づいた科学的調査研究が推進された時期であった。宮滝遺跡や橿原遺跡の調査と研究姿勢を顧みると、奈良県でもこのような学会の研究動向を意識した、発掘調査や土器研究が進められたことがわかる。

2　戦後の調査と研究

終戦後の混乱や法隆寺金堂壁画の焼失事故などを経て、１９５０年に制定された文化財保護法に基づき、埋蔵文化財保護の行政施策の整備が図られるなか、奈良県においても縄文時代遺跡の発掘調査事例が増加してくる。１９５０年に吉野川流域において、大淀町大淀桜ヶ丘遺跡が、翌１９５１年に同じく大淀町北六田遺跡が発掘調査され、今日でも資料の乏しい前期から中期前半の土器と石器類が出土している。特筆できるのは、大淀桜ヶ丘遺跡では奈良県ではじめて縄文時代の竪穴住居跡や石器製作跡などの遺構を検出したことである。これらの成果は１９５４年に刊行された「吉野川流域における総合文化財調査」の報告に反映されている。

同じ頃、東部山間の都介野地区においても総合文化財調査が実施され、当時の都祁村高塚遺跡と天理市鈴原遺跡で押型文土器の存在が確認され、県内最古の縄文土器として位置づけられることになった。早期の研究は１９５６年に発見された山添村大川遺跡の発掘調査が、その翌年に実施されることでさらに進められ、焼土坑と礫群からなる県内では初めて早期に遡る遺構を検出した。加えて早期の独特な文様を主体とした押型文土器は「大川式」と命名され、周辺地域の土器型式との併行関係も論じられた。また大川式土器にともなう石器群の内容も詳らかにされた。

１９５０年代後半から60年代初めにかけて、出版状況の好転により、戦前に発掘調査された遺跡の報告書が刊行された。まず１９５８年の布留遺跡の報告をもとに、中期終末と後期初頭の土器群について、それぞれ「天理Ｃ式」と「天理Ｋ式」という型式を命名し、近畿中央部の標識資料として提示した。１９６０年には大淀桜ヶ丘遺跡出土の前期の北白川下層諸型式に該当する土器が報告書に纏められた。

その翌年には橿原遺跡の大部な報告書が刊行された。出土した土器は粗製の深鉢とともに、七宝文と称された特有の文様意匠をもつ浅鉢や椀などからなり、これら晩期の土器が「橿原式」として近畿地方晩期の標識資料とされた。これには東北亀ヶ岡系土器が含まれていることも注目された。晩期の土器はその後、橿原式文様をもつ鉢に代表される黒色磨研系土器群（滋賀里Ⅱ・Ⅲ式）と凸帯文土器（滋賀里Ⅳ）とに分離されることとなるほか、非在地系統の土器も、大洞Ｂ～Ｃ１式を含む亀ヶ岡系の土器以外に、北陸地方や瀬戸内地方などの土器も含まれていることが明らかになる。土器以外の出土品や動植物遺存体にも新たな整理・分析など試みがあった。石器石材の同定と採集地の想定や動植物遺存体の同定などの取り組みは、縄文時代の資源問題や物流のほか、環境復元などを考えるうえで、関連諸学との学際的連携の必要性を示したといえよう。

この当時縄文時代研究の基礎とされる縄文土器の分析研究、それを基にした縄文土器編年の整備が急がれていて、橿原遺跡の報告書刊行は全国的にも大きな関心事であった。各地ではそれぞれ地域の編年研究が進展していたが、近畿地方においては１９６０年代には、基準となる標識資料に恵まれない段階の型式が空白とされていた実態があった。奈良県内においても、それまでに行われた縄文時代遺跡の発掘調査で出土した土器は、近隣での整合性が図れる地域編年の枠組みを整えるための資料として内容の検討が進められた。１９５６年の小島俊次氏による日本考古学講座のなかの近畿地方の概説などが、その当時の縄文土器の編年研究の到達点を示している。

３　縄文時代遺跡調査の増加と資料の充実

１９６０年代後半から日本列島は高度経済成長の名の下に国土の開発が各地で推し進められた。様々な開発事業にともなう事前の発掘調査によって、新たな縄文時代遺跡の調査成果が増加したことは、奈良県も例外ではなかった。近年の遺跡調査の状況を時期別に概観してみる。

草創期や早期に遡る遺跡はとりわけ県東部山間地域において目立った成果が挙げられた。

1979年には先の大川遺跡で2次調査が実施され、早期の竪穴住居跡と礫群（集石炉）を検出した。その後の近畿地方において早期の住居発見が相次ぐが、大川遺跡の発掘調査はその切っ掛けともなった。その後近隣の山添村鵜山遺跡や上津大片刈遺跡などでも、早期の竪穴住居や礫群が発見され、集落の構造を推定する材料が得られている。このほか桐山和田遺跡、奈良市別所下ノ前遺跡、杣ノ川イモタ遺跡などでは押型文土器の編年研究に供される豊富な土器群が出土している。なお吉野川の上流域では、1999年にダム建設に先立つ川上村宮の平遺跡の調査が行われ、早期の押型文土器期の竪穴住居や礫群などの遺構が検出されており、重複した住居跡の存在から継続して集落が維持されていたと推定されている。

早期の遺跡が比較的集中して発見されている東部山間地域では、新たに県内では初めて草創期に遡る遺跡が確認された。布目川に臨む山添村桐山和田遺跡と北野ウチカタビロ遺跡では、1989年から始められた発掘調査で、隆起線文・斜格子文・無文土器と、多数の石鏃からなる狩猟具中心の石器群が纏まって出土した。それまで空白地域であった近畿地方中央部の草創期の資料は、周辺地域との関係を探る上で、欠かせない標識的内容を備えた重要な意味を持つ。同村上津大片刈遺跡では草創期の爪形文土器が見いだされ、出現期土器群の充実に寄与することとなった。

草創期の遺跡は近年さらに、盆地部の三郷町勢野バラタニ遺跡、同町勢野東遺跡、大和高田市池田遺跡などでも発見された。なかでも勢野東遺跡は槍先形尖頭器の製作遺跡とみられるが、縄文的狩猟具が普及する前夜の石器群として貴重である。

前期の遺跡は既述した大淀町桜ヶ丘遺跡の発掘調査以降、顕著な成果は見られなかったが、香芝市狐井遺跡では動物遺存体とともに纏まった資料が得られた。ただ中期に入っても散発的な土器の出土報告はあるが、遺構や遺物包含層をともなう良好な遺跡の発見などは多くはない。

しかし中期終末になると状況は一変し、県内各地で活発になった遺跡の動きが窺える。先ず盆地部では布留遺跡のように、周縁部に形成された扇状地などに立地する遺跡での調査が注目される。布留遺跡では竪穴住居、焼粘土遺構、立石など中期終末から後期初頭の遺構を確認し、明日香村大官大寺下層遺跡や御所市下茶屋遺跡などでは、当該時期の土器の変遷が捉えられる充実した資料が得られている。東部山間地域では１９８１年に発掘調査された山添村広瀬遺跡や、宇陀市高井遺跡などで中期終末から後期前半にかけての住居跡や土坑群などの遺構を検出した。加えて前者では縁帯文土器の成立に関わる段階の土器群も得られている。

一方、吉野川流域では先の宮の平遺跡の成果が特筆できる。早期の遺構群が存在した上段の周縁に形成された下段から、柄鏡形住居を含む中期終末の住居跡群と、それに続く後期の配石遺構群が検出され、配石のなかには中央に石棒を直立させたものや、下部に土坑を有した墓と考えられる遺構なども含まれている。

後期後半から晩期の遺跡でも新たな発見が相次いだ。特に開発事業の増加によってそれまで遺跡が確認されていなかった盆地部で、近年になり未知の遺跡の発見が相い次いだ。当時は居住できる環境にはなかったとされた奈良盆地の、そのなかでも特に標高の低い場所においても、縄文時代の遺跡の存在が明らかにされた。１９８０年には広陵町箸尾遺跡において、１９９０年には安堵町東安堵遺跡で後期から晩期の遺物が多量に出土する河道跡や晩期の土器棺墓を発見している。遺跡から得られた花粉・種実・木材の植物遺存体から、広葉落葉樹と照葉樹とが混在した林相とともに、河川に沿った湿地林の植生環境が明らかになっている。

ところで盆地内の沖積地に立地する橿原市観音寺本馬遺跡では、発見された旧河川に近い場所の限定された範囲の中に、クリの樹根だけからなる埋没林が検出された。自然状態の林相とは異なる樹種構成からなる林の存在は、縄文時代に有用樹種の積極的な管理が行われていたことを示す事例である。このことに関連して県下のいくつかの縄文遺跡では、当時の堅果類利用の実態がわかる貯蔵穴遺構の発見があった。なかでも宇陀市本郷大田下遺跡では谷水の流れに沿った湿潤な環境を利用して、多数の貯蔵穴を維持管理していたことを明らかにした。

後期後半から晩期の遺跡では比較的遺構の確認されるケースが多いが、なかでもこの時期の顕著な遺構として、祭祀や埋葬に関するものが目立つ。１９７４年桜井市大福遺跡では弥生時代前期にまで継続維持された、晩期の土器棺墓群を検出し、１９７６年には当麻町竹内遺跡でも晩期の土器棺墓や配石遺構などを確認し、当該時期の埋葬事例や墓域の諸施設を検討するうえでの貴重な材料が得られた。その後、大和高田市西坊城遺跡、橿原市曲川遺跡、同市観音寺本馬遺跡では、多数の土器棺墓や土坑墓で構成される晩期中葉前後の墓地が発見された。特に観音寺本馬遺跡の遺構内には内陸部では珍しく、人骨が比較的良好に遺存しており、埋葬の方法や抜歯など身体加工の情報も得られている。１９９８年には東部山間地域に所在する奈良市大柳生町ツクダ遺跡でも、縄文後期終末から晩期前半の多数の土坑墓群が重なり合うように発見され、埋葬や祭祀にともなう遺物も豊富に出土した。吉野川流域では五條市野原北遺跡や同市中遺跡で、後期の特殊な土坑や土器埋納遺構などが発見され、祭祀に関わる施設の発見が興味深い。同流域の大淀町越部ハサマ遺跡でも晩期の土器棺墓や土坑墓が検出された。ここでは一定の広さの空閑地を中心に、土坑墓がそのまわりに配置される墓地の構造が想定されていて、他地域の墓地のあり方と比較することも可能になった。

4　近年の調査研究の動向と展望

近年の県下の縄文時代遺跡の発掘調査のさまざまな成果は、確認される遺構や出土する遺物の充実振りが物語っているところで、研究の進展に大きく寄与してきていることがわかる。その内容をみると、調査面積がある程度確保された調査の機会が増え、限定された小規模な発掘調査では得られなかった遺構相互の関係が明らかになり、居住、生業、祭祀、埋葬など生活の場の総合的な復元へ止揚できる材料も得られてきた。広大な面積を対象とした調査では、遺跡調査の範囲が当時の住居地域だけにとどまらず、集落の周辺部へも発掘調査の手が及ぶことで、当時の諸活動の痕跡を新たに見出すこともあり、なかでも生業・生産分野における具体的な働きかけの解明に路が開けたケースも少なくない。

一方で遺物研究においては、出土した遺構や出土状態などが明確にされた、資料的価値の高い研究材料の増加と、大規模発掘調査に比例して出土する遺物も膨大な量が得られて、量的にも保証されたより信頼性の高い研究資料として扱えることにも繋がっている。

橿原遺跡の発掘調査と報告書で示された諸学との連携研究については、近年の調査研究のなかでより一層推進される傾向にある。例えば出土品の材質研究、人骨の形質学的研究に加えて食性分析、植物学や動物学との協業による環境や生業活動の復元的研究など、型式学や層位学など考古学の基本的な方法論はもとより、それに加えて新たな学際的研究の広がりが進められている。その結果、奈良県においても地道でオーソドックスな地域の研究を基礎としながら、その枠を超えた地域間の物資の流通や、ヒトの移動も含めた情報の伝達実態の解明とともに、遺跡・地域間の比較による当地の縄文文化の特質や伝統などの抽出も可能になろうとしている。

5　おわりに

奈良県では歴史の関心が古墳時代や飛鳥・奈良時代に向けられることが多い。また縄文時代の遺跡は良好な状態で残されている遺跡にさほど恵まれていないことや、後世の厚い堆積層に覆われている縄文時代の遺跡が多いことなどがあって、縄文時代の遺跡分布調査や発掘調査が、必ずしも十分には行われてこなかった面があった。しかし既述したように近年の発掘調査による縄文文化に関する資料の増加は著しく、地域研究の必要性が唱えられることも相まって、県内の縄文時代の資料のもつ意味は今までにも増して重要となってきている。

本書は奈良県に所在する縄文時代の遺跡なかでも、これまで発掘調査が実施されて、検出された遺構や遺物によって、遺跡の内容がある程度把握できる87遺跡を選択して掲載した。むろん遺跡の全容が明らかになっている遺跡は、そのなかでも数遺跡に留まっている。２０１６年現在、県下では４３３個所で縄文時代の遺跡が確認されているが、掲載したのは2割程度であって、未掲載多くの遺跡は発掘されたこともなく情報も限られていて、地中深く眠ったままである。また、近年新たに発見された遺跡のなかには、それ以前は地表に何の痕跡も残していなかった遺跡も少なくない。将来新たな遺跡の発見や、実態が不明だった遺跡の調査が行われて、この地域の縄文文化の研究進展に寄与することが望まれる。

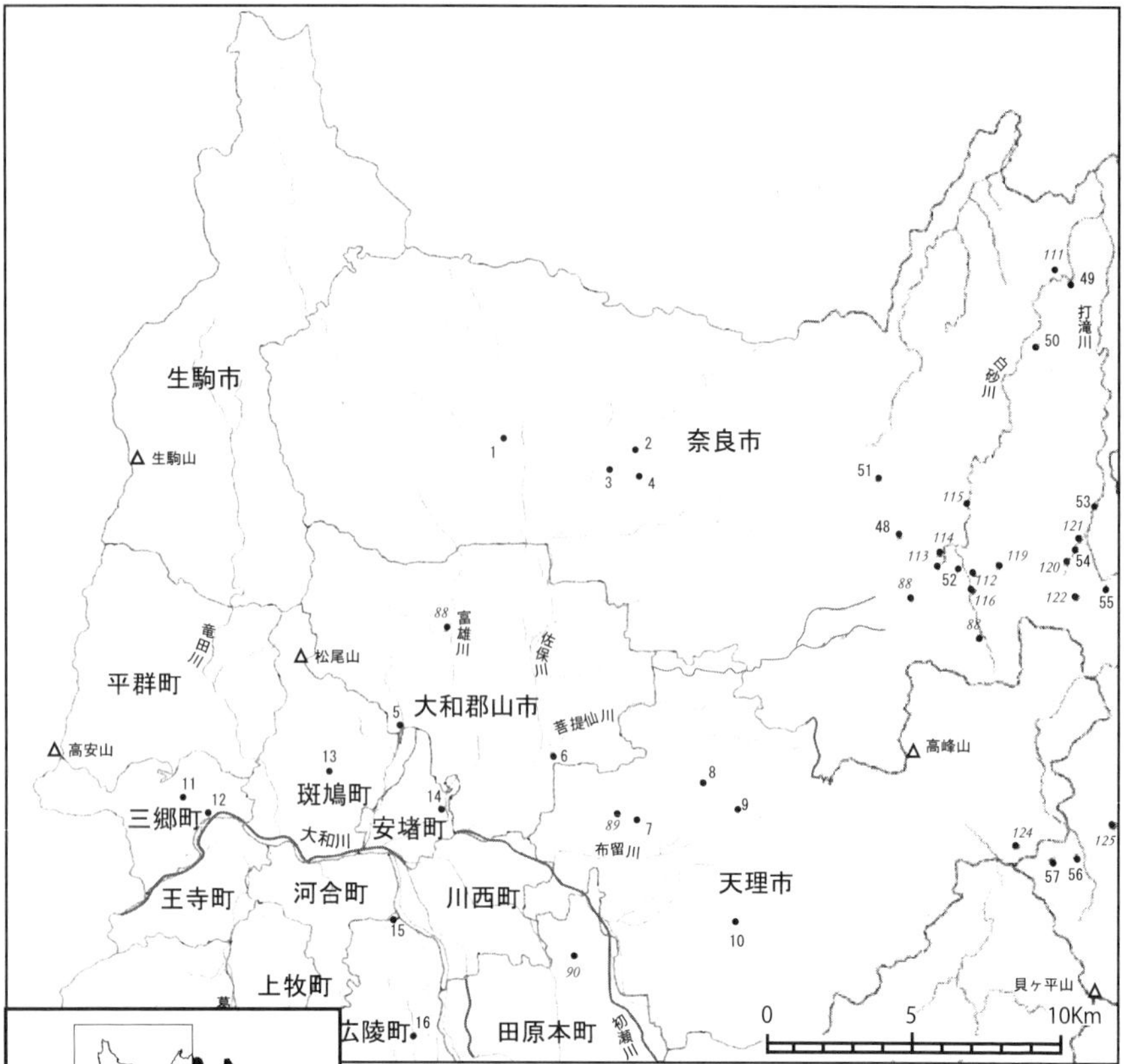

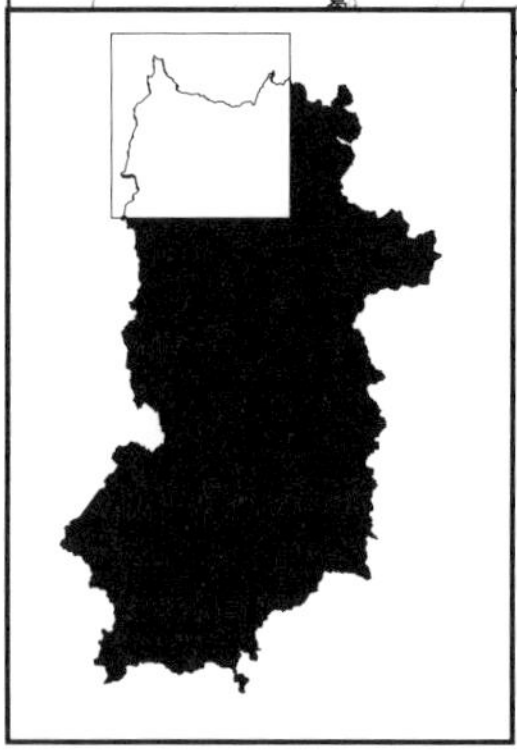

奈良盆地北部の遺跡

番号	遺跡名	掲載頁
1	菅原東遺跡	p22
2	油坂遺跡	p25
3	平城京左京四条三坊十一坪下層遺跡	p27
4	大森遺跡	p29
5	原田遺跡	p34
88	古屋敷遺跡	
6	八条北遺跡	p36

7	前栽遺跡	p39
8	別所ツルベ遺跡	p42
9	布留遺跡	p46
89	平等坊松ノ木遺跡	
10	佐保庄遺跡	p57
11	勢野バラタニ遺跡	p59
12	勢野東遺跡	p61
13	西里遺跡	p68
14	東安堵遺跡	p70

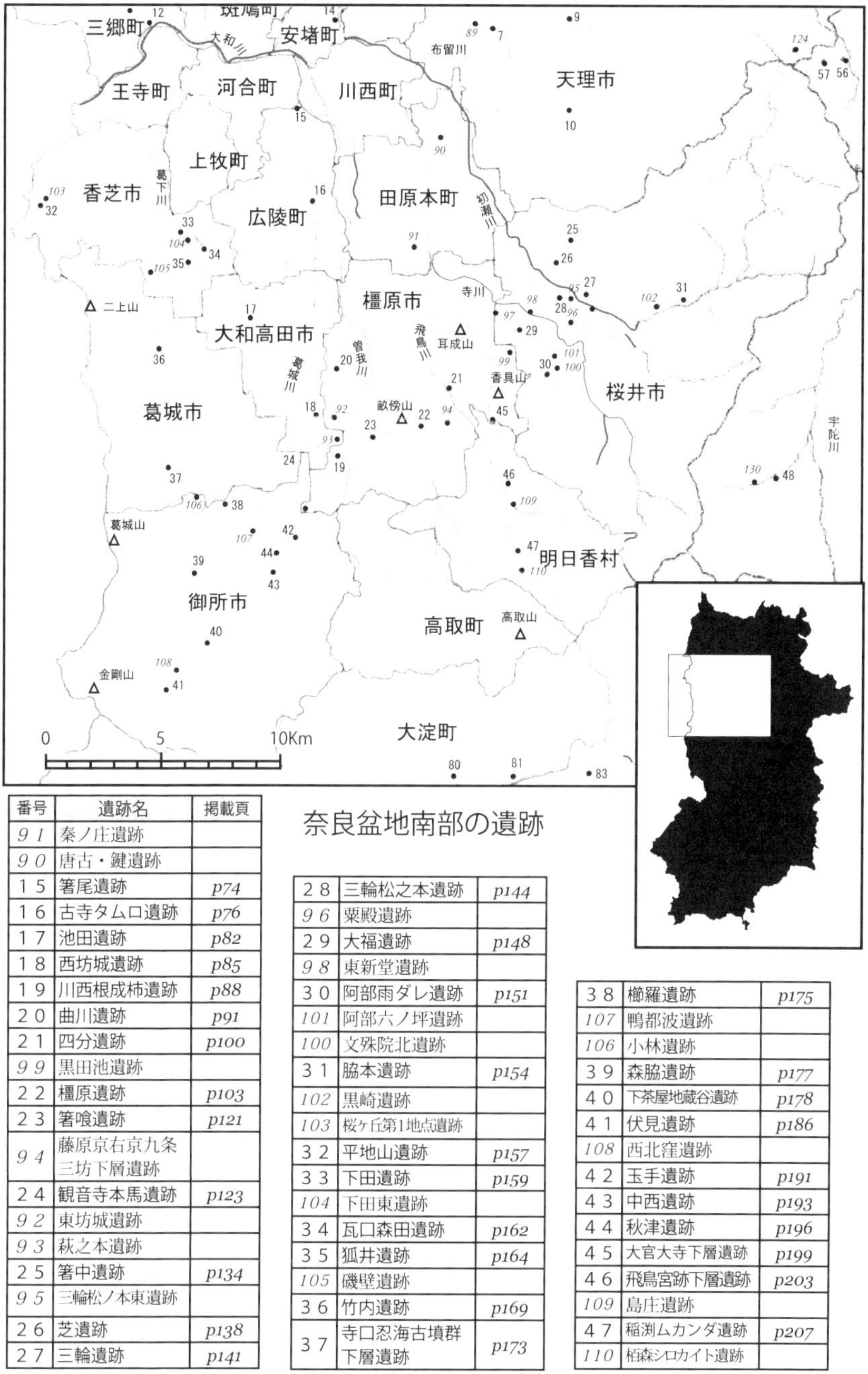

奈良盆地南部の遺跡

番号	遺跡名	掲載頁
91	秦ノ庄遺跡	
90	唐古・鍵遺跡	
15	箸尾遺跡	p74
16	古寺タムロ遺跡	p76
17	池田遺跡	p82
18	西坊城遺跡	p85
19	川西根成柿遺跡	p88
20	曲川遺跡	p91
21	四分遺跡	p100
99	黒田池遺跡	
22	橿原遺跡	p103
23	箸喰遺跡	p121
94	藤原京右京九条三坊下層遺跡	
24	観音寺本馬遺跡	p123
92	東坊城遺跡	
93	萩之本遺跡	
25	箸中遺跡	p134
95	三輪松ノ本東遺跡	
26	芝遺跡	p138
27	三輪遺跡	p141

28	三輪松之本遺跡	p144
96	粟殿遺跡	
29	大福遺跡	p148
98	東新堂遺跡	
30	阿部雨ダレ遺跡	p151
101	阿部六ノ坪遺跡	
100	文殊院北遺跡	
31	脇本遺跡	p154
102	黒崎遺跡	
103	桜ケ丘第1地点遺跡	
32	平地山遺跡	p157
33	下田遺跡	p159
104	下田東遺跡	
34	瓦口森田遺跡	p162
35	狐井遺跡	p164
105	礒壁遺跡	
36	竹内遺跡	p169
37	寺口忍海古墳群下層遺跡	p173

38	櫛羅遺跡	p175
107	鴨都波遺跡	
106	小林遺跡	
39	森脇遺跡	p177
40	下茶屋地蔵谷遺跡	p178
41	伏見遺跡	p186
108	西北窪遺跡	
42	玉手遺跡	p191
43	中西遺跡	p193
44	秋津遺跡	p196
45	大官大寺下層遺跡	p199
46	飛鳥宮跡下層遺跡	p203
109	島庄遺跡	
47	稲渕ムカンダ遺跡	p207
110	栢森シロカイト遺跡	

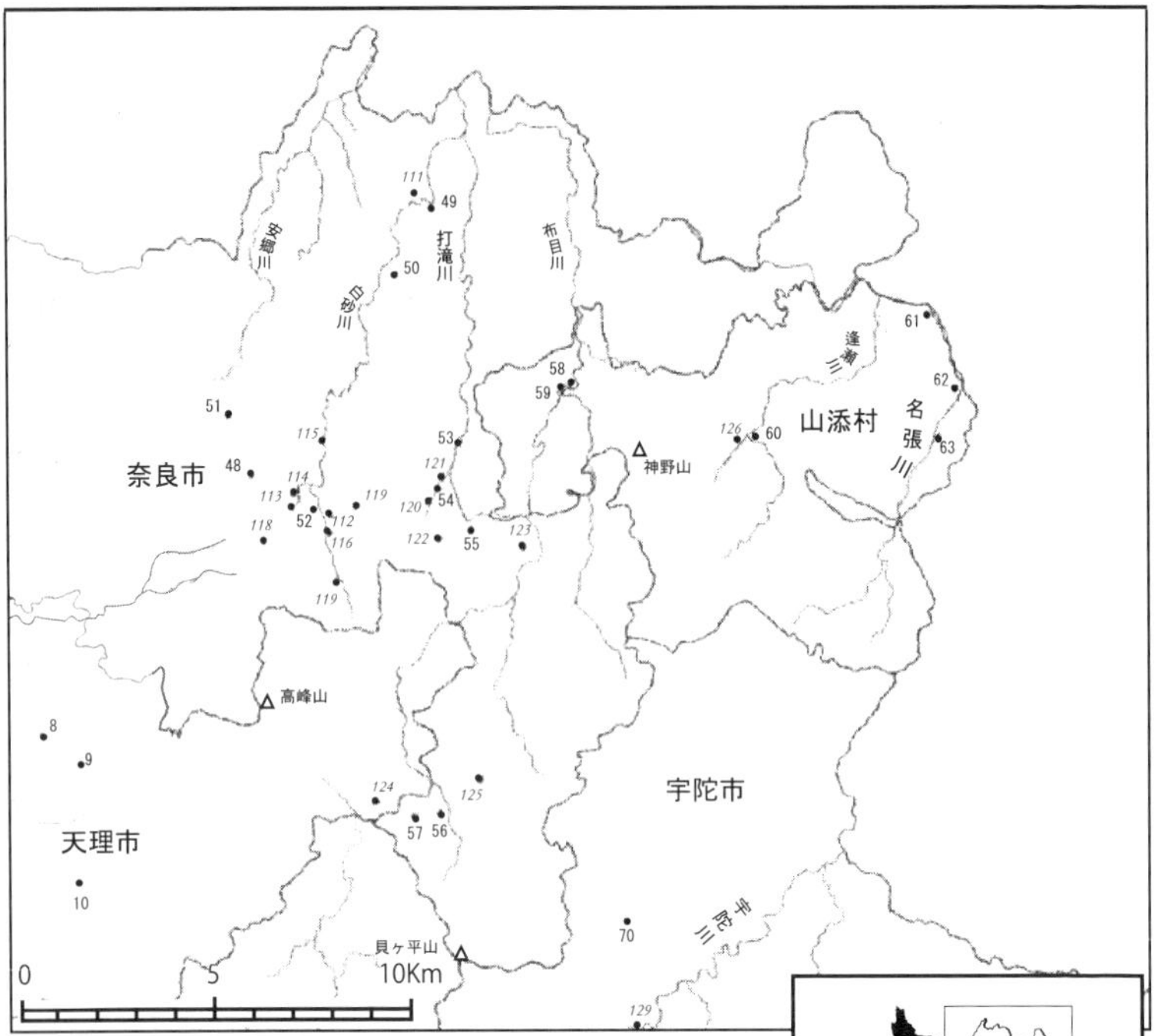

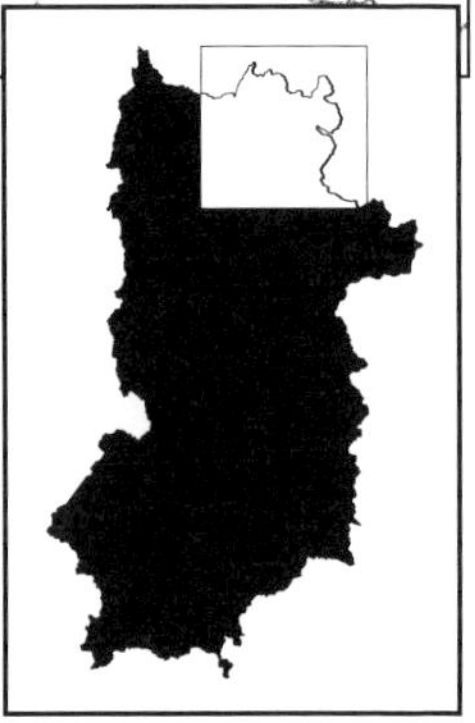

大和高原の遺跡

番号	遺跡名	掲載頁
48	須山サンコセ遺跡	p212
49	阪原角田遺跡	p214
111	阪原門前遺跡	
50	大柳生ツクダ遺跡	p216
51	天釣山遺跡	p220
115	此瀬五反田遺跡	
114	和田ナカドヲリ遺跡	
119	中貫柿ノ木遺跡	
52	横田矢田野遺跡	p223
112	中ノ庄マカミリ遺跡	
113	茗荷遺跡	
116	南田原ミヤケ遺跡	
118	矢田原遺跡	
117	長谷白土遺跡	
54	別所下ノ前遺跡	p227

120	別所辻堂遺跡	
121	別所大谷口遺跡	
55	杣ノ川イモタ遺跡	p232
122	杣ノ川キトラ遺跡	
53	水間遺跡	p235
123	クズレ谷遺跡	
56	ゼニヤクボ遺跡	p239
125	友田東山遺跡	
57	高塚遺跡	p243
124	鈴原遺跡	
58	桐山和田遺跡	p247
59	北野ウチカタビロ遺跡	p259
60	上津大片刈遺跡	p264
126	上津堂前尻遺跡	
61	大川遺跡	p268
62	広瀬遺跡	p279
63	鵜山遺跡	p284

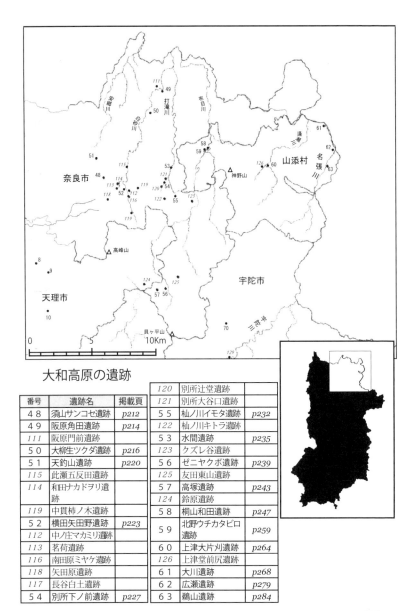

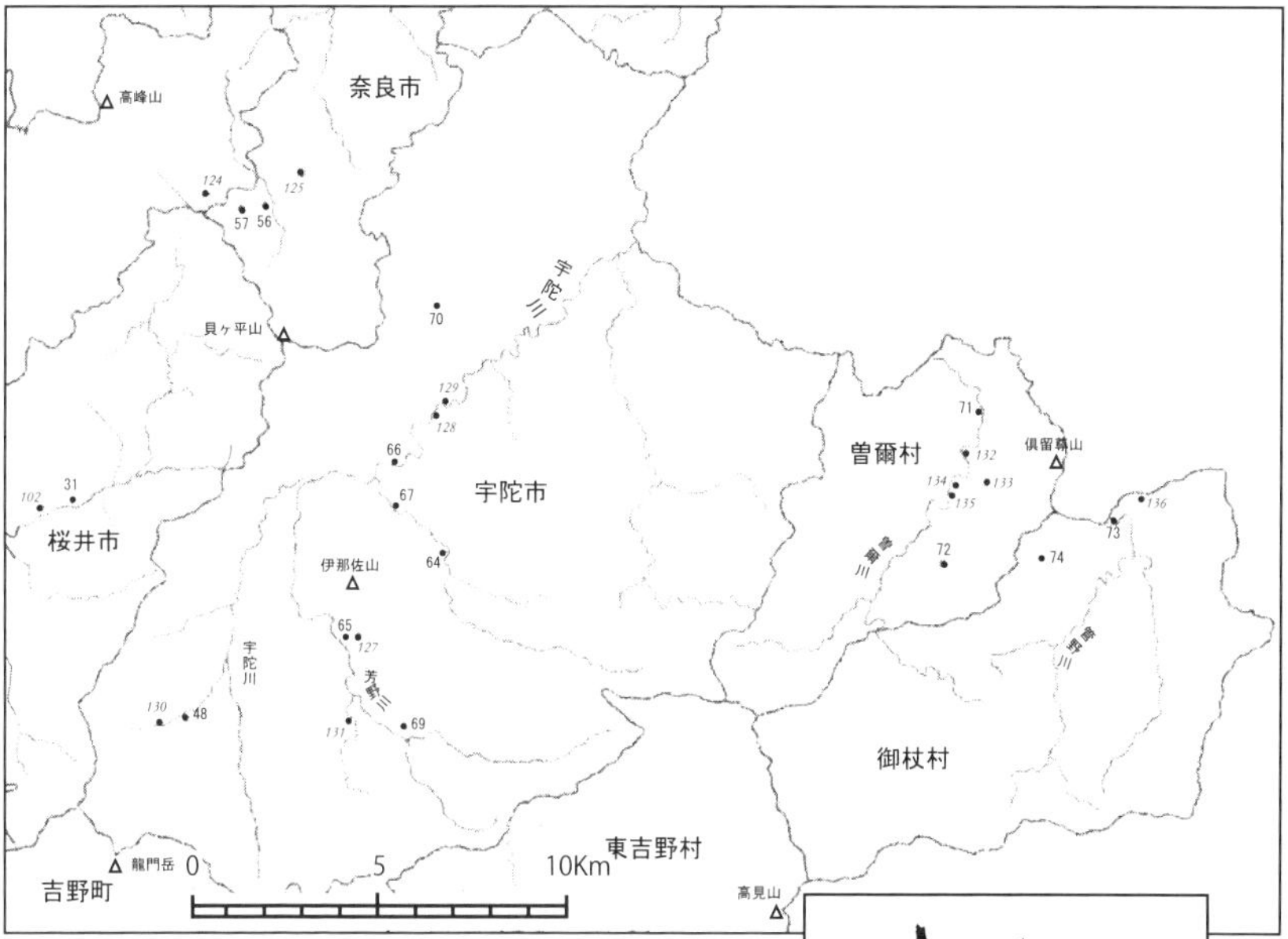

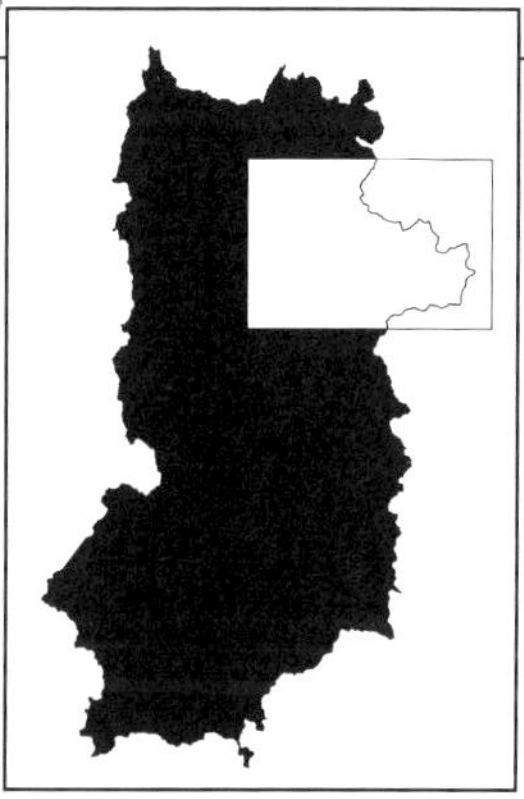

宇陀地域の遺跡

番号	遺跡名	掲載頁	番号	遺跡名	掲載頁
6 4	高井遺跡	*p292*	7 0	向渕遺跡	*p316*
128	川井第Ⅰ遺跡		*132*	久保川原遺跡	
129	川井第Ⅱ遺跡		7 1	弁天遺跡	*p319*
127	下城馬場遺跡		7 2	条ヶ本遺跡	*p323*
6 5	沢遺跡	*p295*	*135*	太良路南ダイ遺跡	
6 6	桧牧遺跡	*p298*	*134*	太良路北ダイ遺跡	
6 7	坊ノ浦遺跡	*p301*	*133*	大口遺跡	
6 8	本郷大田下遺跡	*p304*	*136*	平岩遺跡	
130	本郷ソマタニ遺跡		7 3	泥土平遺跡	*p326*
131	岩崎遺跡		7 4	長尾遺跡	*p330*
6 9	松井コブノ木遺跡	*p313*			

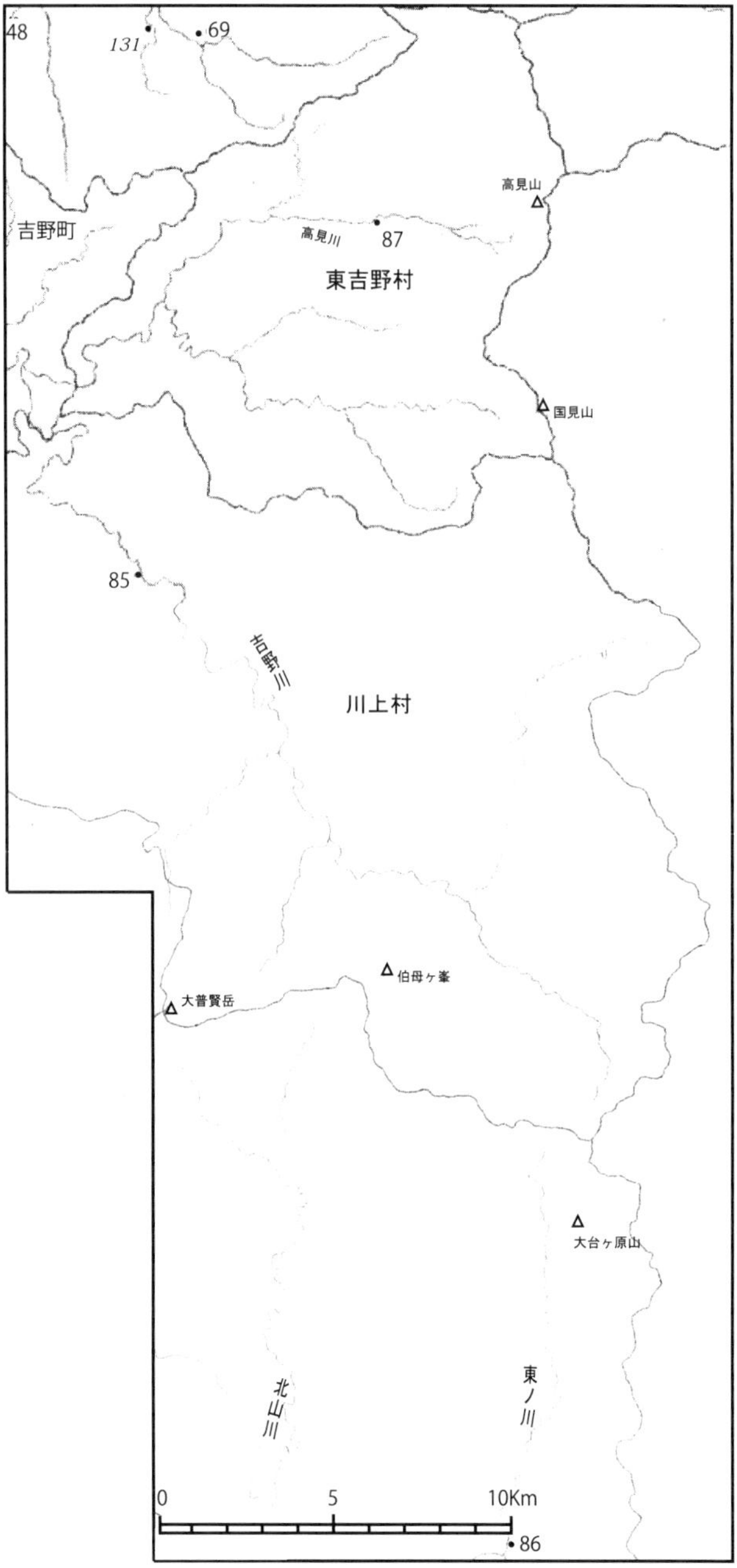

48
131
69
吉野町
高見山
高見川
87
東吉野村
国見山
85
吉野川
川上村
伯母ヶ峯
大普賢岳
大台ヶ原山
北山川
東ノ川
0
5
10Km
86

吉野山地の遺跡

番号	遺跡名	掲載頁
75	中遺跡	p336
76	上島野遺跡	p338
137	東阿田稲口遺跡	
77	野原北遺跡	p343
78	佐名伝遺跡	p345
79	大淀桜ヶ丘遺跡	p347
80	越部ハサマ遺跡	p356
81	北六田遺跡	p360
82	丹生川原手垣内遺跡	p362
83	丹治遺跡	p364
84	宮滝遺跡	p367
85	宮の平遺跡	p371
86	向平遺跡	p382
87	木津名滝遺跡	p383

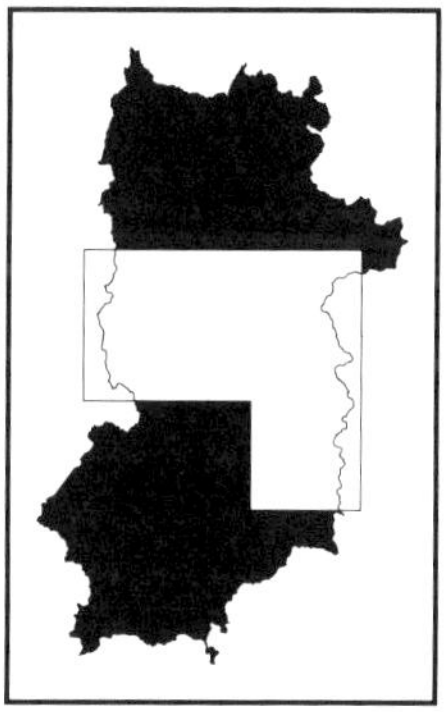

関東地方から中国地方の縄文土器編年

時期	中国地方	近畿地方	東海・中部・北陸地方	関東地方
草創期	上黒岩 （穴神洞） （弘法滝）	（武者ケ谷？） （桐山和田　鳥浜） （鳥浜） 鳥浜下層	（小瀬ケ沢） （酒呑ジュリンナ　宮西） （九合） 椛ノ湖Ⅱ　室谷下層	（寺尾　相模野149） （なすな原　南原） （花見山） 大谷寺　宮林
早期	（観音堂19層下層） 黄島 （観音堂19層上層） （堂面12層上層） （馬渡2層下） （西川津）	大鼻　大川 神宮寺 葛籠尾崎　神並上層 福本 高山寺 穂谷 石山Ⅱ 石山Ⅲ 石山Ⅳ 石山Ⅴ 石山Ⅵ 石山Ⅶ （粟津SZI）	（室谷上層） （北貝戸・馬場） 立野 沢　樋沢 （星野新田） 先苅　塞ノ神 東千町　相木 清水柳 ハツ崎Ⅰ 粕畑 上ノ山 入海Ⅰ 入海Ⅱ 塩屋中層 天神山	井草Ⅰ 井草Ⅱ 夏島 稲荷台 稲荷原 平坂 三戸 田戸下層 田戸上層 子母口 野島 鵜ケ島台 茅山下層 茅山上層 （下沼部） （山崎） 打越 神ノ木台
前期	羽島下層Ⅱ 羽島下層Ⅲ 磯ノ森下層 彦崎ZⅠ 彦崎ZⅡ 田井	（安土N上層） 北白川下層Ⅰa 北白川下層Ⅰb 北白川下層Ⅱa 北白川下層Ⅱb 北白川下層Ⅱc 北白川下層Ⅲ 大歳山	塩屋上層　塚田 上ノ山Z　中越Ⅰ　極楽寺 木島　中越Ⅱ 石塚下層　中越Ⅲ 清水ノ上Ⅰ 清水ノ上Ⅱ　神ノ木　大湊 鉾ノ木Ⅰ　朝日C 鉾ノ木Ⅱ 清水ノ上Ⅲ　福浦下層 大麦田Ⅰ　蜆ケ森Ⅰ 大麦田Ⅱ　蜆ケ森Ⅱ 日向　福浦上層　鍋屋町 柏窪Ⅰ　籠畑　朝日下層	下吉井 花積下層 関山Ⅰ 関山Ⅱ 黒浜古 黒浜新 諸磯a 諸磯b 諸磯c 十三菩提
中期	船元Ⅰ 船元Ⅱ 船元Ⅲ 船元Ⅳ 里木Ⅱ （里木Ⅲ）	鷹島 北白川C　天理C	梨久保Ⅰ　新保 北裏C　梨久保Ⅱ　新崎 前畑　烙沢　新道 子種・藤内 （北屋敷Ⅱb　井戸尻Ⅰ・Ⅱ　上山田） 井戸尻Ⅲ 中富Ⅰ　曽利Ⅰ　馬高 中富Ⅱ・Ⅲ　曽利Ⅱ　古府 咲畑　曽利Ⅲ 取組　曽利Ⅳ 山の神　曽利Ⅴ　串田新	五領ケ台 阿玉台Ⅰ 勝坂Ⅰ　阿玉台Ⅱ 勝坂Ⅱ　阿玉台Ⅲ 勝坂Ⅲ　阿玉台Ⅳ 加曽利E1 加曽利E2 加曽利E3 加曽利E4
後期	中津Ⅰ 中津Ⅱ 福田K2 （布施） 津雲A　崎ケ鼻1 彦崎K1　崎ケ鼻2 彦崎K2	天理K （四ツ池F） 北白川上層1 北白川上層2 北白川上層3 一乗寺K 元住吉山Ⅰ 元住吉山Ⅱ 宮滝 滋賀里Ⅰ	（林ノ峰Ⅱ）　前田 （林ノ峰Ⅲ）　三十稲場 （咲畑Ⅱ） 気屋 （林ノ峰Ⅳ） （下内田）　（気屋Ⅱ） 八王寺　酒見 西北出 蜆塚KⅡ （吉田c）　井口 馬見塚K 伊川津　八日市新保	称名寺1 称名寺2 堀之内1古 堀之内1新 堀之内2 加曽利B1 加曽利B2 加曽利B3 曽谷 安行1 安行2
晩期	岩田4類 谷尻 前池 沢田	滋賀里Ⅱ　橿原 滋賀里Ⅲa 滋賀里Ⅲb　篠原 滋賀里Ⅳ　口酒井 船橋 長原	寺津　御経塚 元刈谷 桜井　佐野Ⅰ　中屋 西之山　佐野Ⅱ　下野 五貫森　鳥屋1 馬見塚　氷　鳥屋2	安行3a 安行3b 安行3c 安行3d 千網 荒海

索引

け

こ

さ

し

す

せ

そ

た

〔著者〕
松田　真一（まつだ・しんいち）

1950年奈良県生まれ。明治大学文学部考古学専攻卒。奈良県立橿原考古学研究所研究部長、同附属博物館長を経て、現在、天理参考館特別顧問・香芝市二上山博物館長。

著書・論文に『吉野仙境の歴史』文英堂 2004（編著）、『重要文化財橿原遺跡出土品の研究　橿原考古学研究所研究成果』第11冊 2011（編著）、『奈良大和高原の縄文遺跡 大川遺跡（遺跡を学ぶ92)』新泉社 2014、「近畿地方の縄文集落の信仰・祭祀」『縄文集落の多様性Ⅳ』雄山閣 2014ほか

奈良県の縄文遺跡

2017年　2月　8日　初版印刷
2017年　2月２０日　初版発行

著者　松　田　真　一

発行者　靍　井　忠　義

発行所　有限会社　青　垣　出　版
〒636-0246 奈良県磯城郡田原本町千代３８７の6
電話 0744-34-3838　Fax 0744-47-4625
e-mail　wanokuni@nifty.com
http://book.geocities.jp/aogaki_wanokuni/index.html

発売元　株式会社　星　雲　社
〒112-0012 東京都文京区水道１－３－３０
電話 03-3868-3275 Fax 03-3868-6588

印刷所　互　恵　印　刷　株　式　会　社

printed in Japan　　ISBN978-4-434-22921-3

青垣出版の本

宝賀 寿男著
古代氏族の研究シリーズ

①**和珥氏**—中国江南から来た海神族の流れ
ISBN978-4-434-16411-8

大和盆地北部、近江を拠点に、春日、粟田、大宅などに分流。
Ａ５判１４６ページ　本体1,２００円

②**葛城氏**—武内宿祢後裔の宗族
ISBN978-4-434-17093-5

大和葛城地方を本拠とした大氏族。山城の加茂氏、東海の尾張氏も一族。
Ａ５判１３８ページ　本体1,２００円

③**阿倍氏**—四道将軍の後裔たち
ISBN978-4-434-17675-3

北陸道に派遣され、埼玉稲荷山古墳鉄剣銘にも名が見える大彦命を祖とする大氏族。
Ａ５判１４６ページ　本体1,２００円

④**大伴氏**—列島原住民の流れを汲む名流武門
ISBN978-4-434-18341-6

神話の時代から登場する名流武門のルーツと末裔。金村、旅人、家持ら多彩な人材を輩出。
Ａ５判１６８ページ　本体1,２００円

⑤**中臣氏**—卜占を担った古代占部の後裔
ISBN978-4-434-19116-9

大化改新（645年）で中臣鎌足が藤原の姓を賜って以来、一族は政治・文化の中枢を占め続けた。
Ａ５判１７８ページ　本体1,２００円

⑥**息長氏**—大王を輩出した鍛冶氏族
ISBN978-4-434-19823-6

雄略、天智、天武ら古代史の英雄はなぜか、息長氏につながる。「もう一つの皇統譜」の謎に迫る。
Ａ５判２１２ページ　本体1,４００円

⑦**三輪氏**—大物主神の祭祀者
ISBN978-4-434-20825-6

奈良盆地東南部の磯城地方を本拠に、三輪山を祭祀。大物主神の後裔氏族とされる。
Ａ５判２０６ページ　本体1,３００円

⑧**物部氏**—剣神奉斎の軍事大族
ISBN978-4-434-21768-5

ニギハヤヒノミコトを祖神とし、神武東征以前に河内の哮峰《いかるがみね》に天磐船《あまのいわふね》で降臨したと伝承。同族諸氏最多、全国に広がる。
Ａ５判２６４ページ　本体1,６００円

⑨**吉備氏**—桃太郎伝承をもつ地方大族
ISBN978-4-434-22657-1

吉備地方（岡山県・広島県）に大勢力を誇った古代の地方大族。大和王権とは強い関りを持ち続けた。
Ａ５判２３６ページ　本体1,４００円

青垣出版の本

奈良の古代文化①
ISBN978-4-434-15034-0

纒向遺跡と桜井茶臼山古墳

奈良の古代文化研究会編

大型建物跡と２００キロの水銀朱。大量の東海系土器。初期ヤマト王権の謎を秘める２遺跡を徹底解説。

Ａ５変形判１６８ページ　本体1，２００円

奈良の古代文化②
ISBN978-4-434-16686-0

斉明女帝と狂心渠《たぶれごころのみぞ》

靏井 忠義著
奈良の古代文化研究会編

「狂乱の斉明朝」は「若さあふれる建設の時代」だった。百済大寺、亀形石造物、牽牛子塚の謎にも迫る。

Ａ５判変形１７８ページ　本体1，２００円

奈良の古代文化③
ISBN987-4-434-17228-1

論考 邪馬台国＆ヤマト王権

奈良の古代文化研究会編

「箸墓は鏡と剣」など、日本国家の起源にまつわる５編を収載。

Ａ５判変形１８４ページ　本体1，２００円

奈良の古代文化④
ISBN978-4-434-20227-8

天文で解ける箸墓古墳の謎

豆板 敏男著
奈良の古代文化研究会編

箸墓古墳の位置、向き、大きさ、形、そして被葬者。すべての謎を解く鍵は星空にあった。日・月・星の天文にあった。

Ａ５判変形２１５ページ　本体1，３００円

奈良の古代文化⑤
ISBN978-4-434-20620-7

記紀万葉歌の大和川

松本 武夫著
奈良の古代文化研究会編

古代大和を育んだ母なる川―大和川（泊瀬川、曽我川、佐保川、富雄川、布留川、倉橋川、飛鳥川、臣勢川…）の歌謡（うた）。

Ａ５判変形１７８ページ　本体1，２００円

小説 大津皇子―二上山《ふたかみやま》を弟《いろせ》と

ISBN978-4-434-18312-6

上島 秀友著

大津皇子謀反の真相…。二上山のふもとの雪の古寺、美しき尼僧が１３００年の時を超えて語る。

四六判２７２ページ　本体1，５００円

青垣双書①
ISBN978-4-434-22522-2

芝村騒動と龍門騒動

上島 秀友　上田 龍司著

江戸時代、大和（奈良県）で二つの百姓一揆が起きた。どちらも吟味(取り調べ)は苛酷を極め、多くの犠牲者（獄死者）を出した。

四六判１９８ページ　本体1，２００円
